企业会计业务核算
与财务报告编制
（第三版）

主　编　梁瑞红

副主编　左北平　梅建安　谭玉林　陈　野

中国财经出版传媒集团

经济科学出版社

Economic Science Press

图书在版编目（CIP）数据

企业会计业务核算与财务报告编制／梁瑞红主编．
—3 版．—北京：经济科学出版社，2020.7
ISBN 978 - 7 - 5218 - 1348 - 7

Ⅰ.①企…　Ⅱ.①梁…　Ⅲ.①企业管理 - 会计
②企业管理 - 会计报表　Ⅳ.①F275.2

中国版本图书馆 CIP 数据核字（2020）第 135858 号

责任编辑：侯晓霞　凌　敏
责任校对：王肖楠
责任印制：李　鹏　范　艳

企业会计业务核算与财务报告编制
（第三版）
主　编　梁瑞红
副主编　左北平　梅建安　谭玉林　陈　野
经济科学出版社出版、发行　新华书店经销
社址：北京市海淀区阜成路甲 28 号　邮编：100142
教材分社电话：010 - 88191345　发行部电话：010 - 88191522
网址：www. esp. com. cn
电子邮箱：houxiaoxia@ esp. com. cn
天猫网店：经济科学出版社旗舰店
网址：http://jjkxcbs. tmall. com
北京密兴印刷有限公司印装
787×1092　16 开　27.25 印张　680000 字
2020 年 11 月第 3 版　2020 年 11 月第 1 次印刷
ISBN 978 - 7 - 5218 - 1348 - 7　定价：58.00 元
（图书出现印装问题，本社负责调换。电话：010 - 88191510）
（版权所有　侵权必究　打击盗版　举报热线：010 - 88191661
QQ：2242791300　营销中心电话：010 - 88191537
电子邮箱：dbts@ esp. com. cn）

第三版前言

2017年3月财政部发布《企业会计准则第22号——金融工具确认和计量》、2017年5月财政部发布《企业会计准则第16号——政府补助》、2017年7月财政部发布《企业会计准则第14号——收入》、2018年6月财政部发布《关于修订印发2018年度一般企业财务报表格式的通知》、2018年国际会计准则理事会修订《财务报告的概念框架2018》、2019年4月财政部发布《关于修订2019年度一般企业财务报表格式的通知》，以及2019年5月财政部发布《企业会计准则第7号——非货币性资产交换》《企业会计准则第12号——债务重组》《企业会计准则第21号——租赁》等准则规范，以适应企业实务需要，进一步完善企业会计准则体系。这预示我国会计准则体系在整体框架、内涵和实质上基本实现国际趋同。

会计是一门应用型学科，会计教材必须及时反映会计改革的最新成果，于是我们对本书进行修订。

本次修订特点注重时效性。编者认真关注新准则变化，如按金融工具确认和计量，重新编写金融资产的分类标准、债权投资核算、其他债权投资核算、其他权益工具投资核算、金融资产的重分类；重新编写新收入核算，收入核算中收入确认条件、新收入准则涉及主要账户分析、收入确认与计量五步法、附有销售退回条款的销售、附有质量保证条款的销售、附有客户额外购买选择权的销售、售后回购、授予知识产权许可、客户未行使的权利、合同结算业务等特定交易的会计处理；重新编写政府补助核算；重新编写非货币性资产交换与债务重组核算内容；重新编写财务报告编制的资产负债表、利润表、现金流量表项目填列方法，重新编写资产负债表、利润表、现金流量表、所有者权益变动表编制案例；将交易性金融负债核算内容增加到流动负债核算中；重新编写其他综合收益核算内容；同时按新准则规范、税收最新条例进一步修订全书其他变化内容等，将准则、税收最新变化融入教材中。2019年全国两会政府工作报告，深化增值税改革，将制造业等行业税率降至13%，将交通运输业、建筑业等行业税率降至9%，确保主要行业税负明显降低；保持6%一档的税率不变。

为了突出该课程"实践性"特色，根据会计实际工作，全书仿真原始凭证以模拟企业江西九瑞油泵油嘴有限公司的经济业务为载体，重新修订并增加大量相关仿真原始凭证。

本书由梁瑞红担任主编，由左北平、梅建安、谭玉林、陈野担任副主编。梁瑞红负责拟定全书编写提纲，对全部初稿进行修改、补充和总纂，并负责对全部稿件进行审阅。参加本书编写的有梁瑞红、左北平、梅建安、谭玉林、刘心福、唐琳、朱燕、陈哲、陈野。各章初稿的编者负责草拟本章的学习目标、能力目标、任务提示、本章小结、技能测试和实训操作。陈野负责各章仿真原始凭证及 T 字型账户核算流程。

以上各编者基本情况如下：（1）梁瑞红，江西财经职业学院教授，会计师；（2）左北平，江西天华会计师事务所有限责任公司主任会计师，中国注册会计师；（3）梅建安，江西财经职业学院教授；（4）谭玉林，江西财经职业学院副教授；（5）刘心福，江西财经职业学院副教授，高级会计师；（6）唐琳、朱燕，副教授，中国注册会计师；（7）陈哲、陈野，中级会计师职称，中级纳税筹划师。

在编审过程中，得到了江西财经职业学院领导、相关学科老师，以及校企合作单位——江西天华会计师事务所有限责任公司、江西汇尔油泵油嘴有限公司、鹰潭市陈野财税咨询公司行业专家的大力支持与帮助，在此谨向他们表示衷心的感谢！

由于编者水平所限，书中难免有疏漏之处，恳请广大读者批评指正，并将意见反馈给我们（Lrh31@163.com），以便进一步修订完善。

编　者

2020 年 7 月于九江

目录

第1章

总 论

【学习目标】

通过本章学习，了解财务会计的概念与特征；掌握财务会计目标内涵与基本要素的内容；掌握会计确认及计量的内容和原则；深刻理解会计信息质量的内涵与要求；了解会计核算的基本前提。

【能力目标】

能够理解财务会计的目标内涵，掌握会计要素的确认与计量原则；明确会计信息质量要求、会计核算的基本前提与核算基础。

1.1 财务会计的概念与特征

1.1.1 财务会计的概念

会计是适应人类生产实践和经济管理的客观需要而产生的，并随着生产的不断发展而发展，是为社会经济服务的。虽然会计是一种人的主观活动，是人们有意识地对客观经济过程做出的反应，但它既是社会经济管理必不可少的工具，同时其本身又是经济管理的组成部分。因此，任何社会的经济活动都离不开会计。伴随着社会经济的发展和会计学科的研究领域不断扩大，会计分化出许多分支，而每一分支都形成了一门学科，其中财务会计就是它的一个分支。财务会计是当代企业会计的一个重要组成部分，它在会计制度和会计原则的指导下，对企业已发生或已完成的经济业务或会计事项中能用货币计量的数据，按照一定的会计模式，对企业资金运动进行反映和控制，旨在为投资者、债权人及管理者提供在谋求增收节支、提高效益或进行理财决策时参考的会计信息。由于会计涉及社会经济的各个环节，因此站在不同的角度，可以对会计进行不同的分类：

（1）按其研究内容划分，其分支有基础会计、企业财务会计、管理会计、成本会计、政府与非营利组织会计、国际会计和理论会计等。

（2）按财务会计的内涵划分，有广义与狭义之分。广义上的财务会计包括企业财务会计、政府与非营利组织会计和国际会计；狭义上的财务会计仅指企业财务会计。在绝大多数情况下，财务会计系狭义上所指。

（3）按其服务主体不同，可分为财务会计和管理会计。财务会计主要为企业外部经济利益关系人提供有助于其正确进行经济决策的会计信息，因此财务会计又称对外报告会计。它是以会计法规为依据，以会计准则为指导，通过确认、计量、记录和报告等程序对企业已经发生的交易或事项进行加工与处理，并以财务报告的形式向有关各方提供企业的财务状况、经营成果与现金流转等方面的财务信息。其中，确认是将某一项目作为会计要素加以记录和列入财务报表的过程；计量是解决如何对会计要素在记录时和在报表中数量的描述问题；记录是将经过确认和计量的项目在账户中正式记载的过程；报告是以财务报表或其他财务报告的形式向信息使用者提供会计信息的过程。管理会计是以企业现在和未来的资金运动为对象，以提高经济效益为目的，为企业内部管理者提供经营管理决策的科学依据为目标而进行的经济管理活动。因此管理会计又称对内报告会计。

财务会计与管理会计同是现代会计两大分支，两者有各自的特点：第一，财务会计控制资金的占用，管理会计控制成本的发生。第二，财务会计遵循"凭证→账户（簿）→报表"这一会计基本模式。管理会计所用的会计方法比较灵活，视需要而定，管理会计要利用财务会计所提供的资料，资料不足时还要另辟资料来源。第三，财务会计提供的资料具有较大的概括性，既供企业内部经营管理之用，也供企业的上级领导部门、财政银行系统以及关心企业财务状况的各方面利用。管理会计提供的资料具有较多的针对性，它主要是满足企业在经营管理上解决某些特定问题的需要。第四，财务会计对数据的正确性要求比较严格，各项数据之间存在着相互勾稽关系。管理会计较多强调数据的决策有用性，对数据的正确性和勾稽关系的要求不如财务会计那样严格。

1.1.2　财务会计的特征

财务会计是在传统会计的基础上发展起来的一个重要的会计分支，作为相对独立的系统，财务会计有以下特征：

（1）财务会计的主要服务对象是企业外部。财务会计的目标主要是向企业的投资者、债权人、政府部门以及社会公众等外部使用者提供会计信息，以便他们了解企业的财务状况、经营成果和现金流量。而且要求财务会计提供的信息，能够反映企业整体情况，并着重历史信息。

（2）财务会计以财务报告为工作核心。财务会计作为一个会计信息，最终通过会计报表将会计信息反映出来，因此，财务报告是会计工作的核心，也是会计工作的最终成果。为了使财务会计对外输出的会计信息真实、合法、完整，财务报告的编制应当遵循公认会计原则，以客观态度、实事求是地对有关交易或事项进行反映。

（3）财务会计有一套比较科学、统一、定性的会计处理程序与方法。为了保证输出的会计信息能够满足外部信息使用者要求，财务会计信息加工处理运用了较为成熟的会计处理程序和方法，即通过复式记账系统、以权责发生制为基础的收入与费用的确认，以及会计计量采用历史成本原则。

（4）财务会计以公认会计原则为指导。公认会计原则是指导财务会计工作的基本原理和准则，是组织会计活动、处理会计业务的规范。公认会计原则由基本会计准则和具体会计准则所组成。作为补充，根据企业会计准则并结合行业特点，还制定了特殊行业会计制度，这都是我国财务会计必须遵循的规范。

1.2 财务报告的目标与基本要素

1.2.1 财务报告的目标

财务报告的目标也称会计目标，是指在一定的会计环境中，人们通过会计实践活动所期望达到的结果。因此，会计工作作为企业的一项重要的管理工作，它必然要为实现企业的经营目标服务，我国《企业会计准则——基本准则》将财务会计目标定位为"向财务会计报告使用者提供与企业财务状况、经营成果和现金流量等有关的会计信息，反映企业管理层受托责任履行情况，有助于财务会计报告使用者做出经济决策。"因此，我国财务报告目标要求，一方面向财务报告使用者提供决策有用的信息；另一方面要如实反映企业管理层受托责任的执行情况。它明确指出了财务报告应该向谁提供信息；提供哪些信息；怎样的信息才是对决策者有用，才是评价企业经营管理责任及资源使用效率的信息，即信息质量的标准如何。所以，财务报告的目标是以实现企业经营目标为根本前提，具体可以概括为以下两方面：

1. 向财务报告使用者提供决策有用的信息

企业编制财务报告的主要目的是为了满足财务报告使用者的信息需要，有助于财务报告使用者作出经济决策。因此，向财务报告使用者提供与企业财务状况、经营成果和现金流量等决策有用的信息是财务报告的基本目标。

财务报告使用者主要包括投资者、债权人、政府及其有关部门和社会公众等。为了更好地使稀缺资源在资本或其他市场上进行有效分配，实现向财务报告使用者提供决策有用信息的目标，财务报告所提供的会计信息应当如实反映企业所拥有或者控制的经济资源、对经济资源的要求权以及经济资源要求权的变化情况；如实反映企业的各项收入、费用、利得和损失的金额及其变化情况；如实反映企业各项经营活动、投资活动和筹资活动等所形成的现金流入和现金流出情况等，从而有助于现在的或者潜在的投资者正确、合理地评价企业的资产质量、偿债能力、盈利能力和营运效率等发展前景与能力；有助于投资者根据相关会计信息作出理性的投资决策；有助于投资者评估与投资有关的未来现金流量的金额、时间和风险等；有助于政府经济管理部门达到监管经济活动、制定经济政策和国民经济统计等宏观调控目标。

2. 反映企业管理层受托责任的履行情况

在现代公司制下，企业所有权和经营权相分离，企业管理层是受委托人之托经营管理企业及其各项资产，负有受托责任。即企业管理层所经营管理的各项资产基本上均为投资者投入的资本（或者留存收益作为再投资）或者向债权人借入的资金所形成的，企业管理层有责任妥善保管并合理、有效地使用这些资产。因此，财务报告应当反映企业管理层受托责任的履行情况，以便企业投资者和债权人评价企业的经营管理责任以及资源使用的有效性；并决定是否需要调整投资方向或者信贷政策，是否需要加强企业内部控制和其他制度建设，是否需要更换管理层，是否改变企业的总体战略和任务。

1.2.2　财务报告及其编制

财务报告，是指企业对外提供的反映企业某一特定日期的财务状况和某一会计期间的经营成果、现金流量等会计信息的文件。

财务报告包括财务报表和其他应当在财务报告中披露的相关信息和资料。其中，财务报表由报表本身及其附注两部分构成。附注是财务报表的有机组成部分；而报表至少应当包括资产负债、利润表和现金流量表等报表。全面执行企业会计准则体系的企业所编制的财务报表，还应当包括所有者权益（股东权益）变动表。

1.2.3　财务报告要素

财务报告要素是会计工作的具体对象，是会计工作用以反映企业财务状况，确定经营成果的因素。既是会计确认和计量的依据，也是确定财务报表结构和内容的基础。我国《企业会计准则》将其分为资产、负债、所有者权益、收入、费用和利润六类。

1. 反映企业财务状况的要素

（1）资产。资产是指企业过去的交易或事项形成的、由企业拥有或者控制的，预期会给企业带来未来经济利益或效用资源。这个定义强调了资产的三个特征：第一，资产预期会给企业带来预期经济利益和效用的经济资源。一项资产作为资源必须具有交换价值和使用价值，将来能够为企业带来经济利益。如果一项资源没有交换价值和使用价值，不能为企业带来经济利益，则不能作为资产确认。第二，资产应为企业拥有或控制的经济资源。一项资源要作为企业的资产予以确认，企业应拥有其所有权，企业可以按照自己的意愿使用或支配，但对于特殊方式形成的资产，企业虽然不拥有其所有权，但能够对其实施控制，按照实质重于形式的信息质量要求，也应当作为企业的资产予以确认。第三，资产是由企业过去的交易或事项形成的经济资源。因此必须是现时存在的而不是预期的。

资产按其流动性一般分为流动资产和非流动资产。流动资产是指预计能够在一个正常营业周期中变现、出售或耗用，或主要为交易目的而持有的资产。如货币资金、交易性金融资产、应收票据、应收账款、预付账款及存货等。非流动资产是指流动资产以外的资产。如果资产预计不能在一个正常营业周期中变现、出售或耗用，或者持有资产的主要目的不是为了交易，这些资产都应归类为非流动资产。如可供出售金融资产、持有至到期投资、长期股权投资、投资性房地产、固定资产、无形资产等。

（2）负债。负债是指企业过去的交易或事项形成的，预期会导致经济利益流出企业的现时经济义务。负债具有如下基本特征：第一，负债是企业承担的现时义务，包括法定义务和推定义务。第二，负债的清偿预期会导致经济利益流出企业。无论何种形式的负债，都是一种现时的义务，最终在履行该义务时会导致经济利益流出企业。第三，负债是由企业过去的交易或事项所形成的，因此负债是现时存在的义务而不是预期的。

负债按偿还期长短可分为流动负债和非流动负债。流动负债是指预计在一年（含一年）或超过一年的一个营业周期内偿还的债务。企业的流动负债项目很多，具体包括短期借款、应付票据、应付账款、预收账款、应付职工薪酬、应付股利、应交税费等。非流动负债是指流动负债以外的负债，一般偿还期在一年以上或者超过一年的一个营业周期以上，具体包括长期借款、应付债券和长期应付款等。

（3）所有者权益。所有者权益也称业主权益或股东权益，是指企业资产扣除负债后由所有者享有的剩余权益。所有者权益是企业的主要资金来源，其金额等于资产减去负债的差额，又称为净资产。因此，所有者权益表明企业的产权关系，即企业归谁所有。所有者权益具有如下特征：第一，所有者投入的资本不需要企业偿还，其形成的资产可供企业长期使用，其出资额依法登记后，不得随意抽回，除非企业发生减资、清算；第二，所有者投资形成的资产是企业偿债的物质保证；第三，所有者凭借其享有的权益能够参与企业利润分配。

所有者权益的来源包括所有者投入的资本、直接计入所有者权益的利得和损失（其他综合收益）、留存收益等。

① 投入资本，主要包括实收资本和资本公积。实收资本，指投资者按照企业章程，或合同、协议的约定，实际投入企业的资本。在股份有限公司中，实收资本即为股本，即按股票面值或核定的股本缴入的资本部分。实收资本（股本）是投资人分配利润的依据，投资各方通常需要按照各自投资的份额分配利润。资本公积，指归所有者所共有的，非收益转化而形成的资本。包括企业收到投资者出资额超过其在注册资本或股本中所占份额的部分，以及直接计入所有者权益的利得和损失。

② 直接计入所有者权益的利得和损失。利得是指由企业非日常活动所形成的、会导致所有者权益增加的、与所有者投入资本无关的经济利益的流入；损失是指由企业非日常活动所发生的、会导致所有者权益减少的、与向所有者分配利润无关的经济利益的流出。

其他综合收益，是指企业根据会计准则规定未在当期损益中确认的各项利得和损失。主要包括：一是以后会计期间不能重分类进损益的其他综合收益项目，如按照权益法核算的在被投资单位不能重分类进损益的其他综合收益变动中所享有的份额等；二是以后会计期间在满足规定条件时将重分类进损益的其他综合收益项目，如按照权益法核算的在被投资单位可重分类进损益的其他综合收益变动中所享有的份额；其他权益工具投资或其他债权投资公允价值变动形成的利得或损失；自用房地产或作为存货的房地产转换为以公允价值模式计量的投资性房地产在转换日公允价值大于账面价值部分。

③ 留存收益，来源于企业资本增值，是指企业从历年实现的利润中提取或形成的留存于企业的积累。留存收益主要包括盈余公积和未分配利润。盈余公积，指企业按税后利润一定比例提取的法定盈余公积、法定公益金，以及按投资者确定的比例从税后利润中计提的任意盈余公积。未分配利润，指企业历年来结存的尚未分配的税后利润。

2. 反映企业经营成果的要素

（1）收入。收入有广义和狭义之分，狭义的收入是指营业收入，指企业在日常活动中形成的、会导致所有者权益增加的与所有者投入资本无关的经济利益的总流入。它包括商品销售收入、劳务收入、利息收入、使用费收入、租金收入、股利收入等。广义的收入除包括狭义的收入外，还包括非日常活动中所形成的经济利益的流入，即利得。会计上通常所指的收入是狭义收入。

根据收入的定义，收入具有两个本质特征：第一，收入应当源自企业的日常活动。不包括偶尔发生的活动，如处置固定资产的净收益或转让无形资产所有权产生的净收益等。也不包括股东投资、企业借债而增加的现金流入。第二，收入是可以重复且持续发生的。收入按企业经营业务的主次可分为主营业务收入和其他业务收入。主营业务收入，指企业日常活动中主要经营活动获得的收入，通常可以通过营业执照上注明的主营业务范围来确定。其他业务收入，指通过主营业务外其他经营活动获得的收入。

（2）费用。费用有广义和狭义之分，狭义费用是指企业在日常活动中发生的、会导致所有者权益减少的、与向所有者分配利润无关的经济利益的总流出。包括与销售商品等所产生的收入直接相关的销售成本以及与具体收入无关但与一定期间总收入相关的期间费用，如管理费用、销售费用、财务费用等。广义费用除包括狭义的费用外，还包括非日常活动中所形成的、与向所有者分配利润无关的经济利益流出，即损失。会计上通常所指的费用是狭义费用。

费用和损失既有共同点，又有不同点。共同点，它们都会导致业主权益即资本的减少；而不同点，费用仅仅指与商品或劳务的提供相联系的耗费，而损失只是一种对收益的纯扣除。

费用与成本概念既有区别，又有联系。费用是资产的耗费，成本是取得资产的代价，或是对象化的费用。

根据狭义费用的定义，费用主要包括产品销售成本、其他业务成本、管理费用、销售费用、财务费用等。

（3）利润。利润是指企业在一定会计期间的经营成果。利润包括收入减去费用后的净额、直接计入当期利润的利得和损失等。

利润有营业利润、利润总额和净利润。营业利润是企业日常经营活动的利润，由主营业务利润、其他业务利润、期间费用（营业费用、管理费用和财务费用）合并后的确定的数额。利润总额又称税前利润，是在营业利润的基础上，加上直接计入当期利润的利得和损失后的金额。净利润是指利润总额减去所得税后的金额，又称税后利润。

以上六大财务会计要素相互影响、密切联系、全面综合地反映了企业的经济活动。

1.3　会计确认与计量

会计确认与计量是财务会计为实现会计目标所使用的特有技术，是财务会计依据基本准则对会计要素建立的完整体系，也是财务会计的核心内容。

1.3.1　会计确认

所谓确认，是将某一项目作为一项资产、负债、所有者权益、收入、费用或其他要素正式地列入财务报表的过程。一个已被确认的项目，要同时以文字和数字加以描述，其金额包括在报表总计之中。例如，对于一笔资产或负债，不仅要记录该项目的取得或发生，还要记录其后发生的变动，包括从财务报表中予以消除的变动。

会计确认有狭义和广义之分。狭义的会计确认只包括何时是否应当记录和报告。广义的会计确认包括了会计记录、计量和财务报告编报三个过程。美国财务会计准则委员会在第 5 号《财务会计概念公告》中把确认定义为："是将某一项目，作为一项资产、负债、营业收入、费用等正式记入或列入某一主体的财务报表的过程。它包括同时用文字和数字表达某一项目，其金额包括在财务报表的合计数中。对于一项资产或负债，确认不仅要记录该项目的取得或发生，而且要记录随后的变动，包括导致该项目从财务报表上予以剔除的变动。"

1. 确认的范围

确认的范围包括记录、计量和报告。对记录来说，确认主要指：（1）是否有项目应作为要素进入会计系统予以录入；（2）何种要素应当记录；（3）何时应予记录。确认之所以重要，正是因为它代表会计行为中的识别、选择和判断（即决策阶段）。只有正确地进行确认，才能正确地记录和报告，也才能产生对会计信息使用者决策有用的信息，而正确的确认又主要依靠会计人员的专业素质修养和职业道德水准。

2. 确认的过程

作为一个程序和过程，确认对大多数交易和事项所应予以记录和报告的项目可能一次完成。例如，发生的费用，如电费，由于购入的该项劳务（能源）当时就能消耗掉，已记录的项目不可能发生后续的变动，因此这类交易和事项只需要一次确认即可完成。但是，由于确认涉及对记录和报告两个程序的决策，所以我们仍然可以认为，一切交易和事项都要经过初步确认编制记录，然后通过再次确认予以报告。

3. 确认的标准

美国财务会计准则委员会在第五辑《论财务会计概念》即《企业财务报表项目的确认和计量》中，要求确认一个项目和有关的信息，要符合四个基本确认标准。凡符合四个标准的，均应在效益大于成本及重要性这两个前提下予以确认。这四个标准是：（1）可定义性，即被确认的项目应符合财务报表某个要素的定义；（2）可计量性，即被确认的会计要素必须能够用货币进行计量；（3）相关性，即被确认的会计要素应当对信息使用者有用；（4）可靠性，即被确认的会计信息是真实的、可验证的和不偏不倚。

我国会计准则对满足要素定义的项目，如果满足了以下标准，就应当加以确认：（1）与该项目有关的任何未来经济利益可能会流入或流出企业；（2）该项目具有能够可靠计量的成本或价值。

1.3.2 会计计量

会计计量是指为了将符合条件的会计要素登记入账并列报于财务报表而确定其货币金额的过程。计量问题是财务会计的核算问题。从计量概念来说，计量主要是由计量单位和计量属性两方面内容构成，它们之间的不同组合形成了不同的计量模式。

1. 计量单位

在计量过程中，货币一直充当着记账的单位或通用标准。然而，货币所具有的两重特性，给会计计量带来了一个需要解决的问题，即货币的购买力的变动。相应地，计量单位就存在两种选择：一是名义货币，即各国流通货币的法定单位。二是货币的购买力。按照国际会计惯例，在不存在恶性通货膨胀的情况下，一般都以名义货币作为计量单位，而不考虑其购买力的变化对企业财务信息产生的影响。

2. 计量属性

计量属性是指计量对象所具有的性质和特征。如购买一项生产用固定资产，其特征应当是使用；而购买一项投资性房地产，其特征应当是出售或出租。前者人们关注的是使用价值问题，而对价值变动可能不太关心；后者的价值变动则是人们关注的重点。因此，要对某一会计要素进行计量，就必须考虑计量对象的属性，即计量属性。会计的计量属性主要包括历史成本、重置成本、可变现净值、现值和公允价值等。

（1）历史成本。历史成本又称实际成本，是指企业取得或建造某项财产物资时所实际支付的现金及其等价物。在历史成本计量下，资产按照其购置时支付的现金或现金等价的金额，或是按照为购置资产时所付出的对价的公允价值计量。负债按照因承担现时义务而实际收到的款项或资产的金额，或者承担现时义务的合同金额，或者按照日常活动中为偿还负债预期需要支付的现金或者现金等价物的金额加以记录的。

（2）重置成本。重置成本也称现时成本，是指如果在现时重新取得相同资产或其相当资产将会支付的现金或现金等价物。在重置成本计量下，资产是按照目前购买相同或类似资产所需支付现金或现金等价物的金额加以记录的；负债是按照目前偿付该项债务所需支付现金或现金等价物的金额加以记录的。

（3）可变现净值。可变现净值是指资产在正常经营状态下可带来的未来现金流入或将要支付的现金流出。在可变现净值计量下，资产按照正常对外销售所能收到现金或现金等价物的金额扣减该资产至完工时估计将发生的成本、估计的销售费用及相关的税金后的金额加以记录的。

（4）现值。现值是指在正常经营状态下资产所带来的未来现金流入量的现值，减去为取得流入量所需的现金流出量现值。在现值计量下，资产按照预计从其持续使用和最终处置中所产生的未来净现金流入量的折现金额计量；负债按照预计期限内需要偿还的未来净现金流出量的折现金额计量。该计量属性考虑了货币时间价值。

（5）公允价值。公允价值是指在公平交易中，熟悉情况的交易双方自愿进行资产交换或债务清偿的金额。公允价值既可以是基于事实性交易的真实市价，也可以是基于假设性交易的虚拟价格。

计量属性的选择取决于财务报告使用者的信息需要。由于各种不同类型的使用者对信息的需求情况是不可能完全相同的，因此对计量属性的选择也存在着差别。在各种会计计量属性中，明显可以看出可靠性和相关性的权衡。如历史成本十分可靠，但缺乏相关性；公允价值十分相关，但可靠程度不够。作为会计信息的首要质量，在对两者进行权衡时，人们更关心的是可靠性。所以，企业在对会计要素进行计量时，一般应当采用历史成本，而在采用重置成本、可变现净值、现值或公允价值计量时，应当保证所确定的会计要素金额能够取得并能可靠计量。

1.4 会计核算基本前提和会计信息质量要求

1.4.1 会计核算基本前提

会计核算是在一定的经济环境下进行的，而特定的经济环境中必然存在着各种不确定因素，面对这些变化不定的经济环境，对会计核算对象作出一些合理的假设和基本规定，以保证会计核算正常进行。所谓会计核算基本前提是指一般在会计实践中长期奉行，无须证明便为人们所接受，是从事会计工作、研究会计问题的前提条件，是企业设计和选择会计方法的重要依据。

我国《企业会计准则》规定，会计核算的基本前提包括会计主体、持续经营、会计分期和货币计量四个前提。

1. 会计主体

会计主体又称会计实体，是指会计所服务的特定单位。这一基本前提的主要意义在于界定了从事会计工作和提供会计信息的空间范围，即明确为谁核算，核算谁的经济业务。根据这一前提，会计处理的数据和提供的信息，必须严格限制在一个独立核算的经济实体之内。只有这样，才能使某一主体的资产、负债、所有者权益、收入、费用和利润，与其他主体区分开来。同时这一假设也将企业或主体的活动与投资者个人活动区分开来。也就是说，财务会计不反映投资者个人经济活动及其财务状况等信息，它仅对企业或主体的经济活动所形成的数据进行加工处理并报告有关该企业或主体的财务状况、经营成果及现金流量等信息。在理解会计主体假设时，要注意会计主体与法律主体之间的关系。会计主体可以是法人，如企业、事业单位；也可以是非法人，如合伙经营组织；可以是一个企业，也可以是企业中的内部单位，如企业的分公司；可以是单一企业，也可以是几个企业组成的联营公司或企业集团。

2. 持续经营

持续经营是指会计核算应以企业持续正常的生产经营状况为前提，在可以预见的未来，会计主体不会因进行清算、解散或倒闭而不复存在。这一基本前提的主要意义在于，使会计核算与监督建立在非清算的基础上，从而解决了资产计价、负债清偿和收益确认的问题。既然不会破产和清算，企业拥有的各项资产就在正常的经营过程中耗用、出售或转让，承担的债务也在正常的经营过程中清偿，经营成果就会不断形成。只有具备了这一前提条件，才能够以历史成本作为企业资产的计价基础，才能够认为资产在未来的经营活动中可以给企业带来经济效益，固定资产的价值才能按照使用年限的长短以折旧的方式分期转为费用。对一个企业来说，如果持续经营这一前提条件不存在了，那么一系列的会计准则和会计方法也相应地会丧失其存在的基础，所以作为一个会计主体必须以持续经营作为前提条件。

3. 会计分期

会计分期是会计主体持续不断的经营过程被人为地划分为若干连续的、等距离的时间"间隔"，以便分期结算账目和编制会计报表，从而及时地提供有关财务状况和经营成果的会计信息，满足有关信息使用者进行决策的需要。其主要意义是界定会计核算的时间范围，为分期计算盈亏奠定了基础。有了会计分期的基本前提，会计核算才能够定期提供信息，满足不同的会计信息使用者的需求。

会计分期主要是确定会计年度。我国会计年度与财政年度相一致，按公历年度计算，即每年的 1 月 1 日至 12 月 31 日。会计分期分为年度和中期。中期是指短于 1 个完整的会计年度的报告期间。

4. 货币计量

货币计量是指会计核算以货币作为计量经济活动的主要单位。这一基本前提的主要意义在于，通过一般等价物的货币，以数量形式综合反映企业的财务状况和经营成果。在商品经济条件下，最理想的计量手段就是货币，它是一般等价物，能用以计量一切资产、负债和所有者权益，以及收入、费用和利润。但货币本身也有价值，它是通过货币的购买力或物价水平表现出来的。在市场经济条件下，物价水平总在不断变动，说明币值并不稳定，那么就不可能准确地计量。因此，货币计量基本前提实际上隐含着另一种假定——币值保持不变。在我国一般均以人民币作为记账本位币，以外币结算为主的企业也可选择某一外币作为记账本位币。

1.4.2 会计基础

我国《企业会计准则——基本准则》规定，企业的会计确认、计量和报告应当采用权责发生制。权责发生制又称应计制，是企业用来确认报告期内的收入和费用的基础之一。权责发生制企图把成果或损失归入导致发生收入或支出的那个报告期，而不归之于实际收付现金的那个报告期。它的操作规则是：凡是本期已经实现的收入和已经发生或应负担的费用，不论款项是否收付，都应作为本期收入和费用处理；凡是不属于本期的收入和费用，即使款项在本期收付，也不应作为本期的收入和费用。由此可知，实行权责发生制，必须辨明收入和费用的应归属期与收支期间。收入和费用的应归属期是指应获得收入或应负担费用，即创造收入的会计期间或费用受益的会计期间。收入和费用的收支期间，是指收入收到了现款或费用付出了现金的会计期间。

权责发生制解决了收入和费用何时予以确认、确认多少的问题。根据权责发生制进行收入和费用的核算，能够准确地反映特定会计期间真实的财务状况和经营成果。

与权责发生制相对应的是收付实现制。在收付实现制下，对收入和费用的入账，完全按照款项实际收到或支付的日期为基础来确定它们的归属期。

1.4.3 会计信息质量要求

财务报告目标在于提供会计信息，以帮助投资者和债权人等信息使用者作出经济决策。因此，财务会计提供什么样的信息，以保证决策者的决策有用至关重要。以"决策有用性"衡量会计信息质量，也是考核和评价会计工作质量高低的重要标准。但"决策有用性"是一个十分笼统而广泛的名词或概念，在评价信息的效用时，要更多地注重会计信息对使用者有用应具备的基本特征，即所有对决策有用的会计信息在质量上必须达到一定的质量要求。

我国《企业会计准则——基本准则》对会计信息质量提出了明确的要求：

1. 可靠性

可靠性是指会计信息必须是客观的和可验证的。信息如果不可靠，不仅无助于决策，而且还可能造成错误的决策。因此，可靠性是会计信息的重要质量特征。一项信息是否可靠可就其三个组成因素加以衡量，即真实性、可核性和中立性。

（1）真实性。它是指一项计量或叙述，与其所要表达的现象或状况一致或吻合，即会计核算应当以实际发生的交易或者事项为依据进行会计确认、计量和报告，保证会计信息真实可靠、内容完整。

（2）可核性。它是指信息经得住复核和验证，即具有相近背景不同个人分别采用同一计量方法，对同一事项加以计量，能得出相同或相似结果。

（3）中立性。它是指会计信息应不偏不倚，不带主观成分。中立性与无偏见是紧密联系在一起的，但两者之间还是有些区别。中立性意味着对预知的结果不掺杂偏向，而是由使用者自己去判断。

2. 相关性

相关性是指与决策有关，具有改变决策或导致决策差异的能力。相关信息是指与正在处理中的事项具有某种关联的信息。一项信息是否具有相关性，主要由两个因素决定，即预测价值和反馈价值。

（1）预测价值。如果一项信息能帮助决策者预测现在及未来事项的可能结果，则此项信息就具有预测价值。决策者可以根据预测的可能结果，作出最佳决策。因此，预测价值是相关性重要因素，它具有改变决策的能力。

（2）反馈价值。一项信息能使决策者证实或更正过去决策时的预期结果，即具有反馈价值。把过去决策所产生的实际结果反馈给决策者，使之与当初作决策时所预期的结果相比较，即知过去的预期是否有误，将来再作同样决策时可将其作为参考。因此，反馈价值有助于未来决策。

反馈价值与预测价值往往同时并存或交互影响。例如，一家公司所提供的季报，对于该季的绩效具有反馈价值，而对该年度的绩效则具有预测价值。

3. 可理解性

可理解性是指会计信息必须能够被使用者理解，即要求企业提供的会计信息应当清晰明了，便于使用者理解和使用。信息若不能被使用者理解，即使质量再好，也没有任何用途。信息是否被使用者理解，受下列两个因素的制约：一是使用者的特点，如掌握经济知识的广度和深度，愿意钻研与否；二是信息固有特征，会计人员应尽可能传递表达易被人理解的会计信息。只能为少数人所理解或使用的信息应不予提供，但也不能仅仅由于有些人理解有困难，而把重要的有关信息排除在外。

4. 可比性

可比性是指一个企业的会计信息与其他企业的同类会计信息尽量做到口径一致，相互可比。为了达到可比性，企业对相同的经济事项应采用相同的会计原则或方法，而不同的经济事项则采用不同的会计原则或方法。

可比性包括横向可比和纵向可比。横向可比是指不同企业发生的相同或者相似的交易或者事项，应当采用会计准则统一规定的会计政策，确保会计信息口径一致，即统一性。而纵向可比是指同一企业不同时期发生的相同或者相似的交易或者事项，应当采用前后一致的会计政策，不得随意变更，即一贯性。因此，统一性和一贯性是构成可比性的两个因素，但一贯性并不意味着企业绝对不能变更会计原则或方法。

5. 实质重于形式

实质重于形式要求企业应当按照交易或者事项的经济实质进行会计核算，而不应当仅仅按照它们的法律形式作为会计确认、计量的依据，如实反映企业的财务状况、经营成果和现金流量等信息。

在会计实务中，有诸多的交易或事项需要进行会计判断。然而，大多数交易或事项具有相同的形式，却具有不同的实质。例如，融资租赁、销售回购等是实质重于形式原则的具体体现。

6. 重要性

重要性是指当一项会计信息被遗漏或错误地表达时，可能影响依赖该信息的人所作出的判断，简而言之，该项信息的重要性大到足以影响决策。

企业的经济业务纷繁复杂，如果将所有零散的经济数据全部转化成会计报表中详细罗列的指标，不但没有必要，而且还会冲淡重点，有损于会计信息的使用价值，甚至影响决策。因此，强调重要性，就是达到既要提高会计核算效益，减少不必要工作量；又能使会计信息分清主次，突出重点的目的。

一项信息是否重要，应否单独提供或揭示，应视其本身的性质及相关情况而定。在很大程度上取决于会计人员的职业判断。但一般来说，重要性可以从质和量两方面进行判断。从质上讲，只要该会计事项发生就可能对决策有重大影响的，属于具有重要性的事项。从量上讲，当某一会计事项的发生达到总资产的一定比例（如5%）时，一般认为其具有重要性。

7. 谨慎性

谨慎性是指企业对不确定的结果，应确认可能的损失，而不确认可能的收益；对确定的结果，如果存在两种或两种以上的方法，应当选择使资产或收益低、负债或费用高的方法。企业经营业务处处有风险，因此谨慎性要体现于会计确认、会计计量的全过程，从而使各期的经营成果更加真实。但是，谨慎性原则的使用必须合理、要审时度势、谨慎小心，从保护企业的前提出发，而不是为蓄意多计费用、少计利润寻找借口，否则将会影响会计确认、计量的客观性，造成会计秩序的混乱。

8. 及时性

及时性是指信息应在失去影响决策的能力之前提供给决策者。会计信息的价值在于帮助使用者作出决策，失去时效，成为历史资料，会事过境迁，无助于决策。为了保证会计核算能够提供有价值的信息，企业会计核算应当做到以下三个方面：一是要求及时收集会计信息，即在经济业务发生后，及时收集整理各种原始单据或者凭证；二是要求及时处理会计信息，即按照企业会计准则的规定，及时对经济交易或事项进行确认、计量，并编制出财务报告；三是要求及时传递会计信息，即按照国家规定的期限，及时地将编制的财务报告传递给财务报告使用者，便于其及时使用和决策。

及时性，它是附属于相关性的，及时提供的信息如不相关，就成为无用的信息；但相关的信息如果不能及时提供，相关的信息则肯定会变为不相关的信息。

【本章小结】

（1）本章需完成任务包括：①财务会计概念与特征；②财务会计目标与要素；③财务会计确认、计量基本原则与基础；④会计核算基本前提和会计信息质量要求。

（2）学习完本章学生应掌握：①财务报告目标的内涵；②会计确认与计量原则和基础；③会计信息质量特征与要求。

（3）完成本章若干学习任务应深刻理解：①财务会计的含义及特征；②财务报告要素的内涵与构成；③会计核算的基本前提；④会计计量的属性。

（4）完成学习任务应学会运用：①在会计核算中各种计量属性的选择与应用；②会计信息质量在会计核算中的具体应用。

第 2 章

货币资金核算

【学习目标】

通过本章学习，深刻理解库存现金的管理、银行存款的管理及核算；掌握支付结算的方式及其会计处理；掌握库存现金的期末清查核算；了解其他货币资金的核算。

【能力目标】

能够正确登记库存现金、银行存款日记账；学会运用支付结算方式；对库存现金期末清查核算能够正确处理；熟悉编制银行存款余额调节表。

【任务提示】

货币资金是企业流动性最强的资产，是企业资金运动的起点和终点。下述是涉及货币资金的一系列的原始凭证，如现金存款凭证、库存现金盘点表、现金支票、转账支票、银行汇票、银行本票、商业汇票、信汇凭证、托收凭证等，在会计上应如何进行货币资金日常收付核算及管理，就是我们这章要解决的主要问题。

2 – 1 – 1/2

收款收据

2019年12月4日　　　　№191204

交款单位　张宏斛

人民币（大写）　陆佰捌拾元整　　　　　¥680.00

系　为　付　购买壹个油泵 DLLA16　　　现金收讫

收款单位（盖章有效）

财务 肖英　　　经手人 夏国清

③财务记账联

2 - 1 - 2/2

中国工商银行 现金存款凭证
INDUSTRIAL AND COMMERCIAL BANK OF CHINA

2019 年 12 月 4 日

存款人	全 称	江西九瑞油泵油嘴有限公司			
	账 号	34520294168		款项来源	货款
	开户行	工行九江莲花支行		交款人	肖英

| 金额大写 | 陆佰捌拾元整 | | | 金额小写 | ￥680.00 |

票面	张数	金额	票面	现金张数	金额
100.00	6	600.00	50.00	1	50.00
20.00	1	20.00	10.00	1	10.00

经办 复核

第三联 缴款人入账通知

（印章：中国工商银行九江莲花支行 2019年12月4日 现金数讫）

2 - 2

库存现金盘点报告表

2019 年 12 月 31 日   单位：元

币种	实存金额	账存金额	盘 盈	盘 亏	原 因
人民币	3 560	3 500	60		无法查明
处理意见	清查小组 调整账面价值并报批 签章：蒙有才		领导审批 同意转做营业外收入 签章：陈俊杰 2019 年 12 月 31 日		

复核： 蒙有才   制表：肖英

第二联 报批后记账

2 - 3

中国工商银行（赣）
现金支票存根联
BN 02 06597925

附加信息：
支票号 06597925

出票日期 2019 年 12 月 3 日
收款人：九瑞油泵公司
金 额：￥2 000.00
用 途：备用金

单位主管   会计

本支票付款期限为十天

中国工商银行 现金支票（赣）实习
BN 02 06597925

出票日期(大写) 贰零壹玖年 壹拾贰月零叁日   付款行名称：工行九江莲花支行
收款人：江西九瑞油泵油嘴有限公司   出票人账号：34520294168

人民币(大写)	贰仟元整	亿	千	百	十	万	千	百	十	元	角	分
					￥	2	0	0	0	0	0	0

用途 备用金
上列款项请从
我账户内支付
出票人签章

复核   记账

（印章：江西九瑞油泵油嘴有限公司 财务专用章；陈俊杰印）

2 - 4 - 1/2

中国工商银行（赣）
转账支票存根联
BN
02 06367012

附加信息：
支票号 06367012

出票日期 2019年 12月3日
收款人： 正宇钢铁公司
金 额：￥2 260.00
用 途： 付货款

单位主管   会计

本支票付款期限为十天

中国工商银行 转账支票（赣）实习
BN
02 06367012

出票日期(大写) 贰零壹玖年 壹拾贰月零叁日   付款行名称：工行九江莲花支行
收款人：江西正宇钢铁铸造有限公司   出票人账号：34520294168

人民币
(大写) 贰仟贰佰陆拾元整

亿	千	百	十	万	千	百	十	元	角	分
				￥	2	2	6	0	0	0

用途 支付货款
上列款项请从
我账户内支付
出票人签章

杰陈
印俊

复核   记账

2 - 4 - 2/2

中国工商银行 进账单（回单）
2019 年 12 月 3 日   1

出票人	全 称	江西九瑞油泵油嘴有限公司	收款人	全 称	江西正宇钢铁铸造有限公司
	账 号	34520294168		账 号	56098554028
	开户银行	工行九江莲花支行		开户银行	中行南昌青山湖支行

金额	人民币(大写) 贰仟贰佰陆拾元整	千	百	十	万	千	百	十	元	角	分
					￥	2	2	6	0	0	0

票据种类	转账支票	票据张数	1
票据号码	06367012		

复核   记账

中国工商银行九江莲花支行
2019. 12. 03
核算用章（03）

开户银行盖章

此联是开户银行交给出票人的回单

2 - 5 - 1/3

中国工商银行汇票申请书（存根）   1   第 1201 号

申请日期 贰零壹玖 年壹拾贰 月壹拾贰 日

申请人	江西九瑞油泵油嘴有限公司	收款人	江西新天钢铁有限公司
账 号 或住址	34520294168	账 号 或住址	25879045316
用 途	购买钢材	代理 付款行	

汇款金额 人民币(大写) 贰拾万元整   ￥ 200 000.00

备注

杰陈
印俊

江西九瑞油泵油嘴有限公司
财务专用章

| 科目(借) | |
| 对方科目(贷) | |

中国工商银行九江莲花支行
2019. 12. 12
核算用章（03）

财务主管 张有才   复核   经办

此联申请人留存

2 – 5 – 2/3

中国工商银行 INDUSTRIAL AND COMMERCIAL BANK OF CHINA　　　　业务收费凭证

2019年 12月12日

户名：江西九瑞油泵油嘴有限公司　　　　　账号：34520294168

项目	起止号码	数量	金额				
			工本费	邮电费	手续费	其他	小计
银行汇票申请手续费					35.00		35.00
合　计							35.00

大写金额：（人民币）叁拾伍元整　　　　　　　　　　备注：

划款方式 □现金 ■转账

第三联 回单联

2 – 5 – 3/3

中国工商银行

付款期限　壹个月

银 行 汇 票　2　　　19859201

贰零壹玖 年壹拾贰 月壹拾叁 日

出票日期（大写）

代理付款行　　行号

收款人：江西新天钢铁有限公司　　账号：25879045316

出票金额 人民币（大写）　壹拾万元整　　　　　　（压数机压印出票金额）

实际结算金额 人民币（大写）

千	百	十	万	千	百	十	元	角	分

申请人：江西九瑞油泵油嘴有限公司　　账号：34520294168

出票行：工行九江莲花支行　行亏：2508

密押：

备 注：采购材料　2508

凭票付款

出票行签章

多余金额

百	十	万	千	百	十	元	角	分

复核　记账

此联代理付款行付款后作联行往账借方凭证附件

2-6-1/2

中国工商银行本票申请书(存根)　第 091245 号

申请日期　贰零壹玖 年壹拾贰 月零陆 日

申请人	江西九瑞油泵油嘴有限公司	收款人	贵溪市长盛钢铁有限公司
账 号或地址	3452 0294168	账 号或地址	68437556123
用途	购买轴承钢	代 理付款行	

申请金额　人民币（大写）　壹拾伍万元整　　千 百 十 万 千 百 十 元 角 分　¥ 1 5 0 0 0 0 0 0 0

上列款项请从我账户内支付

申请人盖章

杰陈印俊

科 目(借)
对方科目(贷)
转账日期　年　月　日

复核　记账

收讫 (1)

2019年12月6日

2-6-2/2

中国工商 银行　2　0245070

付款期限　贰个 月

本 票

出票日期　贰零壹玖 年壹拾贰 月零陆 日
（大写）

收款人:贵溪市长盛钢铁有限公司	申请人:江西九瑞油泵油嘴有限公司

凭票即付 人民币（大写）　壹拾伍万元整　　（压数机压印出票金额）

转账■　现金□

备注：

2508
本票专用章

出票行签章　　出纳　　复核　　经办

此联出票行结清本票时作借方凭证

2 - 7

ICBC ⑧ 中国工商银行　　　　　　　　**业务回单**（收款）

日期：2019 年 12 月 13 日
回单编号：173550000009
付款人户名：九江市晨泰精密电机厂　　　　　　　付款人开户行：工行九江新港支行
付款人账号（卡号）：41035478115
收款人户名：江西九瑞油泵油嘴有限公司　　　　　收款人开户行：工行九江莲花支行
收款人账号（卡号）：34520294168
金额：壹万元整　　　　　　　　　　　　　　　　小写：10 000.00 元
业务（产品）种类：结算业务凭证　　凭证种类：000000000　　凭证号码：00000000000000
摘要：货款　　　　　　　　用途：　　　　　　　　币种：人民币
交易机构：0150602180　　记账柜员：00023 交易代码：52093　　渠道：其他
产品名称：
费用名称：
应收金额：10 000.00　　实收金额：10 000.00　　　收费渠道：

本回单为第一次打印，注意重复　　打印日期：2019 年 12 月 14 日　　打印柜员：0　验证码：A981CCDB9124

2 - 8

ICBC ⑧ 中国工商银行　　　　　　　　**业务回单**（付款）

日期：2019 年 12 月 15 日
回单编号：173550000215
付款人户名：江西九瑞油泵油嘴有限公司　　　　　付款人开户行：工行九江莲花支行
付款人账号（卡号）：34520294168
收款人户名：江西汇尔油泵油嘴有限公司　　　　　收款人开户行：工行九江莲花支行
收款人账号（卡号）：26359545301
金额：壹万元整　　　　　　　　　　　　　　　　小写：10 000.00 元
业务（产品）种类：结算业务凭证　　凭证种类：000000000　　凭证号码：00000000000000
摘要：货款　　　　　　　　用途：　　　　　　　　币种：人民币
交易机构：0150602160　　记账柜员：00011 交易代码：52031　　渠道：其他
产品名称：
费用名称：
应付金额：10 000.00　　实付金额：10 000.00　　　收费渠道：

本回单为第一次打印，注意重复　　打印日期：2019 年 12 月 16 日　　打印柜员：0　验证码：A981CCDB9124

2 - 9

2-10

兴业证券公司

九江营业部客户存款凭条

流水号：012869		2019 年 12 月 5 日	[存款]
户名：江西九瑞油泵油嘴有限公司	资金账号：34520294213		委托人签名
存入金额：￥300 000.00	余额：1 300 000.00		肖英
九江账号：34520294168			

财务专用章

| | 操作员：毛佳 | 复核员：曾婷 |

2-11-1/2

3600184130　　江西增值税专用发票　　No 12054288

校验码 12478 36541 25478 12538　　开票日期：2019 年 12 月 13 日

购买方	名　称：江西九瑞油泵油嘴有限公司	密码区	3*16<98*->532*-536//32<65<*32+6/62<65<*3 12+325-616<74>29312-8-35<56>>92+389-65<8 7-055-456<78>25613-8-53>20>542+365-73<6 32<764>534//33-8-895<126>>37592+147-41<3
	纳税人识别号：91360402309264078N		
	地址、电话：九江市莲花路 128 号 8189866		
	开户行及账号：工行九江莲花支行 34520294168		

货物或应税劳务、服务名称	规格型号	单位	数量	单价	金额	税率	税额
*黑色金属冶炼压延品*圆钢	Φ18	吨	20	5 000.00	100 000.00	13%	13 000.00
合　计					￥100 000.00		￥13 000.00

价税合计（大写）　壹拾壹万叁仟圆整　（小写）￥113 000.00

销售方	名　称：江西新天钢铁有限公司	备注	江西新天钢铁有限公司 发票专用章
	纳税人识别号：91360411052546655N		
	地址、电话：九江市经济开发区城西港区路 67 号 0792-8183432		
	开户行及账号：工商银行九江经开区支行 25879045316		

收款人：张华　　复核：李火龙　　开票人：张华　　销售单位：（章）

2-11-2/2

| 付款期限 壹个月 | 中国工商银行 | | 4 | 19859201 |

银行汇票（多余款收账通知）

出票日期（大写）　贰零壹玖 年壹拾贰 月壹拾叁 日

此联代理付款行付款后作联行往账借方凭证附件

代理付款行：工行南昌海淀支行	行号：23232
收款人：江西新天钢铁有限公司	账号：25879045316
出票金额 人民币（大写）　贰拾万元整	

（压数机、压印出票金额）

| 实际结算金额 人民币（大写）　壹拾壹万叁仟元整 | 千百十万千百十元角分 ￥ 1 1 3 0 0 0 0 0 |

| 申请人：江西九瑞油泵油嘴有限公司 | 账号：34520294168 |
| 出票行：工行九江莲花支行　行号：2508 | 核算用章（03） |

中国工商银行九江莲花支行
2019.12.13

		左列退回多余金额已收入你账户内
备　注：采购材料	多余金额	
出票签章：	百十万千百十元角分	
2019 年 12 月 13 日	￥ 8 7 0 0 0 0 0	

2.1　库存现金核算

库存现金是指通常存放于企业财会部门、由出纳人员经管的货币。库存现金是企业流动性最强的资产，企业应当严格遵守有关现金管理制度，正确进行现金收支的核算，监督现金使用的合法性与合理性。

2.1.1　库存现金管理

1. 库存现金开支范围

（1）职工工资、津贴；（2）支付给个人的劳动报酬；（3）根据国家规定颁发给个人的科学技术、文化艺术、体育等各种奖金；（4）各种劳保、福利费用以及国家规定的对个人的其他支出；（5）向个人收购农副产品和其他物资的价款；（6）出差人员必须随身携带的差旅费；（7）结算起点（1 000 元人民币）以下的零星支出；（8）中国人民银行确定的需要支付现金的其他支出。

2. 库存现金的限额

库存现金限额是指为保证各单位日常零星支付按规定允许留存的现金最高数额。库存现金的限额，由开户行根据开户单位的实际需要和距离银行远近等情况核定。其限额一般按照单位 3～5 天日常零星开支所需现金确定，远离银行机构或交通不便的单位可依据实际情况适当放宽，但最高不得超过 15 天。

3. 库存现金的管理内容

（1）各单位实行收支两条线，一般情况下不准"坐支"现金。所谓"坐支"现金，是指企业、事业单位和机关、团体、部队从本单位的现金收入中直接用于现金支出。

（2）企业送存现金和提取现金，必须注明送存现金的来源和支取的用途，且不得私设"小金库"。

（3）按照《现金管理暂行条例》及其实施细则规定，现金管理：第一，不准用不符合财务制度的凭证抵顶库存现金；第二，不准单位之间互相借用现金；第三，不准谎报用途套取现金；第四，不准利用银行账户代其他单位和个人存入或支取现金；第五，不准将单位收入的现金以个人名义存入个人账户；第六，不准保留账外公款。

4. 库存现金的内部控制制度

（1）企业应建立现金的岗位责任制，明确相关部门和岗位的职责权限，确保办理现金业务的不相容岗位相互分离、制约和监督。出纳人员不得兼任稽核、会计档案保管和收入、支出、费用、债权债务账目的登记工作。

（2）企业办理现金业务，配备合格的人员，并根据具体情况进行岗位轮换。

（3）企业应建立现金业务的授权批准制度，明确审批人员对现金业务的授权批准方式、权限、程序、责任和相关控制措施，规定经办人员办理现金业务的职责范围和工作要求。

（4）企业应加强银行预留印鉴的管理，财务专用章由专人保管，个人名章由本人或其授权人保管，严禁一人保管支付款项所需的全部印章。

（5）企业应加强与现金有关的票据管理，防止空白票据的遗失和被盗。

2.1.2　库存现金的核算

1. 库存现金的序时核算

为了全面、连续、序时、逐笔地反映和监督现金的收入和支出、结存情况，防止现金收支差错及舞弊行为的发生，企业应设置"现金日记账"进行序时核算。有库存外币现金的企业，各种外币分别设置"现金日记账"。"现金日记账"由会计部门的出纳人员根据审核无误的现金收、付款凭证和从银行提取现金时填制的银行存款付款凭证，按照现金收支业务发生的时间先后顺序，逐日逐笔进行登记，并逐日结出余额，以便与实存现金相核对，做到日清日结，账实相符。

2. 库存现金的总分类核算

为了总括地反映和监督企业库存现金的收支结存情况，需要设置"库存现金"科目。现金总账以根据现金收、付款凭证和从银行提取现金时填制的银行存款付款凭证逐笔登记，但是在现金收付款业务较多的情况下，一般是把现金收付款凭证按照对方科目进行归类，定期（10 天或半月）填制汇总收付款凭证，据以登记现金总账科目。

（1）华远公司 2×20 年 12 月 1 日库存现金日记账如表 2-1 所示。

表 2-1　　　　　　　　　　库存现金日记账　　　　　　　　　　单位：元

2×20 年		凭证		摘　　要	对方科目	收入	付出	结存
月	日	种类	号数					
12	1			月初余额				2 000
	1	银付	01	提现备用	银行存款	1 000		
	1	现付	01	陈红预借差旅费	其他应收款		1 200	
	1	现付	02	支付广告费	销售费用		1 000	
	1	现收	01	销售产品	主营业务收入	900		
12	1			本日合计		1 900	2 200	1 700

（2）库存现金核算的会计处理。

【例 2-1】12 月 1 日华远公司签发现金支票 1 000 元，提取现金备用。

借：库存现金　　　　　　　　　　　　　　　　　　　　　1 000

　　贷：银行存款　　　　　　　　　　　　　　　　　　　　　　1 000

【例 2-2】12 月 1 日华远公司采购员陈红预借差旅费 1 200 元，以现金支付。

借：其他应收款——陈红　　　　　　　　　　　　　　　　1 200

　　贷：库存现金　　　　　　　　　　　　　　　　　　　　　　1 200

【例 2-3】12 月 1 日，华远公司以现金 1 000 元支付本月广告费。

借：销售费用　　　　　　　　　　　　　　　　　　　　　1 000

　　贷：库存现金　　　　　　　　　　　　　　　　　　　　　　1 000

【例 2 - 4】12 月 1 日，华远公司销售产品以现金方式收取销售款 900 元（假设不考虑增值税）。

借：库存现金　　　　　　　　　　　　　　　　　900

　　贷：主营业务收入　　　　　　　　　　　　　　　　　　900

2.1.3　备用金的核算

1. 备用金的概念

备用金是指企业预付给职工和内部有关单位用作差旅费、零星采购和零星开支，事后需要报销的款项。

2. 备用金的核算

备用金的总分类核算应设置"其他应收款"科目，该科目是资产类科目，在备用金数额较大或业务较多的企业中，可以将备用金业务从"其他应收款"科目中划分出来，单独设置"备用金"科目进行核算。

备用金的明细分类核算，一般是按领取备用金的单位或个人设置三栏式明细账，根据预借和报销凭证进行登记。

（1）非定额备用金制度。非定额备用金制度是指企业内部单位或个人不按固定定额持有的备用金，随借随用、用后报销，适用于不经常使用备用金的单位和个人。

【例 2 - 5】12 月 6 日，华远公司采购员陈红赴南昌出差归来，报销差旅费，原已预借1 200 元，现实际报销 900 元，交回多余现金 300 元。

借：库存现金　　　　　　　　　　　　　　　　　300

　　管理费用　　　　　　　　　　　　　　　　　900

　　贷：其他应收款——陈红　　　　　　　　　　　　　　1 200

（2）定额备用金制度。定额备用金是指用款单位按定额持有的备用金。适用于经常使用备用金的单位和个人。各部门凭单据按实际开支报销，同时补足定额备用金。

【例 2 - 6】华远公司属下购销部经核定定额备用金为 3 000 元。

借：其他应收款——备用金（购销部）　　　　　　3 000

　　贷：库存现金　　　　　　　　　　　　　　　　　　3 000

【例 2 - 7】购销部门向财会部门报销，实际开支 2 000 元，审核无误。

借：管理费用　　　　　　　　　　　　　　　　　2 000

　　贷：库存现金　　　　　　　　　　　　　　　　　　2 000

2.1.4　库存现金的清查

1. 库存现金的清查会计处理

对于现金清查中发现的现金溢缺情况，通过"待处理财产损溢——待处理流动资产损溢"科目进行核算。现金短缺时，借记"待处理财产损溢——待处理流动资产损溢"科目，贷记"库存现金"科目；现金溢余时，借记"库存现金"科目，贷记"待处理财产损溢——待处理流动资产损溢"科目。

待查明原因后按如下要求进行处理：

（1）属于应由责任人赔偿的现金短缺部分，借记"其他应收款——××"或"库存现金"等科目；属于应由保险公司赔偿的部分，借记"其他应收款——应收保险赔款"科目；属于无法查明其他原因，经批准后，借记"管理费用——现金短缺"科目；贷记"待处理财产损溢——待处理流动资产损溢"科目。

（2）属于应支付给有关人员或单位的现金溢余，应借记"待处理财产损溢——待处理流动资产损溢"科目，贷记"其他应付款——应付现金溢余"科目；属于无法查明原因的现金溢余，经批准后，借记"待处理财产损溢——待处理流动资产损溢"科目，贷记"营业外收入——现金溢余"科目。

2. 库存现金的清查会计处理流程

（1）现金短缺会计处理流程如图 2 - 1 所示。

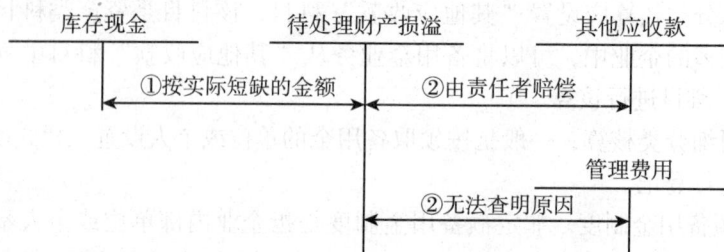

图 2 - 1　现金短缺会计处理流程

（2）现金溢余会计处理流程如图 2 - 2 所示。

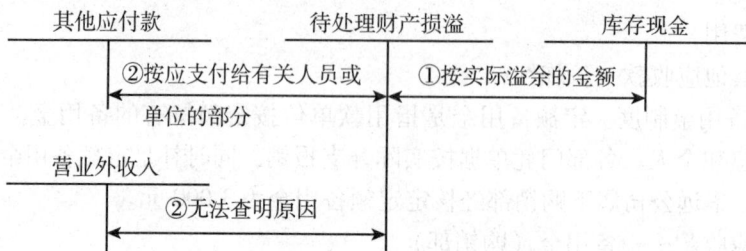

图 2 - 2　现金溢余会计处理流程

【例 2 - 8】12 月 20 日华远公司进行现金盘点，发现现金长款 400 元，原因待查。

借：库存现金　　　　　　　　　　　　　　　　　　　　　　400

　　贷：待处理财产损溢——待处理流动资产损溢　　　　　　　　　　400

【例 2 - 9】12 月 20 日华远公司在现金清查中发现现金短款 100 元，原因待查。

借：待处理财产损溢——待处理流动资产损溢　　　　　　　　100

　　贷：库存现金　　　　　　　　　　　　　　　　　　　　　　　100

【例 2 - 10】12 月 30 日经查长款原因不明，经批准作营业外收入；短款系出纳员责任，决定由出纳员赔偿。

借：待处理财产损溢——待处理流动资产损溢　　　　　　　　400

　　贷：营业外收入　　　　　　　　　　　　　　　　　　　　　　400

借：其他应收款——应收现金短缺款（××个人）　　　　　　　　100
　　贷：待处理财产损溢——待处理流动资产损溢　　　　　　　　　　　100

2.2　银行存款核算

银行存款是企业存入开户银行或其他金融机构的各项存款。根据中国人民银行有关现金管理制度和银行结算制度的规定，企业收入的一切款项，除国家另有规定外，都必须于当日送存开户银行；一切支出，除规定可以使用现金结算外，应通过银行办理结算。

2.2.1　银行存款的管理

银行存款管理制度主要包括银行结算账户开户办法和银行结算的规定。

1. 银行结算账户的开户办法管理

《银行账户管理办法》将企事业单位的存款账户分为四类：

（1）一般企事业单位只能选择一家银行的一个营业机构开立一个基本存款账户，主要用于办理日常的转账结算和现金收付。企事业单位的工资、奖金等现金的支取，只能通过该账户办理。为了加强对基本存款账户的管理，企事业单位开立基本存款账户，要实行开户许可证制度，必须凭中国人民银行当地分支机构核发的许可证办理，企事业单位不得为还贷、还债和套取现金而多头开立基本存款账户。

（2）企事业单位可以在其他银行的一个营业机构开立一般存款账户，该账户可以办理转账结算、银行借款转存和存入现金，但不能支取现金。

（3）临时存款账户是存款人因临时经营活动需要开立的账户，如企业异地产品展销、临时性采购等。

（4）专用存款账户是企事业单位因特定用途需要开立的账户，如基本建设项目专项资金等，企事业单位的销货款不能转入专用账户。

2. 银行结算账户的结算办法管理

（1）企业在银行开立的存款户，只能办理本企业经营范围内的资金收付，不得出租和转让给其他单位或个人使用。银行存款户必须有足够的资金保证支付，不准签发空头和远期付款凭证。

（2）单位和个人办理支付结算，不准签发没有资金保障的票据或远期支票，套取银行信用；不准签发、取得和转让没有真实交易和债权债务的票据，套取银行和他人资金；不准无理拒绝付款，任意占用他人资金；不准违反规定开立和使用账户。

（3）《支付结算办法》规定了单位、个人和银行办理支付结算必须遵守的原则：恪守信用，履约付款，谁的钱进谁的账、由谁支配，银行不垫款。

（4）银行存款与库存现金一样，也是由出纳人员办理，并负责银行存款日记账的登记，会计人员负责银行存款总账的登记；票据及各种结算凭证应由专人负责保管和审批；审批和负责签发付款凭证的工作应分别由两个或两个以上的人员办理。

（5）企业银行存款账簿记录必须定期与银行对账单的记录核对相符，月末如有差额，必须逐笔查明原因，并编制"银行存款余额调节表"予以调节相符。

2.2.2　银行存款的核算

1. 银行存款的序时核算

银行存款日记账应由出纳人员登记，账簿的格式与登记方法均与库存现金日记账基本相同。

2. 银行存款的总分类核算

企业设置"银行存款"总账账户对银行存款进行总分类核算。银行存款的总分类账簿由不从事出纳工作的会计人员登记，登记的方法、依据和账簿的格式均与库存现金总账基本相同。

（1）华远公司 2×20 年 12 月 1 日银行存款日记账如表 2-2 所示。

表 2-2　　　　　　　　　　　　　银行存款日记账　　　　　　　　　　　单位：元

2×20年		凭证		摘　要	对方科目	收入	付出	结存
月	日	种类	号数					
12	1			月初余额				200 000
	1	银付	01	提现备用	库存现金		1 000	
	1	银付	02	支付金燕公司货款	应付账款		8 000	
	1	银收	01	收回天马公司款项	应收账款	35 100		
	1	现付	01	将现金存入银行	库存现金	1 000		
12	1			本日合计		36 100	9 000	227 100

（2）银行存款核算的会计处理。

【例 2-11】 12 月 1 日华远公司签发现金支票 1 000 元，提取现金备用。

借：库存现金　　　　　　　　　　　　　　　　　　　　　1 000
　　贷：银行存款　　　　　　　　　　　　　　　　　　　　　　　1 000

【例 2-12】 12 月 1 日华远公司签发转账支票 8 000 元，偿还金燕公司。

借：应付账款——金燕公司　　　　　　　　　　　　　　　8 000
　　贷：银行存款　　　　　　　　　　　　　　　　　　　　　　　8 000

【例 2-13】 12 月 1 日华远公司转账收到天马公司欠款 35 100 元。

借：银行存款　　　　　　　　　　　　　　　　　　　　　35 100
　　贷：应收账款——天马公司　　　　　　　　　　　　　　　　35 100

【例 2-14】 12 月 1 日华远公司将收取的现金 1 000 元存入银行。

借：银行存款　　　　　　　　　　　　　　　　　　　　　1 000
　　贷：库存现金　　　　　　　　　　　　　　　　　　　　　　　1 000

3. 企业银行存款日记账与银行的对账

企业银行存款日记账应定期与银行对账单核对，至少每月核对一次。

在核对过程中，对记账错误造成的双方记录不符的，应查明原因进行更正；对未达账项造成的双方记录不符，应逐笔核对，将双方调整相符。银行存款余额调节表只是为了核对账目，并不能作为调整银行存款账面余额的原始凭证。

【例 2 – 15】华远公司 2×20 年 12 月 31 日银行存款日记账账面余额为 83 820 元，银行对账单余额为 171 820 元。经逐笔核对有以下未达账项：（1）29 日企业开出现金支票 18 300 元支付劳务费，持票人尚未到银行办理手续；（2）29 日银行代企业收取货款 52 000 元，企业尚未收到收款通知；（3）30 日银行代企业支付电话费 3 600 元，企业尚未收到付款通知；（4）30 日企业送存银行的转账支票 35 000 元，银行尚未入账；（5）30 日企业开出汇票 56 300 元并入账，但会计人员未送银行办理电汇手续。要求编制"银行存款余额调节表"，如表 2 – 3 所示。

表 2 – 3 银行存款余额调节表

2×20 年 12 月 31 日 单位：元

项 目	金额	项 目	金额
企业银行存款日记账余额	83 820	银行对账单余额	171 820
加：银行已收、企业未收款	52 000	加：企业已收、银行未收款	35 000
减：银行已付、企业未付款	3 600	减：企业已付、银行未付款	18 300
			56 300
调节后的存款余额	132 220	调节后的存款余额	132 220

2.2.3 银行转账结算

企业与其他单位之间的货币资金收付业务，大部分是通过银行办理转账结算。转账结算是指单位、个人在社会经济活动中使用支票、银行本票、银行汇票、商业汇票、汇兑、托收结算及信用证等结算方式，进行货币资金收付及资金清算。

1. 支票

（1）支票结算的概念。支票是单位或个人签发的，委托办理支票存款业务的银行在见票时无条件支付确定的金额给收款人或者持票人的票据。

支票结算方式是同城结算中应用比较广泛的一种结算方式。单位和个人在同一票据交换区域的各种款项结算，均可以使用支票。支票上印有"现金"字样的为现金支票。支票上印有"转账"字样的为转账支票，转账支票只能用于转账。未印有"现金"或"转账"字样的为普通支票，普通支票可用于支取现金，也可用于转账。在普通支票左上角划两条平行线的，只能用于转账，不得支取现金。

支票结算方式主要规定如下：第一，支票一律记名，可以背书转让。背书转让是指在票据上所做的以转让票据权利为目的的书面行为。第二，支票的提示付款期限为自出票日起10 日内，中国人民银行另有规定的除外。第三，存款人领购支票，必须填写"票据和结算凭证领用单"并加盖预留银行印鉴。存款账户结清时，必须将剩余的空白支票全部交回银行注销。支票不能跨年使用。第四，企业财会部门在签发支票之前，出纳人员应该认真查明银行存款的账面结余数额，防止签发空头支票。签发空头支票，银行除退票外，还应按票面金额处以 5% 但不低于 1 000 元的罚款。持票人有权要求出票人赔偿支票金额 2% 的赔偿金。第五，签发支票时，应使用蓝黑墨水或碳素墨水，将支票上的各要素填写齐全，并在支票上加盖其预留银行印鉴。

（2）支票结算业务流程如图 2 - 3 所示。

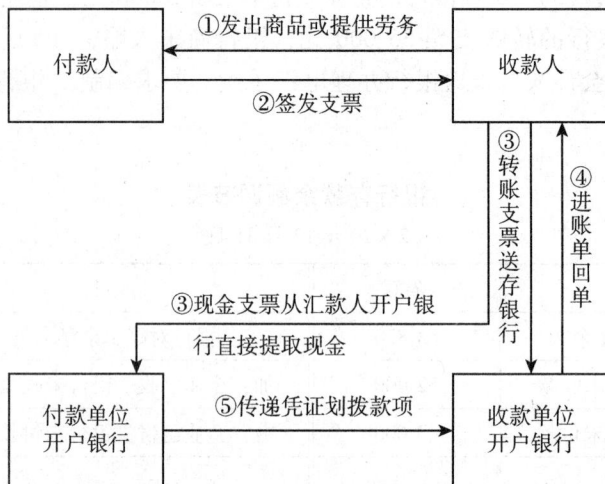

图 2 - 3　支票结算业务流程

（3）支票结算会计处理。第一，企业签发现金支票，根据支票存根联，借记"库存现金"，贷记"银行存款"；第二，企业采购材料等签发转账支票时，根据支票存根联及其他凭证，借记"原材料""应交税费——应交增值税（进项税额）"，贷记"银行存款"；第三，企业对外销售商品或提供劳务收到转账支票时，应填制"进账单"，并将支票连同进账单一并送存银行，根据进账单（收账通知联）及有关原始凭证，借记"银行存款"，贷记"主营业务收入""应交税费——应交增值税（销项税额）"。

【例 2 - 16】12 月 5 日华远公司向本市华强公司销售产品 50 000 元，增值税 6 500 元，收到对方交来转账支票交存银行。

① 华远公司根据银行盖章退回的进账单（收账通知联）：

借：银行存款　　　　　　　　　　　　　　　　　　　　　　　　56 500

　　贷：主营业务收入　　　　　　　　　　　　　　　　　　　　　50 000

　　　　应交税费——应交增值税（销项税额）　　　　　　　　　　6 500

② 华强公司签发支票时，根据支票存根联，编制会计分录：

借：原材料　　　　　　　　　　　　　　　　　　　　　　　　　50 000

　　应交税费——应交增值税（进项税额）　　　　　　　　　　　　6 500

　　贷：银行存款　　　　　　　　　　　　　　　　　　　　　　　56 500

2. 银行本票

（1）银行本票结算的概念。银行本票是银行签发的，承诺自己在见票时无条件支付确定的金额给收款人或者持票人的票据。银行本票分定额本票和不定额本票，定额本票面值分别为 1 000 元、5 000 元、10 000 元和 50 000 元。在票面划去转账字样的，为现金本票。主要规定如下：第一，银行本票的提示付款期限为自出票日起最长不超过 2 个月。第二，企业办理银行本票结算时，应向银行提交"银行本票申请书"，填明收款人名称、申请人名称、支付金额、申请日期等事项并签章。申请人或收款人为单位的，银行不予签发现金银行本票。出票银行受理银行本票申请书后，收妥款项签发银行本票。不定额银行本票用压数机压印出票金额，出票银行在银行本票上签章后交给申请人。第三，申请人取得银行本票向收款单位办理结算，收款单位可在票据交换区域内背书转让银行本票。

（2）银行本票结算业务流程如图 2-4 所示。

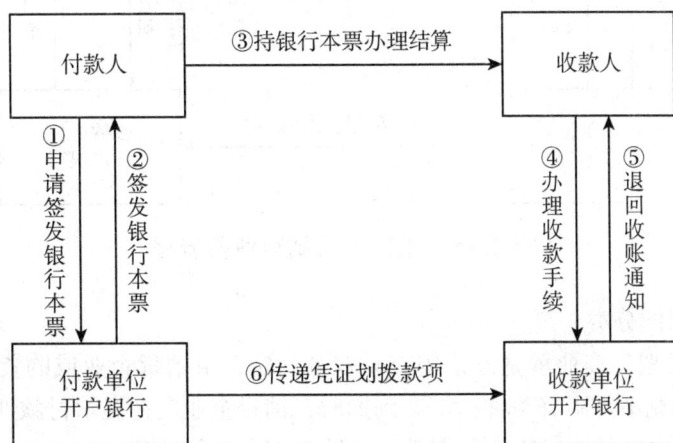

图 2-4　银行本票结算业务流程

3. 银行汇票

（1）银行汇票结算概念。银行汇票是汇款人将款项交存当地出票银行，由出票银行签发的，由其在见票时，按照实际结算金额无条件支付相应款项给收款人或持票人的票据。银行汇票可以用于转账，填明"现金"字样的银行汇票可以用于支取现金。主要规定如下：第一，银行汇票付款期限为出票日起 1 个月内。第二，企业办理银行汇票应填写"银行汇票申请书"，填明收款人名称、支付金额、申请日期等事项并签印鉴。银行受理银行汇票申请书，收妥款项后签发银行汇票。第三，申请人持银行汇票向填明的收款单位办理结算。银行汇票的收款人可以将银行汇票背书转让给他人。第四，收款企业在收到银行汇票时，应在出票金额以内办理结算。第五，银行汇票的实际结算金额低于出票金额的，其多余金额由出票银行退交申请人。

（2）银行汇票结算业务流程如图 2-5 所示。

4. 商业汇票

（1）商业汇票结算的概念。商业汇票是由出票人签发的，委托付款人在指定日期内无条件支付确定的金额给收款人或者持票人的票据。在银行开立存款账户的法人以及其他组织之间须具有真实的交易关系或债权债务关系，才能使用商业汇票。主要规定如下：第一，商业汇票的付款期限由交易双方商定，但最长不得超过 6 个月。商业汇票的提示付款期限自汇票到期日起 10 日内。第二，存款人领购商业汇票，必须填写"票据和结算凭证领用单"并加盖预留银行印鉴。第三，商业汇票由付款人签发并承兑，也可以由收款人签发交由付款人承兑。第四，商业汇票可以背书转让，申请贴现。

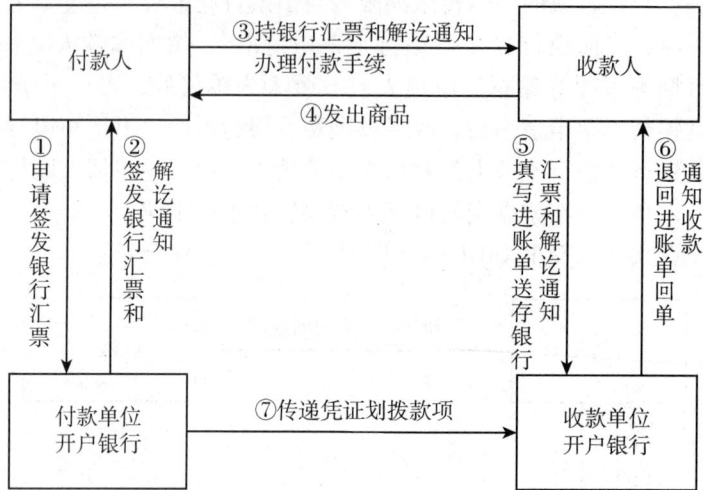

图 2 - 5　银行汇票结算业务流程

（2）商业汇票的分类。

① 商业承兑汇票。商业承兑汇票按交易双方约定，由销货企业或购货企业签发，但由购货企业承兑，承兑不得附有条件。汇票到期时，销货企业应在提示付款期限内办理委托收款。如果购货企业的存款不足以支付票款，由购销双方自行处理。

② 银行承兑汇票。银行承兑汇票由银行承兑，由在承兑银行开立存款账户的存款人签发。承兑银行按票面金额向出票人收取万分之五的手续费。

销货企业应在汇票到期时将汇票连同进账单送交开户银行以便转账收款。承兑银行凭汇票将承兑款项无条件转给销货企业，如果购货企业于汇票到期日未能足额交存票款时，承兑银行除凭票向持票人无条件付款外，对出票人尚未支付的汇票金额按照每天万分之五计收罚息。

（3）商业汇票结算业务流程。

① 商业承兑汇票结算流程如图 2 - 6 所示。

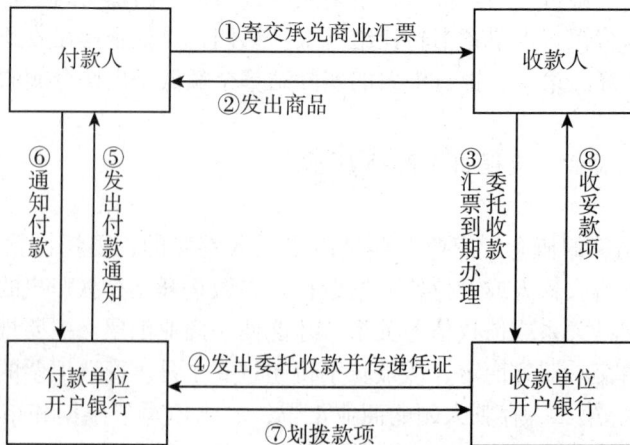

图 2 - 6　商业承兑汇票结算流程

② 银行承兑汇票结算流程如图 2 - 7 所示。

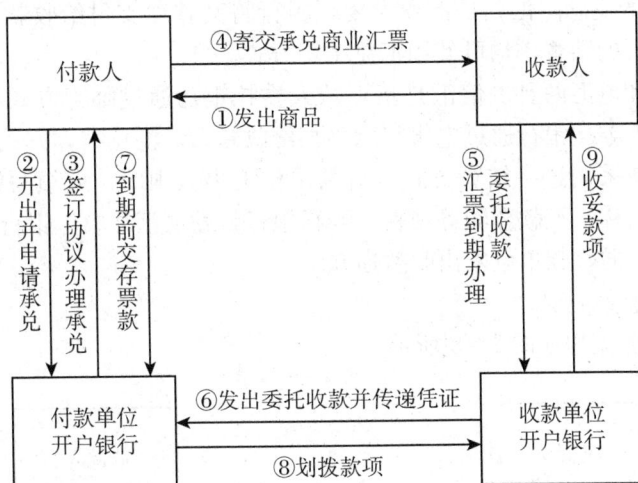

图 2 - 7　银行承兑汇票结算流程

（4）商业汇票结算会计处理。第一，企业将承兑后的商业汇票交给销货单位后，根据有关原始凭证，借记"原材料""应交税费——应交增值税（进项税额）"等，贷记"应付票据"。第二，商业汇票到期支付票款时，借记"应付票据"，贷记"银行存款"。第三，采用银行承兑汇票结算，企业按规定向银行支付承兑手续费后，根据有关原始凭证，借记"财务费用"，贷记"银行存款"。第四，企业收到付款人交付的商业汇票并发运商品后，根据有关原始凭证，借记"应收票据"，贷记"主营业务收入""应交税费——应交增值税（销项税额）"等。汇票到期收回票款，借记"银行存款"，贷记"应收票据"。

【例 2 - 17】12 月 12 日华远公司购入材料已入库，价款 80 000 元，增值税进项税额 10 400 元，开出并承兑面值 90 400 元的商业汇票。

① 华远公司承兑商业汇票后，根据有关原始凭证：

借：原材料	80 000
应交税费——应交增值税（进项税额）	10 400
贷：应付票据	90 400

② 华远公司到期支付票款：

借：应付票据	90 400
贷：银行存款	90 400

【例 2 - 18】华远公司销售产品，售价 60 000 元，增值税销项税额 7 800 元。收到期限 3 个月的商业汇票一张，3 个月后收到款项存入银行。

① 借：应收票据	67 800
贷：主营业务收入	60 000
应交税费——应交增值税（销项税额）	7 800
② 借：银行存款	67 800
贷：应收票据	67 800

5. 汇兑

（1）汇兑结算的概念。汇兑是汇款人委托银行将其款项支付给收款人的结算方式。单位和个人的各种款项的结算，均可使用汇兑结算方式。

汇兑分为信汇和电汇两种。信汇是指汇款人委托银行通过邮寄方式将款项划转给收款人。电汇是指汇款人委托银行通过电报将款项划给收款人。汇兑结算方式适用于异地之间的各种款项结算。企业采用这一结算方式，付款单位汇出款项时，应填写银行印发的汇款凭证，列明收款单位名称、汇款金额等项目，委托银行将款项汇往收汇银行。收汇银行将汇款收进单位存款户后，向收款单位发出收款通知。

（2）汇兑结算业务流程。

① 信汇结算业务流程如图 2-8 所示。

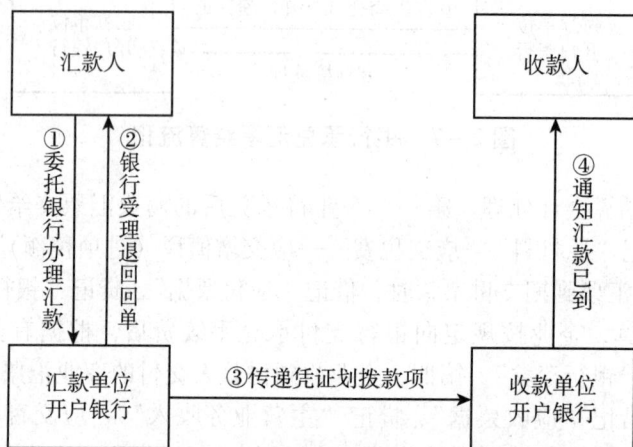

图 2-8 信汇结算业务流程

② 电汇结算业务流程如图 2-9 所示。

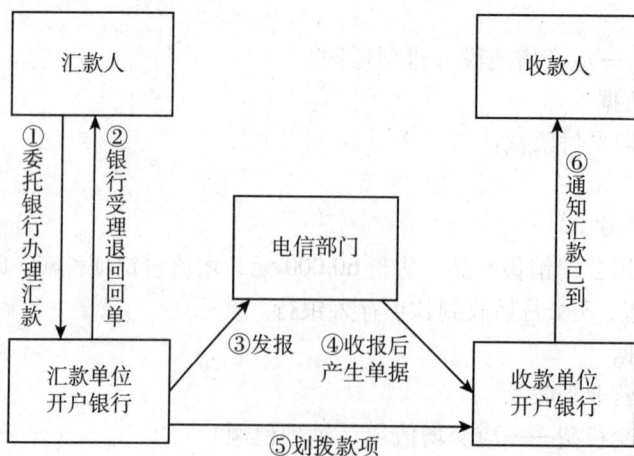

图 2-9 电汇结算业务流程

（3）汇兑会计处理流程。

【例 2 - 19】 12 月 19 日华远公司汇兑结算付给前欠隆靖公司 10 000 元。华远公司办理汇兑结算后，根据汇兑凭证回单联。

借：应付账款　　　　　　　　　　　　　　　　　　　　　　　　　　10 000
　　贷：银行存款　　　　　　　　　　　　　　　　　　　　　　　　　　10 000

【例 2 - 20】 12 月 21 日华远公司销售产品 33 900 元，采用汇兑结算。

借：银行存款　　　　　　　　　　　　　　　　　　　　　　　　　　33 900
　　贷：主营业务收入　　　　　　　　　　　　　　　　　　　　　　　30 000
　　　　应交税费——应交增值税（销项税额）　　　　　　　　　　　　3 900

6. 托收结算

（1）委托收款。

① 委托收款结算概念。委托收款是收款人委托银行向付款人收取款项的结算方式。无论单位还是个人都可凭已承兑商业汇票、债券、存单等付款人债务证明办理款项收取同城或异地款项。委托收款适用于收取电费、电话费等付款人众多、分散的公用事业费等有关款项。委托收款结算款项划回方式分为邮寄和电报两种。主要规定如下：第一，企业委托开户银行收款时，应填写银行印制的委托收款凭证和有关的债务证明。在委托收款凭证中写明付款单位的名称、收款单位名称、账号及开户银行、委托收款金额的大小写、款项内容、委托收款凭据名称及附寄单证张数等。第二，收款企业的开户银行将委托收款凭证寄交付款单位开户银行，由付款单位开户银行审核，并通知付款单位。第三，付款单位收到银行交给的委托收款凭证及债务证明，应签收并在 3 天之内审查债务证明，在收到委托收款的通知次日起 3 日内，主动通知银行是否付款。如果不通知银行，银行视同企业同意付款。

② 委托收款结算业务流程如图 2 - 10 所示。

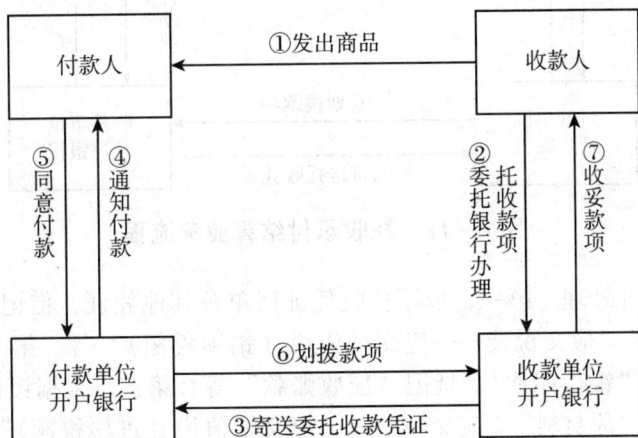

图 2 - 10　委托收款结算业务流程

③ 委托收款会计处理。

第一，根据委托收款凭证回单及其他凭证，借记"应收账款"，贷记"主营业务收入""应交税费——应交增值税（销项税额）"等；第二，根据银行转来的收账通知，借记"银行存款"，贷记"应收账款"等；第三，根据银行转来的付款通知，借记"原材料""应交税费——应交增值税（进项税额）"等，贷记"银行存款"。

【例2-21】12月23日华远公司采用委托收款结算方式收回20 000元。

借：银行存款　　　　　　　　　　　　　　　　　　　　　　　　　20 000

　　贷：应收账款　　　　　　　　　　　　　　　　　　　　　　　　　　　20 000

（2）托收承付。

① 托收承付结算概念。托收承付是根据购销合同由收款人发货后委托银行向异地付款人收取款项，由付款人向银行承付款的结算方式。办理托收承付结算的款项必须是真实的商品交易，以及此产生的劳务供应的款项。代销、寄销、赊销商品的款项，不得办理托收承付结算。托收承付款项划回方式分为邮寄和电报两种。主要规定如下：第一，收款单位办理托收承付，必须具有商品发出的证件或其他证明。托收承付结算每笔的金额起点为10 000元；新华书店系统每笔金额起点为1 000元。第二，购销双方必须签有符合《中华人民共和国合同法》的购销合同，并在合同上写明使用托收承付结算方式。第三，销货企业按照购销合同发货后，填写托收承付凭证，盖章后连同发运证件或其他符合托收承付结算的有关证明和交易单证送交开户银行办理托收手续。第四，销货企业开户银行将托收结算凭证回联退给企业，并将其他结算凭证寄往购货单位开户银行。

② 托收承付结算业务流程如图2-11所示。

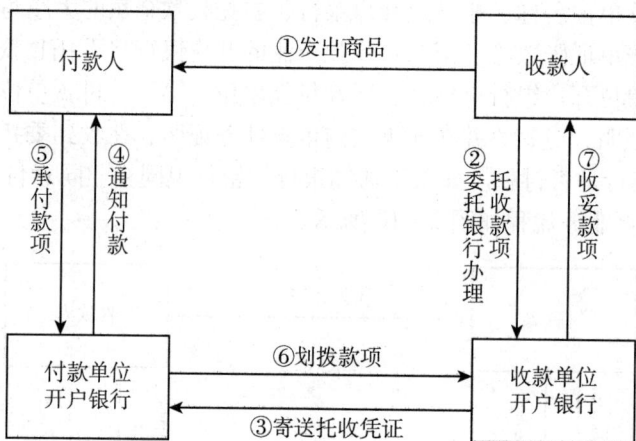

图2-11　托收承付结算业务流程

③ 托收承付会计处理。第一，根据托收凭证回单及其他凭证，借记"应收账款"，贷记"主营业务收入""应交税费——应交增值税（销项税额）"等。第二，根据银行转来的收账通知，借记"银行存款"，贷记"应收账款"等。第三，根据银行转来的付款通知及有关凭证，借记"原材料""应交税费——应交增值税（进项税额）"等，贷记"银行存款"。

【例2-22】华远公司销售商品，售价300 000元，增值税销项税额39 000元，已向银行办妥款项托收手续。

借：应收账款　　　　　　　　　　　　　　　　　　　　　　　　　339 000

　　贷：主营业务收入　　　　　　　　　　　　　　　　　　　　　　　300 000

　　　　应交税费——应交增值税（销项税额）　　　　　　　　　　　　　39 000

7. 信用卡

信用卡是指商业银行向个人和单位发行的，凭以向特约单位购物、消费和向银行存取现金，且具有消费信用的特制载体卡片。

信用卡按使用对象分为单位卡和个人卡，按信誉等级分为金卡和普通卡。凡在中国境内金融机构开立基本存款账户的单位均可申领单位卡。单位卡可申领若干张，持卡人资格由申领单位法定代表人或其委托的代理人书面指定和注销，持卡人不得出租或转借信用卡。单位卡账户的资金一律从其基本存款账户转账存入，在使用过程中，需要向其账户续存资金的，也一律从其基本存款账户转账存入，不得交存现金，不得将销货收入的款项存入其账户。单位卡一律不得用于 10 万元以上的商品交易、劳务供应款项的结算，不得支取现金。

信用卡在规定的限额和期限内允许善意透支，透支期限最长为 60 天。透支利息，自签单日或银行记账日起 15 日内按日息万分之五计算，超过 15 日按日息万分之十计算，超过30 日或透支金额超过规定限额的，按日息万分之十五计算。

8. 信用证

信用证结算方式是国际结算的一种主要方式。经中国人民银行批准经营结算业务的商业银行总行以及经商业银行总行批准开办信用证结算业务的分支机构，也可以办理国内企业之间商品交易的信用证结算业务。

采用信用证结算方式的，收款单位收到信用证后，即备货装运，签发有关发票账单，连同运输单据和信用证送交银行，根据退还的信用证等有关凭证编制收款凭证；付款单位在接到开证行的通知时，根据付款的有关单据编制付款凭证。

2.3　其他货币资金核算

2.3.1　其他货币资金的内容

其他货币资金是指企业除库存现金、银行存款以外的其他各种货币资金，包括外埠存款、银行本票存款、银行汇票存款、信用卡存款、信用证保证金存款和存出投资款等。

2.3.2　其他货币资金的核算

企业应设置"其他货币资金"账户，用来核算与监督其他货币资金的增减变动与结算情况。在该账户下应设置"外埠存款""银行汇票存款""银行本票存款""信用证保证金""信用卡存款""存出投资款"等明细账户。其他货币资金的核算在实际工作中分为三步，第一步办理时，第二步使用时，第三步余款退回时。其核算流程如图 2 - 12所示。

1. 外埠存款

外埠存款是指企业到外地进行临时或零星采购时，汇往采购地银行开立采购专户的款项。

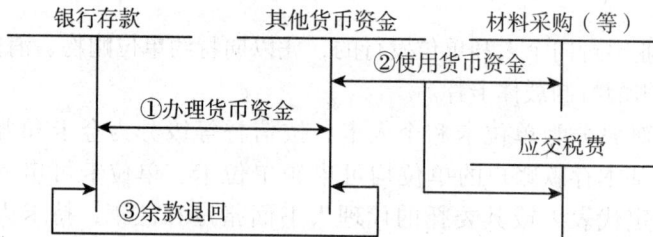

图 2 – 12　其他货币资金核算流程

【例 2 – 23】华远公司 12 月 1 日委托开户银行汇往采购地银行 60 000 元开立采购专户。12 月 12 日采购员归来，交回供应单位发票账单等报销凭证共计 56 500 元，多余款项已转回所在地银行。

（1）汇出款项时：

借：其他货币资金——外埠存款　　　　　　　　　　　　　　60 000

　　贷：银行存款　　　　　　　　　　　　　　　　　　　　　　　60 000

（2）采购人员交来发票账单时：

借：在途物资　　　　　　　　　　　　　　　　　　　　　　50 000

　　应交税费——应交增值税（进项税额）　　　　　　　　　6 500

　　贷：其他货币资金——外埠存款　　　　　　　　　　　　　　56 500

（3）采购任务完成，收回剩余款项，结清专户时：

借：银行存款　　　　　　　　　　　　　　　　　　　　　　3 500

　　贷：其他货币资金——外埠存款　　　　　　　　　　　　　　3 500

2. 银行本票存款

【例 2 – 24】华远公司 12 月 13 日办理银行本票 10 000 元。12 月 15 日用本票支付购买材料款 6 000 元，增值税 780 元，并于当日退回余款 3 220 元。

（1）企业向银行提交"银行本票申请书"，银行盖章退回申请书存根联：

借：其他货币资金——银行本票存款　　　　　　　　　　　10 000

　　贷：银行存款　　　　　　　　　　　　　　　　　　　　　　10 000

（2）企业使用银行本票支付款项后，应根据发票账单等有关凭证：

借：在途物资　　　　　　　　　　　　　　　　　　　　　　6 000

　　应交税费——应交增值税（进项税额）　　　　　　　　　780

　　贷：其他货币资金——银行本票存款　　　　　　　　　　　　6 780

（3）银行退回余款时，应填制进账单一式两联，连同本票一并交银行：

借：银行存款　　　　　　　　　　　　　　　　　　　　　　3 220

　　贷：其他货币资金——银行本票存款　　　　　　　　　　　　3 220

3. 银行汇票存款

【例 2 – 25】华远公司 12 月 6 日委托开户银行开出银行汇票 30 000 元，12 月 10 日采购员交来发票账单货款 20 000 元，增值税 2 600 元，并于当日退回余款。

（1）企业填送"银行汇票申请书"，银行盖章退回申请书存根联：

借：其他货币资金——银行汇票存款　　　　　　　　　　　30 000

贷：银行存款	30 000

（2）采购员交来发票账单：

借：在途物资	20 000
应交税费——应交增值税（进项税额）	2 600
贷：其他货币资金——银行汇票存款	22 600

（3）余款自动退回银行时：

借：银行存款	7 400
贷：其他货币资金——银行汇票存款	7 400

4. 信用卡存款

信用卡的利息收入和因透支而支付的利息均作为财务费用。

【例 2－26】华远公司 12 月 20 日向发卡银行申请办理信用卡，支付信用卡备用金 5 000 元。12 月 24 日华远公司凭卡支付业务招待费计 2 000 元。12 月 25 日支付信用卡备用金 10 000 元。

（1）企业提出申请办理信用卡：

借：其他货币资金——信用卡存款	5 000
贷：银行存款	5 000

（2）持卡办理结算时：

借：管理费用	2 000
贷：其他货币资金——信用卡存款	2 000

（3）企业向其账户续存资金：

借：其他货币资金——信用卡存款	10 000
贷：银行存款	10 000

5. 存出投资款

存出投资款是指企业已存入证券公司但尚未进行交易性投资的现金。

【例 2－27】6 月 16 日华远公司股份有限公司向证券公司划出资金 170 000 元，6 月 28 日从资金中支付款项购入某公司发行的普通股 30 000 股，每股成交价 4.82 元，不考虑相关税费。

（1）企业向证券公司划出资金时：

借：其他货币资金——存出投资款	170 000
贷：银行存款	170 000

（2）购买股票：

借：交易性金融资产——成本	144 600
贷：其他货币资金——存出投资款	144 600

【本章小结】

（1）本章需完成任务包括：①库存现金、银行存款和其他货币资金概念；②库存现金、银行存款和其他货币资金的核算；③支付结算方式。

（2）学习完本章学生应掌握：①库存现金的管理及期末清查核算；②银行存款的管理及核算；③其他货币资金的核算。

（3）完成本章若干学习任务应深刻理解：①库存现金的管理、银行存款的管理及核算；②支付结算的方式及其会计处理；③其他货币资金的核算。

（4）完成学习任务应学会运用：①库存现金、银行存款和其他货币资金日常收付核算及账务处理；②支付结算方式；③期末清查核算。

第 3 章

应收款项核算

【学习目标】

通过本章学习，了解预付账款、其他应收款的核算内容；了解应收款项减值的测试与确认；掌握应收账款、应收票据的核算；掌握运用应收账款余额百分比法核算坏账损失。

【能力目标】

能够正确处理涉及商业折扣和现金折扣业务；能够正确核算应收票据；能够运用应收账款余额百分比法核算坏账损失。

【任务提示】

下述是应收款项业务过程中涉及的一系列的原始凭证，如托收凭证、信汇凭证、坏账准备计算表、银行承兑汇票、销售发票记账联、个人借款凭证等。企业发生这些应收款项业务在会计上如何确认和计量，就是本章需要解决的主要问题。

3－1－1/3

江西九瑞油泵油嘴有限公司销售单

客户名称：鹰潭市宇星机械有限公司　　　2019年12月7日　　　№00901201

产品名称	规格	单位	数量	单价	金额	备注
油泵	CY-18	台	200	1 200	240 000.00	
合　计					￥240 000.00	

销售经理：李刚　　会计：董旭　　仓库：毛容　　签收人：王品　　经办人：王盼

第五联 会计联

3－1－2/3

江西增值税专用发票

3600184130　　　　**№ 21540101**　3600184130　21540101

此联不作报销、扣税凭证使用

校验码 12410 66218 35412 35124　　　　开票日期：2019 年 12 月 07 日

购买方	名　　称：鹰潭市宇星机械有限公司 纳税人识别号：91360602459030965N 地 址、电 话：鹰潭市胜利路 20 号 3788730 开户行及账号：建行胜利路支行 25809324669				密码区	5*16<98*->532*-536//32<65<*32+6//62<65<*1 54+325-616<74>29312-8-35><56>>92+389-65<7 1-055-456<78>25613-8-53><20>+542+365-73<5 36<764>534//33-8-895><126>>37592+147-41<4		
货物或应税劳务、服务名称	规格型号	单位	数量	单价	金额	税率	税额	
*发动机*油泵	CY-18	台	200	1 200.00	240 000.00	13%	31 200.00	
合　　计					¥240 000.00		¥31 200.00	
价税合计（大写）	⊗贰拾柒万壹仟贰佰圆整				（小写）¥271 200.00			
销售方	名　　称：江西九瑞油泵油嘴有限公司 纳税人识别号：91360402309264078N 地 址、电 话：九江市莲花路 128 号 8189866 开户行及账号：工行九江莲花支行 34520294168				备注			

收款人：　　　复核：董旭　　　开票人：肖英　　　销售单位：（章）

第一联：记账联　销售方记账凭证

税总函[2019]523 号 上海东港安全印刷有限公司

3－1－3/3

江西九瑞油泵油嘴有限公司产成品出库单

客户名称：鹰潭市宇星机械有限公司　　2019 年 12 月 7 日　　№191201

产品名称	规格	计量单位	应发数量	实发数量	单位成本	金额
油泵	CY-18	台	200	200	960.00	192 000.00
合　计						

会计：董旭　　仓库管理员：毛　睿　　制单：王盼

第三联记账联

3－2

ICBC 中国工商银行　　　　**业务回单**（收款）

日期：2019 年 12 月 18 日
回单编号：173550000021
付款人户名：九江市大宇机电设备有限公司　　付款人开户行：工行九江庐山支行
付款人账号（卡号）：58594095849
收款人户名：江西九瑞油泵油嘴有限公司　　收款人开户行：工行九江莲花支行
收款人账号（卡号）：34520294168
金额：贰万元整　　小写：20 000.00 元
业务（产品）种类：结算业务凭证　　凭证种类：000000000　　凭证号码：00000000000000
摘要：货款　　用途：　　币种：人民币
交易机构：0150602190　　记账柜员：00023　　交易代码：52094　　渠道：其他
产品名称：
费用名称：
应收金额：20 000.00　　实收金额：20 000.00　　收费渠道：

中国工商银行九江莲花支行 回单（自助设备）专用章（020）

本回单为第一次打印，注意重复　　打印日期：2019 年 12 月 19 日　　打印柜员：0　　验证码：A981CCDB9132

3 – 3

江西九瑞油泵油嘴有限公司应收账款注销单

2019 年 12 月 31 日   凭证编号：1912001

注销单位	欠款金额	欠款年限
九江鸿运机械有限公司	*11 300.00*	*四年*
注销 原因	因时间太长，且货款涉及产品质量因素。	
处理意见	同意注销 陈俊杰 2019 年 12 月 31 日	

会计主管：张有才   复核：董旭   制表：邓珊

3 – 4

江西九瑞油泵油嘴有限公司预付款项申请单

2019 年 12 月 6 日   金额单位：元

申请金额	*120 000.00*	批准金额	*120 000.00*	预付方式	转账支票
收款单位 名 称	贵溪市长盛钢铁有限公司	收款单位 开 户 行	工行贵溪冶金路支行	收款单位 账 号	68437556123

预付内容：
   购生铁 50 吨
   合同（协议）总金额 *175 000.00* 元，本次预付款 *120 000.00* 元
   附合同 *1* 份，书面协议＿＿份，合同号 *JRYB 009125*

预计到货或工程完工时间：2019 年 12 月 16 日

批准人：陈俊杰

执行情况

会计主管：张有才   申请人：李小云   会计：董旭

3 – 5

江西九瑞油泵油嘴有限公司坏账损失计算表

2019 年 12 月 31 日   金额单位：元

公司名称	应收账款余额	账龄	比例	估计坏账损失额	坏账准备期初账户余额（贷方）	本期应计提坏账额
上海银思机械有限公司	*459 108.00*	*逾期 120 天*	*4%*	*18 364.32*		
广州汇鸿机械有限公司	*689 364.00*	*逾期 60 天*	*2%*	*13 787.28*		
合 计	*1 148 472.00*			*32 151.60*	*10 000.00*	*22 151.60*

会计主管：张有才   复核：陈清   制表：董旭

3－6－1/2

银行承兑汇票 **2**								BD 03 06367012								
出票日期（大写）		贰零壹玖 年壹拾贰 月壹拾肆 日														
出票人全称	九江益鑫机械有限公司	收款人	全称	江西九瑞油泵油嘴有限公司												
出票人账号	40346097962		账号	34520294168												
付款行全称	工行九江庐峰支行		开户银行	工行九江莲花支行												
出票金额	人民币（大写） 玖万叁仟陆佰元整				千	百	十	万	千	百	十	元	角	分		
							￥	9	3	6	0	0	0	0		
汇票到期日	贰零贰零年壹月壹拾肆日	付款人	账号	23012												
承兑协议编号	091206		地址	九江市庐峰路23号												
本汇票请你行承兑，到期无条件付款。			本汇票已承兑，到期日由													
			承兑日期 2019 年 11 月 14 日													
出票人签章			备注			复核			记账							

此联收款人开户行随托收凭证寄付款行作借方凭证附件

3－6－2/2

收款收据

　　　　2019 年 12 月 14 日　　　　№ 191205

交款单位 九江益鑫机械有限公司

人民币（大写） 玖万叁仟陆佰元整　　　　￥ 93 600.00

系付 银行承兑汇票一张，票号：06367012

收款单位（盖章有效）

　　　　　　　　　　财务 肖英　　　经手人 陈清

③ 财务记账联

3 - 7 - 1/2

商业承兑汇票　　**2**

出票日期（大写）　贰零壹玖 年壹拾贰 月壹拾肆 日　　39008791

付款人	全　称	江西新明机械有限公司	收款人	全　称	江西九瑞油泵油嘴有限公司
	账　号	2549850461[7]		账　号	34520294168
	开户银行	建行九江十里支行		开户银行	工行九江莲花支行

出票金额	人民币（大写）　玖万叁仟陆佰元整	千 百 十 万 千 百 十 元 角 分
		￥ 9 3 6 0 0 0 0

汇票到期日（大写）	贰零贰零年零伍月壹拾肆日	付款人开户行	行号	21458
交易合同号码	JRBYD912D7		地址	九江市十里大道160号

本汇票已经承兑，到期无条件支付票款

承兑人签章
承兑日期2019年 12 月 14 日

本汇票请予以承兑于到期日付款

出票人签章

此联收款人留存

3 - 7 - 2/2

收款收据

2019 年 12 月 14日　　№191206

交款单位　江西新明机械有限公司　　　　　　　　　　　③

人民币（大写）　玖万叁仟陆佰元整　　　￥93 600.00

系付___商业承兑汇票一张，票号：39008791

收款单位（章有效）

财务记账联

财务 肖英　　　经手人　李壹

3 - 8

江西九瑞油泵油嘴有限公司借款凭证

2019 年 12 月 14 日　　№001128

借款部门	供应科	借款人	刘强
事　由	出差萍乡采购煤炭		
借款金额	人民币（大写）伍仟元整		￥5 000.00
领导审批	同意暂借　陈俊杰　2019.12.14		

现金付讫

第二联记账联

3－9－1/2

银行承兑汇票 **2**　　　　BD 03　56718239

出票日期　　　　　　　　　　　　　　 贰零壹玖 年壹拾贰 月壹拾叁 日
（大写）

出票人全称	北京海派机电有限公司	收款人	全称	江西九瑞油泵油嘴有限公司
出票人账号	2398371722		账号	34520294168
付款人全称	工行北京海淀支行		开户银行	工行九江莲花支行

出票金额	人民币（大写）	叁佰零叁万肆仟玖佰捌拾元整	千百十万千百十元角分 ¥3034980 00

汇票到期日	贰零贰零年零伍月壹拾肆日	付款人	行号	230129808
承兑协议编号	131009		地址	北京市海淀区青年路23号

本汇票请你行承兑，到期无条件付款。　　　　本汇票已承兑，到期日由

出票人签章　　　　备注：　　　　复核　记账

被背书人 工行九江莲花支行 | 被背书人 | 被背书人

背书人签章
2019年12月23日　　　背书人签章 年 月 日　　　背书人签章 年 月 日

粘贴单

3－9－2/2

贴 现 凭 证（代申请书）①

填写日期	2019 年 12 月 23 日			第 012 号		
贴现汇票	种类	银行承兑汇票	号码	56718239	申请人	名称	江西九瑞油泵油嘴有限公司
	出票日	2019 年 12 月 13 日				账号	34520294168
	开户银行	2020 年 05 月 13 日				开户银行	工行九江莲花支行

汇票承兑人（或银行）	名称	工行北京海淀支行	账户		开户银行	

汇票金额（即贴现金额）	人民币（大写）	叁佰零叁万肆仟玖佰捌拾元整	千 百 十 万 千 百 十 元 角 分 ¥ 3 0 3 4 9 8 0 0 0

贴现率 每月	6%	贴现利息	千 百 十 万 千 百 十 元 角 分 ¥ 8 7 4 0 7 4 2	实付贴现金额	千 百 十 万 千 百 十 元 角 分 ¥ 2 9 4 7 5 7 2 5 8

兹根据《银行结算办法》的规定，附此承兑汇票申请贴现，请审核。
此致
中国工商银行江西莲花支行（贴现银行）

申请人盖章　　　银行审批　　　负责人　信贷员　　　复核　记账

科目（借）＿＿＿＿
对方科目（贷）＿＿＿＿

3 – 10 – 1/2

江西九瑞油泵油嘴有限公司现金折扣计算表

2019年 12月31日　　　　　　　金额单位：元

客户名称：	九江市精彩机电有限公司		
货物名称	金　额	税　额	合　计
油泵 CY-18	100 000.00	13 000.00	113 000.00
柱塞Φ12	80 000.00	10 400.00	90 400.00
合　计	180 000.00	23 400.00	203 400.00
应收总金额			203 400.00
现金折扣	2/10		
财务费用	3 600.00		3 600.00
现金折扣后金额	176 400.00	23 400.00	199 800.00
收款额			199 800.00
会计主管：张有才	申请人：李小云		会计：董旭

3 – 10 – 2/2

ICBC 中国工商银行　　　　　业务回单（收款）

日期：2019 年 12 月 31 日
回单编号：173550000032
付款人户名：九江市精彩机电有限公司　　　　付款人开户行：工行九江庐山支行
付款人账号（卡号）：58594091221
收款人户名：江西九瑞油泵油嘴有限公司　　　收款人开户行：工行九江莲花支行
收款人账号（卡号）：34520294168
金额：壹拾玖万玖仟捌佰元整　　　　　　　　小写：199 800.00 元
业务（产品）种类：结算业务凭证　　凭证种类：000000000
摘要：货款　　　　　　　　　　　　用途：　　　币种：人民币
交易机构：0150602190　记账柜员：00023 交易代码：52094　　用途：其他
产品名称：
费用名称：
应收金额：199 800.00　　实收金额：199 800.00　　收费渠道：

本回单为第一次打印，注意重复　　打印日期：2019 年 12 月 31 日　　打印柜员：0　验证码：A981CCDB9124

3.1　应收账款及坏账准备的核算

3.1.1　应收账款的内容及核算

1. 应收账款的含义

应收账款是指企业因销售商品、产品、提供劳务等业务，应向购货单位或接受劳务单位收取的款项及代垫的运杂费，是企业因销售商品、产品、提供劳务等经营活动所形成的债权。

2. 应收账款入账价值的确定方法

应收账款的入账价值包括销售货物或提供劳务从购货方或接受劳务方应收的合同或协议价款（不公允的除外）、增值税销项税额，以及代购货单位垫付的包装费、运杂费等。但由于企业为了促销或及时收回货款，在销售时常常采用折扣政策，因此确定应收账款的入账价值时，应当考虑有关的折扣因素。

（1）商业折扣。商业折扣是指企业根据市场供需情况或不同的客户，为促进销售而在商品标价上给予的扣除。商业折扣一般在交易发生时即已确定，它仅仅是重新确定商品售价的一种手段。因此，商业折扣的发生与否对企业应收账款的入账价值不会产生实质性的影响。应收账款的入账金额应按扣除商业折扣后的实际售价确认。扣减数通常用百分数表示，如10%（九折）。

（2）现金折扣。现金折扣是指债权人为了鼓励债务人在规定的期限内付款，而向债务人提供的债务扣除。现金折扣通常发生在以赊销方式销售商品及提供劳务的交易中。现金折扣一般用符号"折扣/付款期限"表示，如2/10、1/20、n/30。

现金折扣的应收账款入账价值的确认有两种。第一，总价法是将未扣减现金折扣前的全部金额作为应收账款的入账价值。现金折扣只有当客户在折扣期限内支付货款时，才予以确认。销售方给予客户的现金折扣被视为向客户融资而发生的一项理财费用，作为财务费用处理。总价法可以全面反映赊销及收款过程，但在客户享受现金折扣时，会高估应收账款和销售收入，不符合谨慎性原则。第二，净价法是将扣减最大现金折扣后的金额作为应收账款的入账价值。这种方法是把客户取得折扣视为正常现象，因客户未享受最大折扣或未享受现金折扣而多收的金额，则视为销货方为客户提供信贷而获取的收入，于收到账款时冲减财务费用。净价法的处理符合谨慎性原则，但在客户没有享受现金折扣而全额付款时，必须再查对原销售总额。期末结账时，对已超过信用期限尚未收到的应收账款，需按客户未享受的现金折扣进行调整，会计处理过程较为繁杂，且不便于纳税管理。在我国的会计实务中，规定采用总价法核算应收账款。

（3）现金折扣与商业折扣区别：第一，目的不同。现金折扣是为鼓励客户提前付款而给予的债务扣除，商业折扣是为促进销售而给予的价格扣除。第二，发生折扣的时间不同。现金折扣在商品销售后发生，企业在确认销售收入时不能确定相关的现金折扣，销售后现金折扣是否发生应视买方的付款情况而定；而商业折扣在销售时已发生，按扣除商业折扣后的净额确认收入，不需要做账务处理。

3. 应收账款的核算

应收账款的会计核算流程如图3-1所示。

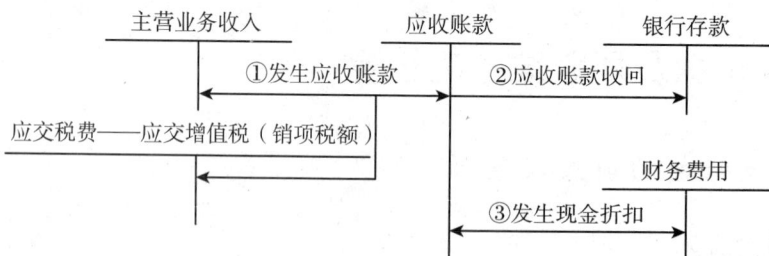

图3-1　应收账款核算流程

（1）没有折扣条件的应收账款应按全部金额入账。

【例3-1】3月10日云阳公司赊销给联盛公司商品，货款总计50 000元，增值税款6 500元，代垫运杂费1 000元（假设不作为计税基础）。产品已运达对方，货款尚未收。3月25日云阳公司根据凭证作如下会计分录：

① 借：应收账款——联盛公司　　　　　　　　　　　　　57 500
　　　贷：主营业务收入　　　　　　　　　　　　　　　　　　　50 000

应交税费——应交增值税（销项税额）	6 500
银行存款	1 000

② 借：银行存款　　　　　　　　　　　　　　　　　　　　　57 500

　　　贷：应收账款——联盛公司　　　　　　　　　　　　　　57 500

（2）应收账款和销售收入按扣除商业折扣后金额入账。

【例 3 - 2】 云阳公司向联盛公司销售商品，该批商品价款总计 20 000 元，由于批量购买，云阳公司给予 10% 的商业折扣，增值税税率为 13%，并开出转账支票支付代垫运杂费 500 元（假设不作为计税基础）。

　　商业折扣后的价格 = 20 000 × (1 - 10%) = 18 000（元）

　　商业折扣后的增值税 = 18 000 × 13% = 2 340（元）

① 借：应收账款——联盛公司　　　　　　　　　　　　　　　20 840

　　　贷：主营业务收入　　　　　　　　　　　　　　　　　　18 000

　　　　　应交税费——应交增值税（销项税额）　　　　　　　 2 340

　　　　　银行存款　　　　　　　　　　　　　　　　　　　　　 500

② 借：银行存款　　　　　　　　　　　　　　　　　　　　　20 840

　　　贷：应收账款——联盛公司　　　　　　　　　　　　　　20 840

（3）存在现金折扣，总价法核算。

【例 3 - 3】 云阳公司向联盛公司赊售商品，货款 200 000 元，规定的付款条件为（2/10，1/20，n/30），适用税率为 13%，假设折扣时不考虑增值税。

① 赊售商品，确认收入：

借：应收账款——联盛公司　　　　　　　　　　　　　　　　226 000

　　贷：主营业务收入　　　　　　　　　　　　　　　　　　200 000

　　　　应交税费——应交增值税（销项税额）　　　　　　　 26 000

② 若联盛公司于 10 天内付款（200 000 × 2% = 4 000）：

借：银行存款　　　　　　　　　　　　　　　　　　　　　　222 000

　　财务费用　　　　　　　　　　　　　　　　　　　　　　　 4 000

　　　贷：应收账款——联盛公司　　　　　　　　　　　　　226 000

③ 若联盛公司在 20 天内付款（200 000 × 1% = 2 000）：

借：银行存款　　　　　　　　　　　　　　　　　　　　　　224 000

　　财务费用　　　　　　　　　　　　　　　　　　　　　　　 2 000

　　　贷：应收账款——联盛公司　　　　　　　　　　　　　226 000

④ 若联盛公司 20 天后付款：

借：银行存款　　　　　　　　　　　　　　　　　　　　　　226 000

　　　贷：应收账款——联盛公司　　　　　　　　　　　　　226 000

3.1.2　坏账准备的核算

1. 坏账的概念与确认

企业向客户提供商业信用虽然能使销货增加，但也承担客户因某种原因而不付款所造成的损失。企业无法收回或收回的可能性极小的应收款项，称为坏账。由于发生坏账而产生的损失，称为坏账损失。

一般而言，企业的应收账款（以及其他应收项目）符合下列条件之一的，应确认为坏账：（1）债务人死亡，以其遗产清偿后仍然无法收回；（2）债务人破产，以其破产财产清偿后仍然无法收回；（3）债务人较长时期内未履行其偿债义务，并有足够的证据表明无法收回或收回的可能性极小。

2. 确认坏账的范围

企业的应收账款、尚未到期有确凿证据表明不能收回或收回可能性不大的应收票据、不符合预付账款性质的预付账款、其他应收款、长期应收款。

3. 应收款项减值

（1）应收款项减值迹象的判断。在应收款项确认为坏账之前，通常会有明显的迹象表明这些应收款项出现了减值。为了真实反映应收款项的价值，企业应当在资产负债表日对应收款项的账面价值进行检查，如果有客观证据证明该应收款项发生减值的，应当确认应收款项减值损失，计提坏账准备。

表明应收款项发生减值的客观证据，是指应收款项在初始确认后实际发生的、对该应收款项的预计未来现金流量有影响，且企业能够对该影响进行可靠计量的事项。应收款项发生减值的客观证据，主要包括以下各项：①债务人发生严重财务困难；②债务人违反了合同，如偿付利息或本金发生违约或逾期等；③债权人出于经济或法律等方面的考虑，对发生财务困难的债务人作出让步；④债务人很可能倒闭或进行其他财务重组等；⑤债务人支付能力逐步恶化，或债务人所在国家或地区失业率提高、担保物在其所在地区的价格明显下降、所处行业不景气等；⑥其他表明金融资产发生减值的客观证据。

（2）应收款项减值的测试。企业可以对单项应收款项进行减值测试，也可以与经单独测试后未减值的应收款项一起按类似信用风险特征或分若干组，再按这些应收款项组合在资产负债表日余额的一定比例计算确定减值损失，计提减值准备。但是，对于单项金额重大的应收款项，应当单独进行减值测试。经过减值测试后，如果发现应收款项出现了减值，应当将应收款项的账面价值减记至应收款项预计未来现金流量现值。

4. 应收款项减值损失的会计处理

（1）应收款项减值损失的会计处理流程如图3-2所示。

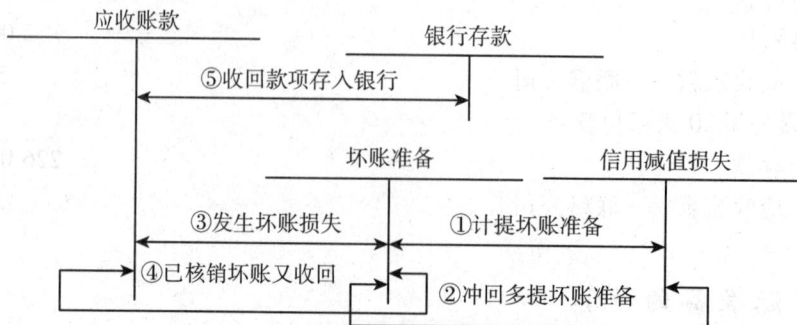

图 3-2　应收款项减值损失处理流程

（2）备抵法定期预计坏账损失的方法。

第一，应收账款余额百分比法。含义：应收账款余额百分比法是依据会计期末应收账款余额的一定比例估计坏账损失，据此确定坏账准备的提取数。即企业发生坏账的可能性与期末仍未收回的应收账款成正比。优点：简便易行。缺点：假定所有未收回的应收款发生坏账的概率相同，不符合实际。

设置"坏账准备"科目。它是应收款项备抵账户。

性质：资产类；结构如图 3 – 3 所示。

$A + X + G - B = D$，$X > 0$，X 登记在贷方；$X < 0$，X 登记在借方。

计提坏账准备（$X > 0$）：

借：信用减值损失

　　贷：坏账准备

坏账准备	
发生坏账损失 B	期初数：A ①本期计提数 X ②收回以前确认坏账损失 G
	余额 D = 应收账款余额 × 百分比

图 3 – 3　"坏账准备"账户

冲销多提的坏账准备（$X < 0$）：

借：坏账准备

　　贷：信用减值损失

【例 3 – 4】A 公司 2×18 年末应收账款余额 800 000 元，坏账准备的计提比例为 4‰。2×19 年发生坏账损失 4 000 元，该年末余额 980 000 元。2×20 年发生坏账损失 3 000 元，收回以前年度确认坏账损失 2 000 元，该年末应收账款余额 600 000 元。

①2×18 年末如图 3 – 4 所示。

坏账准备	
	期初数：0
	本期计提 X
	期末数 800 000 × 4‰ = 3 200（元）

图 3 – 4　"坏账准备"账户

$X = 3\ 200 > 0$，在贷方计提。

借：信用减值损失——计提坏账准备　　　　　　　　　　　　　　3 200

　　贷：坏账准备　　　　　　　　　　　　　　　　　　　　　　　　　3 200

②2×19 年末如图 3 – 5 所示。

借：坏账准备　　　　　　　　　　　　　　　　　　　　　　　　4 000

　　贷：应收账款——×× 　　　　　　　　　　　　　　　　　　　　　4 000

$X = 3\ 920 + 4\ 000 - 3\ 200 = 4\ 720 > 0$，在贷方计提。

坏账准备	
	期初数:3 200
4 000	本期计提X
	期末数:980 000×4‰=3 920（元）

图 3-5　"坏账准备"账户

借：信用减值损失——计提坏账准备　　　　　　　　　　　　　　　4 720

　　贷：坏账准备　　　　　　　　　　　　　　　　　　　　　　　　　　4 720

③ 2×20 年末：

借：坏账准备　　　　　　　　　　　　　　　　　　　　　　　　　　3 000

　　贷：应收账款——××　　　　　　　　　　　　　　　　　　　　　　3 000

已确认的坏账又收回，说明该企业信誉还行。

借：应收账款——××　　　　　　　　　　　　　　　　　　　　　　2 000

　　贷：坏账准备　　　　　　　　　　　　　　　　　　　　　　　　　　2 000

同时，

借：银行存款　　　　　　　　　　　　　　　　　　　　　　　　　　2 000

　　贷：应收账款——××　　　　　　　　　　　　　　　　　　　　　　2 000

2×20 年末冲销多提坏账准备如图 3-6 所示。

坏账准备	
	期初数：3 920
3 000	本期计提X
	2 000
	期末数600 000×4‰=2 400（元）

图 3-6　"坏账准备"账户

X = 2 400 + 3 000 - 3 920 - 2 000 = -520 < 0，在借方登记。

借：坏账准备　　　　　　　　　　　　　　　　　　　　　　　　　　520

　　贷：信用减值损失——计提坏账准备　　　　　　　　　　　　　　　　520

【例 3-5】云阳公司 2×18 年 12 月 31 日应收账款余额为 1 200 000 元，"坏账准备"贷方期初余额 4 000 元；2×19 年应收美林公司账款 8 000 元确认为坏账，年末应收账款余额为 1 100 000 元；2×20 年原已核销美林公司坏账有 5 000 元又收回，年末应收账款余额为 900 000 元，估计坏账率为 5‰。

① 2×18 年末：

借：信用减值损失——计提坏账准备　　　　　　　　　　　　　　　2 000

　　贷：坏账准备　　　　　　　　　　　　　　　　　　　　　　　　　　2 000

② 2×19 年末：

借：坏账准备　　　　　　　　　　　　　　　　　　　　　　　　　　8 000

　　贷：应收账款——美林公司　　　　　　　　　　　　　　　　　　　　8 000

借：信用减值损失——计提坏账准备　　　　　　　　　　　　7 500

　　贷：坏账准备　　　　　　　　　　　　　　　　　　　　　　　7 500

③ 2×20 年末：

借：应收账款——美林公司　　　　　　　　　　　　　　　　5 000

　　贷：坏账准备　　　　　　　　　　　　　　　　　　　　　　　5 000

同时，

借：银行存款　　　　　　　　　　　　　　　　　　　　　　5 000

　　贷：应收账款——美林公司　　　　　　　　　　　　　　　　　5 000

借：坏账准备　　　　　　　　　　　　　　　　　　　　　　6 000

　　贷：信用减值损失——计提坏账准备　　　　　　　　　　　　　6 000

　　第二，账龄分析法。它是指按应收款项入账时间的长短估计坏账损失比例的方法。所谓账龄是指客户所欠款项时间的长短。一般来说，拖欠的时间越长，发生坏账损失的可能性越大，计提比例就越高。因此，该种方法就是将企业的全部应收账款、其他应收款按账龄长短分档，并为各档确定一个估计损失率，分档计算坏账准备金应提额。所以，其会计处理与应收账款余额百分比法完全相同。

　　【例 3 -6】A 公司 2×20 年 12 月 31 日应收账款账龄及估计坏账损失，如表 3 -1 所示。

表 3 -1　　　　　　　　　　　**应收账款账龄及估计坏账损失**

应收账款账龄	应收账款金额（元）	估计损失（%）	估计损失金额（元）
未到期	5 000 000	0.5	25 000
过期 1 个月	800 000	1	8 000
过期 2 个月	500 000	2	10 000
过期 3 个月	200 000	3	6 000
过期 3 个月以上	80 000	5	4 000
合计	6 580 000		53 000

　　假设，A 公司前期坏账准备的账户余额为 0，则本期应计 53 000 元。

借：信用减值损失——计提坏账准备　　　　　　　　　　　53 000

　　贷：坏账准备　　　　　　　　　　　　　　　　　　　　　　53 000

　　第三，赊销百分比法。它是以赊销金额的一定百分比估计坏账损失的方法。百分比一般根据以往的经验，按赊销金额中平均发生坏账损失的比率加以计算确定。各期按当期赊销金额的一定比率估计坏账损失，赊销业务越多，赊销金额越大，发生坏账的可能性也就越大，因此企业可以根据历史经验估计发生坏账占赊销金额的比率，并按此比率估计各期赊销金额中可能发生的坏账。

　　【例 3 -7】假设根据过去 5 年的资料，企业每 80 000 元的赊销金额中，有 1 600 元的坏账损失，则估计坏账的百分比 = 1 600/80 000 × 100% = 2%；如果本期实际赊销金额为 60 000 元，则本期估计的坏账损失 = 60 000 × 2% = 1 200（元）。

借：信用减值损失　　　　　　　　　　　　　　　　　　　1 200

　　贷：坏账准备　　　　　　　　　　　　　　　　　　　　　　1 200

3.2 应收票据核算

3.2.1 应收票据计价及持有到期核算

1. 应收票据的概念及分类

（1）应收票据的概念。应收票据是指企业持有的、尚未到期兑现的商业汇票而形成的债权。收款人取得商业汇票而形成的债权应作为应收票据核算。商业汇票是一种载有固定日期、付款金额和付款人的支付凭证，也可以由持有人自由转让给他人或向银行贴现的债权凭证。

（2）应收票据的分类。

① 商业汇票按承兑人不同分为商业承兑汇票与银行承兑汇票。对持票人而言，商业承兑汇票存在一定的风险，而银行承兑汇票几乎无风险。

② 商业汇票按是否计息可分为带息商业汇票和不带息商业汇票。不带息商业汇票的到期值等于面值，在商业汇票到期时，承兑人只按面值向收款人或被背书人支付款项。而带息商业汇票的到期值等于面值与按面值、票面利率及承兑期限计算的应计利息之和，在商业汇票到期时，承兑人应按面值加上应计利息向收款人或被背书人支付款项。

2. 应收票据的计价

应收票据的计价是指如何确定应收票据的初始价值。（1）商业汇票无论是否带息一律按面值入账。（2）对于带息商业汇票，应于期末（6月末、12月末）按面值和票面利率计提应收未收的利息，并增加应收票据的账面价值。如果利息金额较小，期末可不预计利息。（3）如果应收票据债权到期不能收回，按其账面余额转入"应收账款"账户，但带息票据转账后不再计算利息。

3. 持有到期应收票据的会计处理

为反映应收票据的增减变动情况，应设置"应收票据"科目，借方登记收到已承兑商业汇票的面值及期末计提的应收未收的利息（指带息汇票），贷方登记到期收回商业汇票的账面金额或被拒付而注销的商业汇票账面金额，余额在借方，表示没有到期而尚未收回的商业汇票的账面金额。

（1）应收票据到期日的确定。根据中国人民银行"支付结算办法"的规定，商业汇票的期限是指票据签发之日至到期的时间间隔，也称为票据的有效期。票据的期限有按月表示和按日表示两种。其到期日的确定有所不同。

按月表示。应以到期月份中与出票日相同的那一天作为到期日；但是，月末签发的票据，无论大小月份，以到期月的期末这天作为到期日。如：2×20年7月20日开出的商业汇票，期限为2个月，则到期日为9月20日。又如2×20年2月28日开出的商业汇票，期限为2个月，则到期日为4月30日。

按日表示。应以实际经历天数计算。通常在确定实际经历天数时，出票日与到期日两个时点，只能计算其中的一天，即通常说的"算头不算尾"或"算尾不算头"两种方法中的一种方法。

所谓"算头不算尾"，是指在确定票据到期日时，出票日算作一天计算在有效期内，而到期日就不再计算。如 9 月 10 日开出的票据，期限为 60 天：9 月为 21 天，10 月为 31 天，11 月需要 8 天，到期日应为 11 月 9 日。

所谓"算尾不算头"是指在确定票据到期日时，到期日算作一天计算在有效期内，出票日就不再计算。如 9 月 10 日开出的票据，期限为 60 天：9 月 20 天，10 月 31 天，11 月还需要 9 天，到期日应为 11 月 9 日。

（2）不带息票据的核算。

【例 3-8】云阳公司 2×20 年 7 月 5 日销售一批产品给乙公司，货款 80 000 元，增值税 10 400 元，货已发出，收到乙公司签发的票面值 90 400 元，期限是两个月的不带息商业承兑汇票一张。

①7 月 5 日因销售产品收到商业汇票：

借：应收票据——商业承兑汇票　　　　　　　　　　　　　　　90 400
　　贷：主营业务收入　　　　　　　　　　　　　　　　　　　　　80 000
　　　　应交税费——应交增值税（销项税额）　　　　　　　　　　10 400

②9 月 5 日票据到期接到银行收款通知：

借：银行存款　　　　　　　　　　　　　　　　　　　　　　　90 400
　　贷：应收票据——商业承兑汇票　　　　　　　　　　　　　　　90 400

③如果票据到期时，对方无力偿付票款：

借：应收账款——乙公司　　　　　　　　　　　　　　　　　　90 400
　　贷：应收票据——商业承兑汇票　　　　　　　　　　　　　　　90 400

（3）带息应收票据的会计处理。

①取得。当企业收到带息商业汇票，依然按应收票据的票面值入账。借记"应收票据"，贷记"主营业务收入""应交税费"等账户。

②票据利息。带息票据的利息收入，由于我国的商业汇票最长不超过 6 个月，因此一般于票据到期时确认。按收到的款项，借记"银行存款"科目；按面值贷记"应收票据"科目，根据票面面值与票面利率计算的全部利息，贷记"财务费用"科目。如果企业收到的商业汇票的期限跨年度，且金额较大时，可以于会计期末预计未到期票据的利息。按票面值、票面利率和企业持有时间计算本期应预计的利息，根据当期应计的利息，借记"应收票据"科目，贷记"财务费用"科目。到期时，根据到期值借记"银行存款"科目，根据票面值及预计的利息贷记"应收票据"科目，根据未预计的利息贷记"财务费用"科目。

③票据利息的计算。计算公式：应计利息 = 票面金额 × 票面利率 × 期限。

带息票据到期值 = 面值 + 应收票据利息，或应收票据到期值 = 应收票据面值 + 应收票据面值 × 利率 × 票据期限 = 票面值 ×（1 + 票面利率 × 期限）。

④到期收款。按商业汇票的到期值，借记"银行存款"科目；按应收票据的票面值贷记"应收票据"科目；按收取的利息，贷记"财务费用"科目。

【例 3-9】云阳公司收到 B 公司 2×20 年 11 月 20 日签发并承兑的票面值 56 500 元，其中价款 50 000 元，增值税为 6 500 元，票面利率 3%，期限为两个月的商业承兑汇票一张。云阳公司期末预计应收票据利息。

收到票据：

借：应收票据——商业承兑汇票   56 500

    贷：主营业务收入   50 000

        应交税费——应交增值税（销项税额）   6 500

12 月末预计利息：

11 月预计利息 + 12 月预计利息

$= 56\ 500 \times 3\% \div 360 \times 10 + 56\ 500 \times 3\% \div 12 \times 1 = 47.08 + 141.25 = 188.33$（元）

借：应收票据——商业承兑汇票   188.33

    贷：财务费用   188.33

票据到期时：

全部利息 $= 56\ 500 \times 3\% \div 12 \times 2 = 282.50$（元）

到期值 $= 56\ 500 + 282.50 = 56\ 782.50$（元）

应收票据账面余额 $= 56\ 500 + 188.33 = 56\ 688.33$（元）

未预计的利息 $= 282.50 - 188.33 = 94.17$（元）

借：银行存款   56 782.50

    贷：应收票据——商业承兑汇票   56 688.33

        财务费用   94.17

如果票据到期无力偿付退回，应转入应收账款。

3.2.2 应收票据贴现核算

应收票据贴现是指持票人将未到期的商业汇票背书转让给开户银行，银行受理后从票据到期值中扣除按规定的贴现率计算的贴现利息后，并将贴现净额支付给持票人的经济业务。

1. 票据贴现值的计算

（1）贴现期：指从贴现日至票据到期日之间的间隔时间，按实际日历天数计算。计算公式：贴现期 = 贴现日至到期日实际天数 – 1（或者是票据期限 – 企业已持有时间）。但按照《支付结算办法》规定，承兑人在异地的，贴现利息的计算应加 3 天的划款日期。

（2）贴现利息及贴现额计算公式：

到期值：不带息票据 = 面值；带息票据 = 面值 + 到期利息

贴现利息 = 票据到期值 × 贴现利率 × 贴现天数 ÷ 360

贴现所得额 = 票据到期值 – 贴现利息

2. 票据贴现的会计处理

企业将未到期的应收票据向银行贴现，应按实际收到的金额，借记"银行存款"，按应收票据的账面余额，贷记"应收票据"，二者之间的差额部分作为一种融资费用，借或贷"财务费用"。

（1）企业将不带息票据向银行申请贴现时，应按贴现所得金额借记"银行存款"，按贴现利息借记"财务费用"，按票面面值贷记"应收票据"。

【例 3 – 10】甲公司于 9 月 20 日将乙公司 9 月 10 日签发面值 93 600 元，期限为 2 个月的不带息银行承兑汇票办理贴现，贴现利率 3.6% 。

该票据到期日为 11 月 10 日，贴现日期 51 天。

贴现利息 = 93 600 × 3.6% ÷ 360 × 51 = 477.36（元）

贴现净额 = 93 600 - 477.36 = 93 122.64（元）

借：银行存款   93 122.64

  财务费用   477.36

  贷：应收票据——银行承兑汇票   93 600

（2）将带息商业汇票向银行申请贴现，按贴现所得金额借记"银行存款"，按应收票据账面金额贷记"应收票据"，按其差额贷记或借记"财务费用"。

【例 3 - 11】接〖例 3 - 10〗，假如甲公司贴现的是带息票据，票面利率为 4.8%，期末不预计利息，其他条件不变，该企业于 9 月 20 办理贴现。

票据到期值 = 93 600 + 93 600 × 4.8% × 2 ÷ 12 = 94 348.8（元）

贴现利息：94 348.8 × 3.6% × 51 ÷ 360 = 481.18（元）

贴现所得金额：94 348.8 - 481.18 = 93 867.62（元）

借：银行存款   93 867.62

  贷：应收票据   93 600

    财务费用   267.62

3.2.3 票据未到期转让核算

将持有的商业汇票背书转让以取得所需物资，按应计入取得物资成本的金额，借记"材料采购"或"原材料""库存商品"等科目；按商业汇票的票面金额，贷记"应收票据"科目；如有差额，借记或贷记"银行存款"等科目。涉及增值税进项税额的，还应进行相应的处理。

【例 3 - 12】A 公司 2×20 年 5 月 1 日取得一张面值为 150 万元，期限 6 个月的不带息银行承兑汇票。2×20 年 7 月 10 日将该票据背书转让给 B 公司采购材料，价款 1 200 000 元，税金 156 000 元，余款用银行存款付讫。

① 5 月 1 日：

借：应收票据——商业承兑汇票   1 500 000

  贷：应收账款   1 500 000

② 7 月 10 日：

借：在途物资——××（材料）   1 200 000

  应交税费——应交增值税（进项税额）   156 000

  银行存款   144 000

  贷：应收票据——银行承兑汇票   1 500 000

3.2.4 应收票据的备查登记

票据持有人除对应收票据进行总分类核算外，还应设置"应收票据备查簿"，逐笔记录每张商业汇票的种类、号数、出票日期、票面金额、票面利率、交易合同号、到期日、背书转让日、贴现利率、贴现日期、贴现净额、已计提利息，付款人、承兑人、背书人姓名或单位名称，以及收款日期、收回金额、退票情况等资料。应收票据到期无论是兑付结算票款还是承兑人无力支付而退票，均应在"应收票据备查簿"中将该商业汇票予以注销。另外，贴现的商业汇票的金额应在资产负债表补充资料中加以披露。

3.3　其他应收款及预付账款的核算

3.3.1　其他应收款核算

1. 其他应收款的内容

其他应收款是指企业除应收票据、应收账款、预付账款、应收股利、应收利息、长期应收款等之外的各种应收及暂付款项。其主要内容包括：

（1）应收的各种赔款、罚款，如因企业财产等遭受意外损失而应向有关保险公司收取的赔款等。

（2）应收出租包装物的租金。

（3）应向职工收取的各种垫付款项，如为职工垫付的水电费、应由职工负担的医药费、房租等。

（4）备用金，如向企业各有关部门拨出的备用金。

（5）存出保证金，如租入包装物支付的押金。

（6）其他各种应收、暂付款项。

2. 其他应收款的会计处理

为了反映和监督其他应收款的发生及收回情况，企业应设置"其他应收款"科目对其他应收款的收付业务进行核算。该科目属资产类科目，借方登记发生的各种其他应收款，贷方登记企业收到的款项和结转情况，余额一般在借方，表示应收未收的其他应收款项。本账户应按对方单位进行明细核算。

【例 3 – 13】云阳公司租入包装物，预付押金 5 000 元，开出转账支票。

（1）支付押金时：

　借：其他应收款——包装物押金　　　　　　　　　　　　　　5 000

　　　贷：银行存款　　　　　　　　　　　　　　　　　　　　　　　5 000

（2）收到退的押金时：

　借：银行存款　　　　　　　　　　　　　　　　　　　　　　5 000

　　　贷：其他应收款——包装物押金　　　　　　　　　　　　　　　5 000

【例 3 – 14】云阳公司为李芳垫付应由其个人负担的住院医药费 6 000 元，拟从其工资中扣回。

（1）支付时：

　借：其他应收款——李芳　　　　　　　　　　　　　　　　　6 000

　　　贷：银行存款　　　　　　　　　　　　　　　　　　　　　　　6 000

（2）扣款时：

借：应付职工薪酬——短期薪酬（应付工资）　　　　　　　　　6 000

　　贷：其他应收款——李芳　　　　　　　　　　　　　　　　　　　6 000

3.3.2　预付账款核算

1. 预付账款的内容

预付账款是企业按照购货合同规定预付给供货单位的款项，如预付的材料、商品采购货款以及预先支付的农副产品预购定金等。

为了反映和监督预付账款的增减变动情况，企业应设置"预付账款"科目，核算预付账款增减变动及其结存情况。该科目属资产类科目，借方登记实际预付金额或补付不足的款项，贷方登记收到预购物资时应计入购入物资成本的金额及因预付货款多余而退回的款项。借方余额表示企业预付的货款，贷方余额表示企业尚未补付的款项，本账户应按供货单位进行明细核算。

2. 预付账款的会计处理

【例 3 – 15】云阳公司向峰华公司采购 C 材料一批，材料价款 50 000 元，按合同规定预付货款 40%，验收货物后补付其余款项。

（1）预付 40% 货款时：

借：预付账款——峰华公司　　　　　　　　　　　　　　　　20 000

　　贷：银行存款　　　　　　　　　　　　　　　　　　　　　　20 000

（2）收到峰华公司发来的材料并验收入库，发票价格为 50 000 元，增值税进项税额为 6 500 元，据此以银行存款补付不足款项：

借：原材料——C 材料　　　　　　　　　　　　　　　　　　50 000

　　应交税费——应交增值税（进项税额）　　　　　　　　　6 500

　　贷：预付账款——峰华公司　　　　　　　　　　　　　　　　56 500

同时，

借：预付账款——峰华公司　　　　　　　　　　　　　　　　36 500

　　贷：银行存款　　　　　　　　　　　　　　　　　　　　　　36 500

如有确凿证据表明企业的预付账款不符合预付账款的性质，或者因供货单位破产、撤销等原因已无望再收到所购货物的，应当将原计入预付款项的金额转入其他应收款，并按规定确定减值损失，计提坏账准备。

【本章小结】

（1）本章需完成任务包括：①应收账款入账价值确认与核算；②坏账损失的确认与核算；③应收票据计价、到期、贴现和转让的核算；④预付账款和其他应收款的核算。

（2）学习完本章学生应掌握：①应收账款的核算内容与会计处理；②应收票据的取得、持有至到期及贴现会计处理；③坏账准备的确认、估计坏账损失金额的方法与会计处理；④预付账款和其他应收款核算内容与会计处理。

（3）完成本章若干学习任务应深刻理解：①应收账款入账价值确认方法及销售折扣的核算；②商业汇票的取得、持有至到期、贴现和转让的会计处理；③应收款项期末减值测试及坏账准备的会计处理；④预付账款和其他应收款的会计处理。

（4）完成学习任务应学会运用：①备抵法下的坏账损失的核算；②应收票据的取得和贴现的会计处理。

第 4 章

存货核算

【学习目标】

通过本章学习，掌握存货入账价值的确定、存货发出的各种计价方法；掌握原材料按实际成本核算和按计划成本核算的账务处理方法；掌握存货期末清查和存货期末计价处理；了解周转材料、委托加工物资的核算。

【能力目标】

能够运用实际成本计价方法、计划成本计价方法核算原材料，成本与可变现净值孰低法对存货期末计价；掌握存货清查结果的账务处理方法。

【任务提示】

下面发票账单等凭证反映了在存货核算中涉及的外购材料货款结算及入库、外购原材料发生短缺和生产领用原材料部分业务。对这些业务应该如何进行会计处理，本章将分别予以阐述。

4－1－1/3

江西增值税专用发票

No 12054214

3600184130

开票日期：2019 年 12 月 06 日

货物或应税劳务、服务名称	规格型号	单位	数量	单价	金额	税率	税额
*黑色金属冶炼压延品*圆钢	Φ18	吨	10	5 000.00	50 000.00	13%	6 500.00
合计					¥50 000.00		¥6 500.00

价税合计（大写）⊗伍万陆仟伍佰圆整　　（小写）¥56 500.00

购买方：名称 江西九瑞油泵油嘴有限公司
纳税人识别号：91360402309264078N
地址、电话：九江市莲花路 128 号 8189866
开户行及账号：工行九江莲花支行 34520294168

销售方：名称 江西信阳商贸有限公司
纳税人识别号：91360411052548746N
地址、电话：九江市经济开发区城西港区路 28 号 0792-8183698
开户行及账号：工商银行九江经开区支行 70015478481

收款人：郝信华　复核：李国立　开票人：郝信华　销售单位：（章）

4 - 1 - 2/3

江西九瑞油泵油嘴有限公司收料单

№1901203

供货单位：江西信阳商贸有限公司

发票号码： 12054214　　　　2019 年 12 月 8 日　　　收货仓库：**材料库**

材料类别	名称及规格	计量单位	数量		实际成本		计划成本		成本差异
			应收	实收	单价	金额	单价	金额	
原材料	Φ18圆钢	吨	10	10	5 000	50 000	4 900	49 000	1 000

仓库主管：**毛容**　　　　　　收料：**张左**　　　　制单：**严格**

第三联 财务记账联

4 - 1 - 3/3

ICBC 中国工商银行　　　　　　　业务回单（付款）

日期： 2019 年 12 月 08 日
回单编号：173550000217
付款人户名：江西九瑞油泵油嘴有限公司　　　　　付款人开户行：工行九江莲花支行
付款人账号（卡号）：34520294168
收款人户名：江西信阳商贸有限公司　　　　　　　收款人开户行：工行九江经开区支行
收款人账号（卡号）：70015478481
金额：伍万陆仟伍佰元整　　　　　　　　　　　　小写： 56 500.00 元
业务（产品）种类：结算业务凭证　　　凭证种类：000000000　　凭证号码：00000000000000
摘要：货款　　　　　　　　　　　　　用途：　　　　　　　　　　币种：人民币
交易机构：0150602160　记账柜员：00011　交易代码：52031　　渠道：其他
产品名称：
费用名称：
应付金额： 56 500.00　　实付金额： 56 500.00　　收费渠道：

本回单为第一次打印，注意重复　　打印日期：2019 年 12 月 09 日　　打印柜员：0　验证码：A981CCDB9126

4 - 2 - 1/2

江西增值税专用发票　　　№ 12052312

3600184130　　　　　　　　　　　　　　　3600184130
　　　　　　　　　　　　　　　　　　　　　　12052312

校验码 12478 36541 25478 43232　　　　　开票日期：2019 年 12 月 07 日

	购买方	名　称：江西九瑞油泵油嘴有限公司	密码区	1*16<98*->532*-536//32<65<*32+6//62<65<*4 12+325-616<74>29312-8-35><56>92+389-65<5 7-055-456<78>25613-8-53><20>+542+365-73<3 32<764>534//33-8-895<126>37592+147-41<7
		纳税人识别号：91360402309264078N		
		地址、电话：九江市莲花路 128 号 8189866		
		开户行及账号：工行九江莲花支行 34520294168		

货物或应税劳务、服务名称	规格型号	单位	数量	单价	金额	税率	税额
*运输服务*运费		车	1	2 000.00	2 000.00	9%	180.00
合　计					¥2 000.00		¥180.00

价税合计（大写）　◎贰仟壹佰捌拾圆整　　　　　　　（小写）¥2 180.00

	销售方	名　称：江西好运物流有限公司	备注	
		纳税人识别号：9136041105542321N		
		地址、电话：九江市经济开发区城西港区路 60 号 0792-8183321		
		开户行及账号：工商银行九江经开区支行 70015472312		

收款人：　　　　复核：李国平　　　开票人：张华　　　销售单位：（章）

第三联：发票联 购买方记账凭证

4 - 2 - 2/2

ICBC 中国工商银行　　　业务回单（付款）

日期：2019 年 12 月 07 日
回单编号：173550000215
付款人户名：江西九瑞油泵油嘴有限公司　　　付款人开户行：工行九江莲花支行
付款人账号（卡号）：34520294168
收款人户名：江西好运物流有限公司　　　收款人开户行：工行九江经开区支行
收款人账号（卡号）：70015472312
金额：贰仟壹佰捌拾元整　　　小写：2 180.00 元
业务（产品）种类：结算业务凭证　　凭证种类：000000000　　凭证号码：00000000000000
摘要：运费　　　　　　　　　　用途：
交易机构：0150602160　记账柜员：00011 交易代码：52034
产品名称：
费用名称：
应付金额：2 180.00　实付金额：2 180.00　收费渠道：

本回单为第一次打印，注意重复　　打印日期：2019 年 12 月 08 日　　打印柜员：0　验证码：A981CCDB9127

4 - 3 - 1/2

江西增值税专用发票

3600184130　　No 12032021
校验码 12478 36541 25478 32021
开票日期：2019 年 12 月 17 日

名　称：江西九瑞油泵油嘴有限公司
纳税人识别号：9136040230926407 8N
地址、电话：九江市莲花路 128 号 8189866
开户行及账号：工行九江莲花支行 34520294168

货物或应税劳务、服务名称：*劳务*泵壳加工费　规格型号　单位：只　数量：10 000　单价：2.00　金额：20 000.00　税率：13%　税额：2 600.00

合　计　　　　　　　　　　　　¥20 000.00　　¥2 600.00

价税合计（大写）⊗贰万贰仟陆佰圆整　　（小写）¥22 600.00

名　称：江西汇尔油泵油嘴有限公司
纳税人识别号：91360411058786543N
地址、电话：九江市九瑞大道路 78 号 0792-8189876
开户行及账号：工商银行九江十里支行 70015498776

收款人：　　复核：周杰　　开票人：施尼　　销售单位：（章）

4 - 3 - 2/2

ICBC 中国工商银行　　　业务回单（付款）

日期：2019 年 12 月 17 日
回单编号：173550000226
付款人户名：江西九瑞油泵油嘴有限公司　　　付款人开户行：工行九江莲花支行
付款人账号（卡号）：34520294168
收款人户名：江西汇尔油泵油嘴有限公司　　　收款人开户行：工行九江十里支行
收款人账号（卡号）：70015498776
金额：贰万贰仟陆佰元整　　　小写：22 600.00 元
业务（产品）种类：结算业务凭证　　凭证种类：000000000　　凭证号码：00000000000000
摘要：运费　　　　　　　　　　用途：
交易机构：0150602160　记账柜员：00011 交易代码：52034
产品名称：
费用名称：
应付金额：22 600.00　实付金额：22 600.00　收费渠道：

本回单为第一次打印，注意重复　　打印日期：2019 年 12 月 18 日　　打印柜员：0　验证码：A981CCDB9128

4 - 4 - 1/2

委托加工材料收料单

委托单位：江西汇尔油泵油嘴有限公司　　　2019 年 12 月 17 日　　　编号：0912003

材料名称	规格型号	计量单位	交付数量	检验结果		实收数量	计划单价	金额	第二联 会计联
				合　格	不合格				
油泵外壳		只	10 000	10 000	0	10 000			

仓库主管：毛容　　　　　收料：张左　　　　　制单：严格

4 - 4 - 2/2

委托加工物资材料成本差异计算表

2019 年 12 月 31 日　　　　　金额单位：元

材料名称	规格型号	计量单位	入库数量	计划单价	计划总成本	实际总成本	材料成本差异
油泵外壳		只	10 000	10 000	600 000	620 000	20 000
合　计					600 000	620 000	20 000

复核：张有才　　　　　制单：董旭

4 - 5 - 1/2

收料凭证汇总表

单位：江西九瑞油泵油嘴有限公司　　　2019年12月31日　　　金额单位：元

材料名称	单位	入库数量	计划单价	计划总成本
圆钢	吨	200	4 800	960 000.00
轴承钢	吨	100	5 100	510 000.00
棒棒铁	吨	10	1 300	13 000.00
合　计	-	-	-	1 483 000.00

审核：张有才　　　制单：董旭

4 - 5 - 2/2

入库材料成本差异计算表

单位名称：江西九瑞油泵油嘴有限公司　　　　　　2019年12月31日　　　　　　　　　　金额单位：元

材料名称	单位	入库数量	计划单价	计划总成本	实际总成本	材料成本差异
圆钢	吨	200	4 800	960 000.00	980 000.00	20 000.00
轴承钢	吨	100	5 100	510 000.00	520 000.00	10 000.00
棒棒铁	吨	10	1 300	13 000.00	12 000.00	-1 000.00
合计						29 000.00

审核：张有才　　　　　　制单：董旭

4 - 6 - 1/2

江西九瑞油泵油嘴有限公司财产物资盘点报告单

类别：存货　　　　　　2019 年 12 月 31 日

名称	规格	单位	单价	账面数		盘点数		盘盈		盘亏		备注
				数量	金额	数量	金额	数量	金额	数量	金额	
油漆		斤	20	565	11 300	515	10 300			50	1 000	
包装箱		个	295	50	14 750	60	17 700	10	2 950			

原因分析：待查。　　　　　　审批意见：先作待处理。

单位盖章：　　　　　财务负责人：张有才　　　　　制表：董旭

4 - 6 - 2/2

财产清查盘点结果及账务处理报告

厂部：

　　根据财务制度和会计准则对盘盈盘亏材料拟作如下处理：

1. 盘亏的 50 斤油漆，其中 10 斤属于自然损耗，列入管理费用。

2. 盘亏的 50 斤油漆，其中 40 斤属于毛容保管不善，列入其他应收款。

3. 盘盈的 10 个包装箱，为入库时漏登账引起，冲销管理费用。

　　特此报告，请批复。
　　　　同意
　　　　陈俊杰
2019 年 12 月 31 日

江西九瑞油泵油嘴有限公司
二〇一九年十一月二十一日

4－7－1/2

江西九瑞油泵油嘴有限公司领料单

领料部门	铸造车间		2019 年 12 月 31 日			NO00901203		第三联

材料类别	名称及规格	计量单位	数量		计划单价	金额	用途	
			请领	实领				
主料	轴承钢Φ16	吨	4	4	5 000	20 000	生产	财务记账联
合　计			4	4	5 000	20 000		

仓库主管：毛容　　　　　发料人：陈迪安　　　　　领料人：王炎

4－7－2/2

江西九瑞油泵油嘴有限公司原材料成本差异率计算表
2019 年 12 月 31 日

材料名称	计量单位	数量	计划单价	计划金额	材料差异率	应调整成本差异额
轴承钢Φ16	吨	4	5 000	20 000	2%	400
合　计		4	5 000	20 000	2%	400

复核：蒙有才　　　　　制表：董旭

4－8－1/4

江西艾玛箱包有限公司
发出材料汇总表（皮包、帆布包）

2019年12月31日　　　　　　　　　　　　　　　金额单位：元

材料 ＼ 用途			生产产品耗用					
			皮包		帆布包		产品共同耗用	
品名	单位	计划单价	数量	金额	数量	金额	数量	金额
头层牛皮	米	83.60	7 200	601 920.00				
防水帆布	米	29.40			7 600	223 440.00		
斜纹棉布	米	8.05					17 600	141 680.00
拉链(3#)	条	1.00					26 000	26 000.00
拉链(4#)	条	0.80					18 000	14 400.00
五金配件	套	3.20					18 000	57 600.00
630D缝纫线	米	0.06					280 000	16 800.00
合计				601 920.00		223 440.00		256 480.00

审核：李光华　　　　　制单：杨丽玲

4 – 8 – 2/4

江西艾玛箱包有限公司
发出材料汇总表（拉杆箱）
2019年12月31日

金额单位：元

材料 用途 品名	单位	计划单价	生产产品耗用 ABS拉杆箱(24寸) 数量	金额	牛津布拉杆箱(24寸) 数量	金额	产品共同耗用 数量	金额
ABS板材	米	51.60	159 00	820 440.00				
牛津布	米	30.60			10 400	318 240.00		
涤纶布	米	6.20					33 480	207 576.00
护角	个	0.78					74 400	58 032.00
把手	个	1.98					37 200	73 656.00
拉杆	个	25.30					18 600	470 580.00
万向轮	个	7.80					74 400	580 320.00
密码锁	个	4.60					18 600	85 560.00
皮圈	套	3.50					18 600	65 100.00
拉链(1#)	条	1.50					26 600	39 900.00
拉链(2#)	条	1.20					18 600	22 320.00
螺丝	KG	12.00					4 650	55 800.00
840D缝纫线	米	0.08					226 000	18 080.00
合计				820 440.00		318 240.00		1 676 924.00

审核：李光华　　　　　　　　制单：杨丽玲

4 – 8 – 3/4

江西艾玛箱包有限公司
产品直接材料费用分配计算表（皮包、帆布包）
2019年12月31日

金额单位：元

产品 材料名称	皮包 本期投产量	单位消耗定额	分配率	分配额	帆布包 本期投产量	单位消耗定额	分配率	分配额	金额合计
斜纹棉布		0.80	8.05	64 400.00		1.20	8.05	77 280.00	141 680.00
拉链(3#)		1.00	1.00	10 000.00		2.00	1.00	16 000.00	26 000.00
拉链(4#)	10 000	1.00	0.80	8 000.00	8 000	1.00	0.80	6 400.00	14 400.00
五金配件		1.00	3.20	32 000.00		1.00	3.20	25 600.00	57 600.00
630D缝纫线		12.00	0.06	7 200.00		20.00	0.06	9 600.00	16 800.00
直接计入				601 920.00				223 440.00	825 360.00
材料费用合计				723 520.00				358 320.00	1 081 840.00

审核：李光华　　　　　　　　制单：杨丽玲

4 – 8 – 4/4

江西艾玛箱包有限公司
产品直接材料费用分配计算表（拉杆箱）
2019年12月31日

金额单位：元

产品 材料名称	ABS拉杆箱(24寸) 本期投产量	单位消耗定额	分配率	分配额	牛津布拉杆箱(24寸) 本期投产量	单位消耗定额	分配率	分配额	金额合计
涤纶布		1.80	6.20	118 296.00		1.80	6.20	89 280.00	207 576.00
护角		4.00	0.78	33 072.00		4.00	0.78	24 960.00	58 032.00
把手		2.00	1.98	41 976.00		2.00	1.98	31 680.00	73 656.00
拉杆		1.00	25.30	268 180.00		1.00	25.30	202 400.00	470 580.00
万向轮		4.00	7.80	330 720.00		4.00	7.80	249 600.00	580 320.00
密码锁	10 600	1.00	4.60	48 760.00	8 000	1.00	4.60	36 800.00	85 560.00
皮圈		1.00	3.50	37 100.00		1.00	3.50	28 000.00	55 100.00
拉链(1#)		1.00	1.50	15 900.00		2.00	1.50	24 000.00	39 900.00
拉链(2#)		1.00	1.20	12 720.00		1.00	1.20	9 600.00	22 320.00
螺丝		0.25	12.00	31 800.00		0.25	12.00	24 000.00	55 800.00
840D缝纫线		10.00	0.08	8 480.00		15.00	0.08	9 600.00	18 080.00
直接计入				820 440.00				318 240.00	1 138 680.00
材料费用合计				1 767 444.00				1 048 160.00	2 815 604.00

审核：李光华　　　　　　　　制单：杨丽玲

4 – 9

江西九瑞油泵油嘴有限公司退料单

退料部门　**铸造车间**　　　　2019 年 12 月 31 日　　　№00901201

材料类别	名称及规格	计量单位	数量		计划单价	金额	用途
			退料	实收			
主料	**轴承钢Φ25**	**吨**	**1**	**1**	**4 800**	**4 800**	**生产**
合　计			1	1	4 800	4 800	
备注			Φ25 轴承钢未耗用完，仍存放在铸造车间办理假退料手续。				

仓库主管　**毛容**　　　　收料人　**陈迪安**　　　　退料人　**王炎**

第三联　财务记账联

4 – 10 – 1/2

江西九瑞油泵油嘴有限公司原材料溢缺报告单

2019 年 12 月 31 日

原材料名称	计量单位	单价	应收数		实收数		溢余		短缺		备注
			数量	金额	数量	金额	数量	金额	数量	金额	
棒棒铁	**吨**	**1 360**	**50**	**68 000**	**49**	**66 640**			**1**	**1 360**	
合　计											
原因分析　**待查**				审批意见：							

单位（盖章）专用章　　　　财务科负责人　**张有才**　　　　制表　**夏青**

第三联　财务记账联

4 – 10 – 2/2

江西九瑞油泵油嘴有限公司原材料溢缺处理意见单

2019 年 12 月 31 日

事　理	材料名称	数量	实际成本	计划成本	成本差异
向江西正宇钢铁铸造有限公司采购短缺	**棒棒铁**	**1 吨**	**1 360**	**1 400**	**40**

原因	1. 江西正宇钢铁铸造有限公司少发 0.5 吨。 2. 南昌市顺风物流公司运输途中损失 0.5 吨。
处理意见	1. 经与江西正宇钢铁铸造有限公司联系，少发的 0.5 吨，由江西正宇钢铁铸造有限公司补发，已在运输途中。 2. 经与南昌市顺风物流公司联系，损失的 0.5 吨，南昌市顺风物流公司承担赔偿。 　　　　　　　　　　江西九瑞油泵油嘴有限公司业务科
审批意见	财务科： 　同意，应收赔偿款开出收据收取。 　签字　**张有才**　　　　厂部： 　　　同意，请业务科、财务科办理。 　　　　　　　　　签字　**陈俊杰**

单位（盖章）财务专用章　　　　财务科负责人　**张有才**　　　　制表　**董旭**

4.1 存货的概念及内容

4.1.1 存货的概念

存货是指企业在日常活动中持有以备出售的产成品或商品、处在生产过程的在产品、在生产过程或提供劳务过程中消耗的材料和物料等。存货具有如下特征：

（1）存货是一种具有物质实体的有形资产。包括原材料、商品、在产品、半成品、产成品、周转材料等具有物质实体的有形资产。

（2）存货属于流动资产，具有较强的变现能力和明显的流动性。存货通常在 1 年或超过 1 年的一个营业周期内被消耗或经出售转换为现金、银行存款或应收账款等，并不断被重置，使其不同于固定资产、在建工程等具有实物形态的长期资产。

（3）存货持有的目的是准备在正常生产经营活动中被销售或耗用。它有别于工程物资和国家特种储备物资。

（4）存货是非货币性资产，其未来获取的金额不确定，转换货币的时间也不确定。

4.1.2 存货的分类

存货的类别应视企业的性质而定，不同行业的企业，由于经济业务的具体内容各不相同，因而存货的构成也不尽相同。

制造企业的主要业务是生产和销售产品，其存货种类繁多、用途各异，且分布于企业生产经营的各个环节，因而构成比较复杂，需要适当分类。

1. 按存货的经济用途分类

（1）原材料，指通过采购和其他方式获得的，直接或间接用于生产产品并构成产品实体的各种物资，一般包括原料及主要材料、辅助材料、外购半成品（外购件）、修理用备件（备品备件）、包装材料、燃料等。

（2）在产品，指仍处在生产过程中、尚未完工入库的物品，包括正处于各个生产工序尚未制造完成的在产品，以及虽已制造完成但尚未检验或虽已检验但尚未办理入库手续的产成品。

（3）自制半成品，指在本企业已经过一定生产过程的加工并经检验合格交付半成品仓库保管，但尚未最终制造完成、仍需进一步加工的中间产品。

（4）产成品，指完成全部生产过程，经检验可供销售的产品，包括库存产成品、存放于门市部备售的产成品以及来料加工的代制品等。

（5）周转材料，指企业能够多次使用、逐渐转移其价值但仍保持原有形态、不确认为固定资产的材料，主要包括低值易耗品、包装物，以及建筑企业中的模板、脚手架等。低值易耗品是指不能作为固定资产的各种用具物品，如工具、管理用具、玻璃用具以及在经营过程中周转使用的包装容器。包装物是指为了包装本企业产品及商品而储备的各种包装容器，如桶、箱、瓶、坛、袋等。但不包括各种包装材料，如纸、绳、铁丝、铁皮等，也不包括用于储存和保管自己的产品、材料而不对外出售的包装容器。

（6）委托加工物资，指企业委托外单位加工的各种物资。

2. 按存货存放地点分类

（1）库存存货，是指已经购进或生产完工并经过验收入库的各种原材料、周转材料、半成品、产成品以及商品。

（2）在途存货，是指已经取得所有权但尚在运输途中或虽已运抵企业，但尚未验收入库的各种材料物资及商品。

（3）加工中存货，是指正处于本企业各生产工序加工制造过程中的在产品，以及委托外单位加工但尚未完成的材料物资。

（4）在售存货，是指已发运给购货单位但尚不能完全满足收入确认条件，因而仍应作为销货方存货的发出商品、委托代销商品。

3. 按存货取得方式分类

存货按取得方式，可分为外购存货、自制存货、委托加工存货、投资者投入的存货、接受捐赠取得的存货、通过债务重组取得的存货、非货币性资产交换取得的存货、盘盈的存货。

4.1.3   存货的确认条件

企业在确认某项资产是否作为存货时，首先要视其是否符合存货的概念，在此前提下，应当同时满足下列条件的，才能确认为存货：

1. 与该存货有关的经济利益很可能流入企业

通常存货的所有权是存货包含的经济利益很可能流入企业的重要标志。因此，存货有关的经济利益是否能够流入企业，就是企业是否对该存货具有法定所有权及企业是否拥有存货所有权上的主要风险和报酬。在实际业务中，存货所有权上的风险与报酬的转移一般会伴随所有权凭证的转移或实物的交付而转移，存货所有权一旦转入就可以表明其所包含的经济利益能够流入企业。如果存在存货的交付及所有权的转移与所有权上主要风险与报酬不同步的情况，应当注重交易的经济实质。

2. 该存货的成本能够可靠计量

存货作为企业资产的重要组成部分，在确认时必须符合资产确认的基本条件，即成本能够可靠地计量。成本能够可靠地计量，是指成本的计量必须以取得确凿、可靠的证据为依据，并且具有可验证性。

4.2   原材料按实际成本核算

原材料，是指企业在生产过程中经加工改变其形态或性质，并构成产品主要实体的各种原材料，一般包括原料及主要材料、辅助材料、外购半成品（外购件）、修理用备件（备品备件）、包装材料、燃料等。

原材料按实际成本计价，是指企业在取得原材料时，以取得存货的实际成本为基础确认其入账价值，实际成本包括采购成本、加工成本和其他成本。

4.2.1 账户设置

1. 在途物资

（1）内容：用来核算企业购入尚未到达或尚未验收入库的各种材料物资的实际成本。

（2）性质：资产类。

（3）结构：见图 4 - 1。

在途物资	
尚未入库的各种材料采购成本	① 材料到达验收入库的采购成本
尚未到达或入库材料的采购成本	② 向责任单位索赔

图 4 - 1 "在途物资"账户

（4）明细核算：一般按供货单位和材料种类进行明细核算。

2. 原材料

（1）内容：核算企业库存的各种材料的实际成本。

（2）性质：资产类。

（3）结构：见图 4 - 2。

原材料	
验收入库材料的实际成本	发出材料的实际成本
余额：结存材料实际成本	

图 4 - 2 "原材料"账户

（4）明细核算：按材料品种和规格设置明细分类账，进行明细分类核算。

3. 委托加工物资

（1）内容：核算企业委托外单位加工各种材料、商品等物资的实际成本。

（2）性质：资产类。

（3）结构：见图 4 - 3。

委托加工物资	
发出加工材料的成本、加工费、运杂费及收回后直接销售应交的消费税	收回加工入库材料的成本及收回剩余材料的成本
余额：尚未加工完成的物资成本	

图 4 - 3 "委托加工物资"账户

（4）明细核算：按加工合同、受托加工单位或加工物资的品种等进行明细分类核算。

4.2.2　收入原材料核算

1. 外购原材料核算

（1）外购原材料的成本。外购原材料的成本是指原材料从采购到入库前发生的支出，一般包括购买价款、相关税费、运输费、装卸费、保险费以及其他可归属于原材料采购成本的费用。具体包括：

① 购买价款，是指企业购入材料或商品的发票账单上列明的价款，但不包括按规定可以抵扣的增值税额。

② 运杂费，包括运输费、装卸费、保险费、包装费、仓储费等，不包括按规定根据运费的一定比例计算的可抵扣的增值税额。

③ 运输途中的合理损耗。

④ 入库前的挑选整理费用，主要包括挑选整理中发生的工、费支出和必要的损耗，并扣除回收的下脚废料价值。

⑤ 其他税金，是指企业购买、自制或委托加工存货发生的消费税、资源税和不能从增值税销项税额中抵扣的增值税进项税额等。关税是企业从国外采购存货，进口报关时按照有关规定交纳的海关关税，构成进口货物的成本。

上述第①项应当直接计入外购存货的实际成本。第②、③、④、⑤项，凡是能够分清的，可以直接计入各种外购存货的实际成本；不能分清的，应当按照存货的买价或重量等比例，分摊计入各种存货采购成本。

（2）外购原材料的会计处理流程。

① 发票账单与材料同时到达见图4-4。

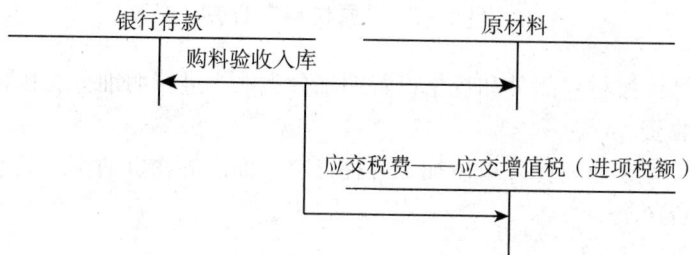

图4-4　账单与材料同时到达处理流程

② 发票账单已到、材料未到见图4-5。

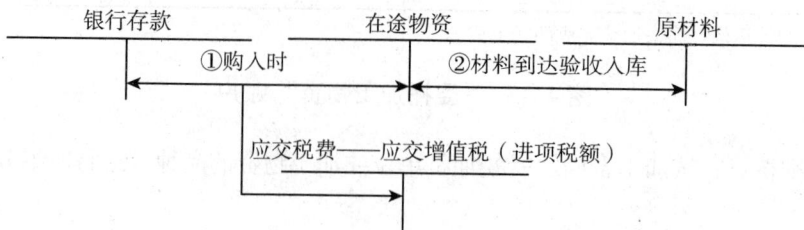

图4-5　账单已到、材料未到处理流程

③ 材料已到、发票账单未到见图 4-6。

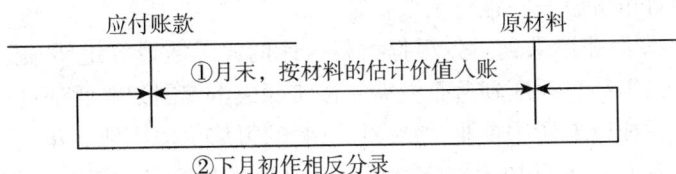

图 4-6 材料已到、发票账单未到处理流程

（3）外购原材料会计核算。

① 发票账单与材料同时到达。根据银行结算凭证、发票账单和收料单等确定材料成本，借记"原材料"科目和"应交税费——应交增值税（进项税额）"科目；按实际支付的款项或应付票据面值，贷记"银行存款"科目，或贷记"其他货币资金""应付票据"等科目。

【例 4-1】云阳公司为增值税一般纳税人，2×20 年 3 月 5 日购进甲材料 1 000 公斤，单价为 100 元/公斤，税率13%，运费 2 000 元，增值税税率9%，同时验收入库，已开出转账支票支付。

借：原材料——甲材料	102 000	
应交税费——应交增值税（进项税额）	13 180	
贷：银行存款		115 180

② 发票账单已到、材料未到。按发票账单等结算凭证，借记"在途物资"科目，按增值税专用发票上注明的增值税进项税额，借记"应交税费——应交增值税（进项税额）"科目，按实际支付的款项或应付票据面值，贷记"银行存款"科目，或贷记"其他货币资金""应付票据"等科目。待材料验收入库后，再根据验收入库单，借记"原材料"等科目，贷记"在途物资"科目。

【例 4-2】云阳公司办理银行汇票 1 张 250 000 元，采购员赴上海采购丙材料一批，增值税专用发票注明材料价款 200 000 元，增值税 26 000 元，对方代垫运费 2 000 元，增值税税率9%，按实际金额办理了结算，材料尚未到达企业，3 天后材料到达并验收入库，接银行通知余款划回。

办理汇票：

借：其他货币资金——银行汇票存款	250 000	
贷：银行存款		250 000

采购：

借：在途物资——丙材料	202 000	
应交税费——应交增值税（进项税额）	26 180	
贷：其他货币资金——银行汇票存款		228 180

材料入库：

借：原材料——丙材料	202 000	
贷：在途物资——丙材料		202 000

余款划回：

借：银行存款 21 820
　　贷：其他货币资金——银行汇票存款 21 820

③ 材料已到、发票账单未到。先根据材料入库的实际数量登记明细账，暂不进行总分类核算；待发票账单等结算凭证到达企业后，按实际成本编制记账凭证进行总分类核算。但如果月末材料结算凭证还未到达企业，则应按材料的暂估价值入账，借记"原材料"科目，贷记"应付账款"科目，下月初用红字冲回。待结算凭证到达企业后，再按发票账单上实际成本、税金进行账务处理。

【例 4 - 3】云阳公司采用委托收款结算方式从红星公司购入乙材料一批，材料已验收入库，月末发票账单尚未收到，合同价为 85 000 元。

云阳公司月末按合同价暂估入账：

借：原材料——乙材料 85 000
　　贷：应付账款——暂估应付账款 85 000

下月初用红字冲回：

借：原材料——乙材料 85 000
　　贷：应付账款——暂估应付账款 85 000

次月 6 日收到相关发票账单，价款 90 000 元，增值税 11 700 元，购进材料支付的运费 800 元。增值税税率 9%，验单后上述款项已通过银行支付。

借：原材料——乙材料 90 800
　　应交税费——应交增值税（进项税额） 11 772
　　贷：银行存款 102 572

④ 采用预付货款方式采购材料。企业预付货款时按实际预付的金额，借记"预付账款"科目，贷记"银行存款"科目。待预付货款的材料验收入库后，再根据供应单位的发票账单上的应列货款和注明的增值税进项税额，借记"原材料"科目和"应交税费——应交增值税（进项税额）"科目；按原材料价款与增值税进项税额之和，贷记"预付账款"科目。

【例 4 - 4】假定〖例 4 - 1〗采用预付账款方式结算，云阳公司开出转账支票预付款 100 000 元，其他资料相同。

预付时：

借：预付账款 100 000
　　贷：银行存款 100 000

收到材料和发票账单：

借：原材料——甲材料（100 000 + 2 000） 102 000
　　应交税费——应交增值税（进项税）（13 000 + 2 000×9%） 13 180
　　贷：预付账款 115 180

补付货款：

借：预付账款 15 180
　　贷：银行存款 15 180

⑤ 外购原材料入库时的短缺和毁损的处理。企业购入材料验收入库时，如发现短缺

和毁损，应查明原因，分清经济责任，区别不同情况进行处理：第一，属于供应单位负责，若货款尚未支付，则按实收数量付款或全部拒付；若货款已经支付，则应填制赔偿请求单，要求退款或补货，退款在"应付账款"中核算，补货可以保留在"在途物资"账户中。第二，属于运输机构或过失人负责，应填制赔偿请求单，请求赔偿，通过"其他应收款"账户核算。第三，属于运输途中合理损耗，应计入材料实际采购成本，会计上不必单独处理，只是相应地提高了材料的实际单位成本。第四，属于运输途中非正常损失，不得增加物资采购成本，应先记入"待处理财产损溢"账户，待查明原因后再作处理。第五，因遭受意外灾害发生的损失，应先记入"待处理财产损溢"账户，待查明原因后再做处理。

上列短缺的原材料涉及增值税的，应按新税法规定进行相应处理。新税法规定，由于管理不善造成毁损、被盗和霉烂，进项税额不得抵扣，应转出；由于自然灾害（地震、水灾）造成毁损，进项税额可以抵扣。

【例 4-5】云阳公司从联华公司购入原材料 2 000 件，单价 30 元，增值税专用发票上注明的增值税进项税额为 7 800 元，款项通过银行转账支付，但材料尚未收到。待所购材料运达后，验收时发现短缺 100 件。经查，云阳公司确认短缺的原材料中有 50 件为供货方发货时少付，经与联华公司协商，由其补足少付的材料；有 40 件为运输单位责任造成的短缺，经与运输单位协商，由其全额赔偿；其余 10 件属于运输途中的合理损耗。

支付货款，材料尚在运输途中：

借：在途物资　　　　　　　　　　　　　　　　　　　　　60 000
　　应交税费——应交增值税（进项税额）　　　　　　　　 7 800
　　　贷：银行存款　　　　　　　　　　　　　　　　　　　　　　 67 800

材料验收时发现短缺，原因待查，其余材料入库：

借：原材料　　　　　　　　　　　　　　　　　　　　　　57 000
　　待处理财产损溢——待处理流动资产损溢　　　　　　　 3 000
　　　贷：在途物资　　　　　　　　　　　　　　　　　　　　　　 60 000

短缺原因查明，进行相应的会计处理：

借：原材料　　　　　　　　　　　　　　　　　　　　　　　 300
　　在途物资　　　　　　　　　　　　　　　　　　　　　 1 500
　　其他应收款——××运输单位（1 200 + 156）　　　　 1 356
　　　贷：待处理财产损溢——待处理流动资产损溢　　　　　　　　 3 000
　　　　　应交税费——应交增值税（进项税额转出）　　　　　　　 156

收到供货方补发的材料：

借：原材料　　　　　　　　　　　　　　　　　　　　　　 1 500
　　　贷：在途物资　　　　　　　　　　　　　　　　　　　　　　 1 500

收到运输单位赔偿的货款：

借：银行存款　　　　　　　　　　　　　　　　　　　　　 1 356
　　　贷：其他应收款——××运输单位　　　　　　　　　　　　　 1 356

2. 自制原材料核算

（1）自制原材料的成本。自制原材料的入账价值为其制造成本，按照自制过程中发生的直接材料、直接人工、其他直接费用和应分摊的间接费用确定。

（2）自制原材料的会计处理。企业自制并已验收入库的原材料，按确定的实际成本，借记"原材料"或"周转材料"等存货科目，贷记"生产成本"科目。

【例4-6】云阳公司辅助生产车间制造完成一批材料，已验收入库，经计算，该批材料的实际成本为30 000元。

借：原材料   30 000
    贷：生产成本——辅助生产成本   30 000

3. 委托加工原材料核算

（1）委托加工原材料实际成本。委托加工原材料，是指企业委托外单位加工的各种材料等物资。实际成本应包括加工过程中实际耗用的原材料或半成品的实际成本、支付的加工费用和加工原材料的往返运输费、装卸费等，以及按规定应计入加工成本的税金。

（2）对于委托加工原材料应负担增值税和消费税应区别不同情况处理：

① 加工原材料应负担的增值税。第一，凡属加工原材料用于应交增值税项目并取得增值税专用发票的一般纳税人，可将此部分增值税作为进项税额，支付给受托加工方增值税时，借记"应交税费——应交增值税（进项税额）"科目，贷记"银行存款"科目；第二，凡属加工原材料用于非应税项目或免征增值税项目的，以及未取得增值税专用发票和一般纳税人和小规模纳税人加工原材料，应将这部分增值税计入加工原材料成本。

② 加工原材料应负担的消费税。第一，凡属加工原材料收回后直接用于销售的，应将由受托加工方代收代缴的消费税计入委托加工原材料的成本，借记"委托加工物资"科目，贷记"银行存款""应付账款"等科目，待销售委托加工原材料时，不需要再缴纳消费税；第二，凡属加工原材料收回后用于连续生产应税消费品，按规定准予抵扣，按受托加工方代收代缴的消费税，借记"应交税费——应交消费税"科目，贷记"银行存款""应付账款"等科目，待连续生产的应税消费品生产完成并销售时，从生产完成的应税消费品应缴纳消费税额中抵扣。

（3）委托加工的原材料加工完成验收入库并收回剩余物资时，按计算的委托加工存货实际成本和剩余物资实际成本，借记"原材料""周转材料"等科目，贷记"委托加工物资"科目。

【例4-7】云阳公司委托群升公司加工一批甲材料（属于应税消费品）。发出A材料的实际成本为400 000元，支付加工费68 000元，支付由受托加工方代收代缴的增值税8 840元、消费税52 000元，款项用银行存款支付。委托加工的甲材料收回后用于连续生产应税消费品。

发出待加工的A材料：

借：委托加工物资   400 000
    贷：原材料——A材料   400 000

支付加工费：

借：委托加工物资   68 000
    应交税费——应交增值税（进项税额）   8 840

——应交消费税	52 000
贷：银行存款	128 840

收回加工完成的甲材料：

甲材料实际成本 = 400 000 + 68 000 = 468 000（元）

借：原材料——甲材料	468 000
贷：委托加工物资	468 000

若云阳公司收回加工后甲材料直接用于销售，应作如下处理：

借：委托加工物资	120 000
应交税费——应交增值税（进项税额）	8 840
贷：银行存款	128 840

收回加工完成甲材料实际成本 = 400 000 + 120 000 = 520 000（元）

借：原材料——甲材料	520 000
贷：委托加工物资	520 000

4. 投资者投入的原材料核算

投资者投入原材料的成本，应当按照投资合同或协议约定的价值确定，但合同或协议约定价值不公允的除外。在投资合同或协议约定价值不公允的情况下，按照该项原材料的公允价值作为其入账价值。

【例 4 - 8】云阳公司收到 A 股东作为资本投入原材料。原材料计税价格 900 000 元，增值税专用发票上注明进项税额 117 000 元，投资各方确认按该金额作为 A 股东投入资本，按 750 000 元计入云阳公司资本金。

借：原材料	900 000
应交税费——应交增值税（进项税额）	117 000
贷：股本——A 股东	750 000
资本公积——股本溢价	267 000

5. 接受捐赠取得的原材料核算

企业接受捐赠取得原材料，应当分别以下情况确定原材料实际成本：

（1）捐赠方提供了有关凭证的，如发票、报关单、有关协议等，按凭据上标明的金额加上应支付的相关税费作为入账成本。

（2）捐赠方没有提供有关凭据的，应当参照同类或类似原材料的市场价格估计的金额，加上应支付的相关税费确定，市场价格的确定按如下顺序：

① 同类或类似原材料存在活跃市场的，以同类或类似原材料的市场价格估计的金额确定；

② 同类或类似原材料不存在活跃市场的，以接受捐赠的原材料预计未来现金流量的现值确定。

【例 4 - 9】云阳公司接受艺苑公司捐赠的一批原材料，捐赠方艺苑公司没有提供发票等凭证，但市场上有同类材料，按其市场价格估计这批材料价格为 250 000 元，云阳公司支付运杂费 2 000 元。

借：原材料——×× 材料	252 000
贷：银行存款	2 000

营业外收入——捐赠利得   250 000

4.2.3 发出原材料核算

1. 发出原材料计价方法

我国会计准则规定，企业在确定发出存货的实际成本时，可以采用先进先出法、月末一次加权平均法、移动加权平均法或个别计价法。企业应当根据实际情况，综合考虑原材料性质和管理的要求，选择适当的发出原材料计价方法。原材料计价方法一旦确定，前后各期应当保持一致。

（1）先进先出法。先进先出法是以先收到的原材料先发出为假定条件，并按这种假定的原材料流转程序对发出原材料和期末原材料进行计价的方法。采用这种方法，收到原材料时，应在原材料明细分类账中逐笔登记每一批原材料的数量、单价和金额；发出原材料时，按照先进先出的原则确定单位实际成本，逐笔登记原材料的发出金额和结存金额。

【例4-10】云阳公司2×20年9月甲材料的购进、发出和结存资料，见表4-1。云阳公司采用先进先出法计算的甲材料本月发出和月末结存成本如下：

9月5日发出甲材料成本 $= 200 \times 60 + 200 \times 66 = 25\,200$（元）

9月15日发出甲材料成本 $= 300 \times 66 + 500 \times 70 = 54\,800$（元）

9月28日发出甲材料成本 $= 100 \times 70 + 200 \times 68 = 20\,600$（元）

期末结存甲材料成本 $= 300 \times 68 = 20\,400$（元）

表4-1   2×20年9月甲材料的购进、发出和结存情况

2×20年		摘　要	收入		发出数量（件）	结存数量（件）
月	日		数量（件）	单价（元）		
9	1	期初存货	200	60		200
9	3	购进	500	66		700
9	5	发出			400	300
9	11	购进	600	70		900
9	15	发出			800	100
9	24	购进	500	68		600
9	28	发出			300	300

根据上述计算，本月甲材料的收入、发出和结存情况见表4-2。

表 4 - 2　　　　　　　　　　　　　存货明细账（先进先出法）

存货类别：　　　　　　　　　　　　　　　　　　　　　　　　计量单位：元/件

存货编号：　　　　　　　　　　　　　　　　　　　　　　　　最高存量：

存货名称及规格：甲材料　　　　　　　　　　　　　　　　　　最低存量：

2×20 年		凭证编号	摘 要	收入			发出			结存		
月	日			数量（件）	单价（元）	金额（元）	数量（件）	单价（元）	金额（元）	数量（件）	单价（元）	金额（元）
9	1		期初结存							200	60	12 000
	3		购进	500	66	33 000				700		45 000
	5		发出				400		25 200	300		19 800
	11		购进	600	70	42 000				900		61 800
	15		发出				800		54 800	100		7 000
	24		购进	500	68	34 000				600		41 000
	28		发出				300		20 600	300		20 400
9	30		期末结存	1 600		109 000	1 500		100 600	300	68	20 400

（2）全月一次加权平均法。全月一次加权平均法，指以月初结存存货（原材料）数量加本月收入存货（原材料）数量作为权数，去除月初结存存货（原材料）实际成本加本月收入存货（原材料）实际成本，计算出存货（原材料）的加权平均单位成本，从而确定本月发出存货（原材料）实际成本和期末存货（原材料）实际成本的一种方法。计算公式如下：

$$加权平均单价 = \frac{期初结存金额 + 本月收入金额}{月初结存数量 + 本月收入数量}$$

$$期末结存金额 = 期末结存数量 \times 加权平均单价$$

$$本期发出存货成本 = 本期发出存货数量 \times 加权平均单价$$

【例 4 - 11】云阳公司 2×20 年 9 月甲材料的购进、发出和结存资料，见表 4 - 1。云阳公司采用月末一次加权平均法计算的甲材料本月加权平均单位成本及本月发出和期末结存成本如下：

$$加权平均单位成本 = \frac{12\ 000 + 109\ 000}{200 + 1\ 600} = 67.22（元/件）$$

期末结存甲材料成本 = 300 × 67.22 = 20 166（元）

本月发出甲材料成本 = 12 000 + 109 000 - 20 166 = 100 834（元）

根据上述计算，本月甲材料的收入、发出和结存情况见表 4 - 3。

表 4 - 3 　　　　　　　　　**存货明细账（月末一次加权平均法）**

存货类别：　　　　　　　　　　　　　　　　　　　　　　　　　　　计量单位：元/件

存货编号：　　　　　　　　　　　　　　　　　　　　　　　　　　　最高存量：

存货名称及规格：甲材料　　　　　　　　　　　　　　　　　　　　　最低存量：

2×20年		凭证编号	摘　要	收入			发出			结存		
月	日			数量（件）	单价（元）	金额（元）	数量（件）	单价（元）	金额（元）	数量（件）	单价（元）	金额（元）
9	1		期初结存							200	60	12 000
	3		购进	500	66	33 000				700		
	5		发出				400			300		
	11		购进	600	70	42 000				900		
	15		发出				800			100		
	24		购进	500	68	34 000				600		
	28		发出				300			300		
9	30		期末结存	1600		109 000	1 500		100 834	300	67.22	20 166

这种方法只需在月末计算一次，比较方便。但只能在期末确定存货成本，无法随时从账面上提供存货的结存金额，不利于加强存货的日常管理。

（3）移动加权平均法。移动加权平均法是指平时每入库一批存货（原材料），就以原有存货（原材料）库存数量和本次入库存货（原材料）数量为权数，计算一个加权平均单位成本，据以对其后发出存货（原材料）进行计价的一种方法。计算公式如下：

$$移动平均单价 = \frac{本次收入前结存金额 + 本次收入金额}{本次收入前结存数量 + 本次收入数量}$$

$$本批发出原材料成本 = 本批发出原材料数量 \times 当前移动平均单价$$

$$期末结存金额 = 期末结存数量 \times 期末移动加权平均单价$$

特别提醒：为保证账簿记录的完整，当加权平均单价或移动平均单价除不尽时，应先确定结存存货成本，再计算发出存货成本。

【例 4 - 12】云阳公司 2×20 年 9 月甲材料的购进、发出和结存资料，见表 4 - 1。云阳公司采用移动加权平均法计算甲材料本月移动加权平均单位成本及本月发出和期末结存成本如下：

9 月 3 日购进后移动平衡单位成本 $= \dfrac{12\ 000 + 33\ 000}{200 + 500} = 64.29$（元/件）

9 月 5 日结存甲材料成本 $= 300 \times 64.29 = 19\ 287$（元）

9 月 5 日发出甲材料成本 $= 45\ 000 - 19\ 287 = 25\ 713$（元）

9 月 11 日购进后移动平均单位成本 $= \dfrac{19\ 287 + 42\ 000}{300 + 600} = 68.10$（元/件）

9 月 15 日结存甲材料成本 $= 100 \times 68.10 = 6\ 810$（元）

9 月 15 日发出甲材料成本 = 61 287 − 6 810 = 54 477（元）

9 月 24 日购进后移动平均单位成本 = $\frac{6\ 810 + 34\ 000}{100 + 500}$ = 68.02（元/件）

9 月 29 日结存甲材料成本 = 300 × 68.02 = 20 406（元）

9 月 28 日发出甲材料成本 = 40 810 − 20 406 = 20 404（元）

期末结存甲材料成本 = 300 × 68.02 = 20 406（元）

根据上述计算，本月甲材料的收入、发出和结存情况见表 4 – 4。

表 4 – 4　　　　　　　　　　存货明细账（移动加权平均法）　　　　　　　　计量单位：元/件

存货类别：　　　　　　　　　　　　　　　　　　　　　　　　　　　　最高存量：

存货编号：　　　　　　　　　　　　　　　　　　　　　　　　　　　　最低存量：

存货名称及规格：甲材料

2×20 年		凭证编号	摘　要	收入			发出			结存		
月	日			数量（件）	单价（元）	金额（元）	数量（件）	单价（元）	金额（元）	数量（件）	单价（元）	金额（元）
9	1		期初结存							200	60	12 000
	3		购进	500	66	33 000				700	64.29	45 000
	5		发出				400		25 713	300	64.29	19 287
	11		购进	600	70	42 000				900	68.10	61 287
	15		发出				800		54 477	100	68.10	6 810
	24		购进	500	68	34 000				600	68.02	40 810
	28		发出				300		20 404	300	68.02	20 406
9	30		期末结存	1 600		109 000	1 500		100 594	300	68.02	20 406

（4）个别计价法。个别计价法也叫个别认定法、具体辨认法、分批实际法，是以每次（批）收入存货（原材料）的实际成本作为发出各该次（批）存货（原材料）成本的方法。采用这种方法要求企业按品种和批次设详细的存货记录，并在存货上附加标签或编号，以便正确辨认确定发出存货的个别实际成本。

个别计价法适用于容易识别、不能互换使用、为特定项目专门购入或制造并单独存放的存货、金额特别大、体积特别大等。

【例 4 – 13】云阳公司 2×20 年 9 月甲材料的购进、发出和结存资料，见表 4 – 1。经具体辨认，9 月 5 日发出的 400 件甲材料中，有 100 件属于期初结存，有 300 件属于 9 月 3 日第一批购进；9 月 15 日发出的 800 件甲材料中，有 100 件属于期初结存，有 100 件属于 9 月 3 日购进的，其余 600 件属于 9 月 11 日第二批购进的商品；9 月 28 日发出的 300 件均属于 9 月 24 日第三批购进的商品。云阳公司采用个别计价法计算甲材料本月发出和月末结存成本如下：

9 月 5 日发出甲材料成本 = 100 × 60 + 300 × 66 = 25 800（元）

9 月 15 日发出甲材料成本 = 100 × 60 + 100 × 66 + 600 × 70 = 54 600（元）

9 月 28 日发出甲材料成本 = 300 × 68 = 20 400（元）

月末结存甲材料成本 = 100 × 66 + 200 × 68 = 20 200（元）

根据上述计算，本月甲材料的收入、发出和结存情况见表 4 − 5。

表 4 − 5　　　　　　　　　　存货明细账（个别计价表）

存货类别：　　　　　　　　　　　　　　　　　　　　　　　　计量单位：元/件

存货编号：　　　　　　　　　　　　　　　　　　　　　　　　最高存量：

存货名称及规格：甲材料　　　　　　　　　　　　　　　　　　最低存量：

2×20 年		凭证编号	摘　要	收入			发出			结存		
月	日			数量（件）	单价（元）	金额（元）	数量（件）	单价（元）	金额（元）	数量（件）	单价（元）	金额（元）
9	1		期初结存							200	60	12 000
	3		购进	500	66	33 000				700		45 000
	5		发出				400		25 800	300		19 200
	11		购进	600	70	42 000				900		61 200
	15		发出				800		54 600	100		6 600
	24		购进	500	68	34 000				600		40 600
	28		发出				300		20 400	300		20 200
9	30		期末结存	1 600		109 000	1 500		100 800	300		20 200

2. 发出原材料会计核算流程

发出原材料会计核算流程如图 4 − 7 所示。

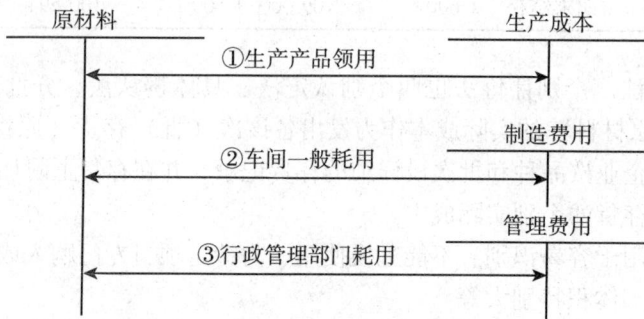

图 4 − 7　发出原材料会计核算流程

3. 原材料发出的账务处理

（1）生产经营领用的材料：直接用于产品生产的，借记"生产成本"科目；用于车间一般耗用的，借记"制造费用"科目；用于企业管理方面的，借记"管理费用"科目；为销售产品而消耗的，借记"销售费用"科目；按发出材料的全部成本，贷记"原材料"科目。

（2）出售的材料，按已收或应收的价款，借记"银行存款"科目；根据实际的营业收入贷记"其他业务收入""应交税费——应交增值税（销项税额）"科目。月末，结转出售原材料的实际成本借记"其他业务成本"科目，贷记"原材料"科目。

（3）在建工程领用的原材料，用于生产用机器设备等动产（不含个人消费的小汽车、摩托车和游艇）的增值税进项税额准予抵扣，因此按领用原材料的账面价值借记"在建工程"科目，贷记"原材料"科目。但房屋建筑物等不动产（含非增值税应税项目、免征增值税项目、集体福利或者个人消费）的增值税进项税额不准予抵扣，应计入工程成本。

（4）其他用途发出的原材料。企业将原材料用于非货币性资产交换、债务重组等，应作销售处理，按原材料公允价值确认销售收入，同时，按原材料账面价值结转销售成本。

【例 4 - 14】云阳公司 2×20 年 6 月根据领料凭证编制"发料凭证汇总表"，见表 4 - 6。

表 4 - 6　　　　　　　　　　　发料凭证汇总表　　　　　　　　　单位：元

	主要材料	辅助材料	外购半成品	修理用备件	包装材料	合计
产品用	43 430	2 737.1	7 615.4	3 181.50		56 964
车间用		1 075.65				1 075.65
厂部用		747.4				747.40
销售用		800				800.00
工程用	30 000					30 000
外销	700					700
合计	74 130	5 360.15	7 615.4	3 181.50		90 287.05

借：生产成本　　　　　　　　　　　　　　　　　　　56 964
　　制造费用　　　　　　　　　　　　　　　　　　1 075.65
　　管理费用　　　　　　　　　　　　　　　　　　747.40
　　销售费用　　　　　　　　　　　　　　　　　　800
　　其他业务成本　　　　　　　　　　　　　　　　700
　　在建工程　　　　　　　　　　　　　　　　　　30 000
　　贷：原材料　　　　　　　　　　　　　　　　90 287.05

4.2.4　期末原材料清查核算

为了核算企业在财产清产中查明的各种原材料（存货）盘盈、盘亏和毁损情况，应设置"待处理财产损溢"账户，其借方登记发生各种财产物资盘亏、毁损金额和批准转销盘盈金额；贷方登记发生各种财产物资的盘盈金额和批准转销的盘亏、毁损金额；期末借方余额反映尚未处理各种财产物资的净损失，期末贷方余额反映尚未处理各种财产物资的净溢余。

1. 原材料盘盈的账务处理

造成原材料盘盈的原因主要是企业收发计量错误所致，因此，对于盘盈的原材料应冲减管理费用，其会计核算流程如图 4 - 8 所示。

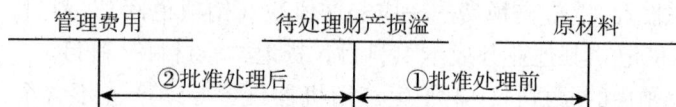

图4-8　原材料盘盈会计核算流程

【例4-15】云阳公司进行财产清查，发现盘盈甲材料1 000公斤，按市场价格确定的成本为5元/公斤，原因待查。

借：原材料——甲材料　　　　　　　　　　　　　　　　　　　　5 000
　　贷：待处理财产损溢——待处理流动资产损溢　　　　　　　　　　　5 000

盘盈的材料系收发时计量误差所致，经批准冲减企业的管理费用。

借：待处理财产损溢——待处理流动资产损溢　　　　　　　　　　5 000
　　贷：管理费用　　　　　　　　　　　　　　　　　　　　　　　　　5 000

2. 原材料盘亏及毁损的账务处理

原材料（存货）盘亏和毁损的处理，应根据不同的原因分别进行处理：（1）属于自然损耗产生的定额内损耗，经批准后转作管理费用；（2）属于计量收发错误和管理不善等原因造成的存货盘亏和毁损，先扣除残料价值、可以收回的保险赔款和过失人的赔偿，然后将净损失计入管理费用；（3）属于自然灾害或意外事故造成的存货毁损，在扣除残料价值、可以抵扣进项税和获得保险赔款后，将其净损失转作营业外支出。其会计流程如图4-9所示。

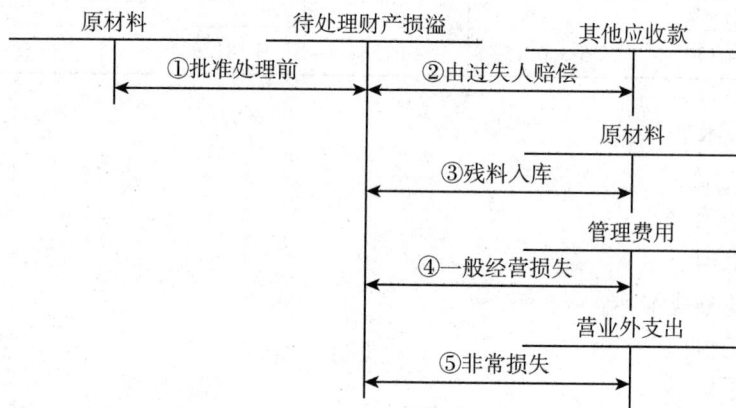

图4-9　原材料盘亏会计核算流程

【例4-16】云阳公司3月的盘点中发现乙材料盘亏400公斤，每公斤20元，云阳公司为增值税的一般纳税人，税率为13%。该盘点已填列盘点表，并报上级审批意见。

乙材料盘亏400公斤时：

借：待处理财产损溢——待处理流动资产损溢　　　　　　　　　　8 000
　　贷：原材料——乙材料　　　　　　　　　　　　　　　　　　　　8 000

【例4-17】沿上例，审批意见下达后，乙材料盘亏400公斤中有200公斤属保管不善造成，其中应由保险公司承担100公斤的赔偿，仓库保管员承担100公斤赔偿，另200公斤中有50公斤属上次发生洪水时造成损失。剩余乙材料损失由公司负担。

云阳公司批准后乙材料转销处理：

借：其他应收款——保险公司（100×20×1.13）　　　　　　　　　　2 260

　　　其他应收款——××保管员（100×20×1.13）　　　　　　　　2 260

　　　管理费用（150×20×1.13）　　　　　　　　　　　　　　　　3 390

　　　营业外支出（50×20）　　　　　　　　　　　　　　　　　　1 000

　　　贷：待处理财产损溢——待处理流动资产损溢　　　　　　　　　　　8 000

　　　　　应交税费——应交增值税（进项税额转出）　　　　　　　　　　910

4.3　原材料按计划成本核算

　　原材料按计划成本计价时，原材料的收入、发出和结存均按预先确定的计划成本计价。原材料的收发凭证以及总账和明细账均按计划成本进行登记。材料计划成本的构成内容应当与实际成本的构成内容相同。这种方法的优点是既可以简化原材料的日常核算手续，又有利于发挥计划成本考核采购部门的工作业绩，达到控制成本的功能。

4.3.1　账户设置

1. 材料采购

（1）内容：核算企业采用计划成本进行日常核算而购入材料的采购成本。

（2）性质：资产类。

（3）结构：见图 4 - 10。

材料采购	
①外购材料的实际采购成本 ②结转入库材料节约差异	①已完成采购手续且验收入库材料的计划成本 ②结转入库材料超支差异 ③向有关责任人索赔
余额：在途材料的实际成本	

图 4 - 10　"材料采购"账户

（4）明细账：按材料的品种设置。

2. 材料成本差异

（1）内容：本账户核算企业材料计划成本与实际成本的差额。

（2）性质：具有双重性质，是备抵附加账户，余额可在贷方，可在借方。

（3）结构：见图 4 - 11。

材料成本差异	
①入库材料超支差异 ②发出材料应分摊节约差异	①入库材料节约差异 ②发出材料应分摊超支差异
余额：余额超支差异	余额：余额节约差异

图 4 - 11　"材料成本差异"账户

（4）明细账：按材料的类别和品种设置明细账。

3. 原材料

结构见图 4 – 12。

	原材料	
入库材料计划价		发出材料计划价
结存原材料计划成本		

图 4 – 12　"原材料"账户

4.3.2　原材料计划价核算流程

原材料计划价核算流程见图 4 – 13。

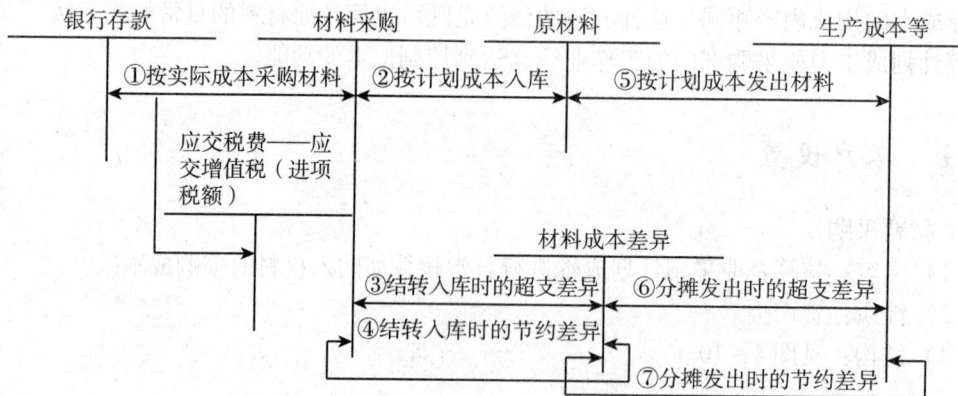

图 4 – 13　原材料计划价会计核算流程

4.3.3　外购的原材料核算

收到发票账单，按采购材料的实际成本（价款和运杂费）借记"材料采购"科目，按增值税专用发票上注明的增值税进项税额，借记"应交税费——应交增值税（进项税额）"科目；按实际付款额贷记"银行存款"科目，或者贷记"其他货币资金"科目，采用商业汇票结算方式贷记"应付票据"科目，若企业采用预付货款方式，则贷记"预付账款"科目。

材料验收入库，按已经办理结算的入库材料的计划成本。借记"原材料"科目，贷记"材料采购"科目。同时，将实际成本与计划成本的差额，登记在"材料成本差异"科目内。如果入库材料的实际成本小于计划成本的节约额，借记"材料采购"科目，贷记"材料成本差异"科目；如果入库材料的实际成本大于计划成本的超支额，借记"材料成本差异"科目，贷记"材料采购"科目。

月末，对于尚未收到发票账单的收料凭证，应抄列清单，并按计划成本暂估入账。下月初用红字冲回。

【例 4 – 18】A 公司 2×20 年 2 月 10 日购入甲材料一批取得的增值税专用发票注明数量 1 000 吨，单价 200 元/吨，增值税税率 13%，取得的运费专用发票注明运费 8 000 元，增值税税率 9%。2 月 15 日验收，发现短缺了 100 吨，由供应商负责，计划单价 230 元。

收到发票账单：

借：材料采购——甲材料	208 000
应交税费——应交增值税（进项税额）	26 720
贷：应付账款——甲材料	234 720

验收入库：

| 借：原材料——甲材料 | 207 000 |
| 　　贷：材料采购——甲材料 | 207 000 |

短缺：

借：应付账款	23 472
贷：材料采购——甲材料	20 800
应交税费——应交增值税（进项税额）	2 672

结转入库差异：

| 借：材料采购——甲材料 | 19 800 |
| 　　贷：材料成本差异 | 19 800 |

【例 4 – 19】云阳公司的原材料采用计划成本核算。2×20 年 5 月 3 日，购入一批原材料，增值税专用发票上注明的价款为 120 000 元，增值税进项税额为 15 600 元。5 月 10 日材料已验收入库，货款通过银行转账支付，该批原材料的计划成本为 125 000 元。

借：材料采购	120 000
应交税费——应交增值税（进项税额）	15 600
贷：银行存款	135 600
借：原材料	125 000
贷：材料采购	120 000
材料成本差异——×材料	5 000

4.3.4　发出原材料核算

为简化日常核算工作，企业可于月末编制"发料凭证汇总表"，据以进行发出材料的核算。发出原材料时，先按计划成本结转发出材料的成本，借记"生产成本""制造费用""管理费用"等科目，贷记"原材料"科目；月末结转发出材料应负担的成本差异时，借记"生产成本""制造费用""管理费用"等科目，贷记"材料成本差异"科目，或作相反的会计分录。计划成本、成本差异与实际成本之间的关系如下：实际成本 = 计划成本 + 超支差异（或" – 节约差异"）。

为了便于原材料成本差异的分摊，企业应当计算材料成本差异率。

（1）材料成本差异率通常有本期材料成本差异率和期初材料成本差异率两种计算方法，具体计算公式分别如下：

$$本期材料成本差异率 = \frac{月初结存材料的成本差异 + 本月收入材料的成本差异}{月初结存材料的计划成本 + 本月收入材料的计划成本} \times 100\%$$

$$期初材料成本差异率 = \frac{月初结存材料的成本差异}{月初结存材料的计划成本} \times 100\%$$

（2）本月发出原材料应负担的成本差异及实际成本和月末结存原材料应负担的成本差异及实际成本，可按下列公式计算：

本月发出材料应负担的成本差异 = 发出材料计划成本 × 成本差异率

发出存货实际成本 = 发出存货计划成本 ± 发出存货应负担成本差异

月末结存材料应负担的成本差异 = 结存材料计划成本 × 成本差异率

结存存货实际成本 = 结存存货计划成本 ± 结存存货应负担成本差异

【例 4 - 20】云阳公司期初结存甲材料计划成本为 20 000 元，期初"材料成本差异"账户借方余额 300 元，当月收入甲材料计划成本 30 000 元，本期收入材料的实际成本 29 300元。当月发出材料的计划成本 19 500 元，其中，生产产品领用 15 000 元，车间管理领用1 800 元，管理部门领用 1 000 元，销售部门领用 1 700 元。

A 公司月末根据已编制的"发料凭证汇总表"作如下分录：

借：生产成本——基本生产成本　　　　　　　　　　　　　　　 15 000
　　制造费用　　　　　　　　　　　　　　　　　　　　　　　 1 800
　　管理费用　　　　　　　　　　　　　　　　　　　　　　　 1 000
　　销售费用　　　　　　　　　　　　　　　　　　　　　　　 1 700
　　贷：原材料　　　　　　　　　　　　　　　　　　　　　　　　　　 19 500

计算本月材料成本差异率：

材料成本差异率 = （300 - 700）÷（20 000 + 30 000）× 100% = - 0.8%

分摊本月材料应负担的成本差异：

生产成本（基本生产）= 15 000 ×（- 0.8%）= - 120（元）

制造费用 = 1 800 ×（- 0.8%）= - 14.4（元）

管理费用 = 1 000 ×（- 0.8%）= - 8（元）

销售费用 = 1 700 ×（- 0.8%）= - 13.6（元）

借：材料成本差异　　　　　　　　　　　　　　　　　　　　　 156
　　贷：生产成本——基本生产成本　　　　　　　　　　　　　　　　 120
　　　　制造费用　　　　　　　　　　　　　　　　　　　　　　　 14.4
　　　　管理费用　　　　　　　　　　　　　　　　　　　　　　　　 8
　　　　销售费用　　　　　　　　　　　　　　　　　　　　　　　 13.6

【例 4 - 21】云阳公司为增值税一般纳税人企业，原材料按计划成本核算，甲材料计划成本单价为 10 元，资料如下：

①原材料甲材料账户月初借方余额 20 000 元，材料成本差异月初贷方余额 700 元，材料采购甲材料账户月初借方余额 40 000 元。

②4 月 5 日企业上月已付款的购入甲材料 4 040 公斤如数收到，验收入库。

③4 月 20 日从外地艺苑公司购入甲材料 8 000 公斤，发票上注明价款 80 000 元，税金10 400 元，运费 1 000 元，增值税税率 9%，款项已付，材料未到。

④4 月 25 日从艺苑公司购入甲材料验收入库，发现短缺 40 公斤，经查为途中定额自然

损耗，按实际数量验收入库。

⑤ 4 月 30 日本月发出甲材料 8 000 公斤全部用于 A 产品的生产。

要求：编制相关分录；计算本月材料成本差异率及发出材料应承担差异额。

4 月 5 日材料验收入库：

借：原材料——甲材料   40 400

　　贷：材料采购——甲材料   40 400

同时，结转入库差异：

借：材料采购——甲材料   400

　　贷：材料成本差异   400

4 月 20 日收到发票账单：

借：材料采购——甲材料   81 000

　　应交税费——应交增值税（进项税）   10 490

　　　贷：银行存款   91 490

4 月 25 日验收入库：

借：原材料——甲材料   79 600

　　贷：材料采购——甲材料   79 600

同时，结转入库差异（定额合理损耗在用计划成本核算时，不另作账目处理，但要用实际验收数量进账）：

借：材料成本差异   1 400

　　贷：材料采购——甲材料   1 400

4 月 30 日领料：

借：生产成本——A 产品   80 000

　　贷：原材料——甲材料   80 000

材料成本差异率 = [-700 + (-400 + 1 400)] / (20 000 + 40 400 + 79 600) × 100%

　　　　　　　 = 0.2143%

发出材料差异额 = 80 000 × 0.2143% = 171.44（元）

4 月 30 日分摊差异：

借：生产成本——A 产品   171.44

　　贷：材料成本差异   171.44

发出材料实际成本 = 80 000 + 171.44 = 80 171.44（元）

4.4 周转材料核算

4.4.1 周转材料的概念及特点

周转材料是指企业能够多次使用、逐渐转移其价值、仍保持原有形态但不确认为固定资产的材料，如包装物和低值易耗品以及建筑承包企业里的钢模板、木模板、脚手架等。

周转材料的采购、入库、储存、领用、清查盘点与原材料等存货基本相同，既可按实际成本计价，也可按计划成本计价。

尽管如此，它们之间也还存在一定的差异，原材料是一次性耗用的存货，周转材料则可多次参加生产经营活动而不改变实物形态。周转材料在使用过程中，不断发生磨损，其价值逐渐减少，从这一点来看，它又与固定资产相似。因此，周转材料的会计处理与原材料的会计处理不同之处，主要是周转材料的耗用即周转材料摊销的会计处理。

4.4.2 周转材料的会计处理

1. "周转材料"账户

（1）内容：核算周转材料价值增减变化及其损耗、结存情况。

（2）性质：资产类。

（3）结构：见图 4 – 14。

周转材料	
入库周转材料的实际或计划成本	发出周转材料的实际或计划成本
各种周转材料的实际或计划成本	

图 4 – 14 "周转材料"账户

（4）明细账：按周转材料的种类设置，若采用五五摊销法或分次摊销法核算时，在周转材料种类二级账户下，分别设置"在库""在用""摊销"三级明细科目进行明细核算。

2. 周转材料的核算

（1）取得周转材料的核算。其核算与原材料核算方法相同。其成本价值包括买价、发生的有关费用，支付的税金。这里不再重复。

（2）周转材料的摊销方法。常用的周转材料的摊销方法有一次转销法、五五摊销法和分次摊销法。

① 一次转销法。一次转销法是指在领用周转材料时，将其账面价值一次计入相关资产成本或费用的方法。在领用时按用途，借记"生产成本""管理费用""制造费用""销售费用""其他业务成本"等科目，贷记"周转材料"科目。周转材料报废的残料价值，应冲减有关成本费用，即借记"原材料""银行存款"等科目，贷记"生产成本""管理费用""制造费用""销售费用""其他业务成本"等科目。

这种方法主要适用于一次领用数量不多、价值较低、使用期限较短或容易破损的管理用具和小型工具、卡具等。

【例 4 – 22】云阳公司对周转材料采用计划成本核算，某月生产车间领用一般工具一批，计划成本为 30 000 元，材料成本差异率为 – 2%。云阳公司应编制分录：

借：制造费用   29 400

     材料成本差异   600

      贷：周转材料——低值易耗品   30 000

【例 4 – 23】云阳公司某月销售商品领用不单独计价包装物的计划成本为 5 000 元，材料成本差异率为 – 2%。云阳公司应编制如下会计分录：

借：销售费用 4 900

　材料成本差异 100

　　贷：周转材料——包装物 5 000

【例 4 - 24】云阳公司某月销售商品领用单独计价包装物的计划成本为 4 000 元，售价为 5 000 元，增值税额为 650 元，款项已存入银行。该包装物的材料成本差异率为 3%。云阳公司应编制如下会计分录：

出售单独计价包装物：

借：银行存款 5 650

　　贷：其他业务收入 5 000

　　　应交税费——应交增值税（销项税额） 650

结转所售单独计价包装物的成本：

借：其他业务成本 4 120

　　贷：周转材料——包装物 4 000

　　　材料成本差异 120

② 五五摊销法。五五摊销法是指在领用周转材料时先摊销其账面价值的一半成本，在报废时再摊销其账面价值的另一半成本。

采用五五摊销法，应在"周转材料"科目下，设置"在库""在用""摊销"三级明细科目进行明细核算。五五摊销法，适用于价值较大、使用期限较长、每期领用数量和报废数量比较均衡的周转材料。

【例 4 - 25】对周转材料采用计划成本核算，某月出借全新包装物一批，无偿提供给客户使用，包装物计划成本 8 000 元，材料成本差异率为 -2%，收取押金 10 000 元，包装物价值摊销采用五五摊销法。该批包装物报废时残料估价 1 000 元。

收取押金：

借：银行存款 10 000

　　贷：其他应付款 10 000

领用时：

借：周转材料——包装物——在用 8 000

　　贷：周转材料——包装物——在库 8 000

同时，

借：销售费用 3 920

　材料成本差异 80

　　贷：周转材料——包装物——摊销 4 000

报废时：

借：销售费用 3 920

　材料成本差异 80

　　贷：周转材料——包装物——摊销 4 000

同时，

借：周转材料——包装物——摊销 8 000

　　贷：周转材料——包装物——在用 8 000

报废包装物残料作价入库：

借：原材料　　　　　　　　　　　　　　　　　　　　　　　　　1 000

　　贷：销售费用　　　　　　　　　　　　　　　　　　　　　　　1 000

③ 分次摊销法。分次摊销法是指根据周转材料的账面价值和预计使用期限，计算出每期平均摊销金额，分期摊入有关成本费用的一种方法。

　　某期周转材料摊销额 = 周转材料账面价值 ÷ 预计可使用次数 × 该期实际使用次数

领用时，按其账面价值，借记"周转材料——××周转材料——在用"科目；贷记"周转材料——××周转材料——在库"科目。分期摊销其账面价值时，应根据本期计算应摊销的金额，借记"生产成本""管理费用""制造费用""销售费用""其他业务成本"等科目，贷记"周转材料——××周转材料——摊销"科目；报废时，将其账面摊余价值一次摊销，借记"生产成本""管理费用""制造费用""销售费用""其他业务成本"等科目，贷记"周转材料——××周转材料——摊销"科目，同时转销周转材料全部已摊销金额，借记"周转材料——××周转材料——摊销"科目，贷记"周转材料——××周转材料——在用"科目。报废周转材料残值收入应冲减有关成本费用，借记"原材料""银行存款"等科目，贷记"生产成本""管理费用""制造费用""销售费用""其他业务成本"等科目。超过使用期限但尚在继续使用的周转材料不再摊销。

4.5　存货的期末计量

4.5.1　存货期末计量原则

资产负债表日，存货应当按照成本与可变现净值孰低计量。存货成本高于其可变现净值的，应当计提存货跌价准备，计入当期损益。其中，可变现净值，是指在日常活动中，存货的估计售价减去至完工时估计将要发生的成本、估计的销售费用以及相关税费后的金额；存货成本，是指期末存货的实际成本。

存货期末账面价值的确定，见图 4 – 15。

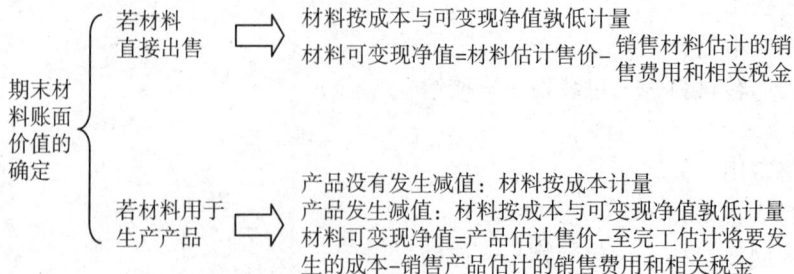

图 4 – 15　存货期末账面价值的确定

4.5.2　存货期末计量方法

1. 存货减值迹象的判断

（1）存货存在下列情况之一的，表明存货的可变现净值低于成本：

① 该存货市场价格持续下跌，并且在可预见的未来无回升的希望；

② 企业使用该项原材料生产的产品的成本大于产品的销售价格；

③ 企业因产品更新换代，原有库存原材料已不适应新产品的需要，而该原材料的市场价格又低于其账面成本；

④ 因企业所提供的商品或劳务过时或消费者偏好改变而使市场的需求发生变化，导致市场价格逐渐下跌；

⑤ 其他足以证明该项存货实质上已经发生减值的情形。

（2）存货存在下列情形之一的，表明存货的可变现净值为零：

① 已霉烂变质的存货；

② 已过期且无转让价值的存货；

③ 生产中已不再需要，并且已无使用价值和转让价值的存货；

④ 其他足以证明已无使用价值和转让价值的存货。

2. 可变现净值的确定

（1）企业确定存货可变现净值时应考虑的因素。

① 确凿的证据。存货可变现净值确凿证据，是指对确定存货可变现净值有直接影响的客观证据，如产成品或商品市场销售价格、与产成品或商品相同或类似商品市场销售价格、销售方提供资料和生产成本资料等。

② 持有存货的目的。由于企业持有存货的目的不同，确定存货可变现净值的计算方法也不同。一般来讲，企业持有存货的目的：一是持有以备出售；二是将在生产过程或提供劳务过程中耗用。

③ 资产负债表日后事项影响。确定资产负债表日存货的可变现净值时，不仅考虑资产负债表日与该存货相关价格与成本波动，而且还考虑未来的相关事项。

（2）不同情况下存货可变现净值的确定。

① 产成品、商品和用于出售的原材料等直接用于出售的存货可变现净值的确定。其可变现净值 = 估计售价 – 估计的销售费用和相关税金。

【例 4 – 26】2×20 年 H 公司根据市场变化，决定停止生产甲产品。将原材料中专门用于生产甲产品的外购 C 材料出售，2×20 年 12 月 31 日其成本为 186 万元，数量为 20 吨。据市场调查，C 材料的市场销售价格为 7.5 万元/吨，同时销售 20 吨 C 材料可能发生的销售费用及税金 2.2 万元，则 2×20 年 12 月 31 日 C 材料可变现净值为 147.8 万元（7.5×20 – 2.2）。

② 用于生产材料、在产品或自制半成品可变现净值确定。其可变现净值 = 产品估计售价 – 至完工估计将要发生的成本 – 销售产品估计的销售费用和相关税金。

可变现净值中估计售价的确定方法，见图 4 – 16。

【例 4 – 27】云阳公司期末存货采用成本与可变现净值孰低法计价。2×19 年 9 月 26 日云阳公司与国盛公司签订销售合同，由云阳公司于 2×20 年 3 月 6 日向国盛公司销售笔记本

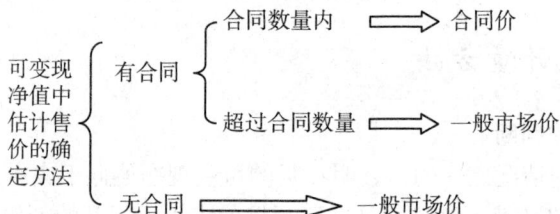

图 4 – 16　可变现净值中估计售价的确定方法

电脑 10 000 台，每台 1.5 万元。2×19 年 12 月 31 日云阳公司库存笔记本电脑 13 000 台，单位成本 1.4 万元，账面成本为 18 200 万元。2×19 年 12 月 31 日市场销售价格为每台 1.3 万元，预计销售税费均为每台 0.05 万元。要求确认云阳公司 2×19 年 12 月 31 日笔记本电脑的账面价值。

由于云阳公司持有的笔记本电脑数量 13 000 台多于已经签订销售合同的数量 10 000 台。应该分别按有合同和超过合同两方面计算：

有合同部分的可变现净值 = 10 000 × 1.5 – 10 000 × 0.05 = 14 500（万元）> 成本为 14 000 万元（10 000 × 1.4），期末价值等于成本 14 000 万元；

超过合同部分的可变现净值 = 3 000 × 1.3 – 3 000 × 0.05 = 3 750（万元），成本 3 000 × 1.4 = 4 200（万元），期末账面价值按可变现净值计算。

该批笔记本电脑账面价值 = 14 000 + 3 750 = 17 750（万元）。

（3）材料期末计量特殊考虑。

① 对于用于生产而持有的材料等（如原材料、在产品等），如果用其生产的产成品的可变现净值预计高于成本，则该材料应按照成本计量。其中，"可变现净值预计高于成本"中的成本是指产成品的生产成本。

【例 4 – 28】2×20 年 12 月 31 日云阳公司"库存原材料——A 材料"的账面价值（成本）为 123 000 元，市场购买价格总额为 108 000 元，假设未发生其他费用；用 A 材料生产的产成品的可变现净值高于成本。确定 2×20 年 12 月 31 日 A 材料的价值。

由于该原材料生产的最终产品此时并没有发生价值减损。因此，2×20 年 12 月 31 日 A 材料应按其原账面价值（成本）123 000 元列示于资产负债表的存货项目中。

② 如果材料价格的下降等原因表明产成品的可变现净值低于成本，则该材料应按可变现净值计量。

【例 4 – 29】2×20 年 12 月 31 日云阳公司"库存原材料——D 材料"的账面价值（成本）为 420 000 元，市场购买价格总额为 386 000 元，假设未发生其他费用。由于 D 材料的市场销售价格下降，用 D 材料生产的产品的市场销售价格总额由 1 200 000 元下降为 998 000 元，但其生产成本仍为 1 069 000 元，用 D 材料生产的产品尚需投入 650 000 元，估计销售费用及税金为 20 000 元。确定 2×20 年 12 月 31 日 D 材料的价值。

根据上述资料，云阳公司可按以下步骤进行确定材料价值：

第一，计算用该原材料所生产的产成品的可变现净值：

产成品可变现净值 = 产成品估计售价 – 估计销售费用及税金 = 998 000 – 20 000 = 978 000（元）。

第二，将用该原材料所生产的产成品的可变现净值与其成本进行比较：

产成品的可变现净值 978 000 元小于其成本 1 069 000 元，因此 D 材料应当按可变现净值计量。

第三，计算该原材料的可变现净值，并确定其期末价值：

D 材料可变现净值 = 产成品估计售价 - 将 D 材料加工成产成品尚需投入成本 - 估计销售费用及税金 = 998 000 - 650 000 - 20 000 = 328 000（元）；

D 材料的可变现净值 328 000 元小于其成本 420 000 元，因此 D 材料的期末价值应为其可变现净值 328 000 元。

【例 4 - 30】 云阳公司期末原材料的账面余额为 120 万元，数量为 10 吨。该原材料专门用于生产与乙公司所签合同约定的 25 台 C 产品，该合同约定：云阳公司为乙公司提供 C 产品 25 台，每台售价 8 万元（不含增值税）。将该原材料加工成 25 台 C 产品尚需加工成本总额为 101 万元。估计销售每台 C 产品尚需发生相关税费 1.8 万元（不含增值税）。期末市场上该原材料每吨售价为 9.8 万元，确定云阳公司期末该原材料的账面价值。

产成品的成本 = 120 + 101 = 221（万元），产成品的可变现净值 = 25 × 8 - 25 × 1.8 = 155（万元）；

期末该原材料的可变现净值 = 25 × 8 - 101 - 25 × 1.8 = 54（万元），成本为 120 万元，账面价值为 54 万元。

3. 存货跌价准备的核算

（1）"存货跌价准备"账户。

① 性质：资产类，存货的备抵账户，冲减主账户（原材料、产成品等）。

② 内容：核算企业存货跌价准备计提、使用、结余。

③ 结构：见图 4 - 17。

④ 明细账：按存货项目或类别进行明细核算。

存货跌价准备

发生存货跌价损失或转回的跌价准备C	期初数 D 本期计提 X
	期末余额B ①若成本≤可变现净值，B=0 ②若成本＞可变现净值，B=成本-可变现净值

图 4 - 17　"存货跌价准备"账户

D + X - C = B，X = B + C - D。

当 X > 0 时，则：

借：资产减值损失——存货跌价损失

　　贷：存货跌价准备——××

当 X < 0 时，则：

借：存货跌价准备——××

　　贷：资产减值损失——存货跌价损失

（2）存货跌价准备的计提。存货跌价准备通常应当按单个存货项目计提。

企业应在每一资产负债表日，比较存货成本与可变现净值，计算出应计提的存货跌价准备，再与已提数进行比较，若应提数大于已提数，应予补提。企业计提存货跌价准备，应计入当期损益。

期末对存货进行计量时，如果同一类存货，其中一部分是有合同价格约定，另一部分则不存在合同价格，此时企业应区分有合同价格约定的和没有合同价格约定的存货，分别确定其期末可变现净值，并与其相对应的成本进行比较，从而分别确定是否需计提存货跌价准备。

【例4-31】云阳公司期末采用成本与可变现净值熟低法计价。2×20年初"存货跌价准备——甲产品"科目余额为100万元，库存A材料未计提跌价准备。2×20年末"原材料——A材料"科目余额为1 000万元，"库存商品——甲产品"科目的账面余额为500万元。库存A材料将全部用于生产乙产品，共计100件，每件产品的直接材料费用为10万元。80件乙产品已经签订销售合同，合同价格每件11.25万元，其余20件乙产品未签订销售合同，预计乙产品的市场价为每件11万元；预计生产乙产品还需发生除A材料以外的成本为每件3万元，预计为销售乙产品发生相关税费每件为0.55万元。甲产品为不可撤销合同，市场价格总额为350万元，预计销售甲产品发生相关税费总额为18万元。假定不考虑其他因素。

① 2×20年12月31日计算库存A材料应计提的存货跌价准备。

有合同部分：

乙产品成本 $= 80 \times 10 + 80 \times 3 = 1\,040$（万元）

乙产品可变现净值 $= 80 \times 11.25 - 80 \times 0.55 = 856$（万元）

判断，库存A材料应计提存货跌价准备。

库存A材料可变现净值 $= 80 \times 11.25 - 80 \times 3 - 80 \times 0.55 = 616$（万元）

库存A材料应计提的存货跌价准备 $= 80 \times 10 - 616 = 184$（万元）

无合同部分：

乙产品成本 $= 20 \times 10 + 20 \times 3 = 260$（万元）

乙产品可变现净值 $= 20 \times 11 - 20 \times 0.55 = 209$（万元）

判断，库存A材料应计提存货跌价准备。

库存A材料可变现净值 $= 20 \times 11 - 20 \times 3 - 20 \times 0.55 = 149$（万元）

库存A材料应计提的存货跌价准备 $= 20 \times 10 - 149 = 51$（万元）

库存A材料应计提的存货跌价准备合计 $= 184 + 51 = 235$（万元）

② 2×20年12月31日计算甲产品应计提的存货跌价准备。

甲产品成本 $= 500$（万元）

甲产品可变现净值 $= 350 - 18 = 332$（万元）

甲产品应计提的存货跌价准备 $= 500 - 332 - 100 = 68$（万元）

③ 期末应计提的存货跌价准备合计金额 $= 235 + 68 = 303$（万元）

④ 编制会计分录：

借：资产减值损失——计提存货跌价准备　　　　　　　　　　　303

　　贷：存货跌价准备　　　　　　　　　　　　　　　　　　　　　　303

（3）存货跌价准备的转回。当以前减记存货价值影响因素已经消失，减记金额应当予以恢复，并在原已计提跌价准备内转回，转回金额计入当期损益。借记"存货跌价准备"

科目，贷记"资产减值损失——计提存货跌价准备"科目。

【**例 4 - 32**】云阳公司年末按成本与可变现净值孰低法对其原材料进行计价。2×20 年 12 月 31 云阳公司结存的 B 材料账面成本 100 000 元，市场售价为 97 000 元，计提存货跌价准备 3 000 元。2×21 年以来该材料市场持续上升，市场前景明显好转，至 2×21 年末根据当时状态确定的材料可变现净值为 110 000 元。云阳公司的会计处理如下：

2×20 年末：

借：资产减值损失　　　　　　　　　　　　　　　　　　　　　　　3 000
　　贷：存货跌价准备　　　　　　　　　　　　　　　　　　　　　　　　3 000

2×21 年末：

借：存货跌价准备　　　　　　　　　　　　　　　　　　　　　　　3 000
　　贷：资产减值损失　　　　　　　　　　　　　　　　　　　　　　　　3 000

（4）存货跌价准备的结转。企业计提了存货跌价准备，如果其中有部分存货已经销售，则企业在结转销售成本时，应同时结转对其已计提的存货跌价准备。

【**例 4 - 33**】2×20 年云阳公司库存 M 机器 5 台，每台成本为 5 000 元，已经计提的跌价准备为 6 000 元，2×20 年云阳公司将库存的 5 台机器全部以每台 6 000 元的价格出售。假定不考虑可能发生的销售费用及税金的影响，云阳公司将这 5 台 M 机器已经计提的跌价准备在结转其销售成本的同时，全部予以结转。

借：主营业务成本　　　　　　　　　　　　　　　　　　　　　　19 000
　　存货跌价准备　　　　　　　　　　　　　　　　　　　　　　　6 000
　　贷：库存商品——M 机器　　　　　　　　　　　　　　　　　　　　25 000

【本章小结】

（1）本章需完成任务包括：①存货的含义及特征、存货的分类及确认条件；②按实际成本核算原材料；③按计划成本核算原材料；④周转材料的各种会计核算；⑤存货的期末清查和存货期末计价的确认与会计处理。

（2）学习完本章学生应掌握：①实际成本核算原材料、计划成本核算原材料；②存货期末清查和存货期末计价的确认与会计处理。

（3）完成本章若干学习任务应深刻理解：①存货的含义及特征；②存货的分类及确认条件；③存货的流转假设及原材料发出的计价方法；④成本与可变现净值孰低法的含义及具体运用，掌握周转材料各种会计核算。

（4）完成学习任务应学会运用：①在实际成本计价方法下原材料不同取得方式的收、发、存会计核算；②在计划成本计价方法下原材料收、发、存的会计核算；③存货期末计价的会计处理。

第 5 章

金融资产核算

【学习目标】

通过本章学习，理解金融工具的概念和金融资产分类；掌握交易性金融资产的核算；掌握债权投资、其他债权投资、其他权益工具投资的核算。

【能力目标】

培养学生识别不同的金融资产，能够对各类金融资产进行会计处理，学会分析投资机会和进行投资决策。

【任务提示】

随着我国金融市场的不断完善，企业发生金融资产投资业务越来越频繁，如股票投资、基金投资、债券投资等。下述票据是金融资产交易过程中涉及的一系列的原始凭证，如成交过户交割单、结算单、公允价值变动确认单据、财务情况说明书、债权投资溢折价摊销表等。这些金融资产业务会计上该如何确认和计量，就是本章要解决的主要问题。

5 -1

ICBC 中国工商银行	业务回单（收款）
日期：2019 年 12 月 18 日	
回单编号：173550000023	
付款人户名：太原钢铁股份有限公司	付款人开户行：工行春光路分理处
付款人账号（卡号）：76564090231	
收款人户名：江西九瑞油泵油嘴有限公司	收款人开户行：工行九江莲花支行
收款人账号（卡号）：34520294168	
金额：捌仟元整	小写：8 000.00 元
业务（产品）种类：结算业务凭证　凭证种类：000000000	凭证号码：00000000000000
摘要：投资股利　　　　用途：	渠道：其他
交易机构：0150602180　记账柜员：00023　交易代码：52093	
产品名称：	
费用名称：	
应收金额：8 000.00　实收金额：8 000.00　收费渠道：	
本回单为第一次打印，注意重复　　打印日期：2019 年 12 月 19 日	打印柜员：0　验证码：A981CCDB9167

5 – 2 – 1/3

财务说明书——记账特殊附件　　　NO. 091191

总经办会议决议

根据 2019 年 12 月 12 日，江西九瑞油泵油嘴有限公司召开的第六届三次股东大会决议，会议由法人代表陈俊杰主持，会议应到 7 人，实到 7 人。会议召开符合有关法律及公司章程规定。纪检及其他高层列席了会议。

会议审议并通过了《购买太原钢铁有限公司股票的决定》。

该议案 7 票赞成，0 票反对，0 票弃权。

会议决定：

1. 授权副总经理组织投资部、财务部于近期通过证券公司市场购买太原钢铁公司股票。

2. 购入太原钢铁公司股票作为交易性金融资产。

总经理：陈俊杰

2019 年 12 月 12 日

江西九瑞油泵油嘴有限公司

5 – 2 – 2/3

成交过户交割凭单　　买

2019 年 12 月 18 日

股票编号：AE251580（股）	成交证券：太原钢铁
电脑编号：422598	成交数量：5 000
公司代号：029	成交价格：8.00
申请编号：058	成交金额：40 000.00
申报时间：09：36：18	标准佣金：375.00
成交时间：09：36：28	过户费用：6.00
上次余额：0（股）	印花税：109.00
本次成交：5 000（股）	应付金额：40 490.00
本次余额：5 000（股）	最终余额：6 219.00
附加费用：5.00	实付金额：40 490.00

第一联　客户联

经办单位：　　　　　　　客户盖章：张有才

5 - 2 - 3/3

资产负债表日公允价值变动计算表

2019 年 12 月 31 日　　　　　单位：元

项　目	数　量	账面余额	公允价值		公允价值变动
			收盘价	公允价值金额	
太原钢铁	5 000	40 000.00	10.00	50 000.00	10 000.00

审核：臧有才　　　制单：董旭

5 - 3 - 1/2

财务说明书——记账特殊附件 NO. 091198

总经办会议决议

根据 2019 年 12 月 16 日，江西九瑞油泵油嘴有限公司召开的第六届四次股东大会决议，会议由法人代表陈俊杰主持，会议应到 7 人，实到 7 人。会议召开符合有关法律及公司章程规定。纪检及其他高层列席了会议。会议审议并通过了《购买鑫发科技公司的决定》。

该议案 7 票赞成，0 票反对，0 票弃权。

会议决定：

1. 授权副总经理组织投资部、财务部于近期通过证券公司市场购买鑫发科技公司 25% 的股权。

2. 购入鑫发科技公司股票作为其他权益工具投资持有。

总经理：陈俊杰

2019 年 12 月 16 日

江西九瑞油泵油嘴有限公司

5 - 3 - 2/2

5 - 4

5.1　金融资产的概念与分类

5.1.1　金融工具与金融资产

1. 金融工具含义

金融工具是指形成一方的金融资产并形成其他方的金融负债或权益工具的合同。金融工具包括金融资产、金融负债和权益工具。非合同的资产和负债不属于金融工具。比如："应交税费"是基于税法规定的义务而非合同产生的义务，因此不能定义为金融工具；"预计负债"属于推定义务，也不能定义为金融工具。金融工具可以分为基础金融工具和衍生金融工具。

2. 金融资产含义

金融资产是指企业持有的现金、其他方的权益工具以及符合下列条件之一的资产：

（1）从其他方收取现金或其他金融资产的合同权利。例如，企业的银行存款、应收账款、应收票据和贷款等均属于金融资产。预付账款不是金融资产，因其产生的未来经济利益是商品或服务，不是收取现金或其他金融资产的权利。

（2）在潜在有利条件下，与其他方交换金融资产或金融负债的合同权利。例如，企业持有的看涨期权或看跌期权等。

（3）将来须用或可用企业自身权益工具进行结算的非衍生工具合同，且企业根据该合同将收到可变数量的自身权益工具。例如，甲公司应收乙公司货款 100 万元，乙公司将来按结算日的市价以甲公司股票结算。

（4）将来须用或可用企业自身权益工具进行结算的衍生工具合同，但以固定数量的自身权益工具交换固定金额的现金或其他金融资产的衍生工具合同除外。其中，企业自身权益工具不包括应当按照《企业会计准则第 37 号——金融工具列报》分类为权益工具的可回售工具或发行方仅在清算时才有义务向另一方按比例交付其净资产的金融工具，也不包括本身就要求在未来收取或交付企业自身权益工具的合同。

本章所称金融资产不包括长期股权投资准则规范的股权投资等金融资产。本章不涉及以下金融资产的会计处理：货币资金；应收款项；对子公司、联营企业、合营企业的投资，其处理在"长期股权投资"中核算。

5.1.2 金融资产的分类与重分类

企业应当根据其管理金融资产的业务模式和金融资产的合同现金流量特征，将金融资产划分为以下三类：一是以摊余成本计量的金融资产；二是以公允价值计量且其变动计入其他综合收益的金融资产；三是以公允价值计量且其变动计入当期损益的金融资产。上述分类一经确定，不得随意变更。

1. 企业管理金融资产的业务模式

（1）业务模式评估。企业管理金融资产的业务模式，是指企业如何管理其金融资产以产生现金流量。业务模式决定企业所管理金融资产现金流量的来源是收取合同现金流量、出售金融资产还是两者兼有。一个企业可能会采用多个业务模式管理其金融资产。

企业确定其管理金融资产的业务模式时，应当注意以下方面：

①在金融资产组合的层次上确定管理金融资产的业务模式，而不必按照单个金融资产逐项确定业务模式。金融资产组合的层次应当反映企业管理该金融资产的层次。

②一个企业可能会采用多个业务模式管理其金融资产。

③企业应当以企业关键管理人员决定的对金融资产进行管理的特定业务目标为基础，确定管理金融资产的业务模式。其中，"关键管理人员"是指《企业会计准则第 36 号——关联方披露》中定义的关键管理人员。

④企业的业务模式不等于企业持有金融资产的意图，而是一种客观事实，通常可以从企业为实现其设定目标而开展的特定活动中得以反映。

⑤企业应当以客观事实为依据，确定管理金融资产的业务模式，不得以按照合理预期不

会发生的情形为基础确定。例如，对于某金融资产组合，如果企业预期仅会在压力情形下将其出售，且企业合理预期该压力情形不会发生，则该压力情形不得影响企业对该类金融资产的业务模式的评估。

此外，如果金融资产实际现金流量的实现方式不同于评估业务模式时的预期，只要企业在评估业务模式时已经考虑了当时所有可获得的相关信息，这一差异不构成企业财务报表的前期差错，也不改变企业在该业务模式下持有的剩余金融资产的分类。但是，企业在评估新的金融资产的业务模式时，应当考虑这些信息。

（2）以收取合同现金流量为目标的业务模式。在以收取合同现金流量为目标的业务模式下，企业管理金融资产旨在通过在金融资产存续期内收取合同付款来实现现金流量，而不是通过持有并出售金融资产产生整体回报。

在以收取合同现金流量为目标的业务模式下，金融资产的信用质量影响着企业收取合同现金流量的能力。为减少因信用恶化所导致的潜在信用损失而进行的风险管理活动与以收取合同现金流量为目标的业务模式并不矛盾。因此，即使企业在金融资产的信用风险增加时为减少信用损失而将其出售，金融资产的业务模式仍然可能是以收取合同现金流量为目标的业务模式。

如果企业在金融资产到期日前出售金融资产，即使与信用风险管理活动无关，在出售只是偶然发生（即使价值重大），或者单独及汇总而言出售的价值非常小（即使频繁发生）的情况下，金融资产的业务模式仍然可能是以收取合同现金流量为目标。如果企业能够解释出售的原因并且证明出售并不反映业务模式的改变，出售频率或者出售价值在特定时期内的增加不一定与以收取合同现金流量为目标的业务模式相矛盾。此外，如果出售发生在金融资产临近到期时，且出售所得接近待收取的剩余合同现金流量，金融资产的业务模式仍然可能是以收取合同现金流量为目标。

（3）以收取合同现金流量和出售金融资产为目标的业务模式。在同时以收取合同现金流量和出售金融资产为目标的业务模式下，企业的关键管理人员认为收取合同现金流量和出售金融资产对于实现其管理目标而言都是不可或缺的。与以收取合同现金流量为目标的业务模式相比，此业务模式涉及的出售通常频率更高、金额更大。因为出售金融资产是此业务模式的目标之一，在该业务模式下不存在出售金融资产的频率或者价值的明确界限。

（4）其他业务模式——以出售金融资产为目标。如果企业管理金融资产的业务模式，不是以收取合同现金流量为目标，也不是既以收取合同现金流量又以出售金融资产来实现其目标，该金融资产应当分类为以公允价值计量且其变动计入当期损益的金融资产。

2. 金融资产的合同现金流量特征

金融资产的合同现金流量特征，是指金融工具合同约定的反映相关金融资产经济特征的现金流量属性。

企业分类为以摊余成本计量的金融资产（债权投资）和以公允价值计量且其变动计入其他综合收益的金融资产（其他债权投资），其合同现金流量特征应当与基本借贷安排相一致。即相关金融资产在特定日期产生的合同现金流量仅为对本金和以未偿付本金金额为基础的利息的支付。

本金是指金融资产在初始确认时的公允价值，本金金额可能因提前还款等原因在金融资产的存续期内发生变动。

利息包括对货币时间价值、与特定时期未偿付本金金额相关的信用风险，以及其他基本借贷风险、成本和利润的对价。

3. 金融资产的具体分类

（1）以摊余成本计量的金融资产。金融资产同时符合下列条件的，应当分类为以摊余成本计量的金融资产：①企业管理该金融资产的业务模式是以收取合同现金流量为目标。②该金融资产的合同条款规定，在特定日期产生的现金流量，仅为对本金和以未偿付本金金额为基础的利息的支付。

（2）以公允价值计量且其变动计入其他综合收益的金融资产。金融资产同时符合下列条件的，应当分类为以公允价值计量且其变动计入其他综合收益的金融资产：①企业管理该金融资产的业务模式既以收取合同现金流量为目标又以出售该金融资产为目标。②该金融资产的合同条款规定，在特定日期产生的现金流量，仅为对本金和以未偿付本金金额为基础的利息的支付。

（3）以公允价值计量且其变动计入当期损益的金融资产。企业分类为以摊余成本计量的金融资产和以公允价值计量且其变动计入其他综合收益的金融资产之外的金融资产，企业应当分类为以公允价值计量且其变动计入当期损益的金融资产。

例如，企业持有的股票、基金、可转换债券投资产品通常应当分类为以公允价值计量且其变动计入当期损益的金融资产。此外，在初始确认时，如果能够消除或显著减少会计错配，企业可以将金融资产指定为以公允价值计量且其变动计入当期损益的金融资产。该指定一经作出，不得撤销。

4. 金融资产分类的特殊规定

权益工具投资一般不符合本金加利息的合同现金流量待征，因此应当分类为以公允价值计量且其变动计入当期损益的金融资产。然而在初始确认时，企业可以将非交易性权益工具投资指定为以公允价值计量且其变动计入其他综合收益的金融资产，并按照规定确认股利收入。该指定一经做出，不得撤销。

金融资产或金融负债满足下列条件之一的，表明企业持有该金融资产或承担该金融负债的目的是交易性的：（1）取得相关金融资产或承担相关金融负债的目的，主要是为了近期出售或回购。（2）相关金融资产或金融负债在初始确认时属于集中管理的可辨认金融工具组合的一部分，且有客观证据表明近期实际存在短期获利模式。（3）相关金融资产或金融负债属于衍生工具。但符合财务担保合同定义的衍生工具以及被指定为有效套期工具的衍生工具除外。例如，未作为套期工具的利率互换或外汇期权。

只有不符合上述条件的非交易性权益工具投资才可以进行该指定。

5. 不同类金融资产之间的重分类

企业改变其管理金融资产的业务模式时，应当按照规定对所有受影响的相关金融资产进行重分类。企业管理金融资产业务模式的变更是一种极其少见的情形。

企业对金融资产进行重分类，应当自重分类日起采用未来适用法进行相关会计处理，不得对以前已经确认的利得、损失（包括减值损失或利得）或利息进行追溯调整。重分类日，是指导致企业对金融资产进行重分类的业务模式发生变更后的首个报告期间的第一天。例如，甲上市公司决定于2×17年3月22日改变其管理某金融资产的业务模式，则重分类日为2×17年4月1日（即下一个季度会计期间的期初）；乙上市公司决定于2×17年10月15

日改变其管理某金融资产的业务模式，则重分类日为 2×18 年 1 月 1 日。

　　企业管理金融资产业务模式的变更源自外部或内部的变化，必须由企业的高级管理层进行决策，且其必须对企业的经营非常重要，并能够向外部各方证实。因此，只有当企业开始或终止某项对其经营影响重大的活动时（例如当企业收购、处置或终止某一业务线时），其管理金融资产的业务模式才会发生变更。例如，某银行决定终止其零售抵押贷款业务，该业务线不再接受新业务，并且该银行正在积极寻求出售其抵押贷款组合，则该银行管理其零售抵押贷款的业务模式发生了变更。

　　以下情形不属于业务模式变更：（1）企业持有特定金融资产的意图改变。企业即使在市场状况发生重大变化的情况下改变对特定资产的持有意图，也不属于业务模式变更。（2）金融资产特定市场暂时性消失从而暂时影响金融资产出售。（3）金融资产在企业具有不同业务模式的各部门之间转移。

　　需要注意的是，如果企业管理金融资产的业务模式没有发生变更，而金融资产的条款发生变更但未导致终止确认时，不允许重分类。如果金融资产条款发生变更导致金融资产终止确认的，不涉及重分类问题，企业应当终止确认原金融资产，同时按照变更后的条款确认一项新金融资产。

5.2　交易性金融资产核算

5.2.1　交易性金融资产的初始计量

　　取得交易性金融资产时，按照该金融资产取得时的公允价值作为其初始确认金额，借记"交易性金融资产——成本"科目，取得时所支付价款中包含了已宣告但尚未发放的现金股利或已到付息期但尚未领取的债券利息的，应当单独确认为应收项目，借记"应收股利"或"应收利息"科目。按发生的交易费用，借记"投资收益"科目，发生交易费用取得增值税专用发票的，进项税额经认证后可以从当月销项税额扣除，借记"应交税费——应交增值税（进项税额）"科目，按实际支付的金额，贷记"其他货币资金——存出投资款"科目。

　　交易费用，是指可直接归属于购买、发行或处置金融工具的增量费用。增量费用是指企业没有发生购买、发行或处置相关金融工具的情形就不会发生的费用，包括支付给代理机构、咨询机构、券商、证券交易所、政府有关部门等的手续费、佣金、相关税费以及其他必要支出，不包括债券溢价、折价、融资费用、内部管理成本和持有成本等与交易不直接相关的费用。

　　【例 5-1】 2×20 年 1 月 20 日联达公司购入 A 上市公司股票 100 万股，并将其划分为交易性金融资产。该笔股票投资在购买时支付价款 102 万元（含已宣告但尚未发放现金股利 2 万元）。另支付相关交易费用金额为 5 万元，增值税专用发票税率 6%。

　　联达公司 2×20 年 1 月 20 日购买 A 上市公司股票时：

　　借：交易性金融资产——成本　　　　　　　　　　　　　　　　　　1 000 000

　　　　应收股利　　　　　　　　　　　　　　　　　　　　　　　　　　20 000

投资收益		50 000
应交税费——应交增值税（进项税额）		3 000
贷：其他货币资金——存出投资款		1 073 000

5.2.2　交易性金融资产的后续计量

1. 持有期间计提利息或宣告发放现金股利

企业持有交易性金融资产期间对于被投资单位宣告发放的现金股利或企业在资产负债表日按分期付息、一次还本债券投资的票面利率计算的利息，应当确认为应收项目，记入"应收股利"或"应收利息"科目，并计入当期投资收益。

【例 5 - 2】2 × 20 年 1 月 8 日联达公司购入丙公司发行的公司债券，该笔债券于 2 × 19 年 7 月 1 日发行，面值为 2 500 万元，票面利率为 4%。上年债券利息于下年初支付。联达公司将其划分为交易性金融资产，支付价款为 2 600 万元（其中包含已宣告发放的债券利息 50 万元），另支付交易费用 30 万元，增值税专用发票税率 6%。2 × 20 年 2 月 5 日，联达公司收到该笔债券利息 50 万元，2 × 21 年初，联达公司收到债券利息 100 万元。联达公司应编制如下会计分录：

2 × 20 年 1 月 8 日购入丙公司的公司债券时：

借：交易性金融资产——成本	25 500 000
应收利息	500 000
投资收益	300 000
应交税费——应交增值税（进项税额）	18 000
贷：其他货币资金——存出投资款	26 318 000

2 × 20 年 2 月 5 日收到购买价款中包含的已宣告发放的债券利息时：

借：其他货币资金——存出投资款	500 000
贷：应收利息	500 000

2 × 20 年 12 月 31 日确认丙公司的公司债券利息收入时：

借：应收利息	1000 000
贷：投资收益	1000 000

2 × 21 年初收到持有丙公司的公司债券利息时：

借：其他货币资金——存出投资款	1000 000
贷：应收利息	1000 000

2. 资产负债表日公允价值变动

交易性金融资产采用公允价值进行后续计量。资产负债表日公允价值的变动，调整交易性金融资产账面价值的同时，把变动金额计入当期损益（公允价值变动损益）。

【例 5 - 3】承〖例 5 - 2〗，假定 2 × 20 年 6 月 30 日，联达公司购买的该笔债券市价为 2 580 万元；2 × 20 年 12 月 31 日，联达公司购买的该笔债券的市价为 2 560 万元。联达公司应编制如下会计分录：

2 × 20 年 6 月 30 日确认该笔债券的公允价值变动损益时：

借：交易性金融资产——公允价值变动	300 000

　　　　贷：公允价值变动损益　　　　　　　　　　　　　　　　　　　　　300 000

2×20 年 12 月 31 日确认该笔债券的公允价值变动损益时：

　　　　借：公允价值变动损益　　　　　　　　　　　　　　　　　200 000

　　　　　　贷：交易性金融资产——公允价值变动　　　　　　　　　　　　200 000

5.2.3　交易性金融资产的处置

　　出售交易性金融资产时，应当将该金融资产出售时的公允价值与其账户余额之间的差额确认为投资收益。

　　企业应按实际收到的金额，借记"银行存款"等科目，按该金融资产的账面余额，贷记"交易性金融资产"科目，按其差额，贷记或借记"投资收益"科目。交易性金融资产出售时投资收益 = 交易性金融资产处置时的损益影响 = 净售价 – 处置时的账面价值；交易性金融资产在持有期间所实现的投资收益额 = 交易费用 + 计提的利息收益或宣告分红时认定的投资收益 + 转让时的投资收益。

　　【例 5–4】 承〖例 5–3〗，假定 2×21 年 1 月 15 日联达公司出售了所持有的丙公司债券，售价 2 565 万元，联达公司应编制如下会计分录：

　　　　借：其他货币资金——存出投资款　　　　　　　　　　　25 650 000

　　　　　　贷：交易性金融资产——成本　　　　　　　　　　　　　　　25 500 000

　　　　　　　　　　　　　　　——公允价值变动　　　　　　　　　　　　100 000

　　　　　　　　投资收益　　　　　　　　　　　　　　　　　　　　　　　50 000

5.2.4　转让交易性金融资产应交增值税

　　金融商品转让按照卖出价扣除买入价（不扣除已宣告尚未发放的现金股利和已到付息期尚未领取的利息）后的余额作为含税销售额计算增值税，即转让金融商品按盈亏相抵后的余额为含税销售额。若相抵后出现负差，可结转下一纳税期与下期转让金融商品销售额互抵，但年末时仍出现负差的，不得转入下一会计年度。

　　转让金融资产当月月末，如产生转让收益，则按应纳税额，借记"投资收益"等科目，贷记"应交税费——转让金融商品应交增值税"科目；如产生转让损失，则按可结转下月抵扣税额，借记"应交税费——转让金融商品应交增值税"科目，贷记"投资收益"等科目。

　　年末，如果"应交税费——转让金融商品应交增值税"科目有借方余额，说明本年度的金融商品转让损失无法弥补，且本年度的金融资产转让损失不可转入下年度继续扣减转让金融资产的收益，因此，应借记"投资收益"科目，贷记"应交税费——转让金融商品应交增值税"科目，将"应交税费——转让金融商品应交增值税"科目的借方余额转出。

　　【例 5–5】 承〖例 5–4〗，计算该项业务转让金融商品应交增值税（注：不得剔除包含的已宣告未发放股利及已到期未收到的利息）。

　　转让金融商品应交增值税 = （售价 – 买价）/（1 + 6%）× 6% = （25 650 000 – 26 000 000）/

（1 + 6%）× 6% = - 19 811.32（元）

联达公司应编制如下会计分录：

借：应交税费——转让金融商品应交增值税 19 811.32

　　贷：投资收益 19 811.32

【例 5 - 6】2 × 20 年 1 月 2 日，联达公司从二级市场支付价款 1 020 000 元（含已到付息但尚未领取的利息 20 000 元）购入某公司发行的债券，另发生交易费用 20 000 元，增值税专用发票税率 6%。该债券面值 1 000 000 元，剩余期限为 2 年，票面年利率为 4%，每半年付息一次，联达公司将其划分为交易性金融资产。

联达公司的其他资料如下：（1）2 × 20 年 1 月 5 日收到该债券 2 × 19 年下半年利息 20 000 元；（2）2 × 20 年 6 月 30 日该债券公允价值为 1 150 000 元（不含利息）；（3）2 × 20 年 7 月 5 日，收到该债券半年利息；（4）2 × 20 年 12 月 31 日，该债券的公允价值为 1 100 000 元（不含利息）；（5）2 × 21 年 1 月 5 日，收到该债券 2 × 20 年下半年利息；（6）2 × 21 年 3 月 31 日，联达公司将该债券出售，取得价款 1 180 000 元（含第 1 季度利息 10 000 元）。假定不考虑其他因素，则联达公司的账务处理如下：

2 × 20 年 1 月 2 日购入债券：

借：交易性金融资产——成本 1 000 000

　　应收利息 20 000

　　投资收益 20 000

　　应交税费——应交增值税（进项税额） 1 200

　　贷：其他货币资金——存出投资款 1 041 200

2 × 20 年 1 月 5 日收到该债券 2 × 19 年下半年利息：

借：其他货币资金——存出投资款 20 000

　　贷：应收利息 20 000

2 × 20 年 6 月 30 日确认债券公允价值变动和投资收益：

借：交易性金融资产——公允价值变动 150 000

　　贷：公允价值变动损益 150 000

借：应收利息 20 000

　　贷：投资收益 20 000

2 × 20 年 7 月 5 日收到该债券半年利息：

借：其他货币资金——存出投资款 20 000

　　贷：应收利息 20 000

2 × 20 年 12 月 31 日确认债券公允价值变动和投资收益：

借：公允价值变动损益 50 000

　　贷：交易性金融资产——公允价值变动 50 000

借：应收利息 20 000

　　贷：投资收益 20 000

2 × 21 年 1 月 5 日收到该债券 2 × 20 年下半年利息：

借：其他货币资金——存出投资款 20 000

　　贷：应收利息 20 000

2×21 年 3 月 31 日将该债券予以出售：

借：应收利息　　　　　　　　　　　　　　　　　　　　　10 000
　　贷：投资收益　　　　　　　　　　　　　　　　　　　　　10 000
借：其他货币资金——存出投资款　　　　　　　　　　　1 170 000
　　贷：交易性金融资产——成本　　　　　　　　　　　　1 000 000
　　　　　　　　　　——公允价值变动　　　　　　　　　　100 000
　　　　投资收益　　　　　　　　　　　　　　　　　　　　70 000
借：其他货币资金——存出投资款　　　　　　　　　　　　10 000
　　贷：应收利息　　　　　　　　　　　　　　　　　　　　10 000
借：投资收益 [（1 180 000 − 1 020 000）/（1 +6%）×6%]　9 056. 60
　　贷：应交税费——转让金融商品应交增值税　　　　　　9 056. 60

5.3　债权投资核算

5.3.1　债权投资的初始计量

　　债权投资应以公允价值入账，交易费用计入初始入账金额，构成成本组成部分。企业取得金融资产支付的价款中包含的已到付息期但尚未领取的利息，应当单独确认为应收项目，借记"应收利息"科目，不构成金融资产的初始入账金额。具体操作时，总分类科目"债权投资"下设"成本""应计利息""利息调整"等科目。企业取得的债权投资，应按该投资的面值，借记"债权投资——成本"科目，支付价款中包含的未到付息期的利息，借记"债权投资——应计利息"科目，按实际支付的金额，贷记"银行存款"等科目，按其差额，借记或贷记"债权投资——利息调整"科目。

　　【例 5 −7】2×20 年初，联达公司购买了一项债券，剩余年限 5 年，划分为债权投资，公允价值为 90 万元，交易费用为 5 万元，该债券面值为 100 万元，票面利率为 4%，每年末付息，到期还本。经过计算，该债券内含报酬率为 5. 16%。

　　联达公司在 2×20 年初购入该债券时：

借：债权投资——成本　　　　　　　　　　　　　　　　1 000 000
　　贷：银行存款　　　　　　　　　　　　　　　　　　　　950 000
　　　　债权投资——利息调整　　　　　　　　　　　　　　50 000

5.3.2　债权投资的后续计量

　　债权投资的后续计量，主要是在资产负债表日计提该债券产生的利息。而债券可以分为"分期付息，到期还本债券"和"一次还本付息债券"。

1. 分期付息，到期还本债券

　　资产负债表日，以摊余成本计量的债权投资为分期付息、一次还本债券投资的，按债券面值乘以票面利率计量，借记"应收利息"科目，按该金融资产摊余成本和实际利率计算确定的利息收入，贷记"投资收益"科目，按其差额，借记或贷记"债权投资——利息调整"。其中，金融资产的摊余成本，是指该金融资产的初始确认金额经下列调整后的结果：第一，扣除已偿还的本金；第二，加上或减去采用实际利率法将该初始确认金额与到期日金额之间的差额进行摊销形成的累计摊销额；第三，扣除计提的累计信用减值准备。

实际利率法，是指按照金融资产（含一组金融资产）的实际利率计算其摊余成本及各期利息收入或利息费用的方法。实际利率，是指将金融资产在预期存续期间或适用的更短期间内的未来现金流量，折现为该金融资产当前账面价值所适用的利率。

【例5-8】承〖例5-7〗，联达公司如何进行后续计量？

联达公司每年利息收益计算过程如表5-1所示。

表5-1　　　　　　　　　　　联达公司每年利息收益计算　　　　　　　　　单位：万元

年份	年初摊余成本①	利息收益②＝①×实际利率	应收利息③	年末摊余成本④＝①＋②－③
2×20	95	4.9	4	95.9
2×21	95.9	4.95	4	96.85
2×22	96.85	5	4	97.85
2×23	97.85	5.05	4	98.9
2×24	98.9	5.10*	104	0

注：* 此数据应采取倒挤的方法认定，否则会出现计算偏差，具体计算过程为：5.10＝104－98.9（万元）。

2×20年12月31日确认利息与收益：

借：应收利息　　　　　　　　　　　　　　　　　　　　40 000
　　债权投资——利息调整　　　　　　　　　　　　　　9 000
　　　贷：投资收益　　　　　　　　　　　　　　　　　　　　49 000

收到利息时：

借：银行存款　　　　　　　　　　　　　　　　　　　　40 000
　　　贷：应收利息　　　　　　　　　　　　　　　　　　　　40 000

以后每年末计息与收息的会计处理同上述处理原则。

2. 一次还本付息债券

以摊余成本计量的债权投资为一次还本付息债券投资的，应按票面利率计算确定的应收利息，借记"债权投资——应计利息"科目，按该金融资产摊余成本和实际利率计算确定的利息收入，贷记"投资收益"科目，按其差额，借记或贷记"债权投资——利息调整"科目。

【例5-9】2×20年1月5日联达公司购买了联升公司于2×20年初发行的公司债券，期限为5年，划分为债权投资，公允价值为90万元，交易费用为5万元，该债券面值为100万元，票面利率为4%，到期一次还本付息。经过计算，该债券的实际利率为4.78%。

联达公司 2×20 年 1 月 5 日购入该债券时：

借：债权投资——成本　　　　　　　　　　　　　　1 000 000

　　贷：银行存款　　　　　　　　　　　　　　　　　950 000

　　　　债权投资——利息调整　　　　　　　　　　　　50 000

联达公司每年利息收益计算过程如表 5 - 2 所示。

表 5 - 2　　　　　　　　联达公司每年利息收益计算　　　　　　　单位：万元

年份	年初摊余成本①	利息收益② = ①×实际利率	应收（应计）利息③	年末摊余成本④ = ①+②-③
2×20	95	4.54	0	99.54
2×21	99.54	4.76	0	104.3
2×22	104.3	4.99	0	109.29
2×23	109.29	5.22	0	114.51
2×24	114.51	5.49	120	0

2×20 年 12 月 31 日确认利息和收益：

借：债权投资——应计利息　　　　　　　　　　　　40 000

　　　　　　　——利息调整　　　　　　　　　　　　5 400

　　贷：投资收益　　　　　　　　　　　　　　　　　45 400

以后每年以 2×20 年相同的处理方法处理即可。

5.3.3　债权投资到期，收回本金

【例 5 - 10】承〖例 5 - 8〗和〖例 5 - 9〗。

（1）分期付息，到期还本：

借：银行存款　　　　　　　　　　　　　　　　　1 000 000

　　贷：债权投资——成本　　　　　　　　　　　　1 000 000

（2）一次性还本付息，到期还本：

借：银行存款　　　　　　　　　　　　　　　　　1 200 000

　　贷：债权投资——成本　　　　　　　　　　　　1 000 000

　　　　　　　——应计利息　　　　　　　　　　　　200 000

5.3.4　债权投资提前收本的特殊处理

【例 5 - 11】承〖例 5 - 7〗，假设联达公司 2×22 年初预计年末会收回 40 万元本金。

联达公司在 2×20 年初购入该债券时：

借：债权投资——成本　　　　　　　　　　　　　　1 000 000

　　贷：银行存款　　　　　　　　　　　　　　　　　950 000

债权投资——利息调整	50 000

2×20 年末计提利息收益时：

借：应收利息　40 000

　　债权投资——利息调整　9000

　　　贷：投资收益　49 000

收到利息时：

借：银行存款　40 000

　　　贷：应收利息　40 000

2×20 年末摊余成本 = 100 – 5 + 0.9 = 95.9（万元）。

2×21 年末计提利息收益时：

借：应收利息　40 000

　　债权投资——利息调整　9 500

　　　贷：投资收益（959 000×5.16%）　49 500

收到利息时：

借：银行存款　40 000

　　　贷：应收利息　40 000

2×21 年末摊余成本 = 95.9 + 0.95 = 96.85（万元）。

假设 2×22 年末能收回 40 万元本金时：

重新计算 2×22 年初摊余成本 = $40/(1+5.16\%) + 4/(1+5.16\%) + 2.4/(1+5.16\%)^2 +$ $62.4/(1+5.16\%)^3 = 97.67$（万元）；相比第 5 年末正常收回本金，2×22 年初摊余成本 96.85 万元，增加了 0.82 万元。其会计分录如下：

借：债权投资——利息调整　8 200

　　　贷：投资收益　8 200

提前收回 40 万元本金，2×21 年末摊余成本 = 97.67（万元）。

2×22 年末计提利息收益时：

借：应收利息　40 000

　　债权投资——利息调整　10 400

　　　贷：投资收益（976 700×5.16%）　50 400

收到利息时：

借：银行存款　40 000

　　　贷：应收利息　40 000

收回 40 万元本金时：

借：银行存款　400 000

　　　贷：债权投资——成本　400 000

2×22 年末摊余成本 = 97.67 + 1.04 – 40 = 58.71（万元）。

2×23 年末计提利息收益时：

借：应收利息　24 000

　　债权投资——利息调整　6 300

　　　贷：投资收益（587 100×5.16%）　30 300

收到利息时：

借：银行存款	24 000
贷：应收利息	24 000

2×23 年末摊余成本 = 58.71 + 0.63 = 59.34（万元）。

2×24 年末计提利息收益时：

借：应收利息	24 000
债权投资——利息调整（50 000 − 9 000 − 9 500 − 8 200 − 10 400 − 6 300）	
	6 600
贷：投资收益	30 600

收到利息、本金时：

借：银行存款	624 000
贷：应收利息	24 000
债权投资——成本	600 000

5.3.5　债权投资计提减值的会计处理

【例 5 − 12】承〖例 5 − 9〗，假设 2×20 年末联升公司出现财务危机，预计未来三年仍可兑付每年利息 4 万元，而在第四年到期时预计只能兑付 80 万元，假定 5.16% 为实际利率。

2×20 年末计提利息收益时：

借：应收利息	40 000
债权投资——利息调整	9 000
贷：投资收益	49 000

收到利息时：

借：银行存款	40 000
贷：应收利息	40 000

2×20 年末此债权投资的可收回价值 = $4/(1 + 5.16\%) + 4/(1 + 5.16\%)^2 + 4/(1 + 5.16\%)^3 + 80/(1 + 5.16\%)^4 = 76.28$（万元）；2×20 年末摊余成本 = 100 − 5 + 0.9 = 95.9（万元），其金额大于可收回价值，所以 2×20 年末债权投资减值 19.62 万元（95.9 − 76.28），其会计分录为：

借：信用减值损失	196 200
贷：债权投资减值准备	196 200

【例 5 − 13】承〖例 5 − 9〗、〖例 5 − 12〗，假设截至 2×21 年末，联升财务危机有所缓解，预计未来三年每年可兑付利息 4 万元，到期本金偿付 85 万元，假定 5.16% 为实际利率。

2×21 年末计提利息收益时：

2×21 年投资收益 = 76.28 × 5.16% = 3.94（万元）

借：应收利息	40 000
贷：投资收益	39 400

　　　　债权投资——利息调整　　　　　　　　　　　　　　　　　600

收到利息时：

借：银行存款　　　　　　　　　　　　　　　　　　　40 000

　　贷：应收利息　　　　　　　　　　　　　　　　　　　　40 000

2×21 年末可收回价值 = 4/(1 + 5.16%) + 4/(1 + 5.16%)^2 + 89/(1 + 5.16%)^3 = 83.95（万元）；2×21 年末摊余成本 = 95.9 - 19.62 - 0.06 = 76.22（万元），其金额小于可收回价值，所以 2×21 年末减值恢复了 7.67 万元（83.95 - 76.28），其会计分录为：

借：债权投资减值准备　　　　　　　　　　　　　　76 700

　　贷：信用减值损失　　　　　　　　　　　　　　　　　76 700

债权投资减值恢复额应以计提数 19.62 万元为恢复上限。

5.3.6　债权投资的处置

　　出售以摊余成本计量的债权投资，应按实际收到的金额，借记"银行存款"等科目，按其账面余额，贷记"债权投资——成本 、应计利息"科目，贷记或借记"债权投资——利息调整"科目，按其差额，贷记或借记"投资收益"科目。已计提信用减值损失的，还应同时结转债券投资减值准备。

　　企业持有的以摊余成本计量的应收款项、贷款等的账务处理原则，与债权投资大致相同，企业可使用"应收账款""贷款"等科目进行核算。

　　【例 5 – 14】承〖例 5 – 9〗、〖例 5 – 12〗、〖例 5 – 13〗，2×22 年初联达公司出售此债券，卖价 98 万元，交易费用 1.1 万元。

借：银行存款（980 000 – 11 000）　　　　　　　　　969 000

　　债权投资减值准备（196 200 – 76 700）　　　　　119 500

　　债权投资——利息调整（50 000 – 9 000 + 600）　　41 600

　　贷：债权投资——成本　　　　　　　　　　　　　　1 000 000

　　　　投资收益（969 000 – 83 900）　　　　　　　　　130 100

5.4　其他债权投资核算

5.4.1　其他债权投资的初始计量

　　取得其他债权投资金融资产时，应当按照该金融资产取得时的公允价值和交易费用作为其初始确认金额。应按该金融资产投资的面值，借记"其他债权投资——成本"科目，按支付的价款中包含已到付息期但尚未领取的债券利息的，应当单独确认为应收项目，借记"应收股利"科目，按实际支付的金额，贷记"银行存款"等科目，按其差额，借记或贷记"其他债权投资——利息调整"科目。

5.4.2　其他债权投资的后续计量

1. 资产负债表日计提利息

其他债权投资的后续计量属于以公允价值计量且其变动计入其他综合收益的金融资产，资产负债表日，若该金融资产为分期付息、一次还本债券投资的，则应按票面利率计算确定的应收未收利息，借记"应收利息"科目，按债券的摊余成本和实际利率计算确定的利息收入，贷记"投资收益"科目，按其差额，借记或贷记"其他债权投资——利息调整"科目。

若该金融资产为一次还本付息债券投资的，则应按票面利率计算确定的应收未收利息，借记"其他债权投资——应计利息"科目，按债券的摊余成本和实际利率计算确定的利息收入，贷记"投资收益"科目，按其差额，借记或贷记"其他债权投资——利息调整"科目。

2. 资产负债表日公允价值变动

资产负债表日，公允价值变动形成的利得或损失，应当计入其他综合收益。其他债权投资的公允价值高于其账面余额的差额，借记"其他债权投资——公允价值变动"科目，贷记"其他综合收益——其他债权投资公允价值变动"科目；暂时性贬值，公允价值低于其账面余额的差额作相反的会计分录。应注意期末公允价值波动的计算过程：一是先由摊余成本与公允价值比对出期末应认定的累计增值额或累计减值额；二是再基于已经确认的累计增值额或累计减值额，倒挤出当期应追加的增值额或减值额。

其他债权投资发生认定事实贬值部分，应按减记的金额，借记"信用减值损失"，按从其他综合收益中转出的累计损失金额，贷记"其他综合收益——信用减值准备"科目。减值恢复时，首先在减值幅度内恢复，借记"其他综合收益"科目，贷记"信用减值损失"科目，其次超过减值幅度的公允价值上升部分，确认为公允价值变动，借记"其他债权投资"科目，贷记"其他综合收益"科目。

5.4.3　其他债权投资的处置

出售其他债权投资，应按实际收到的金额，借记"银行存款"等科目，按其账面余额，贷记"其他债权投资——成本、应计利息"科目，贷记或借记"其他债权投资——公允价值变动、利息调整"科目；按应从其他综合收益中转出的公允价值累计变动额，借记或贷记"其他综合收益——其他债权投资公允价值变动"科目；按应从其他综合收益转出的信用减值准备累计金额，贷记或借记"其他综合收益——信用减值准备"科目，按其差额，贷记或借记"投资收益"科目。

【例 5-15】2×20 年初联达公司购买了一项债券，剩余年限 5 年，公允价值为 90 万元，交易费用为 5 万元，根据其管理该债券的业务模式和该债券的合同现金流量特征，将该债券分类为以公允价值计量且其变动计入其他综合收益的金融资产。2×20 年末的公允价值为 92.9 万元，2×21 年末的公允价值为 96 万元，2×22 年初售出此金融资产，售价为 110 万元，假定无交易费用。该债券面值为 100 万元，票面利率为 4%，每年末付息，到期还本。

经过计算，该债券内含报酬率为 5.16% 。

联达公司在 2×20 年初购入该债券时：

借：其他债权投资——成本　　　　　　　　　　　　　　　　1 000 000
　　贷：银行存款　　　　　　　　　　　　　　　　　　　　　　950 000
　　　　其他债权投资——利息调整　　　　　　　　　　　　　　　50 000

2×20 年末计提利息收益时：

借：应收利息　　　　　　　　　　　　　　　　　　　　　　40 000
　　其他债权投资——利息调整　　　　　　　　　　　　　　　　9 000
　　贷：投资收益　　　　　　　　　　　　　　　　　　　　　　49 000

收到利息时：

借：银行存款　　　　　　　　　　　　　　　　　　　　　　40 000
　　贷：应收利息　　　　　　　　　　　　　　　　　　　　　　40 000

2×20 年末摊余成本 = 100 − 5 + 0.9 = 95.9（万元），其金额大于公允价值 3 万元（95.9 − 92.9），会计准则规定其他债权投资期末应按公允价值计量，所以 2×20 年末公允价值减少 3 万元，其会计分录为：

借：其他综合收益　　　　　　　　　　　　　　　　　　　　30 000
　　贷：其他债权投资——公允价值变动　　　　　　　　　　　　　30 000

2×21 年末计提利息收益时：

借：应收利息　　　　　　　　　　　　　　　　　　　　　　40 000
　　其他债权投资——利息调整　　　　　　　　　　　　　　　　9 500
　　贷：投资收益　　　　　　　　　　　　　　　　　　　　　　49 500

收到利息时：

借：银行存款　　　　　　　　　　　　　　　　　　　　　　40 000
　　贷：应收利息　　　　　　　　　　　　　　　　　　　　　　40 000

2×21 年末摊余成本 = 95.9 + 0.95 = 96.85（万元），其金额累计低于公允价值 0.85 万元（96.85 − 96），会计准则规定其他债权投资期末应按公允价值计量，本期增值 2.15 万元，其会计分录为：

2×21 年末公允价值变动时：

借：其他债权投资——公允价值变动　　　　　　　　　　　　　21 500
　　贷：其他综合收益　　　　　　　　　　　　　　　　　　　　21 500

2×22 年初出售其他债权投资时：

借：银行存款　　　　　　　　　　　　　　　　　　　　　1 080 000
　　其他债权投资——利息调整（50 000 − 9 000 − 9 500）　　　　31 500
　　　　　　　　　——公允价值变动　　　　　　　　　　　　　　8 500
　　贷：其他债权投资——成本　　　　　　　　　　　　　　　1 000 000
　　　　投资收益　　　　　　　　　　　　　　　　　　　　　120 000

同时将持有期间的暂时公允价值变动转入投资收益：

借：投资收益　　　　　　　　　　　　　　　　　　　　　　8 500
　　贷：其他综合收益　　　　　　　　　　　　　　　　　　　　8 500

5.5　其他权益工具投资核算

5.5.1　其他权益工具投资的初始计量

企业取得指定为以公允价值计量且其变动计入其他综合收益的非交易性权益工具投资，应按该投资的公允价值与交易费用之和，借记"其他权益工具投资——成本"科目，按支付的价款中包含的已宣告但尚未发放的现金股利，借记"应收股利"科目，按实际支付的金额，贷记"银行存款"等科目。

5.5.2　其他权益工具投资的后续计量

指定为以公允价值计量且其变动计入其他综合收益的非交易性权益工具投资的会计处理，与分类为以公允价值计量且其变动计入其他综合收益的其他债权投资的会计处理有相同之处，但也有明显不同。相同之处是，公允价值的后续变动计入其他综合收益。不同的是，其他权益工具投资不需计提减值准备，该投资不认定减值损失。除了获得股利收入（投资成本部分收回的股利收入除外）计入当期损益外，其他相关的利得和损失（包括汇兑损益）均应当计入其他综合收益，且后续不得转入损益，当终止确认时，之前计入其他综合收益的累计利得或损失应当从其他综合收益中转出，计入留存收益。

资产负债表日，公允价值变动形成的利得或损失，应当计入所有者权益（其他综合收益），在该金融资产终止确认时转出，计入留存收益。其他权益工具投资的公允价值高于其账面余额的差额，借记"其他权益工具投资——公允价值变动"科目，贷记"其他综合收益——其他权益工具投资公允价值变动"科目；公允价值低于其账面余额的差额作相反的会计分录。

持有期间的现金股利，应当在被投资单位宣告发放股利时计入当期损益（投资收益等）。

5.5.3　其他权益工具投资的处置

出售指定为以公允价值计量且其变动计入其他综合收益的非交易性权益工具投资，应按实际收到的金额，借记"银行存款"等科目，按其账面余额，贷记"其他权益工具投资——成本、公允价值变动"科目，按应从其他综合收益中转出的公允价值累计变动额，借记或贷记"其他综合收益——其他权益工具投资公允价值变动"科目，该投资处置的利得或损失归入留存收益，按其差额，贷记或借记"盈余公积""利润分配——未分配利润"等科目。

【例 5-16】2×20 年 5 月 6 日，甲公司支付价款 1 016 万元（含交易费用 1 万元和已宣告发放现金股利 15 万元），购入乙公司发行的股票 200 万股，占乙公司有表决权股份的 0.5%。甲公司将其指定为以公允价值计量且其变动计入其他综合收益的非交易性权益工具投资。2×20 年 5 月 10 日，甲公司收到乙公司发放的现金股利 15 万元。2×20 年 6 月 30

日，该股票市价为每股 5.2 元。2×20 年 12 月 31 日，甲公司仍持有该股票；当日，该股票市价为每股 5 元。2×21 年 5 月 9 日，乙公司宣告发放股利 4 000 万元。2×21 年 5 月 13 日，甲公司收到乙公司发放的现金股利。2×21 年 5 月 20 日，甲公司由于某特殊原因，以每股 4.9 元的价格将股票全部转让。

假定不考虑其他因素，甲公司的账务处理如下：

2×20 年 5 月 6 日，购入股票：

借：应收股利	150 000
其他权益工具投资——成本	10 010 000
贷：银行存款	10 160 000

2×20 年 5 月 10 日，收到现金股利：

借：银行存款	150 000
贷：应收股利	150 000

2×20 年 6 月 30 日，确认股票价格变动：

借：其他权益工具投资——公允价值变动（2 000 000×5.2－10 010 000）	
	390 000
贷：其他综合收益——其他权益工具投资公允价值变动	390 000

2×20 年 12 月 31 日，确认股票价格变动：

借：其他综合收益——其他权益工具投资公允价值变动	400 000
贷：其他权益工具投资——公允价值变动	400 000

2×21 年 5 月 9 日，确认应收现金股利：

借：应收股利（40 000 000×0.5%）	200 000
贷：投资收益	200 000

2×21 年 5 月 13 日，收到现金股利：

借：银行存款	200 000
贷：应收股利	200 000

2×21 年 5 月 20 日，出售股票：

借：盈余公积——法定盈余公积	1 000
利润分配——未分配利润	9 000
贷：其他综合收益——其他权益工具投资公允价值变动	10 000
借：银行存款	9 800 000
其他权益工具投资——公允价值变动	10 000
盈余公积——法定盈余公积	20 000
利润分配——未分配利润	180 000
贷：其他权益工具投资——成本	10 010 000

5.6　金融资产的重分类

企业改变其管理金融资产的业务模式时，应当按照规定对所有受影响的相关金融资产进行重分类。金融资产（即非衍生债权资产）可以在以摊余成本计量、以公允价值计量且其变动计入其他综合收益和以公允价值计量且其变动计入当期损益之间进行重分类。

5.6.1　以摊余成本计量的金融资产的重分类

（1）企业将债权投资重分类为交易性金融资产的，应当按照该资产在重分类日的公允价值进行计量。原账面价值与公允价值之间的差额计入当期损益（公允价值变动损益）。

（2）企业将债权投资重分类为其他债权投资的，应当按照该金融资产在重分类日的公允价值进行计量。原账面价值与公允价值之间的差额计入其他综合收益。该金融资产重分类不影响其实际利率和预期信用损失的计量。

5.6.2　以公允价值计量且其变动计入其他综合收益的重分类

（1）将其他债权投资重分类为债权投资的，应当将之前计入其他综合收益的累计利得或损失转出，调整该金融资产在重分类日的公允价值，并以调整后的金额作为新的账面价值，即视同该金融资产一直以摊余成本计量。该金融资产重分类不影响其实际利率和预期信用损失的计量。

（2）将其他债权投资重分类或其他权益工具投资重分类为交易性金融资产的，应当继续以公允价值计量该金融资产。同时，企业应当将之前计入其他综合收益的累计利得或损失从其他综合收益转入当期损益。

5.6.3　以公允价值计量且其变动计入当期损益的金融资产的重分类

（1）将交易性金融资产重分类为债权投资的，应当以其在重分类日的公允价值作为新的账面余额。

（2）将交易性金融资产重分类为其他债权投资或其他权益工具投资的，应当继续以公允价值计量该金融资产。

【本章小结】

（1）本章需完成任务包括：①交易性金融资产的核算；②债权投资的核算；③其他债权投资的核算；④其他权益工具投资的核算。

（2）学习完本章学生应掌握：①金融工具的概念；②金融资产的分类；③各种金融资产的会计处理；④金融资产的重分类。

（3）完成本章若干学习任务应深刻理解：①金融资产分类；②金融资产的核算原理；③公允价值的运用方法；④摊余成本的确定方法。

（4）完成学习任务应学会运用：①交易性金融资产的核算；②债权投资的核算；③其他债权投资的核算；④其他权益工具投资的核算。

第 **6** 章

长期股权投资核算

【学习目标】

通过本章学习，了解长期股权投资含义及核算内容；掌握长期股权投资不同取得方式的初始计量方法；长期股权投资成本法范围及其投资收益的确认；掌握长期股权投资成本法核算；深刻理解长期股权投资权益法的含义、范围、相关权益的确认及长期股权投资超额亏损的会计处理；掌握长期股权投资权益法核算。

【能力目标】

能够正确运用成本法、权益法核算长期股权投资核算。

【任务提示】

企业发生投资业务越来越频繁，如股票投资、基金投资等，往往是会计人员面对的一个现实问题。下述是长期股权投资交易业务过程中涉及的一系列的原始凭证，如成交过户交割单。企业发生的这些投资业务在会计上如何确认和计量，就是本章要解决的主要问题。

6-1

成交过户交割凭单 （买）

2019 年 12 月 10 日

股票编号:BF168952（股）	成交证券:江中药业
电脑编号:354821	成交数量:6 000
公司代号:029	成交价格:10.00
申请编号:058	成交金额:60 000.00
申报时间:10:24:28	标准佣金:375.00
成交时间:10:24:38	过户费用:6.00
上次余额:0（股）	印花税 :60.00
本次成交 6 000（股）	应付金额:60 441.00
本次余额 6 000（股）	最总余额:9 634.00
附加费用:0.00	实付金额:60 441.00
经办单位:	客户盖章:张有才

第一联 客户联

6－2

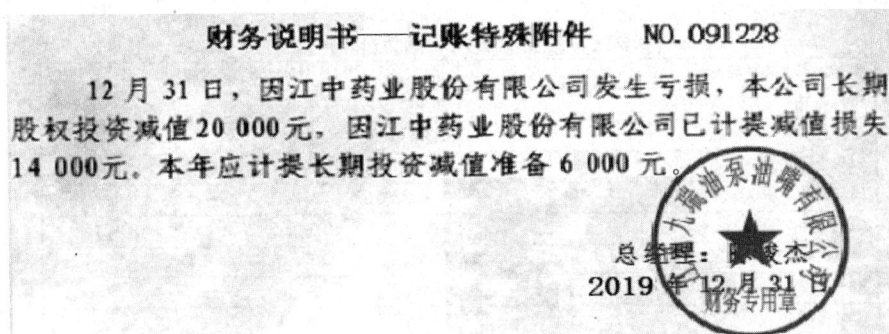

财务说明书——记账特殊附件　NO.091228

12月31日，因江中药业股份有限公司发生亏损，本公司长期股权投资减值20 000元，因江中药业股份有限公司已计提减值损失14 000元，本年应计提长期投资减值准备6 000元。

总经理：陈俊杰

2019 年 12 月 31 日

6－3－1/2

财务说明书——记账特殊附件　NO.091192

总经办会议决议

根据2019年12月12日，江西九瑞油泵油嘴有限公司召开的第六届三次股东大会决议，会议由法人代表陈俊杰主持，会议应到7人，实到7人。会议召开符合有关法律及公司章程规定。纪检及其他高层列席了会议。会议审议并通过了《购买火炬科技公司的决定》。

该议案7票赞成，0票反对，0票弃权。

会议决定：

1. 授权副总经理组织投资部、财务部于近期通过证券公司市场购买火炬科技公司25%的股权。

2. 购入火炬科技公司股票作为长期股权投资持有。

总经理：陈俊杰

2019 年 12 月 12 日

江西九瑞油泵油嘴有限公司

6 – 3 – 2/2

国泰君安营业部买入交割凭证

股东代码：503140	成交日期：2019-12-28
资金账号：200501311	股东姓名：九瑞公司
证券名称：火炬科技	合同号码：
成交号码：0013254	成交时间：13：51
成交股数：50 000	本次金额：
成交价格：30.00	成交金额：1 500 000.00
手续费：9 375.00	印花税：1 500.00
过户费：1 425.00	其他收费：
实付金额：	结算金额：1 512 300.00
本次余额：	

成交价中包含已宣告尚未分派的现金股利 0.1 元/股（税后）

备注：

经办单位　　　　　　　　　　　　　　客户签章

6 – 4 – 1/3

ICBC 中国工商银行　　　业务回单（付款）

日期：2019 年 12 月 29 日
回单编号：173550000235
付款人户名：江西九瑞油泵油嘴有限公司　　　付款人开户行：工行九江莲花支行
付款人账号（卡号）：34520294168
收款人户名：江西成泰实业有限公司　　　　收款人开户行：工行九江莲花支行
收款人账号（卡号）：26359542121
金额：壹佰捌拾万元整　　　　　　　　　　　小写：1 800 000.00 元
业务（产品）种类：结算业务凭证　　凭证种类：000000000　　凭证号码：00000000000000
摘要：投资　　　　　　　　　　　用途：　　　　　　币种：人民币
交易机构：0150602160　记账柜员：00011　交易代码：52031　　渠道：其他
产品名称：
费用名称：
应付金额：1 800 000.00　实付金额：1 800 000.00　收费渠道：

本回单为第一次打印，注意重复　　打印日期：2019 年 12 月 30 日　　打印柜员：0　验证码：A981CCDB9124

6 - 4 - 2/3

股权转让协议

转让方（甲方）：江西成泰实业有限公司

受让方（乙方）：江西九瑞油泵油嘴有限公司

为了更好地实现产业化发展，甲乙双方经过友好协商，就有关股权转让等相关事宜，达成如下协议，以资信守：

1. 乙方通过支付存款收购甲方30%的股权，该股份取得后能够对甲方施加重大影响。

2. 取得投资时江西成泰实业有限公司可辨认净资产的公允价值为人民币陆佰陆拾陆万伍仟元整（￥6 665 000.00）。

3. 本协议自双方签字之日起生效。

转让方：江西成泰实业有限公司　　　　　受让方：江西九瑞油泵油嘴有限公司
法定代表人：李青松　　　　　　　　　　法定代表人：陈俊杰
日期：2019年12月29日　　　　　　　　　日期：2019年12月29日

6 - 4 - 3/3

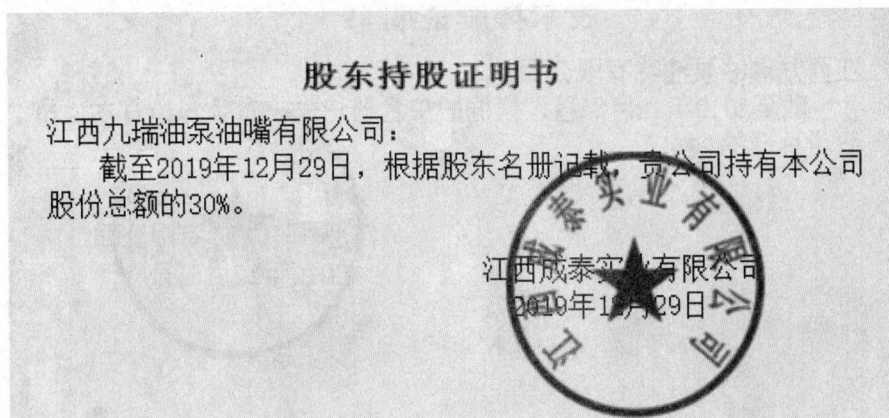

股东持股证明书

江西九瑞油泵油嘴有限公司：

截至2019年12月29日，根据股东名册记载，贵公司持有本公司股份总额的30%。

江西成泰实业有限公司
2019年12月29日

股权转让协议

转让方（甲方）：江西华阳实业有限公司

受让方（乙方）：江西九瑞油泵油嘴有限公司

　　为了更好地实现产业化发展，甲乙双方经过友好协商，就有关股权转让等相关事宜，达成如下协议，以资信守：

　　1. 乙方通过支付存款收购甲方20%的股权，该股份取得后乙方未派出人员参与甲方的财务和生产经营决策，不能够对甲方施加重大影响。

　　2. 取得投资时乙方实际支付的价款中包含甲方已宣告但尚未发放的现金股利人民币伍万贰仟伍佰元整（￥52 500.00）。

　　3. 本协议自双方签字之日起生效。

转让方：江西华阳实业有限公司　　　　受让方：江西九瑞油泵油嘴有限公司

法定代表人：陈四海　　　　　　　　　法定代表人：陈俊杰

日期：2019年12月31日　　　　　　　日期：2019年12月31日

股东持股证明书

江西九瑞油泵油嘴有限公司：

　　截至2019年12月31日，根据股东名册记载，贵公司持有本公司股份总额的20%。

江西华阳实业有限公司

2019年12月31日

6 - 5 - 3/3

```
ICBC 中国工商银行                           业务回单（付款）

日期：  2019 年 12 月 31 日
回单编号：173550000235
付款人户名：江西九瑞油泵油嘴有限公司           付款人开户行：工行九江莲花支行
付款人账号（卡号）：34520294168
收款人户名：江西华阳实业有限公司               收款人开户行：工行九江庐山支行
收款人账号（卡号）：26359547878
金额：壹佰零伍万贰仟伍佰元整                    小写：1 052 500.00 元
业务（产品）种类：结算业务凭证   凭证种类：000000000   凭证号码：00000000000000
摘要：投资                    用途：             币种：人民币
交易机构：0150602160   记账柜员：00011 交易代码：52031   渠道：其他
产品名称：
费用名称：
应付金额：1 052 500.00   实付金额：1 052 500.00     收费渠道：

本回单为第一次打印，注意重复    打印日期：2019 年 12 月 31 日   打印柜员：0  验证码：A981CCDB9124
```

6.1　长期股权投资概述

6.1.1　长期股权投资的内容

长期股权投资是企业准备长期持有的权益性投资。下列权益性投资属于长期股权投资。

1. 具有控制的权益性投资

投资企业能够对被投资单位实施控制的权益性投资，即对子公司投资。控制是指有权决定一个企业的财务和经营政策，并能据以从该企业的经营活动中获取利益。它包括以下情形：

（1）投资企业直接拥有被投资单位 50% 以上的表决权资本。通常包括以下三种情况：①投资企业直接拥有被投资单位半数以上的表决权。如 B 公司直接拥有 S 公司 70% 的表决权。②投资企业间接拥有被投资单位半数以上表决权。如 A 公司拥有 S1 公司 90% 的表决权，S1 公司拥有 S3 公司 60% 的表决权，则 A 公司拥有 S3 公司 60% 的表决权。③投资企业直接和间接方式合计拥有被投资单位半数以上的表决权。如 C 公司拥有 D 公司 90% 的表决权，拥有 F 公司 30% 的表决权，D 公司拥有 F 公司 45% 的表决权，则 C 公司拥有 F 公司 75% 的表决权。

（2）投资企业未拥有被投资单位 50% 以上的表决权资本，但具有实质控制权。它包括以下情形：①通过与其他投资者的协议，投资企业拥有被投资单位 50% 以上表决权资本的控制权。例如，A 公司拥有 B 公司 35% 的表决权资本，C 公司拥有 B 公司 25% 的表决权资本。A 公司与 C 公司达成协议，C 公司在 B 公司的权益由 A 公司管理。A 公司实质上拥有 B 公司 60% 表决权资本的控制权，表明 A 公司实质上控制 B 公司。②根据章程或协议，投资企业有权控制被投资单位的财务和经营政策。③有权任免被投资单位董事会等类似权力机构的多数成员。④在被投资单位董事会或类似权力机构会议上有半数以上投票权。

2. 具有共同控制的权益性投资

投资企业与其他合营方对被投资单位实施共同控制的权益性投资——对合营企业投资。

3. 具有重大影响的权益性投资

投资企业对被投资单位具有重大影响的权益性投资，即对联营企业投资。重大影响，是指对一个企业的财务和经营有参与决策的权利，但并不能够控制或者与其他方一起共同控制这些政策的制定。投资企业直接或通过子公司间接拥有被投资单位 20% 以上但低于 50% 的表决权股份时，一般认为对被投资单位具有重大影响。

投资企业拥有被投资单位有表决权股份的比例低于 20% 的，一般认为对被投资单位不具有重大影响，但符合下列情况之一的，应认为对被投资单位具有重大影响：①在被投资单位的董事会或类似权力机构中派有代表。②参与被投资单位的政策制定过程，包括股利分配政策等的制定。③与被投资单位之间发生重要交易。④向被投资单位派出管理人员。⑤向被投资单位提供关键技术资料。

6.1.2　长期股权投资的取得方式

长期股权投资可以通过企业合并方式取得，也可以通过支付现金、发行权益性证券、投资者投入、通过非货币性资产交换、通过债务重组等非企业合并方式取得。

6.2　长期股权投资初始计量

长期股权投资初始计量原则：长期股权投资在取得时，应按初始投资成本入账。长期股权投资的初始投资成本，应分别企业合并和非企业合并两种情况确定。

6.2.1　企业合并形成的长期股权投资的初始计量

合并，是指将两个或者两个以上单独的企业合并形成一个报告主体的交易或事项。从形式上看，企业合并又可分吸收合并、新设合并和控股合并。控股合并形成投资关系，由于吸收合并中被合并方或被购买方解散，新设合并中合并各方均解散，被投资主体不复存在。因此吸收合并和新设合并不形成投资关系。只有控股合并才会形成长期股权投资。企业合并形成的长期股权投资，应区分同一控制下的企业合并与非同一控制下的企业合并分别确定其初始投资成本。

1. 同一控制下控股合并形成的长期股权投资

（1）长期股权投资的初始投资成本的确定。合并方以支付现金、转让非现金资产或承担债务方式作为合并对价的，应当在合并日按照所取得的被合并方在最终控制方合并财务报表中的净资产的账面价值的份额作为长期股权投资的初始投资成本。

（2）初始投资成本与支付合并对价差额的处理。长期股权投资的初始投资成本与支付的现金、转让的非现金资产及所承担债务账面价值之间的差额，应当调整资本公积（资本溢价或股本溢价）；资本公积（资本溢价或股本溢价）的余额不足冲减的，依次冲减盈余公积和未分配利润。合并方以发行权益性工具作为合并对价的，应按发行股份的面值总额作为股本，长期股权投资的初始投资成本与所发行股份面值总额之间的差额，应当调整资本公积（资本溢价或股本溢价）；资本公积（资本溢价或股本溢价）不足冲减的，依次冲减盈余公积和未分配利润。

（3）合并方发生的中介费用、交易费用的处理。购买方为进行企业合并发生的各项直接相关费用，如为进行企业合并发生审计费用、评估费用、法律服务费用等，应当计入当期损益。为企业合并发行的债券或承担其他债务支付的手续费、佣金等，应当计入发行的债券或承担其他债务的初始计量金额。与发行权益性工具作为合并对价直接相关的交易费用，应当冲减资本公积（资本溢价或股本溢价），资本公积（资本溢价或股本溢价）不足冲减的，依次冲减盈余公积和未分配利润。

【例 6-1】甲公司和乙公司同为 A 集团的子公司，2×20 年 1 月 1 日，甲公司以银行存款取得乙公司所有者权益的 80%，同日乙公司所有者权益的账面价值为 2 500 万元。若合并日甲公司有资本公积 350 万元，盈余公积 180 万元，未分配利润 70 万元。

① 若甲公司支付银行存款 1 400 万元：

借：长期股权投资　　　　　　　　　　　　　　　　　　　　20 000 000
　　贷：银行存款　　　　　　　　　　　　　　　　　　　　　　14 000 000
　　　　资本公积——资本溢价　　　　　　　　　　　　　　　　　6 000 000

② 若甲公司支付银行存款 2 600 万元：

借：长期股权投资　　　　　　　　　　　　　　　　　　　　20 000 000
　　资本公积——资本溢价　　　　　　　　　　　　　　　　　3 500 000
　　盈余公积　　　　　　　　　　　　　　　　　　　　　　1 800 000
　　未分配利润　　　　　　　　　　　　　　　　　　　　　　700 000
　　贷：银行存款　　　　　　　　　　　　　　　　　　　　　　26 000 000

注：资本公积不足冲减，冲减留存收益。

2. 非同一控制下形成控股合并的长期股权投资

（1）企业合并成本。购买方应当按照确定的企业合并成本作为长期股权投资的初始投资成本。企业合并成本包括购买方付出的资产、发生或承担的负债、发行的权益性证券的公允价值以及为进行企业合并发生的各项直接相关费用之和。

购买方应当区别下列情况确定合并成本，并将其作为长期股权投资的初始投资成本：

① 通过一次交换交易实现的企业合并，合并成本为购买方在购买日为取得对被购买方的控制权而付出的资产、发生或承担的负债以及发行的权益性证券的公允价值。

② 通过多次交换交易分步实现的企业合并，合并成本为每一单项交易成本之和。

③ 购买方为进行企业合并所发生的各项直接相关费用也应当计入企业合并成本。该直接相关费用不包括为企业合并发行的债券或承担其他债务支付的手续费、佣金等，也不包括企业合并中发行权益性证券发生的手续费、佣金等费用。

④ 在合并合同或协议中对可能影响企业合并成本的未来事项作出约定的，购买日如果估计未来事项很可能发生并且对合并成本的影响金额能够可靠计量的，购买方应当将其计入合并成本。

（2）付出资产公允价值与账面价值的差额的处理。购买方作为合并对价付出非货币性资产的公允价值与其账面价值的差额应作为资产处置损益，计入企业合并当期的利润表。

① 付出资产是固定资产、无形资产的，其公允价值与其账面价值的差额计入资产处置损益；

② 付出资产是金融资产的，差额计入投资收益；

③ 付出资产是投资性房地产的，公允价值应确认其他业务收入，同时按账面价值结转其他业务成本；

④ 发行普通股票换取股权的，公允价值与股票面值的差额计入资本公积。

（3）企业合并成本与合并中取得的被购买方可辨认净资产公允价值份额差额的处理。

① 企业合并成本大于合并中取得的被购买方可辨认净资产公允价值份额的差额应确认为商誉。控股合并的情况下，该差额是指在合并财务报表中应予列示的商誉。

② 企业合并成本小于合并中取得的被购买方可辨认净资产公允价值份额的部分，应计入合并当期损益（营业外收入）。在控股合并的情况下，上述差额应体现在合并当期的合并利润表中，不影响购买方的个别利润表。

【例6－2】甲公司2×20年3月1日与乙公司原投资者A公司签订协议，甲公司和乙公司不属于同一控制下的公司。甲公司以设备换取A持有的乙公司股权，2×20年6月1日购买日乙公司可辨认净资产公允价值为900万元，甲公司取得70%的份额。甲公司投出固定资产的账面成本600万元，累计折旧200万元，公允价值为500万元，增值税销项税额65万元，以银行存款支付设备运费3万元，增值税额0.27元，转账支付评估费0.92万元。

甲公司会计处理如下：

购买日合并成本 = 500 + 65 + 3.27 = 568.27（万元）

借：累计折旧	2 000 000	
固定资产清理	4 000 000	
贷：固定资产		6 000 000
借：长期股权投资——乙公司	5 682 700	
贷：银行存款		32 700
固定资产清理		4 000 000
应交税费——应交增值税（销项税额）		650 000
资产处理损益		1 000 000
借：管理费用	9 200	
贷：银行存款		9 200

6.2.2　非合并方式取得长期股权投资

除企业合并形成的长期股权投资以外，其他方式取得的长期股权投资，应当按照下列规定确定其初始投资成本。

1. 以支付现金取得的长期股权投资

以支付现金取得的长期股权投资，应当按照实际支付的购买价款作为长期股权投资初始投资成本。初始投资成本包括与取得长期股权投资直接相关的费用、税金及其他必要支出。

企业取得长期股权投资，实际支付的价款或对价中包含的已宣告但尚未发放现金股利或利润，应作为应收项目处理。

【例 6 - 3】甲公司于 2 × 20 年 10 月 10 日，自公开市场中买入乙公司 50% 的股份，对被投资单位实施共同控制，实际支付价款 600 万元，其中包含的已宣告但尚未发放的现金股利 12 万元。另外，在购买过程中支付手续费等相关费用 15 万元。

甲公司应当按照实际支付的购买价款作为取得长期股权投资的成本，其账务处理为：

借：长期股权投资　　　　　　　　　　　　　　　　　　　6 030 000
　　应收股利　　　　　　　　　　　　　　　　　　　　　　120 000
　　　贷：银行存款　　　　　　　　　　　　　　　　　　　　　6 150 000

2. 以发行权益性证券取得的长期股权投资

以发行权益性证券方式取得的长期股权投资，其成本为所发行权益性证券的公允价值。为发行权益性证券支付的手续费、佣金等与权益性证券发行直接相关的费用，不构成取得长期股权投资的成本。应自权益性证券的溢价发行收入中扣除，溢价收入不足的，应冲减盈余公积和未分配利润。

【例 6 - 4】2 × 20 年 8 月，A 公司通过协议增发 908 万股（每股面值 1 元）自身的股份作为对价，取得对 B 公司 20% 的股权，A 公司能够对 B 公司的生产经营决策按照增发前后的平均股价计算，该 908 万股份的公允价值为 1 002 万元。为增发该部分股份，A 公司支付了 42 万元的佣金和手续费。

本例 A 公司应以所发行股份公允价值作为取得长期股权投资的成本。

借：长期股权投资　　　　　　　　　　　　　　　　　　 10 020 000
　　　贷：股本　　　　　　　　　　　　　　　　　　　　　　9 080 000
　　　　　资本公积——股本溢价　　　　　　　　　　　　　　　940 000
借：资本公积——股本溢价　　　　　　　　　　　　　　　　420 000
　　　贷：银行存款　　　　　　　　　　　　　　　　　　　　　420 000

3. 投资者投入的长期股权投资

投资者投入的长期股权投资，是指投资者以其持有的对第三方的投资作为出资投入企业形成的，投资者投入的长期股权投资，应当按照投资合同或协议约定的价值作为初始投资成本，但合同或协议约定价值不公允的除外。如果投资各方在投资合同或协议中约定的价值明显高于或低于该项投资公允价值的，应以公允价值作为长期股权投资的初始投资成本。

【例 6 - 5】2 × 20 年 3 月 1 日，甲公司接受乙公司投资，乙公司将持有的对丙公司的长期股权投资投入到甲公司。乙公司持有的对丙公司的长期股权投资的账面余额为 800 万元，未计提减值准备。甲公司和乙公司投资合同约定的价值为 846 万元，甲公司的注册资本为 1 000 万元，乙公司投资持股比例为 50%。甲公司的会计处理如下：

借：长期股权投资——丙公司　　　　　　　　　　　　　 8 460 000
　　　贷：实收资本——乙公司（1 000 × 50%）　　　　　　　5 000 000
　　　　　资本公积——资本溢价　　　　　　　　　　　　　 3 460 000

6.3　长期股权投资后续计量

6.3.1　长期股权投资成本法核算

1. 长期股权投资成本法适用范围

成本法是指投资按成本计价的方法。投资企业能够对被投资单位实施控制的权益性投资，即对子公司投资。（1）定量：持股比例 >50％；（2）定性：实质上控制。

在成本法下，长期股权投资应当按照初始投资成本计量。追加或收回投资应当调整长期股权投资的成本。

2. 长期股权投资成本法核算

（1）成本法核算会计处理流程。

① 取得长期股权投资时会计处理流程如图 6 - 1 所示。

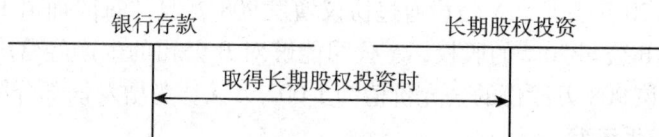

图 6 - 1　成本法取得长期股权投资时的会计处理流程

② 持有投资期间被投资单位宣告与发放股利时会计处理流程如图 6 - 2 所示。

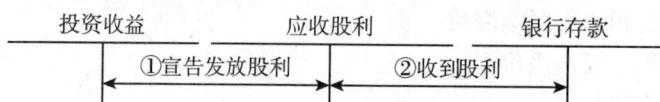

图 6 - 2　成本法持有投资期间的会计处理流程

③ 处置长期股权投资时会计处理流程如图 6 - 3 所示。

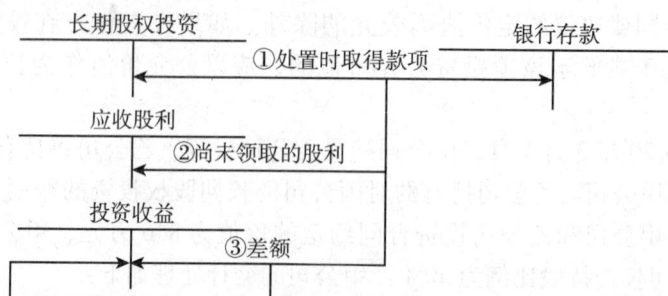

图 6 - 3　成本法处置长期股权投资时的会计处理流程

（2）投资收益的确认。在成本法下，持有期间被投资单位宣告分派的现金股利或利润，应一律确认为当期投资收益，账务处理是，借记"应收股利"科目，贷记"投资收益"科目。

【例 6 - 6】有关甲公司投资于 C 公司的情况如下：

2×20 年 3 月 12 日甲公司转账支付购买 C 公司 55% 的普通股股票 2 000 万股，准备长期持有。买价 8.6 元/股，另外支付相关税费 22.5 万元，2×20 年 2 月 27 日 C 公司已经宣告现金股利 0.4 元/股。C 公司 3 月 18 日支付现金股利。2×20 年度 C 公司实现净利润 5 400 万元，2×21 年 3 月 10 日 C 公司宣告现金股利 0.5 元/股，同时宣告股票股利每 10 股送 2 股，资本公积转增股本每 10 股送 3 股，4 月 8 日 C 公司支付现金股利。2×21 年 12 月 31 日 C 公司违法经营导致公司股票价格大幅下跌，市价为 3.4 元/股。2×22 年 2 月 25 日甲公司出售全部 C 公司股票，售价 3.8 元/股，相关税费 8.5 万元。要求对甲公司做出账务处理。

初始投资成本 = 2 000 × (8.6 - 0.4) + 22.5 = 16 422.5（万元）

（1）2×20 年 3 月 12 日投资时：

借：长期股权投资——C 公司　　　　　　　　　　　　164 225 000
　　应收股利　　　　　　　　　　　　　　　　　　　　8 000 000
　　　贷：银行存款　　　　　　　　　　　　　　　　　　　　172 225 000

（2）2×20 年 3 月 18 日：

借：银行存款　　　　　　　　　　　　　　　　　　　　8 000 000
　　　贷：应收股利　　　　　　　　　　　　　　　　　　　　8 000 000

（3）2×21 年 3 月 10 日：

借：应收股利　　　　　　　　　　　　　　　　　　　10 000 000
　　　贷：投资收益　　　　　　　　　　　　　　　　　　　　10 000 000

甲公司备查账簿登记：由于收到 C 公司股票股利及资本公积转增股本，股票数量增加到 3 000 万股，投资成本为 5.47 元/股（16 422.5/3 000）。

（4）2×21 年 4 月 8 日：

借：银行存款　　　　　　　　　　　　　　　　　　　10 000 000
　　　贷：应收股利　　　　　　　　　　　　　　　　　　　　10 000 000

（5）2×21 年末需计提减值准备 = 16 422.5 - 3 000 × 3.4 = 6 222.5（万元）。

借：资产减值损失　　　　　　　　　　　　　　　　　62 225 000
　　　贷：长期股权投资减值准备　　　　　　　　　　　　　　62 225 000

（6）2×22 年 2 月 25 日：

净收入 = 3 000 × 3.8 - 8.5 = 11 391.5（万元）

借：银行存款　　　　　　　　　　　　　　　　　　　113 915 000
　　长期股权投资减值准备　　　　　　　　　　　　　62 225 000
　　　贷：长期股权投资——C 公司　　　　　　　　　　　　164 225 000
　　　　　投资收益　　　　　　　　　　　　　　　　　　　　11 915 000

6.3.2　长期股权投资权益法核算

1. 长期股权投资权益法适用范围

权益法是指投资以初始投资成本计量后，在投资持有期间根据投资企业享有被投资单位所有者权益份额变动对投资的账面价值进行调整的方法。

适用范围：

（1）投资企业对被投资单位具有共同控制即对合营企业投资（持股比例＝50%）；

（2）重大影响的长期股权投资即对联营企业投资（20%≤持股比例＜50%）。

2. 长期股权投资权益法核算

（1）权益法核算会计处理流程。

① 取得长期股权投资时会计处理流程如图6-4所示。

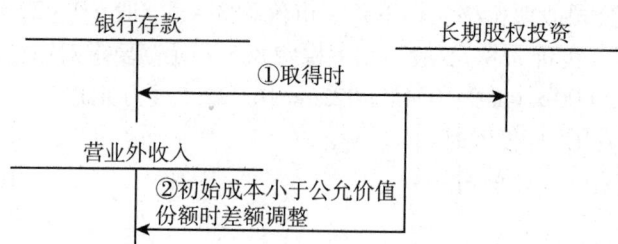

图6-4　权益法取得长期股权投资时的会计处理流程

② 被投资单位实现净损益时会计处理流程如图6-5所示。

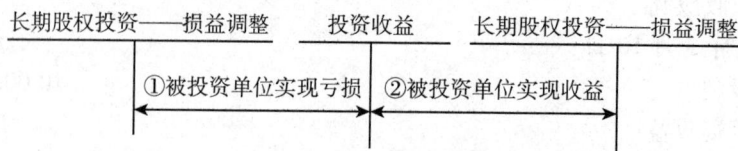

图6-5　权益法被投资单位实现净损益时的会计处理流程

③ 被投资单位宣告分配现金股利时会计处理流程如图6-6所示。

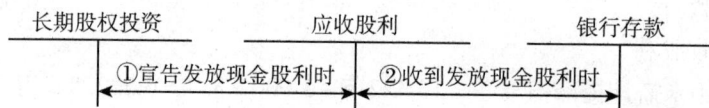

图6-6　权益法宣告分配现金股利的会计处理流程

④ 处置长期股权投资时会计处理流程如图6-7所示。

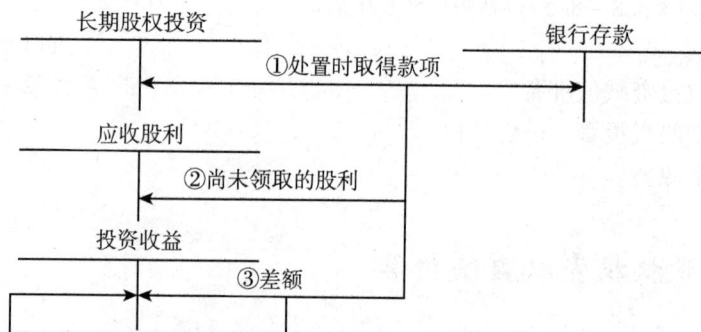

图6-7　权益法处置长期股权投资的会计处理流程

（2）确定初始投资成本及调整初始投资成本。

① 参照非企业合并形成的长期股权投资核算确定初始投资成本。

② 调整初始投资成本。

长期股权投资的初始投资成本大于投资时应享有被投资单位可辨认净资产公允价值份额的，不调整长期股权投资的初始投资成本。

长期股权投资的初始投资成本小于投资时应享有被投资单位可辨认净资产公允价值份额的，其差额应当计入当期损益，计入营业外收入（视同捐赠），同时调整长期股权投资的成本。即借记"长期股权投资——××公司（投资成本）"科目，贷记"营业外收入"科目。

【例6-7】 2×20 年 9 月 3 日 A 公司以转账支票支付 1 710 万元取得 B 公司 30% 的股权，取得投资时被投资单位可辨认净资产的公允价值为 5 600 万元。假设 A 公司能够对 B 公司施加重大影响，则 A 公司的会计处理为：

借：长期股权投资——B 公司（投资成本）   17 100 000
　　贷：银行存款   17 100 000

注：取得的份额为 1 680 万元（5 600×30%），支付的代价为 1 710 万元，多付的 300 万元为商誉，仍保留在长期股权投资的余额中。

假设投资时 B 公司可辨认净资产的公允价值为 6 300 万元，则 A 公司应进行的处理为：

借：长期股权投资——B 公司（投资成本）   17 100 000
　　贷：银行存款   17 100 000
借：长期股权投资——B 公司（投资成本）   1 800 000
　　贷：营业外收入   1 800 000

注：取得的份额为 1 890 万元（6 300×30%），支付的代价为 1 710 万元，少付的 180 万元视同接受捐赠，计入营业外收入。

（3）确认权益核算。

① 一般情况下，投资企业取得长期股权投资后，应当按照应享有或应分担的被投资单位实现的净损益的份额，确认投资损益并调整长期股权投资的账面价值。借记"长期股权投资——××公司（损益调整）"科目，贷记"投资收益"科目。

② 被投资单位宣告发放现金股利或利润时，投资单位按分享的份额，借记"应收股利"科目，贷记"长期股权投资——××公司（损益调整）"科目。

③ 投资企业在确认应享有被投资单位净损益的份额时，应当以取得投资时被投资单位各项可辨认资产等的公允价值为基础，对被投资单位的净损益进行调整后确认。

【例6-8】 M 企业于 2×20 年 1 月 1 日取得 F 联营企业 30% 的股权，取得投资时 F 的固定资产公允价值为 800 万元，账面原值为 560 万元，固定资产的预计使用年限为 10 年，净残值为零，按照直线法计提折旧。被投资单位 2×20 年度利润表净利润为 300 万元。

F 单位当期利润表中已按其账面原值计算扣除的固定资产折旧费用为 56 万元，按照取得投资时点上固定资产的公允价值计算确定的折旧费用为 80 万元，假定不考虑所得税影响，按该固定资产的公允价值计算的净利润为 276 万元（300-24），投资企业按照持股比例计算确认的当期投资收益为 82.8 万元（276×30%）。

借：长期股权投资——F 企业（损益调整）   828 000
　　贷：投资收益   828 000

在进行有关调整时，应当考虑重要性项目。如果无法可靠确定投资时被投资单位各项可辨认资产等的公允价值，或者投资时被投资单位可辨认资产等的公允价值与其账面价值之间的差额较小，以及其他原因导致无法对被投资单位净损益进行调整，可以按照被投资单位的账面净损益与持股比例计算确认投资收益，但应在附注中说明这一事实及其原因。

④ 被投资单位采用的会计政策及会计期间与投资企业不一致的，应当按照投资企业的会计政策及会计期间对被投资单位的财务报表进行调整，并据以确认投资损益。

⑤ 被投资企业存在其他权益工具投资、其他债权投资价值的暂时性波动，投资企业应确认其他综合收益，同时调整长期股权投资。

投资企业的账务处理是：借记"长期股权投资——××公司（其他综合收益）"科目，贷记"其他综合收益"。

【例6-9】P公司对C公司的投资占其有表决权资本的比例为25%，C公司2×20年12月31日其他权益工具投资的公允价值大于其账面价值的差额为300万元。不考虑所得税。

借：长期股权投资——C公司（其他综合收益）   750 000
　　贷：其他综合收益   750 000

⑥ 被投资单位除净损益、其他综合收益以及利润分配以外的所有者权益的其他变动。被投资单位除净损益、其他综合收益以及利润分配以外的所有者权益的其他变动的因素，主要包括被投资单位接受其他股东的资本性投入、被投资单位发行可分离交易的可转债中包含的权益成分、以权益结算的股份支付、其他股东对被投资单位增资导致投资方持股比例变化等。投资方应按所持股权比例计算应享有的份额，调整长期股权投资的账面价值，同时计入资本公积（其他资本公积），并在备查簿中予以登记。投资方在后续处置股权投资但对剩余股权仍采用权益法核算时，应按处置比例将这部分资本公积转入当期投资收益；对剩余股权终止权益法核算时，将这部分资本公积全部转入当期投资收益。

（4）超额亏损的处理。投资企业确认被投资单位发生的净亏损，应当以长期股权投资的账面价值以及其他实质上构成对被投资单位净投资的长期权益减记至零为限，投资企业负有承担额外损失义务的除外。其他实质上构成对被投资单位净投资的长期权益，通常是指长期应收项目。比如，企业对被投资单位的长期债权，该债权没有明确的清收计划，且在可预见的未来期间不准备收回的，实质上构成对被投资单位的净投资。

在确认应分担被投资单位发生的亏损时，应当按照以下顺序进行处理：

① 冲减长期股权投资的账面价值。

② 长期股权投资的账面价值不足以冲减的，应当以其他实质上构成对被投资单位净投资的长期权益账面价值为限继续确认投资损失，冲减长期应收项目等的账面价值。

③ 经过上述处理，按照投资合同或协议约定企业仍承担额外义务的，应按预计承担的义务确认预计负债，计入当期投资损失。

除上述顺序已确认的损失以外仍有额外损失的，应在账外作备查登记，不再予以确认。

被投资单位以后期间实现盈利的，企业扣除未确认的亏损分担额后，应按与上述相反的顺序处理，减记已确认预计负债的账面余额、恢复其他实质上构成对被投资单位净投资的长期权益及长期股权投资的账面价值，同时确认投资收益。即按顺序分别借记"预计负债""长期应收款"等科目，贷记"投资收益"科目。

【例6-10】甲企业持有M公司40%的股权，2×20年12月31日"长期股权投资——

M 公司（成本）"的账面借方余额为 3 000 万元，"长期股权投资——M 公司（损益调整）"贷方余额为 2 760 万元。2×21 年度 M 公司亏损 1 000 万元，甲企业持有 M 公司 350 万元的应收长期债权。2×22 年度 M 公司亏损 600 万元。2×23 年度 M 公司实现利润 1 050 万元。

甲企业会计处理：

① 确认 2×21 年度应分担 M 公司的亏损额。

借：投资收益（10 000 000 × 40%）　　　　　　　　　　　　　　4 000 000

　　贷：长期股权投资——M 公司（损益调整）（30 000 000 – 27 600 000）

　　　　　　　　　　　　　　　　　　　　　　　　　　　　　　2 400 000

　　　　长期应收款　　　　　　　　　　　　　　　　　　　　1 600 000

甲企业应分担的亏损额 400 万元（1 000 × 40%）> 长期股权投资账面价值 240 万元（3 000 – 2 760），甲企业应以长期股权投资的账面价值减记至零为限，剩余应分担的亏损额 160 万元，应冲减实质上构成对被投资单位净投资的长期应收款。

② 确认 2×22 年度应分担 M 公司的亏损额。

借：投资收益　　　　　　　　　　　　　　　　　　　　　　　1 900 000

　　贷：长期应收款　　　　　　　　　　　　　　　　　　　　1 900 000

甲企业应分担的亏损额 240 万元（600 × 40%）> 尚未冲减的长期应收款 190 万元（350 – 160），应以长期应收款账面余额为限确认投资损失。剩余应分担的亏损额 50 万元应在备查登记簿上记录。

③ 确认 2×23 年度应分享 M 公司的净利润。

第一，分享 M 公司的净利润 = 1 050 × 40% = 420（万元）；

第二，抵销应分担尚未弥补亏损额 50 万元后恢复长期应收款 350 万元（160 + 190）；

第三，应分享 M 公司的净利润完全恢复长期应收款后的剩余部分 20 万元（420 – 50 – 350）继续恢复长期股权投资。

借：长期应收款　　　　　　　　　　　　　　　　　　　　　　3 500 000

　　贷：投资收益　　　　　　　　　　　　　　　　　　　　　3 500 000

同时，

借：长期股权投资——H 公司（损益调整）　　　　　　　　　　　200 000

　　贷：投资收益　　　　　　　　　　　　　　　　　　　　　　200 000

6.3.3　长期股权投资减值及处置核算

1. 长期股权投资减值准备的核算

按照《企业会计准则第 8 号——资产减值》的规定，资产负债表日，企业根据资产减值或金融工具确认和计量准则确定长期股权投资发生减值的，按应减记的金额，借记"资产减值损失"科目，贷记"长期股权投资减值准备"科目。资产减值损失一经确认，在以后会计期间不得转回。处置长期股权投资时，应同时结转已计提的长期股权投资减值准备。

【例 6 – 11】2×20 年 C 公司发生巨额亏损，2×20 年末甲公司对 C 公司的投资按当时市场收益率对未来现金流量折现确定的现值为 740 万元，长期投资的账面价值为 830 万元，甲公司需计提 90 万元减值准备。

甲公司会计处理：

借：资产减值损失　　　　　　　　　　　　　　　　　　　900 000

　　贷：长期股权投资减值准备　　　　　　　　　　　　　　　　900 000

2. 长期股权投资处置的核算

我国《企业会计准则第 2 号——长期股权投资》规定：处置长期股权投资，其账面价值与实际取得价款的差额，应当计入当期损益。采用权益法核算的长期股权投资，因被投资单位除净损益以外所有者权益的其他变动而计入所有者权益的，处置该项投资时应当将原计入所有者权益的部分按相应比例转入当期损益。

出售长期股权投资时，应按实际收到的金额，借记"银行存款"等科目，原已计提减值准备的，借记"长期股权投资减值准备"科目，按其账面余额，贷记"长期股权投资"科目，按尚未领取的现金股利或利润，贷记"应收股利"科目，按其差额，贷记或借记"投资收益"科目。

出售采用权益法核算的长期股权投资时，还应按处置长期股权投资的投资成本比例结转原记入"其他综合收益"科目的金额，借记或贷记"其他综合收益"科目，贷记或借记"投资收益"科目。

【例 6 - 12】2 × 20 年 5 月 20 日甲公司经协商，将持有的 P 公司的全部股权转让给丁企业，收到股权转让款 906 万元。长期股权投资账户余额 842 万元，已计提减值准备 67 万元，该投资对应的其他综合收益账户贷方余额 5 万元。

借：银行存款　　　　　　　　　　　　　　　　　　　　9 060 000

　　长期股权投资减值准备　　　　　　　　　　　　　　　　670 000

　　其他综合收益　　　　　　　　　　　　　　　　　　　　50 000

　　贷：长期股权投资——P 公司　　　　　　　　　　　　　　8 420 000

　　　　投资收益　　　　　　　　　　　　　　　　　　　　1 360 000

【例 6 - 13】A 公司投资于 F 公司，有关投资情况如下：2 × 16 年 1 月 3 日 A 公司支付现金 990 万元给 B 公司，受让 B 公司持有的 F 公司 30% 的股权（具有重大影响），假设相关税费 10 万元，采用权益法核算。受让股权时 F 公司的净资产公允价值等于账面价值，为 4 000 万元。

（1）F 公司 2 × 18 年 6 月 30 日因其他权益工具投资变动增加 150 万元；假设不考虑其对净利润的调整。

（2）A 公司 2 × 18 年末应收 F 公司长期应收款为 200 万元。

（3）假设 F 公司破产，A 公司对 F 公司部分债务承担责任，预计承担债务 500 万元。

（4）F 公司 2 × 16 年度实现净利润 500 万元，2 × 17 年 3 月 10 日宣告分配现金股利 400 万元；2 × 17 年 4 月 2 日支付现金股利；2 × 17 年末发生亏损 300 万元，2 × 18 年 4 月 10 日宣告分配现金股利 120 万元，2 × 18 年 5 月 5 日支付现金股利；2 × 18 年末发生亏损 7 500 万元；2 × 19 年末实现净利润 4 800 万元。

（5）2 × 20 年 1 月 18 日经协商 A 公司将持有的 F 公司的 30% 股权转让，收到股权转让款 1 050 万元，税费 21 万元。要求做出 A 公司的账务处理。

A 公司的账务处理：

（1）2 × 16 年 1 月 3 日投资时，应享有被投资单位可辨认净资产的公允价值为 4 000 × 30% = 1 200（万元），因初始投资成本 1 000 万元 < 应享有被投资单位可辨认净资产的份额

1 200 万元，所以会计分录为：

借：长期股权投资——F 公司（投资成本）　　　　　　　　　　　12 000 000
　　贷：银行存款　　　　　　　　　　　　　　　　　　　　　　10 000 000
　　　　营业外收入　　　　　　　　　　　　　　　　　　　　　　2 000 000

（2）2×16 年末：

借：长期股权投资——F 公司（损益调整）（500×30%）　　　　1 500 000
　　贷：投资收益　　　　　　　　　　　　　　　　　　　　　　1 500 000

（3）2×17 年 3 月 10 日：

借：应收股利（400×30%）　　　　　　　　　　　　　　　　　1 200 000
　　贷：长期股权投资——F 公司（损益调整）　　　　　　　　　1 200 000

2×17 年 4 月 2 日：

借：银行存款　　　　　　　　　　　　　　　　　　　　　　　1 200 000
　　贷：应收股利　　　　　　　　　　　　　　　　　　　　　　1 200 000

（4）2×17 年末：

借：投资收益（300×30%）　　　　　　　　　　　　　　　　　900 000
　　贷：长期股权投资——F 公司（损益调整）　　　　　　　　　900 000

（5）2×18 年 4 月 10 日：

借：应收股利（120×30%）　　　　　　　　　　　　　　　　　360 000
　　贷：长期股权投资——F 公司（损益调整）　　　　　　　　　360 000

2×18 年 5 月 5 日：

借：银行存款　　　　　　　　　　　　　　　　　　　　　　　360 000
　　贷：应收股利　　　　　　　　　　　　　　　　　　　　　　360 000

（6）2×18 年 6 月 30 日：

借：长期股权投资——F 公司（其他综合收益）　　　　　　　　450 000
　　贷：其他综合收益　　　　　　　　　　　　　　　　　　　　450 000

（7）2×18 年末：

借：投资收益　　　　　　　　　　　　　　　　　　　　　　　18 490 000
　　贷：长期股权投资——F 公司（损益调整）　　　　　　　　　11 490 000
　　　　长期应收款　　　　　　　　　　　　　　　　　　　　　2 000 000
　　　　预计负债　　　　　　　　　　　　　　　　　　　　　　5 000 000

长期股权投资账面价值＝1 200＋150－120－90－36＋45＝1 149（万元），冲减长期应收款 200 万元，确认预计负债 500 万元。尚未分担亏损＝7 500×30%－1 849＝401（万元），登记在备查账簿上。

（8）2×19 年末：

分享 F 公司的净利润＝4 800×30%＝1 440（万元），首先抵销备查账簿中应分担尚未弥补亏损额 401 万元；其次，冲减预计负债 500 万元；接着恢复长期应收款 200 万元；最后恢复长期股权投资账面价值 339 万元（1 440－401－500－200）。

借：预计负债　　　　　　　　　　　　　　　　　　　　　　　5 000 000
　　长期应收款　　　　　　　　　　　　　　　　　　　　　　　2 000 000

长期股权投资——F 公司（损益调整）	3 390 000
贷：投资收益	10 390 000

（9）2×20 年 1 月 18 日出售 30% 股权：

净收入 = 1 050 − 21 = 1 029（万元），长期股权投资成本 = 1 200 万元（借方），损益调整 = 906 万元（贷方），其他综合收益 = 45 万元（借方）。

借：银行存款	10 290 000
其他综合收益	450 000
长期股权投资——F 公司（损益调整）	9 060 000
贷：长期股权投资——F 公司（投资成本）	12 000 000
长期股权投资——F 公司（其他综合收益）	450 000
投资收益	7 350 000

【例 6 – 14】A 公司投资于 F 公司，有关投资情况如下：

（1）2×18 年 1 月 1 日 A 公司支付现金 1 600 万元给 B 公司，受让 B 公司持有的 F 公司 20% 的股权（具有重大影响），采用权益法核算。假设未发生直接相关费用和税金。受让股权时 F 公司的可辨认净资产公允价值为 7 000 万元。

（2）2×18 年 12 月 31 日 F 公司 2×18 年实现的净利润为 800 万元；2×18 年度因其他权益工具投资变动增加 220 万元。假设不考虑其对净利润的调整。

（3）2×19 年 3 月 20 日 F 公司宣告分配现金股利 350 万元；A 公司于 4 月 10 日收到。

（4）2×19 年末 F 公司发生亏损 2 300 万元，2×19 年末 A 公司对 F 公司的投资可收回金额为 1 004 万元。

（5）2×20 年 1 月 18 日经协商 A 公司将持有的 F 公司的全部股权转让给甲企业，收到股权转让款 1 100 万元。

要求做出 A 公司的账务处理。

A 公司的账务处理：

（1）2×18 年 1 月 1 日投资时，应享有被投资单位可辨认净资产的公允价值为 7 000 × 20% = 1 400（万元），因初始投资成本 1 600 万元 > 应享有被投资单位可辨认净资产的份额 1 400 万元，所以会计分录为：

借：长期股权投资——F 公司（投资成本）	16 000 000
贷：银行存款	16 000 000

（2）2×18 年 12 月 31 日：

借：长期股权投资——F 公司（损益调整）（800 × 20%）	1 600 000
贷：投资收益	1 600 000
借：长期股权投资——F 公司（其他综合收益）（220 × 20%）	440 000
贷：其他综合收益	440 000

（3）2×19 年 3 月 20 日：

借：应收股利（350 × 20%）	700 000
贷：长期股权投资——F 公司（损益调整）	700 000
借：银行存款	700 000
贷：应收股利	700 000

（4）2×19 年末：

借：投资收益（2 300×20%）　　　　　　　　　　　　　　　　4 600 000

　　贷：长期股权投资——F 公司（损益调整）　　　　　　　　　　　　4 600 000

借：资产减值损失　　　　　　　　　　　　　　　　　　　　　2 700 000

　　贷：长期股权投资减值准备　　　　　　　　　　　　　　　　　　2 700 000

（5）2×20 年 1 月 18 日：

借：银行存款　　　　　　　　　　　　　　　　　　　　　　　11 000 000

　　长期股权投资减值准备　　　　　　　　　　　　　　　　　　2 700 000

　　其他综合收益　　　　　　　　　　　　　　　　　　　　　　440 000

　　长期股权投资——F 公司（损益调整）　　　　　　　　　　　3 700 000

　　贷：长期股权投资——F 公司（投资成本）　　　　　　　　　　16 000 000

　　　　长期股权投资——F 公司（其他综合收益）　　　　　　　　　440 000

　　　　投资收益　　　　　　　　　　　　　　　　　　　　　　1 400 000

【本章小结】

（1）本章需完成任务包括：①长期股权投资含义及核算内容；②长期股权投资不同取得方式的初始计量方法；③长期股权投资的后续计量；④长期股权投资项目在报表中列示。

（2）学习完本章学生应掌握：①同一控制下的企业合并形成的长期股权投资初始投资成本的确定方法；②非同一控制下的企业合并形成的长期股权投资初始投资成本的确定方法；③以非企业合并方式取得的长期股权投资初始成本的确定方法；④长期股权投资成本法核算；⑤长期股权投资权益法核算。

（3）完成本章若干学习任务应深刻理解：①长期股权投资成本法范围及其投资收益的确认；②长期股权投资权益法的含义、范围、相关权益的确认及长期股权投资超额亏损的会计处理；③权益法确定初始投资成本及调整初始投资成本；④长期股权投资减值、处置的会计处理。

（4）完成学习任务应学会运用：①成本法核算长期股权投资；②权益法核算长期股权投资。

第 **7** 章

固定资产核算

【学习目标】

通过本章学习，了解固定资产概念、确认条件及其分类；掌握固定资产初始计量；掌握固定资产折旧计算方法；掌握固定资产清查的业务流程和盘盈盘亏的会计核算；掌握固定资产期末计量和处置的会计核算。

【能力目标】

能够对固定资产的初始计量、后续计量、期末计量、固定资产清查和处置等相关经济业务进行熟练的会计处理。

【任务提示】

下述是固定资产交易业务过程中涉及的一系列原始凭证，如购建固定资产、非货币性交换取得固定资产、债务重组取得固定资产、固定资产折旧、固定资产盘盈盘亏、期末处置等。企业发生的这些业务在会计上如何确认和计量，就是本章要解决的主要问题。

7 – 1 – 1/3

7 – 1 – 2/3

江西九瑞油泵油嘴有限公司固定资产验收单
2019 年 12 月 5 日　　　№ 00901204

名称	数量	价格	预计使用年限	使用部门
联想电脑	2	7 600	5 年	财务科
备注				

会计主管：张有才　　　制单：乐羽　　　审核：张右华

7 – 1 – 3/3

ICBC 中国工商银行　　　　　　　业务回单（付款）

日期：2019 年 12 月 05 日
回单编号：173550000208
付款人户名：江西九瑞油泵油嘴有限公司　　　　　付款人开户行：工行九江莲花支行
付款人账号（卡号）：34520294168
收款人户名：江西四方商贸有限公司　　　　　　　收款人开户行：工行九江十里支行
收款人账号（卡号）：70015472211
金额：捌仟伍佰捌拾捌元整　　　　　　　　　　　　小写：8 588.00 元
业务（产品）种类：结算业务凭证　　凭证种类：000000000　　凭证号码：0000000000000
摘要：货款　　　　　　　　用途：　　　　　　　币种：
交易机构：0150602160　记账柜员：00011　交易代码：52031　渠道：其他
产品名称：
费用名称：
应付金额：8 588.00　　实付金额：8 588.00　　收费渠道：

本回单为第一次打印，注意重复　　打印日期：2019 年 12 月 06 日　　打印柜员：0　验证码：A981CCDB9124

7 – 2

固定资产折旧计算表

单位：江西九瑞油泵油嘴有限公司　　　2019年12月31日　　　金额单位：元

使用单位和固定资产类别		月初原值	固定资产月折旧率（%）	本月应提折旧额
生产车间	厂房	1 205 000.00	0.30	3 615.00
	生产设备	2 763 000.00	0.70	19 341.00
	小计	3 968 000.00		22 956.00
管理部门	房屋	3 420 000.00	0.30	10 260.00
	运输设备	1 226 000.00	2.00	24 520.00
	管理设备	575 000.00	1.80	10 350.00
	小计	5 221 000.00		45 130.00
无偿提供给高管用房		180 000.00	0.30	540.00
小计		9 369 000.00		68 626.00

审核：张有才　　　制表：董旭

7－3－1/5

江西九瑞油泵油嘴有限公司固定资产出售调拨单

2019 年 12 月 18 日　　　　调拨单号：091221

调出单位	江西九瑞油泵油嘴有限公司			调入单位	九江市钢铁废品回收公司				
调拨资产名称					有 偿				
固定资产名称	规格及型号	单位	数量	预计使用年限	已使用年限	原值	已提折旧	净值	协商价格
冲床	35T	台	1	10 年	8 年	10 000	80 000	20 000	20 000

调出单位		调入单位		备注
财务：张有才		财务：王强		
经办：陈西		经办：陈鑫		

单位负责人：陈俊杰　　　　会计主管：张有才　　　　　　制单：陈新明

7－3－2/5

江西增值税专用发票　　　№ 21540109

3600184130

开票日期：2019 年 12 月 18 日

购买方	名　　称：九江市钢铁废品回收有限公司 纳税人识别号：91360602459009987N 地　址、电话：九江市南湖路 36 号 8186655 开户行及账号：工行南湖路支行 258741256952

货物或应税劳务、服务名称	规格型号	单位	数量	单价	金额	税率	税额
*车床设备*报废冲床		台	1	20 000.00	20 000.00	13%	2 600.00
合　　计					￥20 000.00		￥2 600.00

价税合计（大写）　◎贰万贰仟陆佰圆整　　　　　（小写）￥22 600.00

销售方	名　　称：江西九瑞油泵油嘴有限公司 纳税人识别号：91360402309264078N 地　址、电话：九江市莲花路 128 号 8189866 开户行及账号：工行九江莲花支行 34520294168

收款人：董姐　　　复核：董姐　　　开票人：肖英　　　销售单位：（章）

7－3－3/5

ICBC 中国工商银行　　　　业务回单（收款）

日期：2019 年 12 月 18 日
回单编号：173550000023
付款人户名：九江市钢铁废品回收有限公司　　　　付款人开户行：工行九江新港支行
付款人账号（卡号）：41035478115
收款人户名：江西九瑞油泵油嘴有限公司　　　　　收款人开户行：工行九江莲花支行
收款人账号（卡号）：34520294168
金额：贰万贰仟陆佰元整　　　　　　　　　　　小写：22 600.00 元
业务（产品）种类：结算业务凭证　　凭证种类：000000000　　凭证号码：00000000000000
摘要：货款　　　　　　　　　　　用途：　　　　　市种：人民币
交易机构：0150602180　记账柜员：00023　交易代码：52093
产品名称：　　　　　　　　　　　　　　　　　　渠道：其他
费用名称：
应收金额：22 600.00　　实收金额：22 600.00　　收费渠道：

本回单为第一次打印，注意重复　　打印日期：2019 年 12 月 19 日　　打印柜员：0　验证码：A981CCDB9124

7－3－4/5

7－3－5/5

江西九瑞油泵油嘴有限公司固定资产损益计算表

2019 年 12 月 18 日   单位：元

清 理 收 入	清 理 支 出			净 损 益
	净残值	清理费用	小 计	
2 0000	20 000	1 000	21 000	−1 000(损失)
备注	固定资产处置净损失 1 000 元转入营业外支出			

会计主管：张有才   制单：董旭

捐赠协议

甲方（捐赠方）：江西嘉兴实业有限公司
乙方（受赠方）：江西九瑞油泵油嘴有限公司

为了支持乙方事业的发展，甲方向乙方捐赠机床（AJC-01）一台 ，市场价格（不含税）人民币壹拾贰万元整。经双方商议达成以下合约：

一、甲方向乙方捐赠机床(AJC-01)一台，作为支持乙方企业发展所用。
二、甲方有权与乙方就所捐赠设备（物品）的使用方式进行协商。
三、在正常使用过程中，如甲方需要使用所捐赠设备（物品），双方协商一致后，乙方应优先考虑满足甲方需要。
四、如甲方对所捐赠的设备（物品）有附带要求，双方协商一致后，乙方按照协商结果，保质保量完成甲方要求。
五、捐赠设备于签约当日送达乙方。
六、本合约一式两份，甲、乙双方各执一份。
七、本合约经双方签字盖章后生效。

甲方：江西嘉兴实业有限公司　　　　　　乙方：江西九瑞油泵油嘴有限公司
法定代表人：陈思涵　　　　　　　　　　法定代表人：陈俊杰
日期：2019年12月6日　　　　　　　　　日期：2019年12月6日

固定资产验收单

2019 年 12 月 06日　　　　　　编号：WI201

名称	规格型号	来源	数量	购(造)价	使用年限	预计残值
机床	AJC-01	接受捐赠	1	120 000.00	10	4 800.00
安装费	月折旧率		建造单位	交工日期		附件
	0.8%			年　月　日		
验收部门	生产车间	验收人员　廖小小	管理部门　行政部		管理人员　陈翔	
备注	作为生产设备。					

审核：董旭　　　　　　　制单：毛容

7－4－3/3

<table>
<tr><td colspan="9">3600184130　　　　江西增值税专用发票　　　№ 12054366　　3600184130</td></tr>
<tr><td colspan="9">校验码 12478 36541 25478 11366　　　　　　　　　　　　12054366</td></tr>
<tr><td colspan="9">开票日期：2019 年 12 月 06 日</td></tr>
<tr><td rowspan="4">购买方</td><td>名　称：</td><td colspan="5">江西九瑞油泵油嘴有限公司</td><td rowspan="4">密码区</td><td>1*16<98*->532*-536//32<65*<32+6//62<65<*6</td></tr>
<tr><td>纳税人识别号：</td><td colspan="5">91360402309264078N</td><td>12+325-616<74>29312-8-35<*56>92+389-65<6</td></tr>
<tr><td>地　址、电　话：</td><td colspan="5">九江市莲花路 128 号 8189866</td><td>8-055-456<78>25613-8-53>20>+542+365-73<0</td></tr>
<tr><td>开户行及账号：</td><td colspan="5">工行九江莲花支行 34520294168</td><td>82<764>534//33-8-895<126>37592+147-41<0</td></tr>
<tr><td>货物或应税劳务、服务名称</td><td>规格型号</td><td>单位</td><td>数量</td><td>单价</td><td>金额</td><td>税率</td><td colspan="2">税额</td></tr>
<tr><td>*机床设备*机床</td><td>AJC-01</td><td>台</td><td>1</td><td>120 000.00</td><td>120 000.00</td><td>13%</td><td colspan="2">15 600.00</td></tr>
<tr><td>合　　计</td><td></td><td></td><td></td><td></td><td>¥120 000.00</td><td></td><td colspan="2">¥15 600.00</td></tr>
<tr><td>价税合计（大写）</td><td colspan="6">⊗壹拾叁万伍仟陆佰圆整</td><td colspan="2">（小写）　¥135 600.00</td></tr>
<tr><td rowspan="4">销售方</td><td>名　称：</td><td colspan="5">江西嘉兴实业有限公司</td><td rowspan="4">备注</td><td></td></tr>
<tr><td>纳税人识别号：</td><td colspan="5">91360411050998076N</td><td></td></tr>
<tr><td>地　址、电　话：</td><td colspan="5">九江市经济开发区城西港区路 60 号 0792-8183554</td><td></td></tr>
<tr><td>开户行及账号：</td><td colspan="5">工商银行九江经开区支行 70015474433</td><td></td></tr>
<tr><td colspan="9">收款人：伍花风　　复核：田丽萍　　开票人：伍花风　　销售单位：（章）</td></tr>
</table>

7－5－1/2

<table>
<tr><td colspan="9">3600184130　　　　江西增值税专用发票　　　№ 21540119　　3600184130</td></tr>
<tr><td colspan="9">校验码 12410 66218 35412 35188　　此联不准报销，科目填江江使用　　21540119</td></tr>
<tr><td colspan="9">开票日期：2019 年 12 月 30 日</td></tr>
<tr><td rowspan="4">购买方</td><td>名　称：</td><td colspan="5">九江市宏远机械有限公司</td><td rowspan="4">密码区</td><td>1*16<98*->532*-536//32<65<*32+6//62<65<*4</td></tr>
<tr><td>纳税人识别号：</td><td colspan="5">91360402459020781N</td><td>24+325-616<74>29312-8-35<56>92+389-65<4</td></tr>
<tr><td>地　址、电　话：</td><td colspan="5">九江市莲花路 45 号 0792-8187609</td><td>3-055-456<78>25613-8-53>20>+542+365-73<5</td></tr>
<tr><td>开户行及账号：</td><td colspan="5">工行九江莲花支行 98203245798</td><td>36<764>534//33-8-895<126>37592+147-41<5</td></tr>
<tr><td>货物或应税劳务、服务名称</td><td>规格型号</td><td>单位</td><td>数量</td><td>单价</td><td>金额</td><td>税率</td><td colspan="2">税额</td></tr>
<tr><td>*机床设备*车床</td><td></td><td>台</td><td>1</td><td>18 600.00</td><td>18 600.00</td><td>13%</td><td colspan="2">2 418.00</td></tr>
<tr><td>合　　计</td><td></td><td></td><td></td><td></td><td>¥18 600.00</td><td></td><td colspan="2">¥2 418.00</td></tr>
<tr><td>价税合计（大写）</td><td colspan="6">⊗贰万壹仟零壹拾捌圆整</td><td colspan="2">（小写）　¥21 018.00</td></tr>
<tr><td rowspan="4">销售方</td><td>名　称：</td><td colspan="5">江西九瑞油泵油嘴有限公司</td><td rowspan="4">备注</td><td></td></tr>
<tr><td>纳税人识别号：</td><td colspan="5">91360402309264078N</td><td></td></tr>
<tr><td>地　址、电　话：</td><td colspan="5">九江市莲花路 128 号 8189866</td><td></td></tr>
<tr><td>开户行及账号：</td><td colspan="5">工行九江莲花支行 34520294168</td><td></td></tr>
<tr><td colspan="9">收款人：　　复核：董旭　　开票人：肖英　　销售单位：（章）</td></tr>
</table>

7－5－2/2

ICBC 中国工商银行　　　　　　　业务回单（收款）

日期：2019 年 12 月 30 日
回单编号：173550000069
付款人户名：九江市宏远机械有限公司　　　　　　付款人开户行：工行九江莲花支行
付款人账号（卡号）：98203245798
收款人户名：江西九瑞油泵油嘴有限公司　　　　　收款人开户行：工行九江莲花支行
收款人账号（卡号）：34520294168
金额：贰万壹仟零壹拾捌元整　　　　　　　　　　小写：21 018.00 元
业务（产品）种类：结算业务凭证　　　凭证种类：000000000　　凭证号码：00000000000000
摘要：货款　　　　　　　　　用途：　　　　　　　市种：人民币
交易机构：0150602190　　记账柜员：00023 交易代码：52094　　渠道：其他
产品名称：
费用名称：
应收金额：21 018.00　　实收金额：21 018.00　　收费渠道：

本回单为第一次打印，注意重复　　打印日期：2019 年 12 月 31 日　　打印柜员：0　验证码：A981CCDB9132

7.1　固定资产概述

7.1.1　固定资产的概念及确认

1. 固定资产的概念及特征

《企业会计准则第 4 号——固定资产》规定，固定资产是指同时具有下列特征的有形资产：（1）为生产商品提供劳务、出租或经营管理而持有的；（2）使用寿命超过一个会计年度。从固定资产的定义看，固定资产具有以下三个特征：

第一，固定资产是为生产商品、提供劳务、出租或经营管理而持有。企业持有固定资产的目的是生产商品、提供劳务、出租或经营管理，而不是直接用于出售。其中，出租是指以经营租赁方式出租的机器设备等。

第二，固定资产使用寿命超过一个会计年度。该特征使固定资产明显区别于流动资产。使用寿命超过一个会计年度，意味着固定资产属于长期资产。固定资产的使用寿命，是指企业使用固定资产的预计期间，或者该固定资产所能生产产品或提供劳务的数量。通常情况下，固定资产的使用寿命是指使用固定资产的预计期间，如自用房屋建筑物的使用寿命或使用年限。某些机器设备或运输设备等固定资产，其使用寿命往往以该固定资产所能生产产品或提供劳务的数量来表示，例如发电设备按其预计发电量估计使用寿命。

第三，固定资产为有形资产。固定资产具有实物特征，该特征将固定资产与无形资产区别开来。有些无形资产可能同时符合固定资产的其他特征，如无形资产是为生产商品、提供劳务而持有，使用寿命超过一个会计年度，但是由于其没有实物形态，所以不属于固定资产。

2. 固定资产的确认

一项资产如要作为固定资产加以确认，首先需要符合固定资产的定义，其次还要符合固定资产的确认条件，即与该固定资产有关的经济利益很可能流入企业，同时该固定资产的成本能够可靠地计量。

（1）与该固定资产有关的经济利益很可能流入企业。企业在确认固定资产时，需要判断与该项固定资产有关的经济利益是否很可能流入企业。实务中，主要是通过判断与该固定资产所有权相关的风险和报酬是否转移到了企业来确定。

通常情况下，取得固定资产所有权是判断与固定资产所有权有关的风险和报酬是否转移到企业的一个重要标志。值得注意的是，所有权是否转移不是判断的唯一标准。在有些情况下，某项固定资产的所有权虽然不属于企业，但是企业能够控制与该项固定资产有关的经济利益流入企业，在这种情况下，企业应将该固定资产予以确认。例如，融资租赁方式下租入的固定资产。

（2）该固定资产的成本能够可靠地计量。成本能够可靠地计量是资产确认的一项基本条件。要确认固定资产，企业取得该固定资产所发生的支出必须能够可靠地计量。企业在确定固定资产成本时，有时需要根据所获得的最新资料，对固定资产的成本进行合理地估计。如果企业能够合理地估计出固定资产的成本，则视同固定资产的成本能够可靠地计量。

7.1.2　固定资产的分类

1. 按固定资产的经济用途分类

（1）生产经营用固定资产，是指直接服务于企业生产、经营过程的各种固定资产，如生产经营用的房屋、建筑物、机器、设备等。

（2）非生产经营用固定资产，是指不直接服务于生产、经营过程的各种固定资产，如职工宿舍、食堂、浴室、理发室等使用的房屋、设备和其他固定资产等。

2. 按固定资产的使用情况分类

（1）使用中固定资产，是指正在使用中的经营性和非经营性固定资产。由于季节性经营或大修理等原因，暂时停止使用的固定资产仍属于企业使用中的固定资产。企业出租（指经营性租赁）给其他企业的固定资产和内部替换使用的固定资产也属于使用中的固定资产。

（2）未使用固定资产，是指已完工或已构建的尚未正式使用的新增固定资产以及因进行改建、扩建等原因暂停使用的固定资产。

（3）不需用固定资产，是指本企业多余或不适用的固定资产。

3. 按固定资产的所有权分类

（1）自有固定资产，是指企业拥有可供企业自由支配使用的固定资产。

（2）租入固定资产，是指企业采用租赁的方式从其他单位租入的固定资产。企业对租入的固定资产依照租赁合同拥有使用权，同时负有支付租金的义务，但资产的所有权属于出租单位。租入固定资产可分为经营性租入固定资产和融资租入固定资产。

4. 按固定资产的经济用途和使用情况综合分类

（1）生产经营用固定资产；

（2）非生产经营用固定资产；

（3）租出固定资产，指在经营性租赁方式下出租给外单位使用的固定资产；

（4）不需用固定资产；

（5）未使用固定资产；

（6）土地，指过去已经估价单独入账的土地，因征地而支付的补偿费，应计入与土地有关的房屋、建筑物的价值内，不单独作为土地的价值入账，企业取得的土地使用权，应作为无形资产管理，不作为固定资产管理；

（7）融资租入固定资产，指企业以融资方式租入的固定资产，在租赁期内应视同自有固定资产进行管理。

7.2　固定资产初始计量

7.2.1　固定资产的计价标准

企业的固定资产应按正确的标价进行计价，以便真实反映固定资产的价值和正确计提固定资产累计折旧。固定资产的计价标准有三种：原始价值、重置完全价值和净值。

1. 原始价值

原始价值也称历史成本、原始成本，它是指企业为取得某项固定资产所支付的全部价款以及使固定资产达到预期工作状态前所发生的一切合理、必要的支出。采用原始价值计价的主要优点在于原始价值具有客观性和可验证性；同时，原始价值可以如实反映企业的固定资产投资规模，是企业计提折旧的依据。因此，原始价值是固定资产的基本计价标准，我国对固定资产的计价采用这种计价方法。这种计价方法的缺点在于，在经济环境和社会物价水平发生变化时，由于货币时间价值的作用和物价水平变动的影响，使原始价值与现时价值之间会产生差异，原始价值不能反映固定资产的真实价值。

2. 重置完全价值

重置完全价值也称现时重置成本，它是指在当前的生产技术条件下重新购建同样的固定资产所需要的全部支出。一般在无法取得固定资产原始价值或需要对报表进行补充说明时采用，如发现盘盈固定资产时，可以用重置完全价值入账。但在这种情况下，重置完全价值一经入账，即成为该固定资产的原始价值。

3. 净值

净值也称折余价值，是指固定资产的原始价值或重置完全价值减去已提折旧后的净额。固定资产净值可以反映企业一定时期固定资产尚未磨损的现有价值和固定资产实际占用的资金数额。将净值与原始价值相比，可反映企业当前固定资产的新旧程度。

7.2.2　不同类型固定资产初始计量

固定资产应当按照成本进行初始计量。固定资产的成本，是指企业构建某些固定资产达到预定可使用状态前所发生的一切合理、必要的支出。这些支出包括直接发生的价款、运杂费、包装费和安装成本等，也包括间接发生的，如应承担的借款利息以及应分摊的其他间接费用。

1. 外购固定资产核算

企业外购的固定资产，应按实际支付的购买价款、相关税费、使固定资产达到预定可使用状态前所发生的可归属于该项资产的运输费、装卸费、安装费和专业人员服务费等，作为固定资产的取得成本。企业外购的固定资产的相关税费包括进口环节关税、消费税、车辆购置税等。若企业为增值税一般纳税人，则企业购进固定资产按规定允许抵扣的进项税额不计入固定资产成本。若企业为增值税小规模纳税人，则企业购进固定资产的进项税额计入固定资产成本。

企业作为一般纳税人，企业购入不需要安装的机器设备、管理设备等不动产，应按实际支付的购买价款、使固定资产达到预定可使用状态前所发生的可归属于该项资产的运输费、装卸费和专业人员服务费等，作为固定资产成本，借记"固定资产"科目，取得增值税专用发票、海关完税证明或公路发票等增值税扣税凭证，经税务机关认证可以抵扣的，应按增值税专用发票上注明的增值税进项税额，借记"应交税费——应交增值税（进项税额）"科目，贷记"银行存款"等科目。

企业作为一般纳税人，购入需要安装的机器设备、管理设备等不动产，应在购入固定资产的取得成本的基础上加上安装调试成本等，作为入账成本。按实际支付的购买价款、运输费、装卸费和其他相关税费等，借记"在建工程"科目，按取得可以抵扣的增值税专用发票进项税额，借记"应交税费——应交增值税（进项税额）"科目，贷记"银行存款"等科目。支付安装费用等时，根据增值税专用发票价款部分，借记"在建工程"科目，根据可以抵扣的增值税专用发票进项税额，借记"应交税费——应交增值税（进项税额）"科目，贷记"银行存款"等科目。耗用本单位原材料和人工的，按应承担的成本金额，借记"在建工程"科目，贷记"原材料""应付职工薪酬"科目。安装完毕达到预定可使用状态时，按其实际成本，借记"固定资产"科目，贷记"在建工程"科目。

企业作为一般纳税人，自 2016 年 5 月 1 日后到 2019 年 4 月 1 日前取得并按固定资产核算的不动产或者不动产在建工程，取得增值税专用发票并通过税务机关认证时，应按增值税专用发票上注明的价款作为固定资产成本，借记"固定资产""在建工程"科目；其进项税额按现行增值税制度规定自取得之日起分 2 年从销项税额中抵扣，应按增值税专用发票上注明的增值税进项税额的 60% 作为当期可抵扣的进项税额，借记"应交税费——应交增值税（进项税额）"科目，按增值税专用发票上注明的增值税进项税额的 40% 作为自本月起第 13 个月可抵扣的进项税额，借记"应交税费——待抵扣进项税额"科目，贷记"应付账款""银行存款"等科目。上述待抵扣的进项税额在下年度同月允许抵扣时，按允许抵扣的金额，借记"应交税费——应交增值税（进项税额）"科目，贷记"应交税费——待抵扣进项税额"科目。但财政部、税务总局、海关总署三部门联合发布《关于深化增值税改革有关政策的公告》，2019 年 4 月 1 日起，增值税一般纳税人取得不动产或者不动产在建工程的进项税额不再分 2 年抵扣。

【例 7 - 1】甲公司购入一台不需要安装即可投入使用的设备，取得的增值税专用发票上注明的设备价款为 30 000 元，增值税额为 3 900 元，取得运费增值税专用发票 500 元，增值税税率 9%，款项以银行存款支付。假设甲公司属于增值税一般纳税人，增值税进项税额不纳入固定资产成本核算。

甲公司应作如下会计分录处理：

借：固定资产　　　　　　　　　　　　　　　　　　　　　　　30 500
　　应交税费——应交增值税（进项税额）　　　　　　　　　　 3 945
　　　贷：银行存款　　　　　　　　　　　　　　　　　　　　　　　34 445

【例 7 - 2】甲公司用银行存款购入一台需要安装的设备，增值税专用发票上注明的设备买价为 200 000 元，增值税额为 26 000 元，取得运费增值税专用发票 2 000 元，增值税税率 9%，取得装卸费增值税专用发票 700 元，增值税税率 6%，取得安装费增值税专用发票 3 000 元，增值税税率 9%。甲公司为一般纳税人。甲公司应作如下会计分录处理：

购入进行安装时：

借：在建工程　　　　　　　　　　　　　　　　　　　　　　 202 700
　　应交税费——应交增值税（进项税额）　　　　　　　　　　 26 222
　　　贷：银行存款　　　　　　　　　　　　　　　　　　　　　 228 992

支付安装费时：

借：在建工程　　　　　　　　　　　　　　　　　　　　　　　 3 000
　　应交税费——应交增值税（进项税额）　　　　　　　　　　　 270
　　　贷：银行存款　　　　　　　　　　　　　　　　　　　　　　 3 270

设备安装完毕交付使用时：

借：固定资产　　　　　　　　　　　　　　　　　　　　　　205 700
　　　贷：在建工程　　　　　　　　　　　　　　　　　　　　　　205 700

【例7－3】2×20年1月2日，甲公司（一般纳税人）购入一幢商业大楼作为生产车间并交付使用，取得的增值税专用发票上注明的价款为1 000万元，增值税税率为9%，款项以银行存款支付。

2×20年1月2日，购入固定资产时：

借：固定资产　　　　　　　　　　　　　　　　　　　　　10 000 000
　　应交税费——应交增值税（进项税额）　　　　　　　　　900 000
　　　贷：银行存款　　　　　　　　　　　　　　　　　　　10 900 000

企业基于产品价格等因素的考虑，可能以一笔款项购入多项没有单独标价的固定资产。如果这些资产均符合固定资产的定义，并满足固定资产的确认条件，则应将各项资产单独确认为固定资产，并按各项固定资产公允价值的比例对总成本进行分配，分别确定各项固定资产的成本。

【例7－4】甲公司向乙公司一次购入3套不同型号且具有不同生产能力的设备A、B和C。甲公司为该批设备共支付货款5 000 000元，增值税进项税额650 000元，保险费17 000元，增值税税率6%，装卸费3 000元，增值税税率6%，全部以银行转账支付；假定A、B和C设备分别满足固定资产确认条件，公允价值分别为1 560 000元、2 340 000元和1 300 000元。假定不考虑其他相关税费，甲公司的账务处理如下：

① 确定应计入固定资产成本的金额，包括购买价款、保险费、装卸费等，即5 000 000 + 17 000 + 3 000 = 5 020 000（元）。

② 确定A、B和C设备的价值分配比例。

A设备应分配的固定资产价值比例为：

$$\frac{1\ 560\ 000}{1\ 560\ 000 + 2\ 340\ 000 + 1\ 300\ 000} \times 100\% = 30\%$$

B设备应分配的固定资产价值比例为：

$$\frac{2\ 340\ 000}{1\ 560\ 000 + 2\ 340\ 000 + 1\ 300\ 000} \times 100\% = 45\%$$

C设备应分配的固定资产价值比例为：

$$\frac{1\ 300\ 000}{1\ 560\ 000 + 2\ 340\ 000 + 1\ 300\ 000} \times 100\% = 25\%$$

③ 确定A、B和C设备各自的成本。

A设备的成本 = 5 020 000 × 30% = 1 506 000（元）
B设备的成本 = 5 020 000 × 45% = 2 259 000（元）
C设备的成本 = 5 020 000 × 25% = 1 255 000（元）

④ 会计分录：

借：固定资产——A　　　　　　　　　　　　　　　　　　1 506 000
　　　　　　——B　　　　　　　　　　　　　　　　　　2 259 000
　　　　　　——C　　　　　　　　　　　　　　　　　　1 255 000

| | 应交税费——应交增值税（进项税额） | 651 200 |
| | 贷：银行存款 | 5 671 200 |

2. 自行建造固定资产核算

企业自行建造固定资产，应按建造该项资产达到预定可使用状态前所发生的必要支出，作为固定资产的成本，包括工程用物资成本、人工成本、缴纳的相关税费、应予资本化的借款费用以及应分摊的间接费用等。

自建固定资产应通过"在建工程"科目核算。企业自建固定资产，主要有自营和出包两种方式，由于采用的建设方式不同，其会计处理也不同。

（1）自营方式建造固定资产。企业以自营方式建造固定资产，是指企业自行组织工程物资采购、自行组织施工人员从事工程施工完成固定资产建造。建造固定资产领用工程物资、原材料或库存商品，应按其实际成本转入所建工程成本。自营方式建造固定资产应负担的职工薪酬、辅助生产部门为之提供的水、电、运输等劳务，以及其他必要支出等也应计入所建工程项目的成本。符合资本化条件，应计入所建造固定资产成本。

购入工程物资，按已认证的增值税专用发票上注明的价款，借记"工程物资"科目，按增值税专用发票上注明的增值税进项税额，借记"应交税费——应交增值税（进项税额）"科目；按实际支付或应付的金额，贷记"银行存款""应付账款"等科目。领用工程物资，借记"在建工程"科目，贷记"工程物资"科目。领用本企业原材料，借记"在建工程"科目，贷记"原材料"等科目。领用企业生产商品，借记"在建工程"科目，贷记"库存商品"科目。工程发生其他费用，借记"在建工程"科目，贷记"银行存款""应付职工薪酬"等科目。达到预定可使用状态时，借记"固定资产"科目，贷记"在建工程"科目。

【例 7－5】 2×20 年 1 月 3 日，A 企业为增值税一般纳税人，自建厂房一幢，购入为工程准备的各种物资 500 000 元，支付的增值税额为 65 000 元，全部用于工程建设。工程人员应计工资 100 000 元，支付的其他费用取得的增值税专用发票注明安装费 30 000 元，税率 9%，增值税额 2 700 元。领用企业原材料 10 000 元。工程完工并达到预定可使用状态。该企业应编制如下会计分录：

2×20 年 1 月 3 日，购入工程物资时：

	借：工程物资	500 000
	应交税费——应交增值税（进项税额）	65 000
	贷：银行存款	565 000

工程领用全部工程物资时：

| | 借：在建工程 | 500 000 |
| | 　　贷：工程物资 | 500 000 |

分配工程人员工资时：

| | 借：在建工程 | 100 000 |
| | 　　贷：应付职工薪酬——短期薪酬（工资） | 100 000 |

支付工程发生的安装费用时：

	借：在建工程	30 000
	应交税费——应交增值税（进项税额）	2 700
	贷：银行存款	32 700

领用企业原材料：

借：在建工程　　　　　　　　　　　　　　　　　　10 000
　　贷：原材料　　　　　　　　　　　　　　　　　　　　10 000

工程完工时，固定资产成本 = 500 000 + 100 000 + 30 000 + 10 000 = 640 000（元）。

借：固定资产　　　　　　　　　　　　　　　　　　640 000
　　贷：在建工程　　　　　　　　　　　　　　　　　　　640 000

（2）出包工程。出包工程是指企业通过招标等方式将工程项目发包给建造承包商，由建造承包商组织施工的建筑工程和安装工程。按合理估计的发包工程进度和合同规定向建造承包商结算的进度款，并由对方开具增值税专用发票，按增值税专用发票上注明的价款，借记"在建工程"科目；按增值税专用发票上注明的增值税进项税额，借记"应交税费——应交增值税（进项税额）"科目；按应实际支付的金额，贷记"银行存款"科目。工程达到预定可使用状态时，按其成本，借记"固定资产"科目，贷记"在建工程"科目。

【例7-6】甲公司为增值税一般纳税人，2×20年1月2日，将一幢厂房的建造工程出包由丙公司（为增值税一般纳税人）承建，按合理估计的发包工程进度和合同规定向丙公司结算进度款，取得丙公司开具的增值税专用发票，注明工程款500 000元，税率9%。2×21年1月2日，工程完工后，收到丙公司有关工程结算单据，补付工程款并取得丙公司开具的增值税专用发票，注明工程款300 000元，税率9%。工程完工并达到预定可使用状态。甲公司应作如下会计处理：

2×20年1月2日，按合理估计的发包工程进度和合同规定向乙公司结算进度款时：

借：在建工程　　　　　　　　　　　　　　　　　　500 000
　　应交税费——应交增值税（进项税额）　　　　　　45 000
　　　　贷：银行存款　　　　　　　　　　　　　　　　　545 000

补付工程款时：

借：在建工程　　　　　　　　　　　　　　　　　　300 000
　　应交税费——应交增值税（进项税额）　　　　　　27 000
　　　　贷：银行存款　　　　　　　　　　　　　　　　　327 000

工程完工并达到预定可使用状态时：

借：固定资产　　　　　　　　　　　　　　　　　　800 000
　　贷：在建工程　　　　　　　　　　　　　　　　　　　800 000

3. 接受投资固定资产核算

企业接受固定资产投资时，应按投资合同或协议约定的价值（不公允的除外）作为固定资产的入账价值，按投资合同或协议约定的投资者在企业注册资本或股本中所占份额的部分作为实收资本或股本入账，投资合同或协议约定的价值（不公允的除外）超过投资者在企业注册资本或股本中所占份额的部分，计入资本公积。

【例7-7】甲公司于设立时收到乙公司作为资本投入的不需要安装的机器设备一台，合同约定该机器设备的价值为5 000 000元，增值税进项税额为650 000元。合同约定的固定资产价值与公允价值相符，不考虑其他因素，甲公司进行会计处理时，应编制如下会计分录：

借：固定资产 　　　　　　　　　　　　　　　　　　　　　5 000 000
　　应交税费——应交增值税（进项税额）　　　　　　　　650 000
　　贷：实收资本——乙公司 　　　　　　　　　　　　　　　　5 650 000

4. 接受捐赠固定资产核算

企业接受捐赠的非货币性资产，按接受捐赠时资产的公允价值确认捐赠收入，计入营业外收入。

【例 7-8】 甲公司接受捐赠设备一台，收到的增值税专用发票上注明价款 100 万元，增值税额 13 万元。取得增值税专用发票，运输费 10 000 元，增值税额 900 元，款项已支付。甲公司应作如下会计处理：

借：固定资产 　　　　　　　　　　　　　　　　　　　　1 010 000
　　应交税费——应交增值税（进项税额）　　　　　　　　130 900
　　贷：营业外收入 　　　　　　　　　　　　　　　　　　　　1 130 000
　　　　银行存款 　　　　　　　　　　　　　　　　　　　　　10 900

7.3　固定资产后续计量

7.3.1　固定资产折旧

固定资产折旧是指在固定资产使用寿命内，按照确定的方法对应计折旧额进行系统分摊。其中，应计折旧额是指应当计提折旧的固定资产的原价扣除其预计净残值后的金额；已计提减值准备的固定资产，还应当扣除已计提的固定资产减值准备累计金额。企业应当根据固定资产的性质和使用情况，合理确定固定资产的使用寿命和预计净残值。固定资产的使用寿命、预计净残值一经确定，不得随意变更。

1. 影响固定资产折旧计算的因素

影响折旧的因素主要有以下几个方面：

（1）固定资产原价，是指固定资产的成本。

（2）预计净残值，是指假定固定资产预计使用寿命已满并处于使用寿命终了预期状态，企业从该项资产处置中获得扣除预计处置费用后的金额。

（3）固定资产减值准备，是指固定资产已计提的固定资产减值准备累计金额。

（4）固定资产的使用寿命，是指企业使用固定资产的预计期间，或者该固定资产所能生产产品或提供劳务的数量。在确定固定资产使用寿命时，主要考虑下列因素：①该项资产预计生产能力或实物产量；②该项资产预计有形损耗，如设备使用中发生磨损、房屋建筑物受到自然侵蚀等；③该项资产预计无形损耗，如因新技术的出现而使现有的资产技术水平相对陈旧、市场需求变化使产品过时等；④法律或者类似规定对该项资产使用的限制。

2. 固定资产折旧计算范围

（1）固定资产会计准则规定，企业应对所有的固定资产计提折旧（包括季节性停用及修理停用的设备），但是，已提足折旧仍继续使用的固定资产和单独计价入账的土地除外。

① 提足折旧是指已经提足该项固定资产的应计折旧额。固定资产提足折旧后，不论能否继续使用，均不再计提折旧。提前报废的不再补提折旧。

② 已达到预定可使用状态但尚未办理竣工决算的固定资产，应当按照估计价值确定其成本，并计提折旧；待办理竣工决算后再按实际成本调整原来的暂估价值，但不需要调整原已计提的折旧额。

③ 处于更新改造过程停止使用的固定资产，应将其账面价值转入在建工程，不再计提折旧。更新改造项目达到预定可使用状态转为固定资产后，再按照重新确定的折旧方法和该项固定资产尚可使用年限计提折旧。

④ 融资租入固定资产，应当采用与自有资产相一致的折旧政策。

（2）固定资产应当按月计提折旧。当月增加的固定资产，当月不计提折旧，从下月起计提折旧；当月减少的固定资产，当月仍计提折旧，从下月起停止计提折旧。

3. 固定资产折旧方法

固定资产折旧方法包括年限平均法、工作量法、双倍余额递减法和年数总和法等。固定资产的折旧方法一经确定，不得随意变更。

（1）年限平均法。年限平均法，又称直线法，是指将固定资产的应计折旧额均衡地分摊到固定资产预计使用寿命内的一种方法。采用这种方法计算的每期折旧额相等。计算公式如下：

$$年折旧率 = \frac{1 - 预计净残值}{预计使用年限}$$

$$年折旧额 = \frac{固定资产原值 - 预计净残值}{预计使用年限}$$

$$月折旧率 = \frac{年折旧率}{12}$$

$$月折旧额 = 固定资产原价 \times 月折旧率$$

【例 7 - 9】甲公司有一幢厂房，原价为 400 000 元，预计可使用 10 年，预计报废时的净残值率为 4%。该厂房的折旧率和折旧额的计算如下：

$$年折旧率 = \frac{1 - 4\%}{10} = 9.6\%$$

$$月折旧率 = \frac{9.6\%}{12} = 0.8\%$$

月折旧额 = 400 000 × 0.8% = 3 200（元）

采用年限平均法计算固定资产折旧虽然比较简单，但它也存在着一些明显的局限性。首先，固定资产在不同使用年限提供的经济效益是不同的。一般来说，固定资产在其使用前期工作效率相对较高，所带来的经济利益也较多；而在其使用后期，工作效率一般呈下降趋势，因而所带来的经济利益也就逐渐减少。年限平均法不考虑这一事实。其次，固定资产在不同的使用年限发生的维修费用也不一样。固定资产的维修费用将随着其使用时间的延长而不断增大，而年限平均法也没有考虑这一因素。

当固定资产各期的负荷程度相同，各期应分摊相同的折旧费时，采用年限平均法计算折旧是合理的。但是，若固定资产各期负荷程度不相同，采用年限平均法计算折旧时，则不能反映固定资产的实际使用情况，提取的折旧数与固定资产的损耗程度也不相符。

（2）工作量法。工作量法是根据实际工作量计算每期应提折旧额的一种方法。这种方法弥补了平均年限法只重视使用时间，不考虑使用强度的缺点，计算公式如下：

$$单位工作量折旧额 = \frac{固定资产原值 \times （1 - 净残值率）}{预计总工作量}$$

$$某项固定资产月折旧额 = 该项固定资产当月工作量 \times 单位工作量折旧额$$

【例 7-10】甲公司的一辆运货卡车的原价为 60 000 元，预计总行驶里程为 500 000 公里，预计报废时的净残值率为 5%，本月行驶 4 000 公里。该辆汽车的月折旧额计算如下：

$$单位里程折旧额 = \frac{60\ 000 \times （1 - 5\%）}{500\ 000} = 0.114 （元/公里）$$

本月折旧额 = 4 000 × 0.114 = 456（元）

（3）加速折旧法。加速折旧法的特点是在固定资产有效使用年限的前期多提折旧、后期则少提折旧，以使固定资产成本在有效使用年限中加快得到补偿。

① 双倍余额递减法。它是指在前期不考虑固定资产净残值，根据每期期初固定资产账面净值乘以双倍直线折旧率计算折旧的一种方法。

双倍余额递减法最初计算折旧时并没有考虑固定资产净残值，但在固定资产最后处置时账面净值按要求仍不得低于固定资产净残值，因此必须对固定资产使用前的剩余几年的折旧额进行调整。在会计实务中，现行会计准则规定，在固定资产使用年限到期前两年的折旧额计算，应是固定资产原值扣除预计净残值，再扣除以前各年累计折旧额后的余额平均摊销。

$$年折旧率 = \frac{2}{预计使用年限} \times 100\%$$

$$年折旧额 = 年初固定资产账面净值 \times 年折旧率$$

$$月折旧额 = 年折旧额 \div 12$$

【例 7-11】甲公司一项固定资产原价为 10 000 元，预计使用年限为 5 年，预计净残值为 200 元。按双倍余额递减法计提折旧，计算每年的折旧额。

第 1 年应提的折旧额 = 10 000 × 40% = 4 000（元）

第 2 年应提的折旧额 = （10 000 - 4 000）× 40% = 2 400（元）

第 3 年应提的折旧额 = （6 000 - 2 400）× 40% = 1 440（元）

从第 4 年起改用年限平均法（直线法）计提折旧。

$$第 4 年、第 5 年的年折旧额 = \frac{2\ 160 - 200}{2} = 980（元）$$

② 年数总和法。年数总和法，又称年限合计法，是将固定资产的原价减去预计净残值后的余额，乘以一个以固定资产尚可使用寿命为分子、以预计使用寿命逐年数字之和为分母逐年递减的分数计算每年的折旧额。计算公式如下：

$$年折旧率 = \frac{尚可使用年数}{预计使用年限的年数总和} \times 100\%$$

$$年折旧额 = （固定资产原值 - 预计净残值）\times 年折旧率$$

$$月折旧额 = 年折旧额 \div 12$$

【例 7 - 12】甲公司一项固定资产的原值为 50 000 元，预计使用年限为 5 年，预计净残值为 2 000 元。采用年数总和法计算如表 7 - 1 所示。

表 7 - 1　　　　　　　采用年数总和法计算固定资产折旧　　　　　　　单位：元

年数	尚可使用年限	原价－净残值	变动折旧率	年折旧额	累计折旧
1	5	48 000	5/15	16 000	16 000
2	4	48 000	4/15	12 800	28 800
3	3	48 000	3/15	9 600	38 400
4	2	48 000	2/15	6 400	44 800
5	1	48 000	1/15	3 200	48 000

4. 固定资产折旧的核算

固定资产应当按月计提折旧，应当记入"累计折旧"科目，并根据用途计入相关资产的成本或者当期损益。企业自行建造固定资产过程中使用的固定资产，其计提的折旧应计入在建工程成本；基本生产车间所使用的应计入制造费用；管理部门所使用的应计入管理费用；销售部门所使用的应计入销售费用；经营性租出的应计入其他业务成本。企业计提固定资产折旧时，借记"制造费用""销售费用""管理费用"等科目，贷记"累计折旧"科目。

【例 7 - 13】甲公司采用年限平均法计提折旧，计算确定的各车间及厂部管理部门应分配的折旧额为：A 车间 18 900 元，B 车间 14 200 元，C 车间 15 200 元，厂部管理部门 2 700 元。该企业应作如下会计分录处理：

```
借：制造费用——A 车间                                    18 900
        ——B 车间                                    14 200
        ——C 车间                                    15 200
   管理费用                                           2 700
   贷：累计折旧                                              51 000
```

5. 固定资产使用寿命、预计净残值和折旧方法的复核

企业至少应当于每年年度终了，对固定资产的使用寿命、预计净残值和折旧方法进行复核。在固定资产使用过程中，其所处的经济环境、技术环境以及其他环境有可能对固定资产使用寿命和预计净残值产生较大影响。使用寿命预计数与原先估计数有差异的，应当调整固定资产使用寿命。预计净残值预计数与原先估计数有差异的，应当调整预计净残值。与固定资产有关的经济利益预期实现方式有重大改变的，应当改变固定资产折旧方法。固定资产使用寿命、预计净残值和折旧方法的改变应当作为会计估计变更。

7.3.2　固定资产后续支出

1. 固定资产后续支出的含义及处理原则

固定资产的后续支出是指固定资产使用过程中发生的更新改造支出、修理费用等。企业的固定资产在投入使用后，为了适应新技术发展的需要，或者为维护或提高固定资产的使用效能，往往需要对现有固定资产进行维护、改建、扩建或者改良。

后续支出的处理原则为：符合固定资产确认条件的，应当计入固定资产成本，同时将被替换部分的账面价值扣除；不符合固定资产确认条件的，应当计入当期损益。

2. 固定资产后续支出核算

（1）资本化的后续支出。在对固定资产发生可资本化的后续支出后，企业应将该固定资产的原价、已计提的累计折旧和减值准备转销，将固定资产的账面价值转入在建工程。固定资产发生的可资本化的后续支出，通过"在建工程"科目核算。企业发生的一些固定资产后续支出可能涉及替换原固定资产的某组成部分。如对某项机器设备进行检测时，发现其中的电机（未单独确认为一项固定资产）出现难以修复的故障，将其拆除，重新安装了一个新电机。在这种情况下，当发生的后续支出符合固定资产确认条件时，应将其计入固定资产成本，同时将被替换部分的账面价值扣除，以避免将替换部分的成本和被替换部分的成本同时计入固定资产成本，导致固定资产成本重复计算。

【例 7-14】2×20 年 6 月 30 日，甲公司一台生产用的大型设备出现故障，经检修发现其中的发动机磨损严重，需要更换。该设备购买于 2×16 年 6 月 30 日，甲公司已将其整体作为一项固定资产进行了确认，原价 800 000 元（其中的发动机在 2×16 年 6 月 30 日的市场价格为 100 000 元），预计净残值为 0，预计使用年限为 10 年，采用年限平均法计提折旧。为继续使用设备并提高工作效率，甲公司决定对其进行改造，为此购买了一台更大功率的发动机代替原发动机。新购置发动机的价款为 80 000 元，增值税额为 10 400 元，款项已通过银行转账支付；改造过程中，辅助生产车间提供了劳务支出 10 000 元。假定原发动机磨损严重，没有任何价值。不考虑其他相关税费，甲公司应编制如下会计分录：

2×20 年 6 月 30 日设备的累计折旧金额为：800 000÷10×4=320 000（元），将固定资产转入在建工程。

借：在建工程	480 000	
累计折旧	320 000	
贷：固定资产		800 000

安装新发动机：

借：工程物资	80 000	
应交税费——应交增值税（进项税额）	10 400	
贷：银行存款		90 400
借：在建工程	90 000	
贷：工程物资		80 000
生产成本——辅助生产成本		10 000

2×20 年 6 月 30 日老发动机的账面价值为：100 000-（100 000÷10）×4=60 000（元），终止确认老发动机的账面价值。

借：营业外支出	60 000	
贷：在建工程		60 000

发动机安装完毕，投入使用，固定资产的入账价值为：

480 000+90 000-60 000=510 000（元）

借：固定资产	510 000	
贷：在建工程		510 000

（2）费用化的后续支出。一般情况下，固定资产投入使用之后，由于固定资产磨损、各组成部分耐用程度不同，可能导致固定资产的局部损坏，为了维护固定资产的正常运转和使用，充分发挥其使用效能，企业会对固定资产进行必要的维护。

固定资产的日常维护支出通常不满足固定资产的确认条件，应在发生时直接计入当期损益。企业生产车间（部门）和行政管理部门等发生的固定资产修理费用等后续支出记入"管理费用"；企业专设销售机构的，其发生的与专设销售机构相关的固定资产修理费用等后续支出，记入"销售费用"。固定资产更新改造支出不满足固定资产确认条件的，也应在发生时直接计入当期损益。

【例 7 - 15】 2 ×20 年 6 月 30 日甲公司对管理用设备进行日常修理，修理过程中应支付的维修人员工资为 20 000 元。甲公司编制如下会计分录：

借：管理费用　　　　　　　　　　　　　　　　　　　　　　20 000
　　贷：应付职工薪酬　　　　　　　　　　　　　　　　　　　　　20 000

7.4　固定资产清查

7.4.1　固定资产清查概述

固定资产清查是指从实物管理的角度对单位实际拥有的固定资产进行实物清查，并与固定资产进行账实核对，确定盘盈、毁损、报废及盘亏资产。为了保证固定资产核算资料的真实性，考虑固定资产的账面数与实存数是否一致，企业应定期或不定期地对固定资产进行盘点。年终还需要对固定资产进行一次全面的盘点清查。盘点固定资产时，要有主管、盘点人、报告员三者在场，并填制固定资产盘点明细表（见表 7 - 2）。

表 7 - 2　　　　　　　　　　　　固定资产盘点表

单位名称：　　　　　　　　基准日：　年　月　日　　　　　盘点日：　年　月　日

序号	名称	使用年限	计量单位	财务账面值		实盘数		其中：毁损待报废		盘亏		备注
				数量	原值	数量	原值	数量	原值	数量	原值	

单位盘点人：　　　　　　　　　　　　　　　　　会计机构负责人：

7.4.2　固定资产清查核算

1. 盘盈核算

企业在财产清查中盘盈固定资产，作为前期差错处理。盘盈固定资产，报经批准处理前应先通过"以前年度损益调整"科目核算。按重置成本确定入账价值，借记"固定资产"科目，贷记"以前年度损益调整"科目。

【例7-16】 甲公司在财产清查过程中，发现上一年购入的一台设备尚未入账，重置成本为10 000元。根据《企业会计准则第28号——会计政策、会计估计变更和差错更正》规定，该盘盈固定资产作为前期差错进行处理，假定甲公司按净利润的10%计提法定盈余公积，不考虑相关税费的影响。甲公司应编制如下会计分录：

盘盈固定资产时：

借：固定资产	10 000	
贷：以前年度损益调整		10 000

结转为留存收益时：

借：以前年度损益调整	10 000	
贷：盈余公积——法定盈余公积		1 000
利润分配——未分配利润		9 000

2. 盘亏核算

企业盘亏的固定资产，按盘亏固定资产的账面价值借记"待处理财产损溢——待处理固定资产损溢"科目，按已计提累计折旧，借记"累计折旧"科目，按已计提的减值准备，借记"固定资产减值准备"科目，按固定资产原价，贷记"固定资产"科目。按管理权限报经批准后处理时，按可收回的保险赔偿或过失人赔偿，借记"其他应收款"科目，按应计入营业外支出的金额，借记"营业外支出——盘亏损失"科目，贷记"待处理财产损溢"科目。

根据现行增值税制度规定，已抵扣进项税额的不动产，发生非正常损失，或者改变用途，专用于简易计税方法计税项目、免征增值税项目、集体福利或者个人消费的，按照下列公式计算不得抵扣的进项税额，并从当期进项税额中扣减：

$$不得抵扣的进项税额 = 已抵扣进项税额 \times 不动产净值率$$
$$不动产净值率 = (不动产净值 \div 不动产原值) \times 100\%$$

【例7-17】 2×20年末甲公司年末组织人员对固定资产进行清查时，发现丢失一台电机，该设备原价100 000元，已计提折旧30 000元，并已计提减值准备20 000元。经查，设备已抵扣进项税额13 000元，丢失的原因系设备管理员看守不当。经董事会批准，由设备管理员赔偿15 000元。甲公司应编制如下会计分录：

盘点发现电机设备丢失时：

借：待处理财产损溢	50 000
累计折旧	30 000
固定资产减值准备	20 000

贷：固定资产   100 000

转出不可抵扣的进项税额时：

借：待处理财产损溢[13 000 × (100 000 – 30 000)/100 000] 9 100

  贷：应交税费——应交增值税（进项税额转出）   9 100

董事会报经批准后：

借：其他应收款   15 000

  营业外支出——盘亏损失   44 100

  贷：待处理财产损溢   59 100

收到设备管理员赔款：

借：库存现金   15 000

  贷：其他应收款   15 000

7.5 固定资产期末计量与处置

7.5.1 固定资产期末计量

1. 固定资产期末计量原则

《企业会计准则第4号——固定资产》规定，企业应于期末对固定资产进行检查，如发现存在以下情况，应当计算固定资产的可收回金额，以确定资产是否已经发生减值：

（1）固定资产市价大幅度下跌，其跌幅大大高于因时间推移或正常使用而预计的下跌，并且预计在近期内不可能恢复；

（2）企业所处经营环境，如技术、市场、经济或法律环境，或者产品营销市场在当期发生或在近期发生重大变化，并对企业产生负面影响；

（3）同期市场利率等大幅度提高，进而很可能影响企业计算固定资产可收回金额的折现率，并导致固定资产可收回金额大幅度降低；

（4）固定资产陈旧过时或发生实体损坏等；

（5）固定资产预计使用方式发生重大不利变化，如企业计划终止或重组该资产所属的经营业务、提前处置资产等情形，从而对企业产生负面影响；

（6）其他有可能表明资产已发生减值的情况。

固定资产在资产负债表日存在可能发生减值的迹象时，其可收回金额低于账面价值的，企业应当将该固定资产的账面价值减记至可收回金额，减记的金额确认为减值损失，计入当期损益，同时计提相应的资产减值准备。这里的可收回金额应当根据资产的公允价值减去处置费用后的净额与资产预计未来现金流量的现值两者之间较高者确定。

2. 固定资产减值核算

企业计提固定资产减值准备，应当设置"固定资产减值准备"科目核算。企业按应减记的金额，借记"资产减值损失——计提的固定资产减值准备"科目，贷记"固定资产减值准备"科目。固定资产减值损失一经确认，在以后会计期间不得转回。

【例7-18】甲公司于2×20年12月购进不需要安装的机器设备一台，当月投入使用，入账价值 85 万元，预计使用年限 8 年，预计净残值 5 万元。假设该企业按年限平均法计提折旧。由于各种因素变化，2×22 年 12 月该设备发生减值，预计可收回金额 48 万元。

2×21 年、2×22 年甲公司全年应计提折旧额为 10 万元，2×22 年 12 月，该设备的账面价值为 65 万元，预计可收回金额为 48 万元，应计提固定资产减值准备 17 万元（65－48）。甲公司应编制如下会计分录：

借：资产减值损失——计提的固定资产减值准备　　　　　　　　　170 000
　　贷：固定资产减值准备　　　　　　　　　　　　　　　　　　　　170 000

7.5.2　固定资产期末处置

1. 固定资产终止确认的条件

固定资产满足下列条件之一的，应当予以终止确认：

（1）该固定资产处于处置状态。固定资产处置包括固定资产的出售、转让、报废或毁损，对外投资、非货币性资产交换、债务重组等。处于处置状态的固定资产不再用于生产商品、提供劳务、出租或经营管理，因此不再符合固定资产的定义，应予以终止确认。

（2）该固定资产预期通过使用或处置不能产生经济利益。固定资产的确认条件之一是"与该固定资产有关的经济利益很可能流入企业"，如果一项固定资产预期通过使用或处置不能产生经济利益，那么它就不再符合固定资产的定义和确认条件，应予以终止确认。

2. 固定资产期末处置的核算

处置固定资产应通过"固定资产清理"科目核算，清理的净损益计入当期营业外收支。

（1）固定资产转入清理。按固定资产账面价值，借记"固定资产清理"科目；按已计累计折旧，借记"累计折旧"科目；按已计减值准备，借记"固定资产减值准备"科目；按固定资产原价，贷记"固定资产"科目。

（2）发生的清理费用。在固定资产清理过程中发生的相关税费及其他费用，应借记"固定资产清理""应交税费——应交增值税（进项税额）"科目，贷记"银行存款"等科目。

（3）出售收入、残料等的处理。企业收回出售固定资产的价款、残料价值和变价收入等，应冲减清理支出，借记"银行存款""原材料"等科目，贷记"固定资产清理""应交税费——应交增值税（销项税额）"等科目。

（4）保险赔款的处理。企业计算或收到的应由保险公司或过失人赔偿的损失，应借记"其他应收款""银行存款"等科目，贷记"固定资产清理"科目。

（5）清理净损益的处理。固定资产清理完成后，属于生产经营期间出售、转让处理的净损失，借记"资产处置损益"科目；属于生产经营期间毁损报废、意外灾害非正常原因造成的，借记"营业外支出——非常损失"科目；贷记"固定资产清理"科目。清理完成后净收益，借记"固定资产清理"科目，贷记"资产处置损益"科目。

"资产处置损益"账户属于损益类账户。借方登记出售、转让固定资产、在建工程、生产性生物资产及无形资产等非流动资产或资产组业务产生的净损失，贷方登记出售、转让非流动资产或资产组产生的净收益。年末，该账户期末余额转入"本年利润"账户。

固定资产期末处置流程如图 7－1 所示。

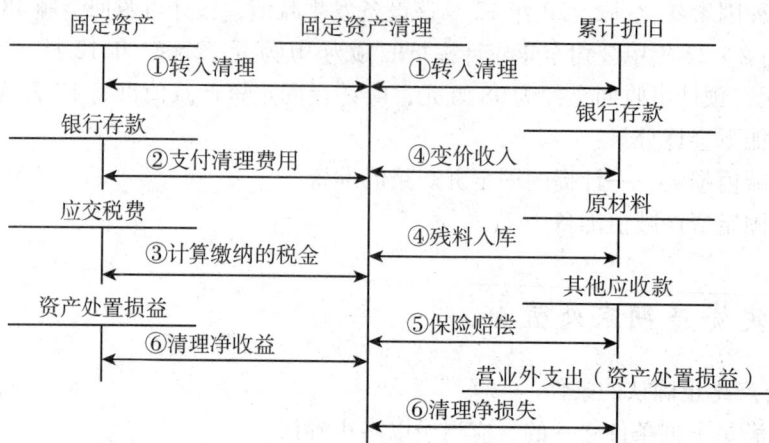

图 7－1　固定资产期末处置核算流程

【例 7－19】甲公司有台设备，期满经批准报废。设备原价为 186 400 元。累计折旧 177 080 元、减值准备 2 300 元。在清理中，以银行存款支付清理费用，增值税专用发票清理费 4 000 元，税率 6%，收到残料变卖收入 5 400 元。

将报废固定资产转入清理时：

借：固定资产清理	7 020
累计折旧	177 080
固定资产减值准备	2 300
贷：固定资产	186 400

支付清理费用时：

借：固定资产清理	4 000
应交税费——应交增值税（进项税额）	240
贷：银行存款	4 240

收回残料变价收入时：

借：银行存款	5 400
贷：固定资产清理	5 400

结转报废固定资产发生的净损失时：

借：资产处置损益	5 620
贷：固定资产清理	5 620

【例 7－20】甲公司出售的一台生产设备，取得价款 135.6 万元（含税），已收存银行；开出的增值税专用发票注明的价款为 120 万元，增值税额为 15.6 万元。该设备原价 500 万元，已提折旧 400 万元；出售中发生清理费用，增值税专用发票清理费用 10 万元，增值税税率 6%，已用银行存款支付。甲公司应编制如下会计分录：

将固定资产转入清理时：

借：固定资产清理	1 000 000
累计折旧	4 000 000

　　　　贷：固定资产　　　　　　　　　　　　　　　　　　　　　　　　　5 000 000
支付清理费用时：
借：固定资产清理　　　　　　　　　　　　　　　　　　　　　　　100 000
　　应交税费——应交增值税（进项税额）　　　　　　　　　　　　　6 000
　　　贷：银行存款　　　　　　　　　　　　　　　　　　　　　　　　　106 000
收回清理收入时：
借：银行存款　　　　　　　　　　　　　　　　　　　　　　　　1 356 000
　　　贷：固定资产清理　　　　　　　　　　　　　　　　　　　　　　1 200 000
　　　　应交税费——应交增值税（销项税额）　　　　　　　　　　　　156 000
结转清理的净损益时：
借：固定资产清理　　　　　　　　　　　　　　　　　　　　　　　100 000
　　　贷：资产处置损益　　　　　　　　　　　　　　　　　　　　　　　100 000

【本章小结】

　　（1）本章需完成任务包括：①固定资产的概念及确认条件，固定资产的分类情况；②固定资产的初始计量；③固定资产折旧的计算方法和固定资产后续支出的处理原则；④固定资产清查的业务流程和盘盈、盘亏的会计核算；⑤固定资产的期末计量原则和处置的会计核算。

　　（2）学习完本章学生应掌握：①固定资产的概念及确认条件；②固定资产折旧的含义、影响因素及范围；③固定资产折旧的会计核算；④固定资产期末处置的会计核算。

　　（3）完成本章若干学习任务应深刻理解：①固定资产分类情况；②固定资产后续支出的处理原则；③固定资产的期末计量原则。

　　（4）完成学习任务应学会运用：固定资产增减变动的会计处理和固定资产折旧的计算。

第 **8** 章

无形资产及投资性房地产核算

【学习目标】

通过本章学习，掌握无形资产与投资性房地产的概念、内容及特征；掌握无形资产的初始计量与后续计量方法；掌握投资性房地产的初始计量与后续计量方法。

【能力目标】

能对无形资产和投资性房地产进行确认与分类；能对无形资产研发阶段进行准确地划分及核算；能准确地把握投资性房地产的不同计量模式的选择并熟练地核算。

【任务提示】

在知识产权日益重要的今天，企业对无形资产的研发活动方兴未艾；在房价飙升、地价井喷的背景下，投资性房地产业务成为许多企业新的收益增长点。下述是无形资产、投资性房地产交易过程中涉及的一系列的原始凭证，如收据、进账单、土地使用证、发明专利证书等。本章将要解决的主要问题有无形资产的取得、摊销及处置业务、投资性房地产的确认、计量及转换业务等。

8 - 1 -1/2

8 – 1 – 2/2

ICBC 中国工商银行	业务回单（付款）
日期：　2019 年 12 月 06 日	
回单编号：173550000215	
付款人户名：江西九瑞油泵油嘴有限公司	付款人开户行：工行九江莲花支行
付款人账号（卡号）：34520294168	
收款人户名：江西嘉科电子科技有限公司	收款人开户行：工行南昌经开区支行
收款人账号（卡号）：128776987076	
金额：伍万陆仟伍佰元整	小写：56 500.00 元
业务（产品）种类：结算业务凭证　　凭证种类：000000000	凭证号码：00000000000000
摘要：财务软件　　　　　　　　用途：	币种：人民币
交易机构：0150602160　记账柜员：00011 交易代码：52031	渠道：其他
产品名称：	
费用名称：	
应付金额：56 500.00　实付金额：56 500.00　收费渠道：	
本回单为第一次打印，注意重复　　打印日期：2019 年 12 月 06 日　打印柜员：0　验证码：A981CCDB9124	

8 – 2 – 1/3

江西增值税专用发票	No 12050310	3600184130
3600184130		12050310
校验码 12478 36541 25478 76543	开票日期：2019 年 12 月 12 日	

购买方	名　　称：江西九瑞油泵油嘴有限公司 纳税人识别号：91360402309264078N 地　址、电话：九江市莲花路 128 号 8189866 开户行及账号：工行九江莲花支行 34520294168	密码区	2*16<98*–>532*–536//32<65<*32+6//62<65<*9 22+325–616<74>29312–8–35><56>92+389–65<9 5–055–456<78>25613–8–53><20>+542+365–73<3 52<764>534//33–8–895><126>37592+147–41<3
货物或应税劳务、服务名称	规格型号	单位	数量	单价	金额	税率	税额
*研发和技术服务*新产品研发费		套	1	30 000.00	30 000.00	0	0.00
合　　计					¥30 000.00		¥0.00
价税合计（大写）	⊗叁万圆整			（小写）¥30 000.00			

销售方	名　　称：江西大龙电子科技有限公司 纳税人识别号：91360411052512982N 地　址、电话：南昌市经济开发区枫林路 26 号 0791–8185213 开户行及账号：工商银行南昌经开区支行 128776298721	备注	

收款人：李青　　复核：何平　　开票人：李青　　销售单位：（章）

8 – 2 – 2/3

ICBC 中国工商银行	业务回单（付款）
日期：　2019 年 12 月 12 日	
回单编号：173550000215	
付款人户名：江西九瑞油泵油嘴有限公司	付款人开户行：工行九江莲花支行
付款人账号（卡号）：34520294168	
收款人户名：江西大龙电子科技有限公司	收款人开户行：工行南昌经开区支行
收款人账号（卡号）：128776298721	
金额：叁万元整	小写：30 000.00 元
业务（产品）种类：结算业务凭证　　凭证种类：000000000	凭证号码：00000000000000
摘要：新产品研发费　　　　　　用途：	币种：人民币
交易机构：0150602160　记账柜员：00011 交易代码：52031	渠道：其他
产品名称：	
费用名称：	
应付金额：30 000.00　实付金额：30 000.00　收费渠道：	
本回单为第一次打印，注意重复　　打印日期：2019 年 12 月 13 日　打印柜员：0　验证码：A981CCDB9124	

8 – 2 – 3/3

费用支出明细表

2019年12月31日

委托单位：江西九瑞油泵油嘴有限公司

受托单位：江西飞龙机电子科技有限公司

金额单位：元

序号	项目	金额	备注
1	试剂费	20 000.00	
2	人工费	10 000.00	
	合计	30 000.00	

审核：李强　　　　制表：何平

8 – 3

无形资产摊销表

单位：江西九瑞油泵油嘴有限公司　　2019年12月31日　　金额单位：元

无形资产	原值	摊销年限	年摊销额
专利权（已出租）	800 000.00	10	80 000.00
土地使用权	5 100 000.00	30	170 000.00
合计	5 900 000.00		250 000.00

审核：张有才　　　　　　制表：董旭

8 – 4 – 1/3

固定资产折旧明细表

单位：江西九瑞油泵油嘴有限公司　　2019年12月31日　　金额单位：元

类别及名称	使用日期	原值	月折旧率	月折旧额	累计折旧	期末净值
房屋建筑物（1#楼）	2016-01-01	5 830 000.00	0.40%	23 320.00	1 375 880.00	4 454 120.00
备注	该办公楼的公允价值4 500 000.00元					

审核：张有才　　　　制表：董旭

8－4－2/3

董事会决议

根据公司章程的有关规定,本公司于2019年12月31日召开了董事会会议,应到董事2名,实到董事2名,符合法定要求。会议由陈俊杰主持,经协商表决一致通过如下决议:

将自用的1#办公楼出租,出租时间2019年12月31日起至2022年12月31日止,该办公楼的原值为5 830 000.00元,截至2019年12月31日已提折旧1 375 880.00元。

江西九瑞油泵油嘴有限公司

董事会成员签字:　陈俊杰　　张有才

2019年12月31日

8－4－3/3

租赁合同

出租方:江西九瑞油泵油嘴有限公司(以下简称甲方)
承租方:江西恒大实业有限公司　　　(以下简称乙方)

甲方将1#办公楼出租给乙方管理使用,为明确双方权利义务关系,协商订立本合同,共同信守:

一、租期为三年,自2019年12月31日起至2022年12月31日止。

二、租金及交纳:双方商定租期内乙方每月1日向甲方交纳租金人民币贰万伍仟元整(¥25 000.00)。

三、甲方对出租的财产有监督权,并每月检查一次,发现乙方有不当使用或损坏情况时,督促乙方维修。

四、乙方承租经营期间发生的财产损失均由乙方承担。

五、合同期满,乙方应承担将财产如数交还甲方,其他财产如有丢失损坏(正常折旧除外应负责修复或折价赔偿,乙方添置的财产自行处理,到期后同等条件下乙方优先承租如不再承租时应自期满之日起十日内撤出属乙方的财产。逾期不搬视为自动放弃财产权。

六、本合同自双方签字盖章并经公证之日起生效,除依据法律政策规定或经双方协商同意后方可变更解除外任何一方单方毁约应向对方偿付年租金总额10%的违约金。

······

十、本合同一式二份,甲乙双方各一份。

甲方:江西九瑞油泵油嘴有限公司　　　　乙方:江西恒大实业有限公司
法定代表人:陈俊杰　　　　　　　　　　法定代表人:陈四平
签订日期:2019年12月31日　　　　　　签订日期:2019年12月31日

8.1 无形资产核算

8.1.1 无形资产概述

1. 无形资产的含义

无形资产是指企业拥有或控制的没有实物形态的可辨认的非货币性资产。主要包括专利权、商标权、非专利技术、著作权、土地使用权和特许权等。

2. 无形资产的特征

（1）无实物形态。不具有实物形态是无形资产区别于其他资产的一个显著特征，之所以把它作为企业的一项资产，是因为它体现的是某种特殊权利或者能使企业获得超额利润的能力。

（2）可辨认性。会计上确认的无形资产应该是可辨认的，企业的资产满足下列条件之一，符合无形资产定义中的可辨认标准：

① 能够从企业中分离或者划分出来，并能单独或者与相关合同、资产或负债一起，用于出售、转移、授予许可、租赁或者交换。

② 源自合同性权利或其他法定权利，无论这些权利是否可以从企业或其他权利和义务中转移或者分离。

（3）能在较长时期为企业带来经济利益。无形资产能在多个生产经营期内使用，使企业长期受益，属于企业的一项长期资产。

（4）产生的经济利益具有较大的不确定性。无形资产创造经济利益的能力较多地受企业内部和外部因素的影响，如相关新技术更新换代的速度、利用无形资产所生产产品的市场接受程度、企业的管理水平等，都会影响到无形资产创造的经济利益。

3. 无形资产的分类

根据无形资产的特征，可对无形资产做如下分类：

（1）按无形资产取得的来源不同，可分为外购的无形资产、自行开发的无形资产、投资者投入的无形资产、企业合并取得的无形资产、债务重组取得的无形资产、以非货币性资产交换取得的无形资产以及接受捐赠取得无形资产。

（2）按无形资产的使用寿命是否有期限，可分为使用寿命有限的无形资产和使用寿命不确定的无形资产。

4. 无形资产的确认

（1）与该无形资产相关的预计未来经济利益很可能流入企业。无形资产最基本的特征就是产生的经济利益很可能流入企业，如果某一项无形资产产生的经济利益预期不能流入企业，就不能确认为企业的无形资产。例如，一项专利技术被先进的技术取代，不能再为企业带来经济利益，则不能继续确认为企业的无形资产。

（2）该无形资产的成本能够可靠地计量，成本能够可靠地计量是资产确认的一项基本条件，无形资产更是如此。例如，企业自创的商誉以及内部产生的品牌等，因其成本无法可靠地计量，因此不能确认为无形资产。

8.1.2　内部研究与开发支出核算

1. 内部研究与开发支出处理原则

企业通常会在研究和开发上投入一定数量的资金，通过研究与开发活动取得专利权和非专利技术等无形资产，以保持和取得技术上的领先地位。

（1）研究阶段是指为获取新的技术和知识而进行的有计划调查。例如，意在获取知识而进行的活动；研究成果或其他知识的应用研究、评价和最终选择；材料、设备、产品、工序、系统或服务的替代品研究都属于研究活动。

研究阶段具有计划性和探索性的特点，是为进一步的开发活动进行资料及相关方面的准备，已进行的研究活动将来是否会转入开发以及开发后是否会形成无形资产，这些情况都具有很大的不确定性。所以，在这一阶段不会形成阶段性成果，因此研究阶段的有关支出，在发生时应当费用化，计入当期损益。

（2）开发阶段是指进行商业性生产和使用前，将研究成果或其他知识应用于某项计划或设计，以生产出新的或具有实质性改进的材料、装置、产品等。例如，生产前或使用前的原型和模型的设计、建造和测试；含新技术的工具、夹具、模具和冲模的设计；不具有商业性生产经济规模的试生产设施的设计、建造和运营；新的或经改造的材料、设备、产品、工序、系统或服务所选定的替代品的设计、建造和测试等活动都属于开发活动。

开发阶段相对于研究阶段更进一步，在很大程度上具备了形成一项新产品或新技术的基本条件。此时，如果企业能够证明开发支出符合无形资产的定义及相关确认条件，则可将其确认为无形资产，即资本化；不满足资本化条件的开发支出应计入当期损益。

开发支出资本化应同时满足以下几个条件：

① 完成该无形资产以使其能够使用或出售在技术上具有可行性；

② 具有完成该无形资产并使用或出售的意图；

③ 能够为企业带来经济利益；

④ 有足够的技术、财务资源和其他资源的支持，以完成该无形资产的开发，并有能力使用或出售该无形资产；

⑤ 归属于该无形资产开发阶段的支出能够可靠地计量。

2. 内部研究与开发支出会计处理

企业应设置"研发支出"科目，以归集研究与开发过程中的全部支出，并区分"费用化支出"和"资本化支出"进行明细核算。研发支出无论是否满足资本化条件，均应先在"研发支出"科目中归集；期末，对于不符合资本化条件的研发支出，应转入"管理费用"科目，对于符合资本化条件但尚未完成的开发费用，继续保留在"研发支出"科目中，待开发项目完成达到预定用途形成无形资产时，再转入"无形资产"科目。

自主研发取得无形资产涉及领用外购原材料和领用自制产成品时，其领用原材料原进项税额不用转出，领用自制产成品也不必再按视同销售作销项税额处理，以成本金额作会计处理结转库存商品，这是因增值税的不重复征税性质所定，无形资产的研发现在已被纳入增值税纳税范畴。

【**例 8-1**】华远股份有限公司因生产产品的需要，组织研究人员进行一项技术发明。在研发过程中发生材料费 126 000 元，应付职工薪酬 82 000 元，支付设备租金 6 900 元。上述支出中符合资本化条件的部分是 134 500 元，应费用化的部分是 80 400 元。另外，该项技术又成功地申请了国家专利，在申请过程中发生注册费 26 000 元、聘请律师费 6 500 元。

费用化支出 = 80 400 元

资本化支出 = 134 500 + 26 000 + 6 500 = 167 000 （元）

研发支出发生时：

借：研发支出——费用化支出	80 400
——资本化支出	167 000
贷：原材料	126 000
应付职工薪酬	82 000
银行存款	39 400

研发项目达到预定用途时：

借：无形资产	167 000
贷：研发支出——资本化支出	167 000

期末结转费用化支出时：

借：管理费用	80 400
贷：研发支出——费用化支出	80 400

8.1.3 无形资产的初始计量

无形资产的初始计量是指企业初始取得无形资产时入账价值的确定。除了上述内部研发形成无形资产外，企业取得无形资产的渠道还有很多，而不同渠道取得的无形资产其入账价值的确定方法也不同。

1. 外购的无形资产

外购无形资产成本包括购买价款、相关税费以及直接归属于使该资产达到预定用途所发生其他支出。其中，直接归属于使该资产达到预定用途所发生的其他支出包括：使无形资产达到预定用途所发生的专业服务费用、无形资产的测试费用等，但不包括引入新产品进行宣传发生的广告费、管理费用及其他间接费用，也不包括无形资产已经达到预定用途之后所发生的费用。

外购无形资产时，应按购入过程中所发生的全部支出，扣除符合条件的进项税额后，借记"无形资产""应交税费——应交增值税（进项税额）"科目，贷记"银行存款"等科目。

【例 8 - 2】华远股份有限公司因生产需要购入一项专利权，支付专利权转让费 250 000 元，取得的增值税专用发票上注明税额为 15 000 元，另发生相关手续费 3 000 元，款项通过银行转账支付。

借：无形资产——专利权	253 000
应交税费——应交增值税（进项税额）	15 000
贷：银行存款	268 000

2. 投资者投入的无形资产

投资者投入的无形资产，其成本应当按照投资合同或协议约定的价值确定，但合同或协议约定的价值不公允的除外。

借记"无形资产"科目，贷记"实收资本"或"股本"等科目。投资方能够提供增值税抵扣的证明，应进行抵扣。

【例 8-3】华远股份有限公司因业务发展需要接受光明公司以一项商标权对其进行投资。双方签订的投资合同约定，此项商标权的价值为 280 000 元，折合为华远股份有限公司的股票 50 000 股，每股面值 1 元。

借：无形资产——商标权　　　　　　　　　　　　　　　　280 000
　　贷：股本　　　　　　　　　　　　　　　　　　　　　　　　50 000
　　　　资本公积——股本溢价　　　　　　　　　　　　　　　　230 000

8.1.4　无形资产的后续计量

1. 无形资产的摊销

（1）使用寿命有限的无形资产核算。对于使用寿命有限的无形资产，企业应当在其预计的使用寿命内，采用合理的方法对应摊销金额进行摊销。应摊销金额，是指无形资产的成本扣除残值后的金额，已计提减值准备的无形资产还应扣除无形资产减值准备。使用寿命有限的无形资产残值一般应当视为零。

无形资产的摊销额一般计入当期损益。企业自用的无形资产，其摊销金额计入管理费用；出租的无形资产，其摊销金额计入其他业务成本；某项无形资产包含的经济利益通过所生产的产品或其他资产实现的，其摊销金额应计入相关资产成本。

【例 8-4】华远股份有限公司购入专利权用于生产经营，法律规定该专利权使用寿命10 年，采用直线法按 10 年摊销，专利权购买成本 260 000 元。

购买专利权时：

借：无形资产——专利权　　　　　　　　　　　　　　　　260 000
　　贷：银行存款　　　　　　　　　　　　　　　　　　　　　260 000

每年摊销：

借：管理费用　　　　　　　　　　　　　　　　　　　　　26 000
　　贷：累计摊销　　　　　　　　　　　　　　　　　　　　　26 000

企业应当至少于每年年度终了，对使用寿命有限的无形资产的使用寿命进行复核。如果无形资产的预计使用寿命及未来经济利益的消耗方式与以前估计不同，就应当改变摊销期限和摊销方法；同时如果无形资产计提了减值准备，则减值准备金额要从应摊销金额中扣除，以后每年的摊销金额要重新调整计算。

承〖例 8-4〗，假定华远股份有限公司在使用该专利权的第 2 年年末，经重新复核认定此项专利权尚可使用 5 年，而且公司在第 2 年年末对该专利权计提了减值准备 30 000 元，则公司第 3 年的摊销金额为：（260 000 - 26 000 × 2 - 30 000）÷ 5 = 35 600（元）。如果以后各年有关条件不变，则以后每年的摊销金额均为 35 600 元。

（2）使用寿命不确定的无形资产核算。对于使用寿命不确定的无形资产，在持有期限内无须进行摊销，但应当在每个会计期间对其进行减值测试，如果表明其已发生减值，即无形资产可收回金额低于其账面价值，则应计提减值准备，借记"资产减值损失"科目，贷记"无形资产减值准备"科目。无形资产减值损失一经确认，在以后会计期间不得转回。

2. 无形资产的处置

（1）无形资产出售的处理。企业出售无形资产，应当将取得价款与该无形资产账面价值（成本减去累计摊销和计提减值准备）、相关税费后差额计入当期损益（资产处置损益）。

专利技术和非专利技术所有权的转让及其相关服务免征增值税，但商标权、著作权转让要按6%的税率计算销项税额。

【例8-5】 甲公司拥有的某项商标权的成本为5 000 000元，已摊销金额为3 000 000元，已计提的减值准备为500 000元。该公司于当期出售该商标权，取得增值税专用发票，出售收入2 000 000元，增值税额为120 000元。

甲公司会计处理如下：

借：银行存款		2 120 000
累计摊销		3 000 000
无形资产减值准备		500 000
贷：无形资产		5 000 000
应交税费——应交增值税（销项税额）		120 000
资产处置损益		500 000

（2）无形资产出租的处理。企业让渡无形资产使用权形成的租金收入和发生的相关费用，分别确认为其他业务收入和其他业务成本。

企业在持有无形资产期间，可以让渡无形资产的使用权，其出租收入属于收入要素中的"让渡资产使用权收入"。专利技术和非专利技术使用权的让渡及相关服务在符合法律规定的条件下免征增值税，商标权和著作权的使用权让渡按6%的税率计算销项税额。

【例8-6】 华远股份有限公司将一项专利技术出租给大明公司使用，该专利技术账面余额为5 000 000元，摊销期为10年。合同规定，大明公司每销售一件用该专利技术生产的产品，必须付给华远股份有限公司不含税10元使用费。大明公司当年销售该产品100 000件。

华远股份有限公司会计处理：

借：银行存款		1 000 000
贷：其他业务收入		1 000 000
借：其他业务成本		500 000
贷：累计摊销		500 000

（3）无形资产报废的处理。如果无形资产预期不能为企业带来经济利益时，应将其予以报废。无形资产报废时，应将其账面价值转作当期损益（营业外支出）。

【例8-7】 2×17年1月1日，甲公司拥有的某项专利权的账面余额为6 000 000元，该专利的摊销期为10年，已摊销5年，直线法摊销，已累计计提减值准备1 600 000元。假定以该专利权生产的产品已没有市场，预期不能再为企业带来经济利益。

甲公司会计处理如下：

借：累计摊销　　　　　　　　　　　　　　　　　　　　　　　3 000 000
　　无形资产减值准备　　　　　　　　　　　　　　　　　　　1 600 000
　　营业外支出——处置非流动资产损失　　　　　　　　　　　1 400 000
　　　贷：无形资产——专利权　　　　　　　　　　　　　　　　　　6 000 000

8.2　投资性房地产核算

8.2.1　投资性房地产概述

1. 投资性房地产的含义

投资性房地产，是指为赚取租金或资本增值，或两者兼有而持有的房地产，主要包括已出租的土地使用权、持有并准备增值后转让的土地使用权和已出租的建筑物。投资性房地产应当能够单独计量和出售。

2. 属于投资性房地产的项目

（1）已出租的土地使用权。已出租的土地使用权，是指企业通过出让或转让方式取得并以经营租赁方式出租的土地使用权。企业计划用于出租但尚未出租的土地使用权，不属于此类。

（2）持有并准备增值后转让的土地使用权。持有并准备增值后转让的土地使用权，是指企业取得的、准备增值后转让的土地使用权。按照国家有关规定认定的闲置土地，不属于持有并准备增值后转让的土地使用权。

（3）已出租的建筑物。已出租的建筑物，是指企业拥有产权并以经营租赁方式出租的建筑物。企业将建筑物出租，按租赁协议向承租人提供的相关辅助服务在整个协议中关系不重大，如企业将办公楼出租并向承租人提供保安、维修等辅助服务，应将其确认为投资性房地产。企业计划用于出租但尚未出租的建筑物，不属于此类。

3. 不属于投资性房地产的项目

（1）自用房地产。即为生产商品、提供劳务或者经营管理而持有的房地产。例如，企业拥有并自行经营的旅馆饭店，其经营目的主要是通过提供客房服务赚取服务收入，该旅馆饭店不确认为投资性房地产。

（2）作为存货的房地产。通常是指房地产开发公司在正常经营过程中销售的或为销售而开发的商品房和土地。这部分房地产属于房地产开发企业的存货。

某项房地产，部分用于赚取租金或资本增值、部分用于生产商品、提供劳务或经营管理，能够单独计量和出售的、用于赚取租金或资本增值的部分，应当确认为投资性房地产；不能够单独计量和出售的、用于赚取租金或资本增值的部分，不确认为投资性房地产。

8.2.2　投资性房地产的初始计量

投资性房地产应当按照成本进行初始计量。

1. 外购的投资性房地产

对于企业外购的房地产，只有在购入房地产同时开始对外出租（自租赁期开始日起）

或用于资本增值，才能称为外购的投资性房地产。外购投资性房地产成本，包括购买价款、相关税费和直接归属于该资产其他支出。

　　企业购入房地产，自用一段时间之后再改为出租或用于资本增值的，应当先将外购的房地产确认为固定资产或无形资产，自租赁期开始日或用于资本增值之日开始，才能从固定资产或无形资产转换为投资性房地产。

　　【例 8 – 8】 2 × 17 年 8 月 31 日，华远股份有限公司购入一栋写字楼用于出租给甲公司，根据租赁合同，租赁期开始日为 2 × 17 年 9 月 1 日，租赁期为 5 年。华远股份有限公司实际支付购买价款 2 400 万元，增值税税率 9%。

```
借：投资性房地产——写字楼                    24 000 000
    应交税费——应交增值税（进项税额）          2 160 000
    贷：银行存款                                        26 160 000
```

2. 自行建造的投资性房地产

　　企业自行建造（或开发，下同）的房地产，只有在自行建造或开发活动完成（即达到预定可使用状态）的同时开始对外出租或用于资本增值，才能将自行建造的房地产确认为投资性房地产。自行建造投资性房地产的成本，由建造该项房地产达到预定可使用状态前发生的必要支出构成。

　　企业自行建造房地产达到预定可使用状态后一段时间对外出租或用于资本增值，应先将自行建造房地产确认为固定资产或无形资产，自租赁期开税日或用于资本增值之日开始，从固定资产或无形资产转换为投资性房地产。

　　【例 8 – 9】 2 × 18 年华远股份有限公司采用出包方式建造写字楼用于出租，总投资 2 000 万元，1 月支付工程款 500 万元，10 月 31 日工程达到可使用状态，验收完毕支付剩余工程款，增值税税率 9%，已办理经营租赁手续。

　　1 月支付工程款 500 万元：

```
借：在建工程                                5 000 000
    应交税费——应交增值税（进项税额）          450 000
    贷：银行存款                                        5 450 000
```

　　10 月支付剩余工程款 1 500 万元：

```
借：在建工程                                15 000 000
    应交税费——应交增值税（进项税额）        1 350 000
    贷：银行存款                                      16 350 000
```

　　10 月 31 日工程达到可使用状态：

```
借：投资性房地产——写字楼                  20 000 000
    贷：在建工程                                      20 000 000
```

8.2.3　投资性房地产的后续计量

　　企业通常应当采用成本模式对投资性房地产进行后续计量，也可以采用公允价值模式对投资性房地产进行后续计量。但是，同一企业只能采用一种模式对所有投资性房地产进行后续计量，不得同时采用两种计量模式。

1. 投资性房地产按成本模式进行后续计量

（1）非投资性房地产转换为投资性房地产。房地产的转换，实质上是因房地产用途发生改变而对房地产进行的重新分类。企业将作为存货的房地产改为出租、自用建筑物或土地使用权停止自用，改为出租以及将自用土地使用权停止自用改用于资本增值时，应当将相应的固定资产、无形资产或开发商品转换为投资性房地产。

企业应当将房地产转换前的账面价值作为转换后的入账价值。

① 将作为存货的房地产转换为投资性房地产的，应按其在转换日的账面余额，借记"投资性房地产"科目，贷记"开发产品"等科目。已计提跌价准备的，还应同时结转跌价准备。

② 将自用的建筑物等转换为投资性房地产的，应按其在转换日的原价、累计折旧（摊销）、减值准备等，分别转入"投资性房地产""投资性房地产累计折旧（摊销）""投资性房地产减值准备"科目。

【例 8 - 10】甲企业拥有一栋办公楼，用于本企业总部办公。2×17 年 3 月 10 日，甲企业与乙企业签订了经营租赁协议，将这栋办公楼整体出租给乙企业使用，租赁期开始日为 2×17 年 4 月 15 日，为期 5 年。2×17 年 4 月 15 日，这栋办公楼的账面余额 450 000 000 元。已计提折旧 3 000 000 元。假设甲企业所在城市没有活跃的房地产交易市场。

甲企业 2×17 年 4 月 15 日的账务处理如下：

借：投资性房地产——××写字楼　　　　　　　　　　　450 000 000
　　累计折旧　　　　　　　　　　　　　　　　　　　　　3 000 000
　　贷：固定资产　　　　　　　　　　　　　　　　　　　　　450 000 000
　　　　投资性房地产累计折旧　　　　　　　　　　　　　　　3 000 000

（2）投资性房地产的折旧或摊销。按成本模式进行后续计量的投资性房地产应当按照固定资产或无形资产的有关规定，按期计提折旧或摊销。对投资性房地产计提折旧或进行摊销时，借记"其他业务成本"科目，贷记"投资性房地产累计折旧（摊销）"科目；取得租金收入时，借记"银行存款"等科目，贷记"其他业务收入""应交税费——应交增值税（销项税额）"等科目。

【例 8 - 11】2×18 年华远股份有限公司对出租楼房收取不含税租金 999 000 元，增值税税率 9%；计提折旧 500 000 元。

借：银行存款　　　　　　　　　　　　　　　　　　　1 088 910
　　贷：其他业务收入　　　　　　　　　　　　　　　　　　999 000
　　　　应交税费——应交增值税（销项税额）　　　　　　　89 910
借：其他业务成本　　　　　　　　　　　　　　　　　　500 000
　　贷：投资性房地产累计折旧　　　　　　　　　　　　　　500 000

（3）投资性房地产计提减值准备。投资性房地产存在减值迹象的，应当按照资产减值的有关规定计提减值准备，借记"资产减值损失"科目，贷记"投资性房地产减值准备"科目。已经计提减值准备的投资性房地产，其减值损失在以后的会计期间不得转回。

【例 8 - 12】2×18 年华远股份有限公司一栋出租的写字楼出现减值迹象，经减值测试确定其可收回金额为 1 500 万元，该写字楼账面余额为 2 000 万元，已提折旧 200 万元。

写字楼账面价值 = 2 000 - 200 = 1 800（万元）

写字楼减值金额 = 1 800 - 1 500 = 300（万元）

　　借：资产减值损失 　　　　　　　　　　　　　　　　　　　　　　　 3 000 000

　　　　贷：投资性房地产减值准备 　　　　　　　　　　　　　　　　　　　 3 000 000

　　（4）投资性房地产的后续支出。投资性房地产的后续支出是指投资性房地产在持有期间发生的与其使用效能直接相关的各种支出，如改建扩建支出、装潢装修支出等。

　　投资性房地产的后续支出满足资本化确认条件的，应将其资本化，计入投资性房地产成本；不满足资本化条件的，应在发生时计入当期损益。

　　【例 8 - 13】 华远股份有限公司对一栋出租的写字楼进行重新装修以提高租金收入，该写字楼原价为 1 850 万元，已提折旧 370 万元，用银行存款支付装修支出共计 160 万元，增值税税率 9%。装修完工，写字楼继续出租。

　　将写字楼转入装修工程：

　　借：投资性房地产——写字楼（在建） 　　　　　　　　　　　　 14 800 000

　　　　投资性房地产累计折旧 　　　　　　　　　　　　　　　　　　 3 700 000

　　　　贷：投资性房地产——写字楼 　　　　　　　　　　　　　　　 18 500 000

　　用银行存款支付装修支出：

　　借：投资性房地产——写字楼（在建） 　　　　　　　　　　　　 1 600 000

　　　　应交税费——应交增值税（进项税额） 　　　　　　　　　　　 144 000

　　　　贷：银行存款 　　　　　　　　　　　　　　　　　　　　　　 1 744 000

　　装修工程完工：

　　借：投资性房地产——写字楼 　　　　　　　　　　　　　　　　 16 400 000

　　　　贷：投资性房地产——写字楼（在建） 　　　　　　　　　　　 16 400 000

　　（5）投资性房地产转为自用房地产。企业将投资性房地产转换为自用房地产时，应将该项投资性房地产在转换日的账面余额、累计折旧、减值准备等，分别转入"固定资产""累计折旧""固定资产减值准备"等科目。

　　【例 8 - 14】 华远股份有限公司将出租的写字楼收回，开始用于本企业办公。写字楼收回前采用成本模式计量，账面原价为 2 000 万元，累计已提折旧 450 万元，已提减值准备 250 万元。

　　借：固定资产——写字楼 　　　　　　　　　　　　　　　　　　 20 000 000

　　　　投资性房地产累计折旧 　　　　　　　　　　　　　　　　　　 4 500 000

　　　　投资性房地产减值准备 　　　　　　　　　　　　　　　　　　 2 500 000

　　　　贷：投资性房地产——写字楼 　　　　　　　　　　　　　　　 20 000 000

　　　　　　累计折旧 　　　　　　　　　　　　　　　　　　　　　　 4 500 000

　　　　　　固定资产减值准备 　　　　　　　　　　　　　　　　　　 2 500 000

　　（6）投资性房地产的处置。当投资性房地产被处置或者永久退出并且预计不能从其处置中取得经济利益时，应当终止确认该项投资性房地产。处置中取得的收入扣除资产账面价值和相关税费后的金额计入当期损益。

　　按照实际收到的金额，借记"银行存款"科目，贷记"其他业务收入""应交税费——应交增值税（销项税额）"科目；按该项投资性房地产账面价值，借记"其他业务成本"科目；按照累计已提折旧或累计已摊销金额，借记"投资性房地产累计折旧（摊销）"科目；按照已计提的减值准备金额，借记"投资性房地产减值准备"科目；按其账面余额，贷记

"投资性房地产"科目。

【例 8-15】华远股份有限公司将一栋写字楼对外出租,确认为投资性房地产并按成本模式计量。租赁期满后,华远股份有限公司将该写字楼出售给甲公司,不含税合同价款 12 500 万元,增值税税率 9%,甲公司已用银行存款付清。出售时,该写字楼的成本为 11 000 万元,累计已提折旧 1 320 万元。

借:银行存款　　　　　　　　　　　　　　　　　　　　136 250 000
　　贷:其他业务收入　　　　　　　　　　　　　　　　　125 000 000
　　　　应交税费——应交增值税(销项税额)　　　　　　11 250 000
借:其他业务成本　　　　　　　　　　　　　　　　　　96 800 000
　　投资性房地产累计折旧　　　　　　　　　　　　　　13 200 000
　　贷:投资性房地产——写字楼　　　　　　　　　　　110 000 000

2. 投资性房地产按公允价值模式进行后续计量

企业只有存在确凿证据表明投资性房地产公允价值能够持续可靠取得,才可采用公允价值模式计量。采用公允价值模式计量应同时满足以下条件:①投资性房地产所在地有活跃的房地产交易市场;②企业能够从活跃的房地产交易市场上取得同类或类似房地产的市场价格及其他相关信息,从而对投资性房地产的公允价值作出合理估计。

(1) 非投资性房地产转换为投资性房地产。自用房地产或作为存货的房地产转换为采用公允价值模式计量的投资性房地产时,投资性房地产应当按照转换当日的公允价值计量。

① 将作为存货的房地产转换为投资性房地产的,应按其在转换日的公允价值,借记"投资性房地产(成本)"科目;按其账面余额,贷记"开发产品"等科目;按其差额,贷记"其他综合收益"科目或借记"公允价值变动损益"科目。已计提跌价准备的,还应同时结转跌价准备。

② 将自用的建筑物等转换为投资性房地产的,按其在转换日的公允价值,借记"投资性房地产(成本)"科目;按已计提的累计折旧等,借记"累计折旧"等科目;按其账面余额,贷记"固定资产"等科目;按其差额,贷记"其他综合收益"科目或借记"公允价值变动损益"科目。已计提减值准备的,还应同时结转减值准备。

【例 8-16】2×17 年 6 月,甲企业打算搬迁至新建办公楼,由于原办公楼处于商业繁华地段,甲企业准备将其出租,以赚取租金收入。2×17 年 10 月,甲企业完成了搬迁工作,原办公楼停止自用。2×17 年 12 月,甲企业与乙企业签订了租赁协议,将其原办公楼租赁给乙企业使用,租赁期开始日为 2×18 年 1 月 1 日,租赁期限为 3 年。在本例中,甲企业应当于租赁期开始日(2×18 年 1 月 1 日),将自用房地产转换为投资性房地产。由于该办公楼处于商业区,房地产交易活跃,该企业能够从市场上取得同类或类似房地产的市场价格及其他相关信息,假设甲企业对出租的办公楼采用公允价值模式计量。假设 2×18 年 1 月 1 日,该办公楼的公允价值为 350 000 000 元,其原价为 500 000 000 元,已提折旧 142 500 000 元。

甲企业 2×18 年 1 月 1 日的账务处理如下:

借:投资性房地产——××办公楼(成本)　　　　　　　350 000 000
　　公允价值变动损益　　　　　　　　　　　　　　　　　7 500 000
　　累计折旧　　　　　　　　　　　　　　　　　　　　142 500 000
　　贷:固定资产　　　　　　　　　　　　　　　　　　500 000 000

（2）投资性房地产后续计量。企业采用公允价值模式进行后续计量的，不对投资性房地产计提折旧或进行摊销，应当以资产负债表日投资性房地产的公允价值为基础调整其账面价值，公允价值与原账面价值之间的差额计入当期损益（公允价值变动损益）。投资性房地产取得的租金收入，确认为其他业务收入。

资产负债表日，投资性房地产的公允价值高于其账面余额的差额，借记"投资性房地产（公允价值变动）"科目，贷记"公允价值变动损益"科目；公允价值低于其账面余额的差额做相反的会计分录。

【例 8 – 17】 甲企业是从事房地产开发业务的企业，2×17 年 3 月 10 日，甲企业与乙企业签订租赁协议，将其开发的一栋写字楼整体出租给乙企业使用，租赁期开始日为 2×17 年 4 月 15 日。2×17 年 4 月 15 日，该写字楼的账面余额为 450 000 000 元，未计提存货跌价准备，转换后采用公允价值模式计量。4 月 15 日该写字楼的公允价值为 470 000 000 元。2×17 年 12 月 31 日，该项投资性房地产的公允价值为 480 000 000 元。

甲企业的账务处理如下：

2×17 年 4 月 15 日：

借：投资性房地产——××写字楼（成本）　　　　　　　　470 000 000
　　贷：开发产品　　　　　　　　　　　　　　　　　　　　　450 000 000
　　　　其他综合收益　　　　　　　　　　　　　　　　　　　　20 000 000

2×17 年 12 月 31 日：

借：投资性房地产——××写字楼（公允价值变动）　　　　10 000 000
　　贷：公允价值变动损益　　　　　　　　　　　　　　　　　　10 000 000

（3）投资性房地产的后续支出。投资性房地产后续支出满足资本化确认条件，将其资本化计入投资性房地产成本，借记"投资性房地产——成本"科目；不满足资本化条件计入当期损益。

（4）投资性房地产转为自用房地产。将按公允价值模式计量的投资性房地产转为自用时，应按其在转换日的公允价值，借记"固定资产"等科目；按其账面余额，贷记"投资性房地产（成本）"科目、贷记或借记"投资性房地产（公允价值变动）"科目；按其差额，贷记或借记"公允价值变动损益"科目。

【例 8 – 18】 2×18 年 10 月 15 日，甲企业租赁期满，将出租的写字楼收回，准备作为办公楼用于本企业行政管理。2×18 年 12 月 1 日，该写字楼正式开始自用，相应由投资性房地产转换为自用房地产，当日公允价值为 48 000 000 元。该项房地产在转换前采用公允价值模式计量，原账面价值 47 500 000 元，其中成本为 45 000 000 元，公允价值变动增值为 2 500 000 元。

借：固定资产　　　　　　　　　　　　　　　　　　　　　48 000 000
　　贷：投资性房地产——写字楼（成本）　　　　　　　　　　45 000 000
　　　　　　　　　　——写字楼（公允价值变动）　　　　　　　2 500 000
　　　　公允价值变动损益　　　　　　　　　　　　　　　　　　　500 000

（5）投资性房地产的处置。处置投资性房地产时，应按实际收到的金额，借记"银行存款"等科目，贷记"其他业务收入""应交税费——应交增值税（销项税额）"科目。按该项投资性房地产的账面余额，借记"其他业务成本"科目，贷记"投资性房地产（成本）"科目、贷记或借记"投资性房地产（公允价值变动）"科目；同时将原记入"公允价值变动损益""其他综合收益"科目的金额转入"其他业务成本"科目。

【例 8 – 19】承〖例 8 – 17〗，2×18 年 4 月租赁期届满，甲企业收回该项投资性房地产，于 2×18 年 6 月以不含税 550 000 000 元出售，增值税税率 9%，出售款项已收讫。

2×18 年 6 月，出售时：

借：银行存款	599 500 000
贷：其他业务收入	550 000 000
应交税费——应交增值税（销项税额）	49 500 000
借：其他业务成本	480 000 000
贷：投资性房地产——××写字楼（成本）	470 000 000
——××写字楼（公允价值变动）	10 000 000

同时，将资产性房地产累计公允价值变动转入其他业务成本：

借：公允价值变动损益	10 000 000
贷：其他业务成本	10 000 000

将转换时原计入其他综合收益的部分转入其他业务成本：

借：其他综合收益	20 000 000
贷：其他业务成本	20 000 000

3. 投资性房地产后续计量模式的变更

企业对投资性房地产的计量模式一经确定，不得随意变更。以成本模式转为公允价值模式的，应当作为会计政策变更处理，将计量模式变更时公允价值与账面价值的差额调整期初留存收益（未分配利润）。已采用公允价值模式计量的投资性房地产，不得从公允价值模式转为成本模式。

【例 8 – 20】甲企业将某一栋写字楼租赁给乙公司使用，并一直采用成本模式进行后续计量。2×19 年 1 月 1 日，甲企业认为，出租给乙公司使用的写字楼，其所在地的房地产交易市场比较成熟，具备了采用公允价值模式计量的条件，决定对该项投资性房地产从成本模式转换为公允价值模式计量。该写字楼的原造价为 90 000 000 元，已计提折旧 2 700 000 元，账面价值为 87 300 000 元。2×19 年 1 月 1 日，该写字楼的公允价值为 95 000 000 元。假设甲企业按净利润的 10% 计提盈余公积。

借：投资性房地产——××写字楼（成本）	95 000 000
投资性房地产累计折旧	2 700 000
贷：投资性房地产——××写字楼	90 000 000
利润分配——未分配利润	6 930 000
盈余公积	770 000

【本章小结】

（1）本章需完成任务包括：①无形资产的含义、特征、分类及确认原则；②内部研发支出的处理；③不同取得方式下无形资产的初始计量、后续计量及处置；④投资性房地产的含义及内容；⑤投资性房地产的初始计量及后续计量。

（2）学习完本章学生应掌握：①无形资产的含义、特征、分类，投资性房地产的含义及内容；②不同取得方式下无形资产的初始计量、后续计量及处置；③投资性房地产的初始计量及其后续计量。

（3）完成本章若干学习任务应深刻理解：①内部研发支出的处理；②投资性房地产与自用房地产的转换处理。

（4）完成学习任务应学会运用：①无形资产的初始计量、后续计量及处置；②投资性房地产的初始计量及后续计量。

第 9 章

流动负债核算

【学习目标】

通过本章学习，理解负债的含义、特征和分类；掌握短期借款、应付账款、应付票据、应付职工薪酬、应交税费、应付利息、其他应付款、交易性金融负债的核算内容及其相应的账务处理。

【能力目标】

能够掌握短期借款账务处理；掌握折扣情况下应付账款的账务处理；掌握交易性金融负债的账务处理；掌握职工薪酬的账务处理；掌握增值税、消费税等各项税金的计算和缴纳的账务处理。

【任务提示】

下述是流动负债业务过程中涉及的一系列的原始凭证，如短期借款借据单、应付职工薪酬结算单、应交税费缴款书、债务重组偿债单据等。流动负债业务在会计上应如何确认与计量，本章将要解决这些问题。

9－1

中国工商银行 INDUSTRIAL AND COMMERCIAL BANK OF CHINA		借款借据（收账通知）											
借款日期：2019 年 12 月 15 日													
贷款单位名称	江西九瑞油泵油嘴有限公司		纳税人税号	91360402309264078N									
放款账号	23402876130		往来账号	34520294168									
借款金额	人民币（大写）贰拾万元整			千	百	十	万	千	百	十	元	角	分
					¥	2	0	0	0	0	0	0	0
用途	流动资金周转借款		利率	0.00915									
单位申请期限	2019-12-14—2020-3-14		银行核定期限	2019-12-15—2020-3-15									
你单位上列借款，已转入你单位结算户内。 2019.12.15 此致 核算用章（03）（银行盖章）			单位会计人员：										

9 - 2

中国工商银行 INDUSTRIAL AND COMMERCIAL BANK OF CHINA		借款借据偿还凭证（付出凭证）			
		2019 年 12 月 31 日			
付款人	名　称	江西九瑞油泵油嘴有限公司	收款人	名　称	中国工商银行九江支行
	往来户账号	34520294168		放款户账号	23402876130
	开户分行	工行九江莲花支行		开户银行	贷款户
	计划还款日期	2019 年 12 月 31 日		还款次序	1
借款金额	人民币（大写）	叁拾万元整		￥300 000.00	
还款内容					
备注：偿还款项为2019年9月份借入短期借款。		2019.12.31	上述借款已从你单位往来账户内转还。 此致！		
			借款单位银行盖章		

（第一联 银行送单位做还款通知）

9 - 3

ICBC　中国工商银行　　　　　业务回单（付款）

日期：2019 年 12 月 21 日
回单编号：173550000289
付款人户名：江西九瑞油泵油嘴有限公司　　　　　　付款人开户行：工行九江莲花支行
付款人账号（卡号）：34520294168
收款人户名：　　　　　　　　　　　　　　　　　　收款人开户行：工行九江莲花支行
收款人账号（卡号）：
金额：肆仟捌佰元整　　　　　　　　　　　　　　　小写：4 800.00 元
业务（产品）种类：利息支出　　　凭证种类：000000000　　凭证号码：00000000000000
摘要：利息　　　　　　　　　　　用途：　　　　　　　币种：人民币
交易机构：0150602160　　记账柜员：00011　交易代码：52031　　渠道：其他
起息日期：2019-10-21　　止息日期：2019-12-21　利率 0.300000%　　利息 4 800.00

本回单为第一次打印，注意重复　　打印日期：2019 年 12 月 21 日　　打印柜员：0　验证码：A981CCDB9124

9 - 4 - 1/4

中国工商银行（赣）
转账支票存根联
BN
02　06367018

附加信息：
支票号 06367018

出票日期 2019 年 12 月 15 日

收款人：	九瑞油泵公司
金　额：	￥428 793.60
用　途：	工资

单位主管　　会计

9 - 4 - 2/4

中国工商银行 进账单（回 单）　1

2019 年 12 月 15 日

出票人	全　称	江西九瑞油泵油嘴有限公司	收款人	全　称	江西九瑞油泵油嘴有限公司
	账号	34520294168		账号	34520294999
	开户银行	工行九江莲花支行		开户银行	工行九江莲花支行

金额	人民币 (大写)肆拾贰万捌仟柒佰玖拾叁元陆角整	千	百	十	万	千	百	十	元	角	分
			¥	4	2	8	7	9	3	6	0

票据种类	转账支票	票据张数	1
票据号码	06367018		

复核　　记账　　　　　　开户银行盖章

此联是开户银行交给出票人的回单

9 - 4 - 3/4

工资结算汇总表

单位：江西九瑞油泵油嘴有限公司　　　　　2019 年 11 月 30 日　　　　　　　　金额单位：元

部门		短期薪酬 应付工资	代扣工资						实发金额
			养老保险 8%	失业保险 1%	医疗保险 2%	住房公积金 10%	个人所得税	小计	
生产车间	生产工人	390 250.00	31 220.00	3 902.50	7 805.00	39 025.00		81 952.50	308 297.50
	管理人员	17 900.00	1 432.00	179.00	358.00	1 790.00	195.00	3 954.00	13 946.00
管理部门		98 600.00	7 888.00	986.00	1 972.00	9 860.00	1 823.40	22 529.40	76 070.60
销售部门		39 200.00	3 136.00	392.00	784.00	3 920.00	488.50	8 720.50	30 479.50
合计		545 950.00	43 676.00	5 459.50	10 919.00	54 595.00	2 506.90	117 156.40	428 793.60

审核：张有才　　　　　　　　制单：董旭

9 - 4 - 4/4

特色业务中国工商银行 九江莲花支行 批量成功代付清单

机构代码：5719　　　　机构名称：中国工商银行九江莲花支行　　　　入账日期：2019年12月15日

账号	姓名	金额
4403887666235512311	陈俊杰	8 989.00
4403887666235513892	张有才	8 030.00
4403887666235531256	董旭	6 873.80
4403887666235522484	李光华	5 520.60
4403887666235522485	邢丽芸	5 851.90
4403887666235522486	肖剑洋	4 936.20
4403887666235522487	曾坤敏	5 025.20
4403887666235522488	曹晓薹	6 980.00
4403887666235522489	郑德健	5 660.50
4403887666235522490	吴国平	6 205.50
以下略	……	……
合计		428 793.60

9 - 5 - 1/3

中国工商银行（赣）
转账支票存根联
BN
—— 06367019
02

附加信息：

支票号 06367019

出票日期 2019 年 12 月 15 日

收款人：	九瑞油泵公司
金　额：	￥109 190.00
用　途：	公积金

单位主管　　会计

9 - 5 - 2/3

住房公积金汇（补）缴书 No12974606

2019 年 12 月 15 日　　　　附：缴存变更清册　　1 页

缴款单位	单位名称	江西九瑞油泵油嘴有限公司	收款单位	单位名称	江西九瑞油泵油嘴有限公司
	单位账号	34520294168		公积金账号	39840239332
	开户银行	工行九江莲花支行		开户银行	工行九江莲花支行

缴款类型	☑汇缴　　□补缴	补缴原因	
缴款人数	140	缴款时间	2019 年 11 至 2019 年 11 月　月数 1
缴款方式	□现金　　☑转账		百 十 万 千 百 十 元 角 分
金额（大写）	人民币 壹拾万玖仟壹佰玖拾元整		￥ 1 0 9 1 9 0 0 0

| 上次汇缴 | | 本次增加汇缴 | | 减少汇缴 | | 本次汇（补）缴 | |
| 人数 | 金额 | 人数 | 金额 | 人数 | 金额 | 人数 | 金额 |

上述款项已划转至市住房公积金管理中心住房公积金存款户内。（银行盖章）

复核：　　　　经办：　　　　2019 年 12 月 15 日

第一联：缴款单位开户行给缴款单位的回单

9 - 5 - 3/3

住房公积金计算表

单位：江西九瑞油泵油嘴有限公司　　　2019 年 11 月 30 日　　　　　　金额单位：元

部门		短期薪酬	短期薪酬（住房公积金）		
		应付工资	企业承担部分	个人承担部分	小计
			10%	10%	
生产车间	生产工人	390 250.00	39 025.00	39 025.00	78 050.00
	管理人员	17 900.00	1 790.00	1 790.00	3 580.00
管理部门		98 600.00	9 860.00	9 860.00	19 720.00
销售部门		39 200.00	3 920.00	3 920.00	7 840.00
合计		545 950.00	54 595.00	54 595.00	109 190.00

复核：张有才　　　　制表：董旭

9 – 6 –1/2

ICBC 中国工商银行　　中国工商银行电子缴税付款凭证　　回单凭证

记账日期：2019 年 12 月 15 日　　　　　　　检索号：20191008100435089

纳税人全称及纳税人识别号：江西九瑞油泵油嘴有限公司　91360402309264078N

收款国库（银行）名称：国家金库九江市支库

缴款书交易流水号：2019030880055508743　　　征收机构名称：国家税务总局九江市税务局

付款人账号：34520294168　　　　　　　　　　付款人全称：江西九瑞油泵油嘴有限公司

币种：人民币　　合计金额：（大写）壹拾捌万柒仟伍佰叁拾叁元捌角叁分　　　小写：187 533.83

所属日期	税种	实缴金额
20191101－20191130	社保费（养老）	109 190.00
20191101－20191130	社保费（医疗）	54 595.00
20191101－20191130	社保费（失业）	16 378.50
20191101－20191130	社保费（工伤）	2 729.75
20191101－20191130	社保费（生育）	4 640.58

卡号：9050508080054934　　柜号：　　　　　　　打印时间：2019-12-16　11：04：30

打印方式：自动打印　　　　授权柜员号：　　　　　已打印次数：1 次

地区号：1506　　　　　　　网点号：15062210　　　设备编号：DD010111520

9 – 6 – 2/2

社会保险费计算表

单位：江西九瑞油泵油嘴有限公司　　　　　　2019年11月30日　　　　　　　金额单位：元

部门		短期薪酬	短期薪酬				离职后福利				小计
			医疗保险		工伤保险	生育保险	养老保险		失业保险		
		应付工资	企业承担部分	个人承担部分	全部企业承担	全部企业承担	企业承担部分	个人承担部分	企业承担部分	个人承担部分	
			8.00%	2.00%	0.50%	0.85%	12.00%	8.00%	2.00%	1.00%	
生产车间	生产工人	390 250.00	31 220.00	7 805.00	1 951.25	3 317.13	46 830.00	31 220.00	7 805.00	3 902.50	134 050.88
	管理人员	17 900.00	1 432.00	358.00	89.50	152.15	2 148.00	1 432.00	358.00	179.00	6 148.65
管理部门		98 600.00	7 888.00	1 972.00	493.00	838.10	11 832.00	7 888.00	1 972.00	986.00	33 869.10
销售部门		39 200.00	3 136.00	784.00	196.00	333.20	4 704.00	3 136.00	784.00	392.00	13 465.20
合计		545 950.00	43 676.00	10 919.00	2 729.75	4 640.58	65 514.00	43 676.00	10 919.00	5 459.50	187 533.83

审核：张有才　　　　制表：董旭

9 – 7 – 1/3

中国工商银行（赣）

转账支票存根联

BN
02　06367021

附加信息：

支票号 06367021

出票日期 2019 年 12 月 15 日

收款人：	九瑞油泵公司
金　额：	¥6 551.40
用　途：	工会经费

单位主管　　　会计

9－7－2/3

工会专用结算凭证（行政拨交工会经费缴款书）

缴款日期　2019 年 12 月 15 日

付款单位	全称	江西九瑞油泵油嘴有限公司	收款单位	（1）全称	江西九瑞油泵油嘴有限公司工会	金额		此联交缴款单位作回单
	账号	34520294168	比例60%	账号	23983839281	万千百十元角分		
	开户银行	工行九江莲花支行		开户银行	工行九江莲花支行	¥ 6 5 5 1 4 0		
	所属月份	2019年11月　职工人数 140		（2）全称	九江市工会委员会	金额		
	上月职工工资总额	545950.00　按2%计应缴经费 10919.00	比例40%	账号	23933838091	万千百十元角分		
	迟交天数	按1%计应缴滞纳金		开户银行	工行九江十里支行			

合计金额（人民币大写）　陆仟伍佰伍拾壹元肆角整

十万千百十元角分　¥ 6 5 5 1 4 0

中国工商银行九江莲花支行 2019.12.15 核算用章（03） 2019年12月15日

9－7－3/3

中国工商银行电子缴税付款凭证　　回单凭证

ICBC 中国工商银行

记账日期：2019 年 12 月 15 日　　检索号：20191008100435090

纳税人全称及纳税人识别号：江西九瑞油泵油嘴有限公司　91360402309264078N

收款国库（银行）名称：国家金库九江市支库

缴款书交易流水号：201903088005508743　　征收机构名称：国家税务总局九江市税务局

付款人账号：34520294168　　付款人全称：江西九瑞油泵油嘴有限公司

币种：人民币　合计金额：（大写）肆仟叁佰陆拾柒元陆角整　　小写：4 367.60

所属日期	税种	实缴金额
20191101—20191130	工会经费	4 367.60

卡号：9050508080054934　　柜员号：　　打印时间：2019-12-16　11：04：30
打印方式：自动打印　　授权柜员号：　　已打印次数：20次
地区号：1506　　网点号：15062210　　设备编号：DD010111520

9－8

中国工商银行电子缴税付款凭证　　回单凭证

ICBC 中国工商银行

记账日期：2019 年 12 月 15 日　　检索号：20191008100435091

纳税人全称及纳税人识别号：江西九瑞油泵油嘴有限公司　91360402309264078N

收款国库（银行）名称：国家金库九江市支库

缴款书交易流水号：201903088005508743　　征收机构名称：国家税务总局九江市税务局

付款人账号：34520294168　　付款人全称：江西九瑞油泵油嘴有限公司

币种：人民币　合计金额：（大写）陆拾肆万陆仟伍佰伍拾元整　　小写：646 550.00

所属日期	税种	实缴金额
20191101—20191130	增值税	646 550.00

卡号：9050508080054934　　柜员号：　　打印时间：2019-12-16　11：04：30
打印方式：自动打印　　授权柜员号：　　已打印次数：20次
地区号：1506　　网点号：15062210　　设备编号：DD010111520

9 – 9

ICBC 中国工商银行	中国工商银行电子缴税付款凭证	回单凭证

记账日期：2019 年 12 月 15 日　　　　　检索号：20191008100435092

纳税人全称及纳税人识别号：江西九瑞油泵油嘴有限公司　91360402309264078N

收款国库（银行）名称：国家金库九江市支库

缴款书交易流水号：201903088005508743　　　征收机构名称：国家税务总局九江市税务局

付款人账号：34520294168　　　　　　　　付款人全称：江西九瑞油泵油嘴有限公司

币种：人民币　　合计金额：（大写）柒万柒仟伍佰捌拾陆元整　　　小写：77 586.00

所属日期	税种	实缴金额
20191101－20191130	城市维护建设税	45 258.50
20191101－20191130	教育费附加	10 396.50
20191101－20191130	地方教育费附加	12 931.00

卡号：9050508080054934　柜员号：　　　　打印时间：2019-12-16　11：04：30

打印方式：自动打印　　授权柜员号：　　　　已打印次数：2 6 次

地区号：1506　　　　网点号：15062210　　设备编号：DD010111520

9 – 10

ICBC 中国工商银行	中国工商银行电子缴税付款凭证	回单凭证

记账日期：2019 年 12 月 15 日　　　　　检索号：20191008100435093

纳税人全称及纳税人识别号：江西九瑞油泵油嘴有限公司　91360402309264078N

收款国库（银行）名称：国家金库九江市支库

缴款书交易流水号：201903088005508743　　征收机构名称：国家税务总局九江市税务局

付款人账号：34520294168　　　　　　　　付款人全称：江西九瑞油泵油嘴有限公司

币种：人民币　　合计金额：（大写）贰仟伍佰零陆元玖角　　　小写：2 506.90

所属日期	税种	实缴金额
20191101－20191130	个人所得税	2 506.90

卡号：9050508080054934　柜员号：　　　　打印时间：2019-12-16　11：05：30

打印方式：自动打印　　授权柜员号：　　　　已打印次数：2 4 次

地区号：1506　　　　网点号：15062210　　设备编号：DD010111520

9 – 11

职工薪酬汇总表

单位：江西九瑞油泵油嘴有限公司　　　　2019 年 12 月 31 日　　　　金额单位：元

部门		短期薪酬							离职后福利		合计
		应付工资	医疗保险 8.00%	工伤保险 0.50%	生育保险 0.85%	住房公积金 10.00%	工会经费 2.00%	职工教育经费	养老保险 12.00%	失业保险 2.00%	
生产车间	生产工人	394 237.16	31 538.97	1 971.19	3 351.02	39 423.72	7 884.74	9 280.00	47 308.46	7 884.74	542 880.00
	管理人员	18 095.01	1 447.60	90.48	153.81	1 809.50	361.90	240.00	2 171.40	361.90	24 731.60
管理部门		99 600.00	7 968.00	498.00	846.60	9 960.00	1 992.00	1 280.00	11 952.00	1 992.00	136 088.60
销售部门		40 600.00	3 248.00	203.00	345.10	4 060.00	812.00	400.00	4 872.00	812.00	55 352.10
合计		552 532.17	44 202.57	2 762.67	4 696.53	55 253.22	11 050.64	11 200.00	66 303.86	11 050.64	759 052.30

审核：张有才　　　　　　制表：董旭

9 – 12

个人所得税计算表

单位：江西九瑞油泵油嘴有限公司　　　　2019 年12月31日　　　　金额单位：元

姓名	应付工资	三险一金	应税职工福利费	应纳税所得额	应交个人所得税
陈俊才	11 200.00	2 352.00	234.00	4 082.00	198.20
张有才	10 500.00	2 205.00	234.00	3 529.00	142.90
董 旭	9 000.00	1 890.00	234.00	2 344.00	70.32
李光华	7 700.00	1 617.00	234.00	1 317.00	39.51
邢丽芸	7 000.00	1 470.00	234.00	764.00	22.92
肖剑洋	7 600.00	1 596.00	234.00	1 238.00	37.14
曾坤敏	6 600.00	1 386.00	234.00	448.00	13.44
曹晓鹭	9 200.00	1 932.00	234.00	2 502.00	75.06
郑德健	8 300.00	1 743.00	234.00	1 791.00	53.73
吴国平	8 200.00	1 722.00	234.00	1 712.00	51.36
合计	85 300.00	17 913.00	2 340.00	19 727.00	704.58

备注：公司其他职工本月无应交个人所得税

审核：张有才　　　　　　制表：董旭

9 – 13

未交增值税计算表

单位：江西九瑞油泵油嘴有限公司　　　　2019 年12月31日　　　　金额单位：元

项目	进项税额	销项税额	进项税额转出	本月未交增值税
增值税	401 876.06	1 132 948.00	30.75	731 102.69
合 计	401 876.06	1 132 948.00	30.75	731 102.69

审核：张有才　　　　　　制表：董旭

9 – 14

应交城市维护建设税与教育费附加计算表

单位：江西九瑞油泵油嘴有限公司　　　　2019 年12月31日　　　　金额单位：元

税种	计税依据	计税金额	税率	应纳税额
城市维护建设税	增值税	731 102.69	7%	51 177.19
	小 计			51 177.19
教育费附加	增值税	731 102.69	3%	21 933.08
	小 计			21 933.08
地方教育附加	增值税	731 102.69	2%	14 622.05
	小 计			14 622.05

审核：张有才　　　　　　制表：董旭

9 – 15

应交财产税计算表

单位: 江西九瑞油泵油嘴有限公司　　　　　　2019 年12月31日　　　　　　金额单位: 元

税种	应纳税额计算								
房产税	征收方式	从价计征				从租计征			应纳房产税税额合计
	项目	房产原值	房产余值	税率	应纳税额	租金收入	税率	应纳税额	
	金额	53 273 280.00	37 291 296.00	1.20%	447 495.55				447 495.55
车船税		税目		计税单位	单位税额	数量	税额		应纳车船税税额合计
	乘用车	1.0升以上至1.6升(含)		辆	360.00	3	1 080.00		2 880.00
		1.6升以上至2.0升(含)		辆	420.00	2	840.00		
	商用车	货车		吨	96.00	10	960.00		
土地使用税	应税面积(平方米)				税率(元/平方米)				应纳土地使用税税额
	4 608.00				10.00				46 080.00
应交财产税总额									496 455.55

审核: 张有才　　　　　　制表: 董旭

9.1　流动负债概述

9.1.1　流动负债的含义和特点

1. 流动负债的含义

流动负债是指预计在一个正常营业周期中清偿, 或者主要为交易目的而持有, 或者自资产负债表日起 1 年内 (含 1 年) 到期应予以清偿, 或者企业无权自主地将清偿推迟至资产负债表日后 1 年以上的负债。流动负债主要包括短期借款、应付票据、应付账款、预收账款、应付职工薪酬、应交税费、应付股利、应付利息、其他应付款等。

2. 流动负债的特点

(1) 偿还期短, 在债权人提出要求时即期偿付, 或在一年以内必须偿还;

(2) 这项义务要用企业的流动资产或流动负债清偿。

9.1.2　流动负债的分类

流动负债按照不同的标准分为不同的类别, 以满足不同的需要。

1. 按照流动负债产生的原因分类

(1) 借贷形成的流动负债。如从银行和其他金融机构借入的短期借款。

(2) 结算过程中形成的流动负债。如企业购入原材料, 在货款尚未支付前形成的一笔待结算的应付账款。

(3) 经营过程中产生的流动负债。如应付利息、应交税费、应付职工薪酬等。

（4）利润分配产生的流动负债。如应付股利、应付利润等。

2. 按照流动负债的应付金额确定的程度分类

（1）应付金额确定的流动负债。这类流动负债，一般在确认一项义务的同时，根据合同、契约或法律的规定，具有确切的金额乃至确切的债权人和付款日，并且到期必须偿还。如短期借款、应付账款、预收账款等。

（2）应付金额视经营情况而定的流动负债。这类流动负债是企业在一定的经营期末才能确定负债金额，在该经营期末结束之前，负债金额不能以货币计量如应付股利、应交税费等。

（3）应付金额需予估计的流动负债。虽然这项负债是过去发生的现存义务，但其金额乃至偿还日期和债权人，在编制资产负债表日仍难以确定，如产品质量担保债务，这类债务应按以往的经验或依据有关的资料估计确定其应承担义务的金额，如预计负债。

9.2 短期借款核算

9.2.1 短期借款概述

短期借款是指企业为了满足正常生产经营的需要，而向银行或其他金融机构等借入期限在1年以下（含1年）的各种借款。企业应设置"短期借款"科目，该账户的贷方登记取得借款的本金数额，借方登记偿还借款的本金数额，余额在贷方表示尚未偿还的借款本金数额。本科目按照债权人的名称设置明细账户，并按借款种类、贷款人和币种进行明细核算。短期借款利息属于筹资费用，应记入"财务费用"科目。在实际工作中，银行一般于每季度末收取短期借款利息，为此短期借款利息一般采用月末预提的方式进行核算。

9.2.2 短期借款会计核算

短期借款会计核算流程如图9-1所示。

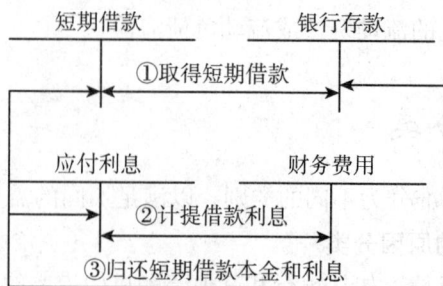

图9-1 短期借款会计核算流程

1. 借入本金核算

企业从银行或其他金融机构借入款项时，应签订借款合同，注明借款金额、借款利率和还款时间等。取得短期借款时，应借记"银行存款"科目，贷记"短期借款"科目。"短期借款"科目应按债权人以及借款种类、还款时间设置明细账。

【例 9 - 1】某企业 7 月 1 日从银行取得偿还期为 6 个月的借款 80 000 元，年利率为 6%，每季度结息一次。根据以上资料，编制会计分录如下：

借：银行存款 　　　　　　　　　　　　　　　　　　　　　　80 000
　　贷：短期借款 　　　　　　　　　　　　　　　　　　　　　80 000

2. 短期借款利息核算

（1）实际支付利息核算。在短期借款的数额不多，各月负担的利息费用数额不大的情况下，也可以采用简化的核算方法，即于实际支付利息的月份，将其全部作为当月的财务费用处理，借记"财务费用"科目，贷记"银行存款"科目。

【例 9 - 2】承〖例 9 - 1〗，9 月末支付第三季度的利息，编制会计分录如下：

借：财务费用 　　　　　　　　　　　　　　　　　　　　　　1 200
　　贷：银行存款 　　　　　　　　　　　　　　　　　　　　　1 200

（2）按月计提利息核算。在资产负债表日按照计算确定的短期借款利息费用，借记"财务费用"科目，贷记"应付利息"科目；实际支付利息时，根据已计提利息，借记"应付利息"科目，贷记"银行存款"科目。

【例 9 - 3】A 股份有限公司于 2 × 19 年 1 月 1 日向银行借入一笔生产经营用短期借款 60 000 元，期限 6 个月，年利率为 8%，根据与银行签署的借款协议，该借款到期后一次归还，利息分月计提，按季支付。A 股份有限公司的有关会计处理如下：

1 月 1 日借入款项时，作如下会计分录：

借：银行存款 　　　　　　　　　　　　　　　　　　　　　　60 000
　　贷：短期借款 　　　　　　　　　　　　　　　　　　　　　60 000

1 月末计提当月利息时，作如下会计分录：

借：财务费用 　　　　　　　　　　　　　　　　　　　　　　400
　　贷：应付利息 　　　　　　　　　　　　　　　　　　　　　400

本月应计提的利息金额 = 60 000 × 8% ÷ 12 = 400（元）

2 月末计提当月利息的处理同上。

3 月末支付本季度应付银行借款利息时，作如下会计分录：

借：财务费用 　　　　　　　　　　　　　　　　　　　　　　400
　　应付利息 　　　　　　　　　　　　　　　　　　　　　　800
　　贷：银行存款 　　　　　　　　　　　　　　　　　　　　　1 200

第二季度的会计处理同上。

3. 短期借款偿还核算

企业在短期借款到期偿还借款本金时，应借记"短期借款"科目，贷记"银行存款"科目。

【例 9 - 4】承〖例 9 - 1〗，该企业偿还短期借款 80 000 元，编制会计分录如下：

借：短期借款 　　　　　　　　　　　　　　　　　　　　　　80 000
　　贷：银行存款 　　　　　　　　　　　　　　　　　　　　　80 000

9.3　应付账款核算

9.3.1　应付账款的含义及核算内容

1. 应付账款的含义

应付账款是指企业因购买材料、商品或接受劳务等业务应支付给供应商的账款。它是由于在购销活动中买卖双方取得物资与支付货款在时间上的不一致而产生的负债。

2. 应付账款的核算内容

企业应设置"应付账款"总分类账户。该账户属于负债类账户，余额在贷方，表示尚未支付的应付款项。应付账款的入账依据为发票账单。应付账款一般按实际支付金额入账，如果购入的资产在形成一笔应付账款时带有现金折扣，我国现行制度规定，应付账款应采用"总价法"入账。"应付账款"账户应按债权单位设置明细账户进行分类核算。

9.3.2　应付账款的会计处理

应付账款会计核算流程如图 9 - 2 所示。

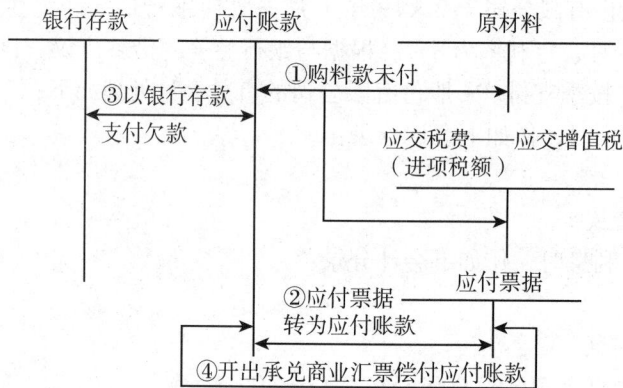

图 9 - 2　应付账款会计核算流程

1. 一般业务的会计处理

公司购入材料、商品等验收入库，但货款尚未支付，根据有关凭证，借记"原材料""库存商品""应交税费——应交增值税（进项税额）"等科目，贷记"应付账款"科目。企业接受供应单位提供劳务而发生的应付未付的款项，应根据供应单位的发票账单，借记"制造费用""管理费用"等有关成本、费用类科目，贷记"应付账款"科目；企业偿付应付账款时，借记"应付账款"科目，贷记"银行存款"科目。

【例 9 - 5】甲公司生产车间接受外单位的修理劳务，发生应付款项 45 200 元，其中生产车间劳务支出为 40 000 元，增值税为 5 200 元，劳务费尚未支付。账务处理如下：

将应付但尚未支付的账款入账时：

借：生产成本　　　　　　　　　　　　　　　　　　　　　40 000
　　应交税费——应交增值税（进项税额）　　　　　　　　5 200
　　　贷：应付账款——××单位　　　　　　　　　　　　　　　45 200

偿还应付账款时：
借：应付账款——××单位　　　　　　　　　　　　　　　45 200
　　贷：银行存款　　　　　　　　　　　　　　　　　　　　　　45 200

2. 应付账款中含有现金折扣的会计处理

（1）总价法。总价法的特点是购进的货物和应付账款均按结算凭证中的价格入账，借记"原材料""应交税费"等科目，贷记"应付账款"科目。企业在折扣期内支付了货款，取得了现金折扣，则将其视为提前付款取得的利息收入，冲减财务费用，按应付账款的总价借记"应付账款"科目，按实际支付的价款贷记"银行存款"科目，按取得的现金折扣贷记"财务费用"科目；如果未取得现金折扣，按总价支付货款时，应借记"应付账款"科目，贷记"银行存款"科目。

【例 9－6】某公司 8 月 5 日赊购原材料一批，发票中注明的买价为 20 000 元，增值税为 2 600 元，共计 22 600 元，原材料已经入库。付款条件为 2/10，n/30。该企业采用总价法进行核算。8 月 15 日实际支付价款 22 148 元 ［22 600×（1－2%）］，取得现金折扣 452 元（折扣考虑增值税）。

8 月 5 日购入原材料，按总价入账：
借：原材料　　　　　　　　　　　　　　　　　　　　　　20 000
　　应交税费——应交增值税（进项税额）　　　　　　　　2 600
　　　贷：应付账款　　　　　　　　　　　　　　　　　　　　22 600

8 月 15 日支付价款 22 148 元：
借：应付账款　　　　　　　　　　　　　　　　　　　　　22 600
　　贷：银行存款　　　　　　　　　　　　　　　　　　　　　22 148
　　　　财务费用　　　　　　　　　　　　　　　　　　　　　　452

（2）净价法。净价法的特点是购进的货物和应付账款均按结算凭证中的价格扣除最大现金折扣后的金额入账。在我国，现金折扣在销货方不能抵减增值税销项税额，因而在购货方也不应抵减增值税进项税额，而应抵减购货成本。需要指出的是，采用净价法时，为了正确反映应付账款的数额，对于期末已经丧失的现金折扣应予以调整，丧失的现金折扣一般也视为迟付货款多付的利息，计入财务费用。调整丧失的现金折扣时，应借记"财务费用"科目，贷记"应付账款"科目。

9.4　应付票据核算

9.4.1　应付票据的核算内容

应付票据是指企业在商品购销活动和对工程价款进行结算等因采用商业汇票结算方式而发生的，由出票人出票，委托付款人在指定日期无条件支付确定金额给收款人或者持票人的票据，它包括商业承兑汇票和银行承兑汇票。

为了总括地核算企业商业汇票开出、承兑以及支付的情况，企业应设置"应付票据"总分类账户。该账户应按债权人设置明细账户进行分类核算。

9.4.2　应付票据会计核算

企业开出、承兑商业汇票或以承兑商业汇票抵付货款、应付账款等，借记"材料采购"等科目，贷记"应付票据"科目。涉及增值税进项税额的，还应进行相应的处理。

支付银行承兑汇票的手续费，借记"财务费用"科目，贷记"银行存款"科目。支付票款，借记"应付票据"科目，贷记"银行存款"科目。

银行承兑汇票到期，企业无力支付票款的，按应付票据的票面金额，借记"应付票据"科目，贷记"短期借款"科目。商业承兑汇票到期无力支付时，转入应付账款。

1. 不带息应付票据核算

对于不带息应付票据，其票据到期应付的金额就是票据的面值。其会计核算流程如图 9-3 所示。

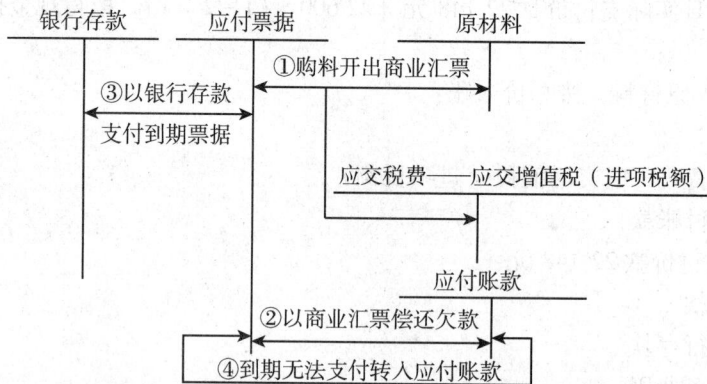

图 9-3　不带息应付票据会计核算流程

【例 9-7】天达公司于 1 月 1 日开出期限 3 个月、面值为 113 000 元的商业承兑汇票（其中材料成本为 100 000 元，增值税为 13 000 元），用来购买材料。账务处理如下：

购买材料开出商业承兑汇票时：

借：材料采购   100 000

    应交税费——应交增值税（进项税额）   13 000

        贷：应付票据   113 000

票据到期，企业支付票据面值时：

借：应付票据   113 000

        贷：银行存款   113 000

票据到期，若企业无力偿还票款时：

借：应付票据   113 000

        贷：应付账款   113 000

2. 带息应付票据核算

公司应于中期期末或年度终了，计算应付利息，借记"财务费用"科目，贷记"应付票据"科目。票据到期支付本息时，按票据账面价值借记"应付票据"科目，按未计的利息借记"财务费用"科目，按实际支付的金额贷记"银行存款"科目。应付票据到期，如公司无力支付票款，按应付票据的账面价值，借记"应付票据"科目，贷记"应付账款"科目，到期不能支付的带息应付票据，转入"应付账款"科目（银行承兑汇票转入短期借款）核算后，中期期末或年度终了时不再计提利息。

带息应付票据会计核算流程如图 9-4 所示。

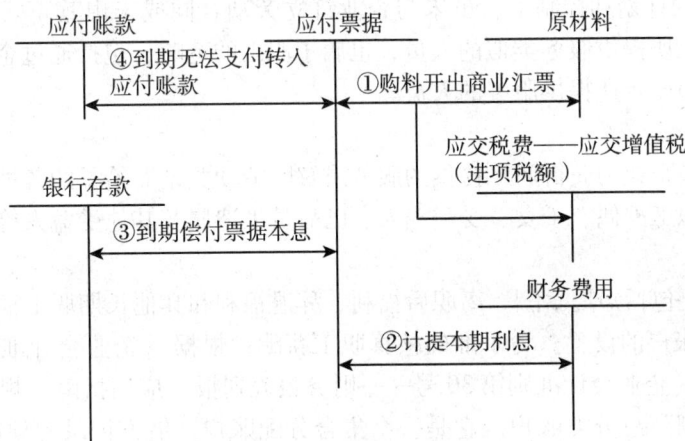

图 9-4　带息应付票据会计核算流程

【**例 9-8**】 承〖例 9-7〗，假设该公司开出的汇票的年利率为 12%，金额为 100 000 元，其他条件不变。

购买材料开出汇票时：

借：材料采购　　　　　　　　　　　　　　　　　　　100 000
　　应交税费——应交增值税（进项税额）　　　　　　　13 000
　　　贷：应付票据　　　　　　　　　　　　　　　　　　　113 000

银行承兑汇票到期，企业支付本息款：

借：应付票据　　　　　　　　　　　　　　　　　　　113 000
　　财务费用　　　　　　　　　　　　　　　　　　　　3 390
　　　贷：银行存款　　　　　　　　　　　　　　　　　　　116 390

9.5　应付职工薪酬核算

9.5.1　职工与职工薪酬的概念

1. 职工

职工是指与企业订立劳动合同的所有人员，含全职、兼职和临时职工，也包括虽未与企业订立劳动合同但由企业正式任命的人员。具体而言包括以下人员：

（1）与企业订立劳动合同的所有人员，含全职、兼职和临时职工。按照我国《劳动法》和《劳动合同法》的规定，企业作为用人单位应当与劳动者订立劳动合同，职工首先应当包括这部分人员，即与企业订立了固定期限、无固定期限或者以完成一定工作作为期限的劳动合同的所有人员。

（2）未与企业订立劳动合同但由企业正式任命的人员，如部分董事会成员、监事会成员等。企业按照有关规定设立董事会、监事会的，如所聘请的独立董事、外部监事等，虽然没有与企业订立劳动合同，但属于由企业正式任命的人员，属于职工的范畴。

（3）在企业的计划和控制下，虽未与企业订立劳动合同或未由其正式任命，但向企业所提供服务与职工所提供服务类似的人员，也属于职工的范畴，包括通过企业与劳务中介公司签订用工合同而向企业提供服务的人员。

2. 职工薪酬

职工薪酬是指企业为获得职工提供的服务或解除劳动关系而给予的各种形式的报酬或补偿。企业提供给职工配偶、子女、受赡养人、已故员工遗属及其他受益人等的福利，也属于职工薪酬。

职工薪酬主要包括短期薪酬、离职后福利、辞退福利和其他长期职工福利。

（1）总分类账户的设置。为了准确核算职工薪酬，根据《企业会计准则第9号——职工薪酬》以及《〈企业会计准则第30号——财务报表列报〉应用指南》规定，企业应该设置"应付职工薪酬"总分类账户。它是一个集合分配账户，借方记录各项职工薪酬（工资薪金、职工福利费、职工教育经费、工会经费、养老保险、医疗保险、住房公积金等）的实际发生额，贷方记录按照受益对象分配的金额，本账户一般无余额。如有贷方余额，反映期末尚未支付的职工薪酬，这时"应付职工薪酬"账户就是负债类账户，而不是集合分配账户。

（2）明细账户的设置。应付职工薪酬明细账户包括：应付职工薪酬——短期薪酬（工资）、应付职工薪酬——短期薪酬（职工福利）、应付职工薪酬——短期薪酬（医疗保险费）、应付职工薪酬——短期薪酬（工伤保险费）、应付职工薪酬——短期薪酬（生育保险费）、应付职工薪酬——短期薪酬（工会经费）、应付职工薪酬——短期薪酬（住房公积金）、应付职工薪酬——短期薪酬（职工教育经费）、应付职工薪酬——短期薪酬（非货币性福利）、应付职工薪酬——离职后福利（养老保险）、应付职工薪酬——离职后福利（失业保险）、应付职工薪酬——辞退福利、应付职工薪酬——其他长期职工福利。

9.5.2　短期薪酬的会计核算

1. 短期薪酬的内容

短期薪酬是指企业预期在职工提供相关服务的年度报告期间结束后12个月内将全部予以支付的职工薪酬，因解除与职工的劳动关系给予的补偿除外。因解除与职工的劳动关系给予的补偿属于辞退福利的范畴。

短期薪酬主要包括：

（1）职工工资、奖金、津贴和补贴，是指企业按照构成工资总额的计时工资、计件工资、支付给职工的超额劳动报酬等的劳动报酬、为了补偿职工特殊或额外的劳动消耗和因其他特殊原因支付给职工的津贴，以及为了保证职工工资水平不受物价影响支付给职工的物价补贴等。其中，企业按照短期奖金计划向职工发放的奖金属于短期薪酬，按照长期奖金计划向职工发放的奖金属于其他长期职工福利。

（2）职工福利费，是指企业向职工提供的生活困难补助、丧葬补助费、抚恤费、职工异地安家费、职工疗养费、职工因公外地就医费、防暑降温费等职工福利支出。

（3）医疗保险费、工伤保险费和生育保险费等社会保险费，是指企业按照国家规定的基准和比例计算，向社会保险经办机构缴存的医疗保险费、工伤保险费和生育保险费。

（4）住房公积金，是指企业按照国家规定的基准和比例计算，向住房公积金管理机构缴存的住房公积金。

（5）工会经费和职工教育经费，是指企业为了改善职工文化生活、为职工学习先进技术以及提高文化水平和业务素质，用于开展工会活动和职工教育及职业技能培训等相关支出。

（6）短期带薪缺勤，是指职工虽然缺勤但企业仍向其支付报酬的安排，包括年休假、病假、婚假、产假、丧假、探亲假等。长期带薪缺勤属于其他长期职工福利。

（7）短期利润分享计划，是指因职工提供服务而与职工达成的基于利润或其他经营成果提供薪酬的协议。长期利润分享计划属于其他长期职工福利。

（8）非货币性福利，是指企业以其自产的产品或外购商品发放给职工作为福利、将自己拥有的房屋等资产无偿提供给职工使用或租赁住房等资产供职工无偿使用以作为福利等。

（9）其他短期薪酬，是指除上述薪酬以外的其他为获得职工提供的服务而给予的短期薪酬。

2. 短期薪酬的确认和计量

企业应当在职工为其提供服务的会计期间，将实际发生的短期薪酬确认为负债，并计入当期损益，其他相关会计准则要求或允许计入资产成本的除外。

（1）货币性短期薪酬。职工的工资、奖金、津贴和补贴，大部分的职工福利费、医疗保险费、工伤保险费、生育保险费等社会保险费，住房公积金、工会经费和职工教育经费一般属于货币性短期薪酬。

第一，货币性职工薪酬的确认。

① 企业计提分配的职工工资、津贴和补贴等短期薪酬，应当根据职工提供服务情况和工资标准等计算，应计入职工薪酬的工资总额，并按照受益对象计入当期损益或相关资产成本，借记"生产成本""制造费用""管理费用""销售费用""在建工程""研发支出"等科目，贷记"应付职工薪酬——短期薪酬（工资）"科目。

② 企业计提医疗保险费、工伤保险费、生育保险费等社会保险费和住房公积金，以及按规定提取的工会经费和职工教育经费，应当在职工为其提供服务的会计期间，根据规定的计提基础和计提比例计算确定相应的职工薪酬金额，并确认相关负债，按照受益对象计入当期损益或相关资产成本，借记"生产成本""制造费用""管理费用""销售费用""在建工程""研发支出"等科目，贷记"应付职工薪酬——短期薪酬（医疗保险）（公司承担部分）""应付职工薪酬——短期薪酬（工伤保险）（全部公司承担部分）""应付职工薪

酬——短期薪酬（生育保险）（全部公司承担部分）""应付职工薪酬——短期薪酬（住房公积金）（公司承担部分）""应付职工薪酬——短期薪酬（工会经费）""应付职工薪酬——短期薪酬（教育经费）"科目。

③ 企业发生的职工福利费，应当在实际发生时根据实际发生额计入当期损益或相关资产成本。

第二，货币性职工薪酬的发放。

① 工资发放时，借记"应付职工薪酬——短期薪酬（工资）"科目，贷记"库存现金/银行存款"科目。

② 发放工资时代扣代缴保险费用、住房公积金员工个人承担部分，借记"应付职工薪酬——（短期薪酬）工资"科目，贷记"其他应收款——养老保险（个人承担部分）""其他应收款——医疗保险（个人承担部分）""其他应收款——失业保险（个人承担部分）""其他应收款——住房公积金（个人承担部分）""应交税费——应交个人所得税"科目。

③ 实际缴纳保险、住房公积金时，借记"应付职工薪酬——短期薪酬（医疗保险）（公司承担部分）""应付职工薪酬——短期薪酬（工伤保险）（全部公司承担部分）""应付职工薪酬——短期薪酬（生育保险）（全部公司承担部分）""应付职工薪酬——短期薪酬（住房公积金）（公司承担部分）""其他应收款——养老保险（个人承担部分）""其他应收款——医疗保险（个人承担部分）""其他应收款——失业保险（个人承担部分）""其他应收款——住房公积金（个人承担部分）"科目，贷记"银行存款"科目（工伤保险、生育保险员工个人无须缴纳）。

④ 上交个人所得税，借记"应交税费——应交个人所得税"科目，贷记"银行存款"科目。

应付职工薪酬会计核算流程如图9-5所示。

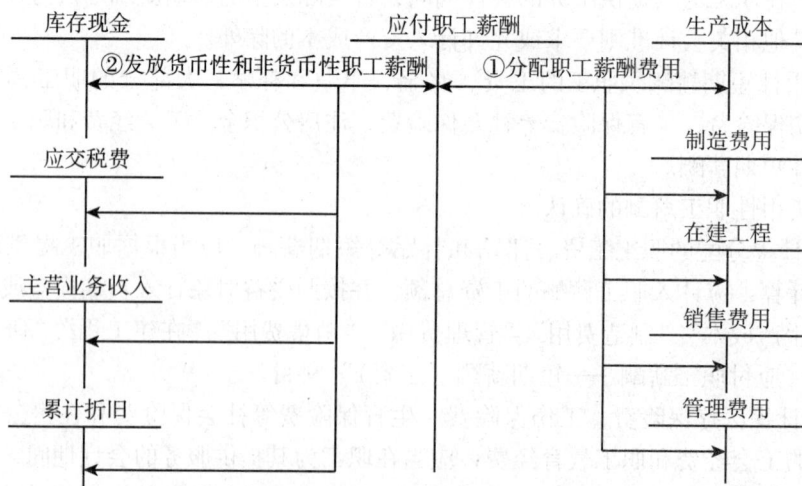

图9-5　应付职工薪酬会计核算流程

【例9-9】2×18年7月甲公司当月应发工资552 532.17元，其中，生产工人工资

394 237. 16 元，车间管理人员工资 18 095. 01 元，厂部管理人员工资 99 600 元，销售部门管理人员工资 40 600 元。根据甲公司所在地政府规定，甲公司应当按照职工工资总额的 8%、0.5%、0.85%、10%、2%、8% 分别计提医疗保险费、工伤保险、生育保险、住房公积金、工会经费、职工教育经费。假定不考虑其他因素以及所得税影响。根据上述资料，甲公司计算其 2×18 年 7 月份的职工薪酬金额如下：

应当计入生产成本的职工薪酬 = 394 237. 16 + 394 237. 16 × (8% + 0.5% + 0.85% + 10% + 2% + 8%) = 509 945. 76 （元）

应当计入制造费用的职工薪酬金额 = 18 095. 01 + 18 095. 01 × (8% + 0.5% + 0.85% + 10% + 2% + 8%) = 23 405. 90 （元）

应当计入管理费用的职工薪酬金额 = 99 600 + 99 600 × (8% + 0.5% + 0.85% + 10% + 2% + 8%) = 128 832. 60 （元）

应当计入销售费用的职工薪酬金额 = 40 600 + 40 600 × (8% + 0.5% + 0.85% + 10% + 2% + 8%) = 52 516. 10 （元）

甲公司有关账务处理如下：

借：生产成本	509 945. 76
制造费用	23 405. 90
管理费用	128 832. 60
销售费用	52 516. 10
贷：应付职工薪酬——短期薪酬（工资）	552 532. 17
——短期薪酬（医疗保险费）	44 202. 57
——短期薪酬（工伤保险）	2 762. 66
——短期薪酬（生育保险）	4 696. 53
——短期薪酬（住房公积金）	55 253. 22
——短期薪酬（工会经费）	11 050. 64
——短期薪酬（职工教育经费）	44 202. 57

【例 9-10】 2×18 年 7 月末转账发放本月工资 433 600. 42 元，代扣工资款项有养老金个人承担 8% 部分 44 202. 57 元，失业保险个人承担 1% 部分 5 525. 32 元，医疗保险个人承担 2% 部分 11 050. 64 元，住房公积金个人承担 10% 部分 55 253. 22 元，个人所得税 2 900 元。

发放工资时：

借：应付职工薪酬——短期薪酬（工资）	433 600. 42
贷：银行存款	433 600. 42

发放工资时，代扣代缴保险费用、住房公积金员工个人承担部分：

借：应付职工薪酬——短期薪酬（工资）	118 931. 75
贷：其他应收款——养老保险（个人承担部分）	44 202. 57
——医疗保险（个人承担部分）	11 050. 64
——失业保险（个人承担部分）	5 525. 32
——住房公积金（个人承担部分）	55 253. 22
应交税费——应交个人所得税	2 900

（2）短期带薪缺勤。带薪缺勤根据其性质及其职工享有的权利，分为累积带薪缺勤和非累积带薪缺勤两类。企业应当对累积带薪缺勤和非累积带薪缺勤分别进行会计处理。如果带薪缺勤属于长期带薪缺勤的，企业应当作为其他长期职工福利处理。

第一，累积带薪缺勤。累积带薪缺勤，是指带薪权利可以结转下期的带薪缺勤，本期尚未用完的带薪缺勤权利可以在未来期间使用。企业应当在职工提供了服务从而增加了其未来享有的带薪缺勤权利时，确认与累积带薪缺勤相关的职工薪酬，并以累积未行使权利而增加的预期支付金额计量。

有些累积带薪缺勤在职工离开企业时，对于未行使的权利，职工有权获得现金支付。职工在离开企业时能够获得现金支付的，企业应当确认企业必须支付的、职工全部累积未使用权利的金额。企业应当根据资产负债表日因累积未使用权利而导致的预期支付的追加金额，作为累积带薪缺勤费用进行预计。

【例9-11】乙公司共有1 000名职工，从2×18年1月1日起，该公司实行累积带薪缺勤制度。该制度规定，每个职工每年可享受5个工作日带薪年休假，未使用的年休假只能向后结转一个日历年度，超过1年未使用的权利作废；职工休年休假时，首先使用当年可享受的权利，不足部分再从上年结转的带薪年休假中扣除；职工离开公司时，对未使用的累积带薪年休假无权获得现金支付。

2×18年12月31日，每个职工当年平均未使用带薪年休假为2天。乙公司预计2×19年有950名职工将享受不超过5天的带薪年休假，剩余50名职工每人将平均享受6.5天年休假，假定这50名职工全部为总部管理人员，该公司平均每名职工每个工作日工资为500元。

根据上述资料，乙公司职工2×18年已休带薪年休假的，由于在休假期间照发工资，因此相应的薪酬已经计入公司每月确认的薪酬金额中。与此同时，公司还需要预计职工2×18年享有但尚未使用的、预期将在下一年度使用的累积带薪缺勤，并计入当期损益或者相关资产成本。在本例中，乙公司在2×18年12月31日预计由于职工累积未使用的带薪年休假权利而导致预期将支付的工资负债即为75天（50×1.5）的年休假工资金额37 500元（75×500），并作如下账务处理：

借：管理费用　　　　　　　　　　　　　　　　　　　　　　　37 500
　　贷：应付职工薪酬——累积带薪缺勤　　　　　　　　　　　　　　　37 500

第二，非累积带薪缺勤。非累积带薪缺勤，是指带薪权利不能结转下期的带薪缺勤，本期尚未用完的带薪缺勤权利将予以取消，并且职工离开企业时也无权获得现金支付。我国企业职工休婚假、产假、丧假、探亲假、病假期间的工资通常属于非累积带薪缺勤。由于职工提供服务本身不能增加其能够享受的福利金额，企业在职工未缺勤时不应当计提相关费用和负债。企业应当在职工实际发生缺勤的会计期间确认与非累积带薪缺勤相关的职工薪酬。企业确认职工享有的与非累积带薪缺勤权利相关的薪酬，视同职工出勤确认的当期损益或相关资产成本。通常情况下，与非累积带薪缺勤相关的职工薪酬已经包括在企业每期向职工发放的工资等薪酬中，因此，不必额外作相应的账务处理。

（3）短期利润分享计划（或奖金计划）。企业制订有短期利润分享计划的，如当职工完成规定业绩指标，或者在企业工作了特定期限后，能够享有按照企业净利润的一定比例计算的薪酬，企业应当按照相关的规定进行有关会计处理。

短期利润分享计划同时满足下列条件的，企业应当确认相关的应付职工薪酬，并计入当期损益或相关资产成本：企业因过去事项导致现在具有支付职工薪酬的法定义务或推定义务；因利润分享计划所产生的应付职工薪酬义务能够可靠估计。

属于下列三种情形之一的，视为义务金额能够可靠估计。① 在财务报告批准报出之前企业已确定应支付的薪酬金额。② 该利润分享计划的正式条款中包括确定薪酬金额的方式。③ 过去的惯例为企业确定推定义务金额提供了明显证据。

企业在计量利润分享计划产生的应付职工薪酬时，应当反映职工因离职而没有得到利润分享计划支付的可能性。

企业根据经营业绩或职工贡献等情况提取的奖金，属于奖金计划，应当比照短期利润分享计划进行处理。

【例9－12】丙公司于2×15年初制订和实施了一项短期利润分享计划，以对公司管理层进行激励。该计划规定，公司全年的净利润指标为1 000万元，如果在公司管理层的努力下完成的净利润超过1 000万元，公司管理层将可以分享超过1 000万元净利润部分的10%作为额外报酬。

假定至2×15年12月31日，丙公司全年实际完成净利润1 500万元。假定不考虑离职等其他因素，则丙公司管理层按照利润分享计划可以分享利润50万元［(1 500－1 000)×10%］作为其额外的薪酬。

丙公司2×15年12月31日的相关账务处理如下：

借：管理费用　　　　　　　　　　　　　　　　　　　　　　　500 000
　　贷：应付职工薪酬——利润分享计划　　　　　　　　　　　　　　500 000

（4）非货币性福利。企业向职工提供非货币性福利的，应当按照公允价值计量。公允价值不能可靠取得的，可以采用成本计量。

企业向职工提供非货币性福利的，应当分别情况处理：

第一，以其自产的产品或外购商品发放给职工作为非货币性福利。企业以自产的产品作为非货币性福利提供给职工的，应当按照该产品的公允价值和相关税费确定职工薪酬金额，并计入当期损益或相关资产成本。相关收入的确认、销售成本的结转以及相关税费的处理，与企业正常商品销售的会计处理相同。企业以外购的商品作为非货币性福利提供给职工的，应当按照该商品的公允价值和相关税费确定职工薪酬的金额，并计入当期损益或相关资产成本。

【例9－13】甲公司为一家彩电生产企业，共有职工200名，2×15年2月，公司以其生产的成本为8 000元的液晶彩电和外购的每部不含税价格为1 000元的智能手机作为福利发放给公司每名职工。该型号液晶彩电的售价为每台10 000元，已开具了增值税专用发票；甲公司用银行存款支付了购买手机的价款和增值税进项税额，已取得增值税专用发票。甲公司适用的增值税税率为13%。假定200名职工中170名为直接参加生产职工，30名为总部管理人员。

彩电的售价总额 = 170 × 10 000 + 30 × 10 000 = 2 000 000（元）

彩电的增值税销项税额 = 170 × 10 000 × 13% + 30 × 10 000 × 13% = 260 000（元）

决定发放彩电给职工时：

借：生产成本　　　　　　　　　　　　　　　　　　　　　　　1 921 000

　　　　管理费用　　　　　　　　　　　　　　　　　　　　339 000

　　　　　贷：应付职工薪酬——非货币性福利　　　　　　　　　2 260 000

　　实际发放彩电时：

　　　借：应付职工薪酬——非货币性福利　　　　　　　　2 260 000

　　　　　贷：主营业务收入　　　　　　　　　　　　　　　　2 000 000

　　　　　　　应交税费——应交增值税（销项税额）　　　　　　260 000

　　　借：主营业务成本　　　　　　　　　　　　　　　　1 600 000

　　　　　贷：库存商品　　　　　　　　　　　　　　　　　　1 600 000

　　购进手机时知道作为福利发给职工：

　　　借：库存商品　　　　　　　　　　　　　　　　　　226 000

　　　　　贷：银行存款　　　　　　　　　　　　　　　　　　226 000

　　决定发放手机给职工时：

　　　借：生产成本　　　　　　　　　　　　　　　　　　192 100

　　　　　管理费用　　　　　　　　　　　　　　　　　　　33 900

　　　　　贷：应付职工薪酬——非货币性福利　　　　　　　　　226 000

　　实际发放手机时：

　　　借：应付职工薪酬——非货币性福利　　　　　　　　　226 000

　　　　　贷：库存商品　　　　　　　　　　　　　　　　　　226 000

　　第二，将自己拥有的资产（如房屋、汽车等）无偿提供给职工使用或租赁住房等资产供职工无偿使用。企业将自己拥有的房屋、汽车等资产无偿提供给职工使用的，应根据受益对象，将该资产每期应计提折旧计入相关成本或当期损益，同时确认应付职工薪酬。企业租赁住房等资产供职工无偿使用，应根据受益对象，将每期应付租金计入相关资产成本或当期损益，并确认应付职工薪酬。

　　【例9-14】甲公司决定为每位部门经理提供轿车免费使用，同时为每位副总租赁一套住房免费使用。甲公司部门经理共有20名，副总共有5名。假定每辆轿车月折旧额为1 000元，每套住房租金为8 000元。

　　甲公司的账务处理如下：

　　计提轿车折旧：

　　　借：管理费用　　　　　　　　　　　　　　　　　　20 000

　　　　　贷：应付职工薪酬——非货币性福利　　　　　　　　　20 000

　　　借：应付职工薪酬——非货币性福利　　　　　　　　　20 000

　　　　　贷：累计折旧　　　　　　　　　　　　　　　　　　20 000

　　确认住房租金费用：

　　　借：管理费用　　　　　　　　　　　　　　　　　　40 000

　　　　　贷：应付职工薪酬——非货币性福利　　　　　　　　　40 000

　　　借：应付职工薪酬——非货币性福利　　　　　　　　　40 000

　　　　　贷：银行存款　　　　　　　　　　　　　　　　　　40 000

9.5.3 离职后福利的会计核算

离职后福利，是指企业为获得职工提供的服务而在职工退休或与企业解除劳动关系后，提供的各种形式的报酬和福利，属于短期薪酬和辞退福利的除外。离职后福利包括退休福利（如养老金和一次性的退休支付）及其他离职后福利。

离职后福利计划，是指企业与职工就离职后福利达成的协议，或者企业为向职工提供离职后福利制定的规章或办法等。离职后福利计划按照企业承担的风险和义务情况，可以分为设定提存计划和设定受益计划。其中，设定提存计划，是指企业向独立的基金缴存固定费用后，不再承担进一步支付义务的离职后福利计划。设定受益计划，是指除设定提存计划以外的离职后福利计划。根据规定的计提基础和计提比例计算基本养老金、失业保险金，确定相应的职工薪酬金额，按照受益对象计入当期损益或相关资产成本，借记"生产成本""制造费用""管理费用""销售费用""在建工程""研发支出"等科目，贷记"应付职工薪酬——离职后福利（养老保险）（公司承担部分）""应付职工薪酬——离职后福利（失业保险）（公司承担部分）"科目。

【例 9 – 15】承〖例 9 – 9〗、〖例 9 – 10〗，2×18 年 7 月，甲公司按照工资总额的 12%、2% 分别计提基本养老金、失业保险金。

甲公司有关账务处理如下：

计提基本养老金、失业保险金：

借：生产成本	55 193.20
制造费用	2 533.30
管理费用	13 944
销售费用	5 684
贷：应付职工薪酬——离职后福利（养老保险）	66 303.86
——离职后福利（失业保险）	11 050.64

【例 9 – 16】承〖例 9 – 9〗、〖例 9 – 10〗、〖例 9 – 15〗，本月末支付医疗保险费 55 253.21 元，其中公司承担 44 202.57 元，个人承担 11 050.64 元；支付失业保险费 16 575.64 元，其中公司承担 11 050.64 元，个人承担 5 525.32 元；支付养老保险费 110 506.43 元，其中公司承担 66 303.86 元，个人承担 44 202.57 元；公司支付生育保险费 4 696.53 元；支付工伤保险费 2 762.67 元；支付住房公积金 110 506.44 元，其中公司承担 55 253.22 元，个人承担 55 253.22 元；个人所得税 2 900 元；转账支付工会经费 11 050.64 元；转账支付职工教育经费 28 800 元。

支付社会保险费及住房公积金如下：

借：应付职工薪酬——短期薪酬（医疗保险）	44 202.57
——短期薪酬（工伤保险）	2 762.67
——短期薪酬（生育保险）	4 696.53
——短期薪酬（住房公积金）	55 253.22
——离职后福利（失业保险）	11 050.64
——离职后福利（养老保险）	66 303.86

```
        其他应收款——养老保险                        44 202. 57
              ——医疗保险                         11 050. 64
              ——失业保险                          5 525. 32
              ——住房公积金                        55 253. 22
          贷：银行存款                             300 301. 24
    上交个人所得税如下：
    借：应交税费——应交个人所得税                      2 900
      贷：银行存款                                           2 900
    转账支付工会经费、职工教育经费：
    借：应付职工薪酬——短期薪酬（工会经费）             11 050. 64
                ——短期薪酬（教育经费）               28 800
      贷：银行存款                                          39 850. 64
```

9.5.4　辞退福利的会计核算

辞退福利，是指企业在职工劳动合同到期之前解除与职工的劳动关系，或者为鼓励职工自愿接受裁减而给予职工的补偿。辞退福利主要包括：第一，在职工劳动合同尚未到期前，不论职工本人是否愿意，企业决定解除与职工的劳动关系而给予的补偿。第二，在职工劳动合同尚未到期前，为鼓励职工自愿接受裁减而给予的补偿，职工有权利选择继续在职或接受补偿离职。

辞退福利通常采取解除劳动关系时一次性支付补偿的方式，也采取在职工不再为企业带来经济利益后，将职工工资支付到辞退后未来某一期间的方式。

企业应当按照辞退计划条款的规定，合理预计并确认辞退福利产生的职工薪酬负债，并具体考虑下列情况：

（1）对于职工没有选择权的辞退计划，企业应当根据计划条款规定拟解除劳动关系的职工数量、每一职位的辞退补偿等确认职工薪酬负债。

（2）对于自愿接受裁减建议的辞退计划，由于接受裁减的职工数量不确定，企业应当根据《企业会计准则第 13 号——或有事项》规定，预计将会接受裁减建议的职工数量，根据预计的职工数量和每一职位的辞退补偿等确认职工薪酬负债。

（3）对于辞退福利预期在其确认的年度报告期间期末后 12 个月内完全支付的辞退福利，企业应当按照短期薪酬的相关规定处理。

（4）对于辞退福利预期在年度报告期间期末后 12 个月内不能完全支付的辞退福利，企业应当按照其他长期职工福利的相关规定处理。

【例 9 - 17】甲公司是一家空调制造企业。2×18 年 9 月，为了能够在下一年度顺利实施转产，甲公司管理层制订了一项辞退计划。计划规定，从 2×19 年 1 月 1 日起，企业将以职工自愿方式，辞退其柜式空调生产车间的职工。辞退计划的详细内容，包括拟辞退的职工所在部门、数量、各级别职工能够获得的补偿以及计划大体实施的时间等均已与职工沟通，并达成一致意见，辞退计划已于 2×18 年 12 月 10 日经董事会正式批准，辞退计划将于下一个年度内实施完毕，相关辞退福利也将在下一个年度内完全支付。2×18 年 12 月 31 日，甲公司预计各级别职工拟接受辞退数量的最佳估计数及应支付的补偿如表 9 - 1 所示。

表 9 - 1　　　　　甲公司预计各级别职工拟接受辞退数量的最佳
估计数及应支付的补偿

所属部门	职位	计划辞退数量（人）	工龄（年）	预计接受辞退数量（人）	每人补偿金额（万元）	补偿金额合计（万元）
空调车间	车间主任、副主任	10	1 ~ 10	5	10	50
			10 ~ 20	2	20	40
			10 ~ 30	1	30	30
	高级技工	50	1 ~ 10	20	8	160
			10 ~ 20	10	18	180
			20 ~ 30	5	28	140
	一般技工	100	1 ~ 10	50	5	250
			10 ~ 20	20	15	300
			20 ~ 30	10	25	250
合计		160		123		1 400

2×18 年 12 月 31 日，甲公司应作如下账务处理：

借：管理费用　　　　　　　　　　　　　　　　　　　　14 000 000
　　贷：应付职工薪酬——辞退福利　　　　　　　　　　　　　14 000 000

9.5.5　关于其他长期职工福利的确认和计量

其他长期职工福利，是指除短期薪酬、离职后福利和辞退福利以外的其他所有职工福利。其他长期职工福利包括长期带薪缺勤、其他长期服务福利、长期残疾福利、长期利润分享计划和长期奖金计划等。

企业向职工提供的其他长期职工福利，符合设定提存计划条件的，应当按照设定提存计划的有关规定进行会计处理。企业向职工提供的其他长期职工福利，符合设定受益计划条件的，企业应当按照设定受益计划的有关规定，确认和计量其他长期职工福利净负债或净资产。在报告期末，企业应当将其他长期职工福利产生的职工薪酬成本确认为下列组成部分：（1）服务成本；（2）其他长期职工福利净负债或净资产的利息净额；（3）重新计量其他长期职工福利净负债或净资产所产生的变动。为了简化相关会计处理，上述项目的总净额应计入当期损益或相关资产成本。

9.6　应交税费核算

9.6.1　应交增值税核算

增值税是指对在我国境内销售货物、进口货物，销售服务、无形资产、不动产，或提供加工、修理修配劳务的增值额征收的一种流转税。增值税的纳税人是在我国境内销售货物、进口货物，销售服务、无形资产、不动产，或提供加工、修理修配劳务的单位和个人。

按照纳税人的经营规模及会计核算的健全程度，增值税纳税人分为一般纳税企业和小规模纳税企业。一般纳税企业应纳增值税额，根据当期销项税额减去当期进项税额计算确定，采用一般计税方法。小规模纳税企业应纳增值税额，按照其销售额和规定的征收率计算确定，采用简易计税方法。

1. 一般纳税人增值税会计核算

（1）销项税额核算。增值税销项税额是指一般纳税人销售货物或提供应税劳务收取价款中所含的增值税额。

① 计征增值税的销售额。计征增值税的销售额是指企业销售货物或提供应税劳务向购买方收取的除销项税额、代扣代缴的消费税以及代垫运杂费以外的全部价款和价外费用。价外费用主要包括手续费、包装费、罚息以及运杂费等。

② 销项税额的计算。企业如果采用不含税定价的方法，销项税额可以直接根据不含税的销售额乘以增值税税率计算；如果采用合并定价的方法，销项税额应根据下列公式计算：

$$销售额 = \frac{含税销售额}{1 + 增值税税率}$$

$$销项税额 = 销售额 \times 增值税税率$$

企业销售货物或提供应税劳务以后，应根据全部价款，借记"银行存款"等科目；根据销项税额，贷记"应交税费——应交增值税（销项税额）"科目；根据其他价款和价外费用，贷记"主营业务收入"等科目。

③ 视同销售行为。视同销售行为是指企业在会计核算中未作销售处理而税法中要求按照销售行为缴纳增值税的行为。主要包括：第一，将货物交付其他单位或者个人代销；第二，销售代销货物；第三，设有两个以上机构并实行统一核算的纳税人，将货物从一个机构移送其他机构用于销售，但相关机构设在同一县（市）的除外；第四，将自产或委托加工的货物用于非增值税应税项目；第五，将自产或委托加工的货物用于集体福利或个人消费；第六，将自产、委托加工或购买的货物用于投资、提供给其他单位或个体经营者；第七，将自产、委托加工或购买的货物分配给股东或投资者；第八，将自产、委托加工或购买的货物无偿赠送给其他单位或者个人；第九，单位和个体工商户向其他单位和个人无偿提供应税服务，但以公益活动为目的或者以社会公众为对象的除外；第十，财政部、国家税务总局规定的其他情形。

在会计核算中，上述视同销售行为的货物一般按成本转账，不计入销售收入，会计账面中不反映销售额。在计算缴纳增值税时，销售额应按下列顺序确定：第一，按当月同类货物的平均销售价格确定；第二，按最近时期同类货物的平均销售价格确定；第三，按组成计税价格确定，其计算公式为：

$$组成计税价格 = 成本 \times (1 + 成本利润率)$$

属于应征消费税的货物，其组成计税价格中应加计消费税额。

$$组成计税价格 = 成本 \times (1 + 成本利润率) + 消费税额$$

④ 混合销售行为。一项销售行为如果既涉及服务又涉及货物，为混合销售。从事货物的生产、批发或者零售的单位和个体工商户的混合销售行为，按照销售货物缴纳增值税；其他单位和个体工商户的混合销售行为，按照销售服务缴纳增值税。本条所称从事货物的生产、批发或者零售的单位和个体工商户，包括以从事货物的生产、批发或者零售为主，并兼营销售服务的单位和个体工商户在内。

⑤ 兼营销售行为。试点纳税人销售货物、加工修理修配劳务、服务、无形资产或者不动产适用不同税率或者征收率的，应当分别核算适用不同税率或者征收率的销售额，未分别核算销售额的，按照以下方法适用税率或者征收率：兼有不同税率的销售货物、加工修理修配劳务、服务、无形资产或者不动产，从高适用税率；兼有不同征收率的销售货物、加工修理修配劳务、服务、无形资产或者不动产，从高适用征收率；兼有不同税率和征收率的销售货物、加工修理修配劳务、服务、无形资产或者不动产，从高适用税率。

【例 9 – 18】甲公司销售产品一批，价款 380 000 元，专用发票注明增值税额为 49 400 元，提货单和增值税专用发票已交给买方，款项尚未收到。

作如下会计分录：

借：应收账款　　　　　　　　　　　　　　　　　　　　　　429 400
　　贷：主营业务收入　　　　　　　　　　　　　　　　　　　　380 000
　　　　应交税费——应交增值税（销项税额）　　　　　　　　　 49 400

【例 9 – 19】甲公司将生产的一批产品赠送给山区希望小学，该批产品成本 8 000 元，计税价格 10 000 元，增值税税率 13%。

作如下会计分录：

借：营业外支出　　　　　　　　　　　　　　　　　　　　　　 9 300
　　贷：库存商品　　　　　　　　　　　　　　　　　　　　　　 8 000
　　　　应交税费——应交增值税（销项税额）　　　　　　　　　　1 300

（2）进项税额核算。增值税进项税额是指一般纳税人购进货物、加工修理修配劳务、销售服务、无形资产或不动产，支付或者负担的增值税额。企业支付的增值税进项税额能否在销项税额中抵扣，应视具体情况而定。

根据修订后的《中华人民共和国增值税暂行条例》规定，企业购入的机器设备等生产经营用固定资产所支付的增值税在符合税收法规规定情况下，其进项税额可以抵扣，不再计入固定资产成本。按照税收法规规定，购入的用于集体福利或个人消费等目的的固定资产而支付的增值税，不能抵扣，仍应计入固定资产成本。

按我国税法规定，下列项目的进项税额不得从销项税额中抵扣：用于简易计税方法计税项目、免征增值税项目、集体福利或者个人消费的购进货物、加工修理修配劳务、服务、无形资产和不动产，其中涉及的固定资产、无形资产、不动产，仅指专用于上述项目的固定资产、无形资产（不包括其他权益性无形资产）、不动产；非正常损失的购进货物，以及相关的加工修理修配劳务和交通运输服务；非正常损失的在产品、产成品所耗用的购进货物（不包括固定资产）、加工修理修配劳务和交通运输服务；非正常损失的不动产，以及该不动产所耗用的购进货物、设计服务和建筑服务（非正常损失的不动产在建工程所耗用的购进货物、设计服务和建筑服务，纳税人新建、改建、扩建、修缮、装饰不动产，均属于不动产在建工程；非正常损失的不动产所称货物，是指构成不动产实体的材料和设备，包括建筑装饰材料和给排水、采暖、卫生、通风、照明、通信、煤气、消防、中央空调、电梯、电气、智能化楼宇设备及配套设施）；购进的旅客运输服务、贷款服务、餐饮服务、居民日常服务和娱乐服务；财政部和国家税务总局规定的其他情形。

　　一般来说，下列进项税额准予从销项税额中抵扣：从销售方取得的增值税专用发票（含税控机动车销售统一发票，下同）上注明的增值税额；从海关取得的海关进口增值税专用缴款书上注明的增值税额；购进农产品，除取得增值税专用发票或者海关进口增值税专用缴款书外，按照农产品收购发票或者销售发票上注明的农产品买价和 13% 的扣除率计算的进项税额，计算公式为：进项税额 = 买价 × 扣除率，买价，是指纳税人购进农产品在农产品收购发票或者销售发票上注明的价款和按照规定缴纳的烟叶税；从境外单位或者个人购进服务、无形资产或者不动产，自税务机关或者扣缴义务人取得的解缴税款的完税凭证上注明的增值税额。

　　企业购进的一般货物及接受的应税劳务，必须取得增值税扣税凭证，才能从销项税额中抵扣，这部分进项税额不计入购进货物或应税劳务的成本。企业购进货物或接受应税劳务时，应根据增值税专用发票中货物或应税劳务的价款，借记"原材料"等科目；根据增值税专用发票中的进项税额，借记"应交税费——应交增值税（进项税额）"科目；根据全部价款，贷记"银行存款"等科目。

　　企业购进的货物如为免税的农产品，由于销售方不缴纳增值税，因而企业无法取得增值税专用发票。但是按照税法规定，企业可以按照收购凭证上注明的免税农产品买价的 13% 作为进项税额抵扣。企业购进农产品时，应按买价的 87% 借记"原材料"等科目，按买价的 13% 借记"应交税费——应交增值税（进项税额）"科目，按买价贷记"银行存款"等科目。

　　【例 9 - 20】红光公司为增值税一般纳税人，10 月根据发生的有关增值税进项税额的业务编制会计分录如下：

　　① 购入全新的不需安装的机器设备一台，买价 200 000 元，增值税 26 000 元，运费 5 000 元，增值税 450 元，共计 231 450 元，用银行存款支付。

借：固定资产　　　　　　　　　　　　　　　　　　　　　　205 000
　　应交税费——应交增值税（进项税额）　　　　　　　　　　26 450
　　　贷：银行存款　　　　　　　　　　　　　　　　　　　　　　231 450

　　② 购入原材料一批，买价 100 000 元，增值税 13 000 元，运费 1 000 元，增值税 90 元，共计 114 090 元，结算凭证已到，原材料入库，货款用银行存款支付。

原材料成本 = 100 000 + 1 000 = 101 000（元）
进项税额 = 13 000 + 90 = 13 090（元）

借：原材料　　　　　　　　　　　　　　　　　　　　　　　101 000
　　　应交税费——应交增值税（进项税额）　　　　　　　　13 090
　　贷：银行存款　　　　　　　　　　　　　　　　　　　　　　114 090

（3）进项税额转出核算。一般纳税人在购进货物时如果不能直接认定其进项税额能否抵扣，支付的进项税额可以先予以抵扣，待以后用于不得抵扣进项税额的项目时，再将其进项税额转出，抵减当期进项税额。需要注意的是非正常损失中由于管理不善造成毁损、被盗、霉烂变质的购进货物及相关的应税劳务，进项税额不得抵扣，应给予转出；由于自然灾害（地震、水灾）造成毁损的购进货物及相关的应税劳务，进项税额可以抵扣。进项税额转出时，应借记有关科目，贷记"应交税费——应交增值税（进项税额转出）"科目。

【例 9 – 21】红光公司 10 月根据发生的有关进项税额转出业务，编制会计分录如下：

由于管理不善，毁损产成品一批，实际成本 40 000 元，所耗购进货物的已抵扣的进项税额为 2 600 元。

借：待处理财产损溢　　　　　　　　　　　　　　　　　　42 600
　　贷：库存商品　　　　　　　　　　　　　　　　　　　　　40 000
　　　　应交税费——应交增值税（进项税额转出）　　　　　　2 600

（4）缴纳增值税核算。企业缴纳本月的增值税，借记"应交税费——应交增值税（已缴税金）"科目，贷记"银行存款"科目。"应交税费——应交增值税"科目的贷方余额，表示企业应缴纳的增值税。

【例 9 – 22】甲公司以银行存款缴纳本月增值税 50 000 元，会计分录如下：

借：应交税费——应交增值税（已交税金）　　　　　　　　50 000
　　贷：银行存款　　　　　　　　　　　　　　　　　　　　　50 000

（5）转出未交增值税或多交增值税核算。月份终了，企业计算出当月应交未交的增值税，借记"应交税费——应交增值税（转出未交增值税）"科目，贷记"应交税费——未交增值税"科目；当月多交的增值税，借记"应交税费——未交增值税"科目，贷记"应交税费——应交增值税（转出多交增值税）"科目。经过结转后，月份终了，"应交税费——应交增值税"科目借方的余额，反映企业尚未抵扣的增值税。

【例 9 – 23】某企业本月外购货物，发生允许抵扣的进项税额合计 120 000 元，本月初"应交税费——应交增值税"明细账借方余额为 20 000 元，本月对外销售货物，取得销项税额合计为 200 000 元，则该企业本月应交增值税 = 200 000 –（120 000 + 20 000）= 60 000（元）。月末，企业会计的账务处理为：

借：应交税费——应交增值税（转出未交增值税）　　　　　60 000
　　贷：应交税费——未交增值税　　　　　　　　　　　　　　60 000

次月初，企业依法申报缴纳上月应交未交的增值税 60 000 元后，应再作如下会计分录：

借：应交税费——未交增值税　　　　　　　　　　　　　　60 000
　　贷：银行存款　　　　　　　　　　　　　　　　　　　　　60 000

2. 小规模纳税人增值税会计核算

小规模纳税人企业应当按照不含税销售额和规定的增值税征收率计算缴纳增值税，销售货物或提供应税劳务时只能开具普通发票，不能开具增值税专用发票，不享有进项税额的抵扣权。其在购进货物和接受应税劳务时支付的增值税，直接计入有关货物和劳务的成本。即小规模纳税企业购入货物无论是否取得增值税专用发票，其支付的增值税额均不计入进项税额，不得由销项税额抵扣，应计入购入货物的成本。小规模纳税人企业只需要在"应交税费"科目下设置"应交增值税"明细科目，采用三栏式账户，不需要设置各项专栏。相应地，其他企业从小规模纳税企业购入货物或接受应税劳务支付的增值税额，如不能取得增值税专用发票，也不能作为进项税额抵扣，而应计入购入货物或应税劳务的成本。借记"材料采购""在途物资""原材料"等科目，贷记"银行存款"科目。

【例9-24】某小规模纳税人企业购入原材料一批，取得的专用发票中注明货款8 200元，增值税额1 066元，款项以银行存款支付，原材料已验收入库（该企业按实际成本计价核算）。作如下会计分录：

    借：原材料   9 266
        贷：银行存款   9 266

【例9-25】2×17年6月5日，某小规模纳税企业销售产品一批，所开出的普通发票中注明的货款（含税）为515 000元，增值税征收率3%。款项已存入银行。作如下会计分录：

    不含税销售额=含税销售额/（1+征收率）=515 000/（1+3%）=500 000（元）

    应交增值税额=不含税销售额×征收率=500 000×3%=15 000（元）

    借：银行存款   515 000
        贷：主营业务收入   500 000
            应交税费——应交增值税   15 000
    月末以银行存款上交增值税：
    借：应交税费——应交增值税   15 000
        贷：银行存款   15 000

9.6.2 应交消费税核算

消费税是对在我国境内生产、委托加工及进口应税消费品的单位和个人征收的一种流转税。消费税并非在应税消费品的所有环节征收，只在其生产、委托加工或进口环节实行单一环节征税。除金银首饰外，批发及零售环节不征收消费税。

消费税的纳税人，是在我国境内生产、委托加工和进口应征消费税的消费品的单位和个人。

消费税与增值税不同，消费税属于价内税，即产品销售收入中包含消费税，也就是说消费税应由产品销售收入来补偿。消费税实行从价定率或者从量定额的方法计算应纳税额，计算公式如下：

实行从价定率方法计算的应纳税额=销售额×税率

实行从量定额方法计算的应纳税额=销售数量×单位税额

上列公式中的销售额，与计征增值税的销售额口径相同，是指销售应税消费品向购买方收取的不含增值税的全部价款和价外费用。

1. 销售应税消费品核算

由于企业销售应税消费品的销售收入中含有应交消费税，在核算消费税时，应设置"税金及附加——消费税"科目。该科目属于费用类科目。企业结转应交消费税时，应根据应纳税额借记"税金及附加——消费税"科目，贷记"应交税费——应交消费税"科目；实际缴纳消费税时，应借记"应交税费——应交消费税"科目，贷记"银行存款"科目。

【例 9 – 26】某企业某月根据发生的有关消费税业务，编制会计分录如下：

① 销售应税消费品一批，不含增值税的价款为 50 000 元，增值税销项税额为 6 500 元，共计 56 500 元，款项收到，存入银行。

借：银行存款　　　　　　　　　　　　　　　　　　　　　　56 500
　　贷：主营业务收入　　　　　　　　　　　　　　　　　　　　50 000
　　　　应交税费——应交增值税　　　　　　　　　　　　　　　 6 500

② 销售该产品的消费税税率为 10%，结转应交消费税 5 000 元。

借：税金及附加　　　　　　　　　　　　　　　　　　　　　 5 000
　　贷：应交税费——应交消费税　　　　　　　　　　　　　　　 5 000

2. 自产自用应税消费品核算

企业将自产的应税消费品用于本企业的生产经营、在建工程、集体福利、个人消费，或用于对外投资、分配给股东或投资者，均应视同销售，计算缴纳消费税，其销售额应按生产同类消费品的销售价格计算；没有同类消费品销售价格的，应按照组成计税价格计算，其计算公式为：

实行从价税率办法计算纳税的组成计税价格计算公式：

$$组成计税价格 = \frac{成本 + 利润}{1 - 比例税率}$$

实行复合计税办法计算纳税的组成计税价格计算公式：

$$组成计税价格 = \frac{成本 + 利润 + 自产自用数量 \times 定额税率}{1 - 比例税率}$$

【例 9 – 27】甲公司某月发生的自产自用应税消费的业务，编制会计分录。

① 甲公司在建工程领用自产柴油 50 000 元，应纳增值税 7 800 元，应纳消费税 6 000 元。作如下会计分录：

借：在建工程　　　　　　　　　　　　　　　　　　　　　　63 800
　　贷：库存商品　　　　　　　　　　　　　　　　　　　　　50 000
　　　　应交税费——应交消费税　　　　　　　　　　　　　　　 6 000
　　　　　　　　——应交增值税（销项税额）　　　　　　　　　 7 800

② 将自产的应税消费品乙产品一批对外捐赠，实际成本为 200 000 元，没有同类产品的销售价格，平均成本利润率为 20%，增值税税率为 13%，消费税税率为 20%。

$$组成计税价格 = \frac{200\,000 + 200\,000 \times 20\%}{1 - 20\%} = 300\,000（元）$$

$$增值税销项税额 = 300\,000 \times 13\% = 39\,000（元）$$

$$消费税额 = 300\,000 \times 20\% = 60\,000（元）$$

借：营业外支出 299 000
　　贷：库存商品 200 000
　　　　应交税费——应交增值税（销项税额） 39 000
　　　　　　——应交消费税 60 000

3. 委托加工应税消费品核算

需要缴纳消费税的委托加工物资，一般由受托方代收代缴税款。受托方按应交税款金额，借记"应收账款""银行存款"等科目，贷记"应交税费——应交消费税"科目。委托加工物资收回后，直接用于销售的，委托方应将代收代缴的消费税款计入委托加工物资成本，借记"委托加工物资"科目，贷记"应付账款""银行存款"等科目；如委托加工物资收回后用于连续生产、按规定准予抵扣的，按代收代缴的消费税款，借记"应交税费——应交消费税"科目，贷记"应付账款""银行存款"等科目。

【例9－28】甲企业委托乙企业代为加工一批应交消费税的材料（非金银首饰）。甲企业的材料成本为1 000 000元，加工费为200 000元，增值税税率13%，由乙企业代收代缴的消费税为80 000元。材料已经加工完成，并由甲企业收回验收入库，加工费尚未支付。

假设甲企业收回的委托加工物资用于继续生产应税消费品：

借：委托加工物资 1 000 000
　　贷：原材料 1 000 000
借：委托加工物资 200 000
　　应交税费——应交增值税（进项税额） 26 000
　　　　　　——应交消费税 80 000
　　贷：应付账款 306 000
借：原材料 1 200 000
　　贷：委托加工物资 1 200 000

假设甲企业收回的委托加工物资直接用于对外销售：

借：委托加工物资 1 000 000
　　贷：原材料 1 000 000
借：委托加工物资 280 000
　　应交税费——应交增值税（进项税额） 26 000
　　贷：应付账款 306 000
借：原材料 1 280 000
　　贷：委托加工物资 1 280 000

乙企业对应收取的受托加工代收代缴消费税的会计处理如下：

借：应收账款 80 000
　　贷：应交税费——应交消费税 80 000

4. 进口应税消费品核算

进口应税物资在进口环节应交的消费税，应计入该项物资的成本。借记"固定资产""材料采购"等科目，贷记"银行存款"科目。

【例9－29】甲公司从国外购进应税消费品一批，商品价值1 000 000元，进口环节需要缴纳的消费税为200 000元（不考虑增值税），采购的商品已经验收入库，货物尚未支付，税款已经用银行存款支付。

甲公司有关会计分录如下：

借：库存商品 1 200 000
　　贷：应付账款 1 000 000
　　　　银行存款 200 000

9.6.3　其他税费核算

1. 应交城市维护建设税核算

城市维护建设税是一种附加税。按照现行税法规定，城市维护建设税应根据应交增值税、消费税和营业税之和的一定比例计算缴纳。城市维护建设税也是一种价内税，应由形成应交税费的各种收入来补偿。结转应交城市维护建设税时，应借记"税金及附加""固定资产清理"等科目，贷记"应交税费——应交城市维护建设税"科目；实际缴纳城市维护建设税时，应借记"应交税费——应交城市维护建设税"科目，贷记"银行存款"科目。

【例 9-30】甲公司本期实际应上交增值税 500 000 元，消费税 200 000 元，该企业适用的城市维护建设税税率为 7%。作如下会计分录：

计算应交的城市维护建设税为 49 000 元 [(500 000 + 200 000) × 7%]：

借：税金及附加 49 000
　　贷：应交税费——应交城市维护建设税 49 000

用银行存款上交城市维护建设税时：

借：应交税费——应交城市维护建设税 49 000
　　贷：银行存款 49 000

2. 应交教育费附加核算

教育费附加是一种附加费。应交教育费附加的计算方法与应交城市维护建设税的计算方法相同。结转应交教育费附加时，应借记"税金及附加""固定资产清理"等科目，贷记"应交税费——应交教育费附加"科目；实际缴纳教育费附加时，应借记"应交税费——应交教育费附加"科目，贷记"银行存款"科目。

【例 9-31】某企业根据取得的各项收入形成的应交增值税和消费税，计算并结转应交教育费附加（费率 3%）。该企业销售产品应交增值税 100 000 元，销售产品应交消费税50 000 元，合计 150 000 元。编制会计分录如下：

借：税金及附加 4 500
　　贷：应交税费——应交教育费附加 4 500

3. 应交房产税、城镇土地使用税、车船税、印花税和契税等核算

企业按规定计算应交的房产税、城镇土地使用税、车船税、印花税、契税等，借记"税金及附加"科目，贷记"应交税费"科目。实际缴纳时，借记"应交税费"科目，贷记"银行存款"等科目。印花税一般在实际缴纳时，借记"税金及附加"科目，贷记"银行存款"等账户。

【例 9-32】某企业按季度计算缴纳城镇土地使用税。经计算，该企业第一季度应纳城镇土地使用税为 18 000 元，已用银行存款缴纳。

计算出第一季度应纳的城镇土地使用税时：

借：税金及附加　　　　　　　　　　　　　　　　　　18 000

　　贷：应交税费——应交城镇土地使用税　　　　　　　　　18 000

实际上交税金时：

借：应交税费——应交城镇土地使用税　　　　　　　　18 000

　　贷：银行存款　　　　　　　　　　　　　　　　　　　　18 000

4. 应交个人所得税核算

企业按规定计算的应代扣代缴的职工个人所得税，借记"应付职工薪酬"科目，贷记"应交税费——应交个人所得税"科目。缴纳的个人所得税，借记"应交税费——应交个人所得税"科目，贷记"银行存款"等科目。

【例 9 – 33】 某国有大中型企业一职工，2×19 年 6 月工资总额是 12 600 元，四险一金是 2 646 元，则该职工 6 月份应缴纳个人所得税计算如下：

$$应纳税所得额 = 12\ 600 - 2\ 646 - 5\ 000 = 4\ 954（元）$$

$$应纳税额 = 4\ 954 \times 10\% - 210 = 285.40（元）$$

企业应作会计分录如下：

支付工资时，计算应代扣代缴个人所得税额：

借：应付职工薪酬——短期薪酬（工资）　　　　　　　285.40

　　贷：应交税费——应交个人所得税　　　　　　　　　　　285.40

缴纳个人所得税时：

借：应交税费——应交个人所得税　　　　　　　　　　285.40

　　贷：银行存款　　　　　　　　　　　　　　　　　　　　285.40

5. 应交资源税核算

企业计算对外销售应税产品应缴纳的资源税时，借记"税金及附加"科目，贷记"应交税费——应交资源税"科目；上缴资源税时，应借记"应交税费——应交资源税"科目，贷记"银行存款"等科目。企业发生自产自用的应税产品应缴纳的资源税，借记"生产成本""制造费用"等科目，贷记"应交税费——应交资源税"科目；上缴资源税时，借记"应交税费——应交资源税"科目，贷记"银行存款"等科目。企业收购未税矿产品，借记"材料采购"等科目，贷记"银行存款"等科目，按代扣代缴的资源税，借记"材料采购"等科目，贷记"应交税费——应交资源税"科目，上缴资源税时，借记"应交税费——应交资源税"科目，贷记"银行存款"等科目。外购液体盐加工固体盐，企业在购入液体盐时，按所允许抵扣的资源税，借记"应交税费——应交资源税"科目，按外购价款扣除允许抵扣资源税后的数额，借记"材料采购"等科目，按应支付的全部价款，贷记"银行存款""应付账款"等科目；企业加工成固体盐后，在销售时，按计算出的销售固体盐应缴的资源税，借记"税金及附加"科目，贷记"应交税费——应交资源税"科目；将销售固体盐应纳的资源税抵扣液体盐已纳资源税后的差额上缴时，借记"应交税费——应交资源税"科目，贷记"银行存款"等科目。

【例 9 – 34】 某矿产品加工厂收购未税零散的锡矿石 200 吨，每吨收购价格 1 200 元，每吨单位税额为 10 元。款项扣除应代扣代缴资源税已经支付，收购产品尚未验收入库。

按代扣代缴的资源税款入账时：

借：材料采购 242 000

　　贷：应交税费——应交资源税 2 000

　　　　银行存款 240 000

上缴代扣的资源税：

借：应交税费——应交资源税 2 000

　　贷：银行存款 2 000

6. 应交土地增值税核算

土地增值税是指在我国境内有偿转让土地使用权及地上建筑物和其他附着物产权的单位和个人，就其土地增值额征收的一种税。土地增值税实行四级超额累进税率。为了核算土地增值税的应交及实交情况，应设置"应交税费——应交土地增值税"科目，贷方登记应缴纳的土地增值税，借方登记已缴纳土地增值税，期末贷方余额为尚未缴纳的土地增值税。企业转让土地使用权连同地上建筑物及其附着物一并在"固定资产"等科目核算，转让时应交的土地增值税，借记"固定资产清理"科目，贷记"应交税费——应交土地增值税"科目；土地使用权在"无形资产"科目核算的，按实际收到的金额，借记"银行存款"科目，按应交的土地增值税，贷记"应交税费——应交土地增值税"科目，同时冲销土地使用权的账面价值，贷记"无形资产"科目，按其差额，借记"营业外支出"科目或贷记"营业外收入"科目。

【例 9－35】 某企业对外出售一栋厂房，依据税法的规定计算应交土地增值税 27 000 元。

计算应缴纳的土地增值税：

借：固定资产清理 27 000

　　贷：应交税费——应交土地增值税 27 000

企业用银行存款缴纳土地增值税：

借：应交税费——应交土地增值税 27 000

　　贷：银行存款 27 000

9.7　应付利息及其他应付款的核算

9.7.1　应付利息核算

1. 核算内容

"应付利息"科目核算企业按照合同约定应支付的利息，包括吸收存款、分期付息到期还本的长期借款、企业债券等应支付的利息。本科目可按存款人或债权人进行明细核算。

2. 会计处理

资产负债表日，应按摊余成本和实际利率计算确定利息费用，借记"在建工程""财务费用""研发支出"等科目；按合同利率计算确定的应付未付利息，贷记"应付利息"科目；按其差额，借记或贷记"长期借款——利息调整"等科目。合同利率与实际利率差异较小的，也可以采用合同利率计算确定利息费用。实际支付利息时，借记"应付利息"科目，贷记

"银行存款"等科目。"应付利息"科目期末贷方余额，反映企业应付未付的利息。

9.7.2　其他应付款核算

1. 核算内容

其他应付款指企业应付、暂收其他单位或个人的款项，如应付租入固定资产和包装物的租金，存入保证金、职工未按期领取的工资，应付、暂收所属单位、个人的款项等。

企业应设置"其他应付款"账户进行核算。该账户的贷方登记发生的各种应付、暂收款项，借方登记偿还或转销的各种应付暂收款项，余额在贷方，表示应付未付款项。本账户应按应付、暂收款项的类别设置明细账户。

2. 会计处理

企业发生各种应付、暂收款项时，借记"银行存款""管理费用"等科目，贷记"其他应付款"科目；支付或退回有关款项时，借记"其他应付款"科目，贷记"银行存款"等科目。

【例 9 – 36】2×21 年 6 月，某企业将设备出租给 B 企业，收取押金 1 500 元，存入银行。

收到押金：

借：银行存款　　　　　　　　　　　　　　　　　　　　　1 500
　　贷：其他应付款　　　　　　　　　　　　　　　　　　　　　1 500

退还押金：

借：其他应付款　　　　　　　　　　　　　　　　　　　　　1 500
　　贷：银行存款　　　　　　　　　　　　　　　　　　　　　　1 500

保管不善扣押金的 50% 作为罚款，增值税税率 13%，其余归还押金。

借：其他应付款　　　　　　　　　　　　　　　　　　　　　1 500
　　贷：其他业务收入　　　　　　　　　　　　　　　　　　　663.72
　　　　应交税费——应交增值税（销项税额）　　　　　　　　86.28
　　　　银行存款　　　　　　　　　　　　　　　　　　　　　750

9.8　交易性金融负债核算

9.8.1　金融负债的界定及分类

1. 金融负债的定义

金融负债，是指企业符合下列条件之一的负债：

（1）向其他方交付现金或其他金融资产的合同义务，例如银行借款、应付债券。（2）在潜在不利条件下，与其他方交换金融资产或金融负债的合同义务，例如公司发行以自身普通股为标的看涨期权，且期权将以现金净额结算。（3）将来须用或可用企业自身权益工具进行结算的非衍生工具合同，且企业根据该合同将交付可变数量的自身权益工具，例如公司发行以自身普通股为标的看涨期权，且期权将以普通股净额结算。（4）将来须用或可用企业自身权益工具进行结算的衍生工具合同，但以固定数量的自身权益工具交换固定金额的现金或其他金融资产的衍生工具合同除外。将来须用或可用企业自身权益工具进行结算的衍生工具合同，且企业根据合同将交付不固定数量现金的金融工具，应定义为金融负债。

2. 金融负债的分类

一是以公允价值计量且其变动计入当期损益的金融负债。包括交易性金融负债（含属于金融负债的衍生工具）和指定为以公允价值计量且其变动计入当期损益的金融负债等。二是以摊余成本计量的金融负债。金融负债分类一经确定，不得变更。

9.8.2　交易性金融负债的会计核算

1. 初始计量

以实际交易价格，即所收到或支付对价的公允价值为基础确定，交易费用列当期损益。借记"银行存款""投资收益"科目，贷记"交易性金融负债——成本"科目。

2. 后续计量

对于以公允价值进行后续计量的金融负债，其公允价值变动形成的利得或损失，除与套期会计有关外，应当计入当期损益。增值时，借记"公允价值变动损益"科目，贷记"交易性金融负债——公允价值变动"科目；贬值时，分录方向相反。计提利息费用时，借记"财务费用"科目，贷记"应付利息"科目。

【例 9 - 37】2×16 年 7 月 1 日，F 公司经批准在全国银行间债券市场公开发行 1 亿元人民币短期融资券，期限 1 年，票面年利率 5.58%。每张面值为 100 元，到期一次还本付息。所募集资金主要用于公司购买生产经营所需的原材料及配套件等。公司将该短期融资券指定为以公允价值计量且其变动计入当期损益的金融负债。假定不考虑发行短期融资券相关的交易费用以及企业自身信用风险变动。2×16 年 12 月 31 日，该短期融资券市场价格每张 110 元（不含利息）；2×17 年 6 月 30 日，该短期融资券到期兑付完成。据此，F 公司账务处理如下：

2×16 年 7 月 1 日，发行短期融资券：

借：银行存款	100 000 000	
贷：交易性金融负债		100 000 000

2×16 年 12 月 31 日，年末确认公允价值变动和利息费用：

借：公允价值变动损益	10 000 000	
贷：交易性金融负债		10 000 000
借：财务费用	2 790 000	
贷：应付利息		2 790 000

2×17 年 6 月 30 日，短期融资券到期：

借：财务费用	2 790 000	
贷：应付利息		2 790 000
借：交易性金融负债	110 000 000	
应付利息	5 580 000	
贷：银行存款		105 580 000
公允价值变动损益		10 000 000

【本章小结】

（1）本章需完成任务包括：①流动负债的含义和特点；②短期借款的核算；③应付账款的核算；④应付票据的核算；⑤应付职工薪酬的核算；⑥应交税费的核算；⑦应付利息及其他应付款的核算；⑧交易性金融负债核算内容。

（2）学习完本章学生应掌握：①短期借款的核算内容和账务处理；②应付账款的核算内容和账务处理；③应付票据的核算内容和账务处理；④应付职工薪酬的核算内容和账务处理；⑤应交税费的核算内容和账务处理；⑥应付利息、其他应付款及交易性金融负债的核算内容和账务处理。

（3）完成学习任务应能够正确运用相应的账务处理方法对企业的流动负债相关业务进行核算。

第 10 章

非流动负债核算

【学习目标】

通过本章学习，了解非流动负债内容；掌握借款费用的确认、掌握借款费用资本化金额的确定；掌握长期借款、应付债券的核算、预计负债的核算；深刻理解长期应付款核算。

【能力目标】

应学会运用长期借款核算、实际利率法核算应付债券、长期应付款和预计负债核算；能正确确定借款费用资本化金额。

【任务提示】

非流动负债是企业筹措资金的重要渠道，是会计核算的重点内容。下述是非流动负债业务过程中涉及的一系列的原始凭证，如借款借据单、购买无形资产分期付款、实际利率法核算应付债券、贷款利息通知单等。这些非流动负债业务在会计上如何确认与计量，就是本章要解决的主要问题。

10－1

中国工商银行 INDUSTRIAL AND COMMERCIAL BANK OF CHINA			借款借据（收账通知）											
借款日期：2019 年 12 月 15 日														
贷款单位名称	江西九瑞油泵油嘴有限公司		纳税人税号	91360402309264078N										
放款账号	23402876130		往来账号	34520294168										
借款金额	人民币（大写）贰佰万元整				千	百	十	万	千	百	十	元	角	分
				¥	2	0	0	0	0	0	0	0	0	0
用途	厂房扩建		利率	0.00915										
单位申请期限	2019-12-14—2022-12-14		银行核定期限	2019-12-14—2022-12-14										
你单位上列借款，已转入你单位结算户内。 2019.12.15 核算用章（03） 此收 （银行盖章）			单位会计人员：											

此联退还借款单位

10－2

中国工商银行　　　　　借款借据偿还凭证（付出凭证）
INDUSTRIAL AND COMMERCIAL BANK OF CHINA

2019 年 12 月 31 日

付款人	名　称	江西九瑞油泵油嘴有限公司	收款人	名　称	中国工商银行九江支行
	往来账号	34520294168		放款户账号	23402876130
	开户分行	工行九江莲花支行		开户银行	贷款户
计划还款日期		2019 年 12 月 31 日	还款次序		1

借款金额	人民币（大写）　壹佰万元整	￥ 1 000 000.00

还款内容	三年期长期借款

备注： 偿还款项为 2016 年 9 月份借入短期借款。 （中国工商银行九江莲花支行 核算用章（03）2019.12.31）	上述借款已从你单位往来账户内转还。 此致！ 　　　　借款单位银行盖章

第一联银行送单位做还款通知

10－3－1/3

财务说明书——记账凭证附件　　NO.091212

　　2019 年 12 月 10 日江西九瑞油泵油嘴有限公司与江西省泵业制造研究公司签订专利购买合同，合同规定江西九瑞油泵油嘴有限公司以 8 500 000 元人民币的价款从江西省泵业制造研究公司购买抗压油泵生产技术专利。价款分期支付，首期支付 3 500 000 元，余款分两年四期支付，每期支付 1 250 000 元。

　　银行同期（半年）借款利息率为 2.25%。

　　交易合同备查公司文件 JRBY-12-018。

　　　　　　　　　　　　　　总经理：陈俊杰

　　　　　　　　　　　　江西九瑞油泵油嘴有限公司

　　　　　　　　　　　　　　2019 年 12 月 10 日

10－3－2/3

ICBC 中国工商银行　　　　　业务回单（付款）

日期：2019 年 12 月 10 日
回单编号：173550000289
付款人户名：江西九瑞油泵油嘴有限公司　　　　　付款人开户行：工行九江莲花支行
付款人账号（卡号）：34520294168
收款人户名：江西泵业制造研究有限公司　　　　　收款人开户行：工行九江莲花支行
收款人账号（卡号）：36789654032
金额：叁佰伍拾万元整　　　　　　　　　　　　小写：3 500 000.00 元
业务（产品）种类：货款　　　凭证种类：000000000　凭证号码：00000000000000
摘要：货款　　　　　　　　　　用途：　　　　　　币种：人民币
交易机构：0150602160　记账柜员：00011　交易代码：52031　　渠道：其他

本回单为第一次打印，注意重复　　打印日期：2019 年 12 月 11 日　　打印柜员：0　验证码：A981CCDB9124

10 - 3 - 3/3

购进资产现金流量现值计算表

2019年12月31日

时间（半年）	0	1	2	3	4	合计
折现率	2.25%	2.25%	2.25%	2.25%	2.25%	
现值系数	1.0000	0.97324	0.94719	0.92184	0.89717	
现金流量	3 500 000	1 250 000	1 250 000	1 250 000	1 250 000	8 500 000
现值	3 500 000	1 216 550	1 183 987.50	1 152 300	1 121 462.50	8 174 300
差额	0.00	33 450	66 012.5	97 700	128 537.5	325 700

审核：张有才　　　　制表：董旭

10 - 4 - 1/2

债券利息计算表

单位：江西九瑞油泵油嘴有限公司　　2019 年12月31日　　　　　金额单位：元

日期	票面利息	实际利息费用	应付本金减少额	应付债券摊余成本余额
2018. 01. 01	——			5 007 696.00
2018. 12. 31	288 000.00	250 384.80	37 615.20	4 970 080.80
2019. 12. 31	288 000.00	248 504.04	39 495.96	4 930 584.84
……				

审核：张有才　　　　制表：董旭

10 - 4 - 2/2

ICBC 📷 **中国工商银行**　　　　　　　业务回单（付款）

日期： 2019 年 12 月 31 日
回单编号：173550000234
付款人户名：江西九瑞油泵油嘴有限公司　　　　　付款人开户行：工行九江莲花支行
付款人账号（卡号）：34520294168
收款人户名：江西宏远证券有限公司　　　　　　收款人开户行：工行南昌经开区支行
收款人账号（卡号）：26359209087
金额：贰拾捌万捌仟元整　　　　　　　　　　　小写：288 000.00 元
业务（产品）种类：结算业务凭证　　凭证种类：000000000　凭证号码：00000000000000
摘要：债券利息　　　　　　　　　　用途：
交易机构：0150602160　记账柜员：00011 交易代码：52031
产品名称：
费用名称：
应付金额：288 000.00　实付金额：288 000.00　收费渠道：

本回单为第一次打印，注意重复　　打印日期：2019 年 12 月 31 日　　打印柜员：0　验证码：A981CCDB9124

10－5

ICBC ⑯ 中国工商银行	业务回单（付款）
日期： 2019 年 12 月 21 日	
回单编号： 173550000289	
付款人户名：江西九瑞油泵油嘴有限公司	付款人开户行：工行九江莲花支行
付款人账号（卡号）：34520294168	
收款人户名：	收款人开户行：工行九江莲花支行
收款人账号（卡号）：	
金额：贰万伍仟元整	小写：25 000.00 元
业务（产品）种类：利息支出　　凭证种类：000000000	凭证号码：00000000000000
摘要：长期借款利息　　　　用途：	币种：人民币
交易机构：0150602160　记账柜员：00011 交易代码：52031	渠道：其他
起息日期：2019-10-21　止息日期：2019-12-21 利率 0.300000%	利息 25000.00
本回单为第一次打印，注意重复　　打印日期：2019 年 12 月 21 日	打印柜员： 验证码：A981CCDB9124

10－6－1/4

购 房 合 同

销售方（甲方）：九江盈润置业有限公司　　　购买方（乙方）：江西九瑞油泵油嘴有限公司

注册地址：九江市环城东路21号　　　　　　注册地址：九江市莲花路128号

营业执照：　A0010025　　　　　　　　　通讯地址：九江市莲花路128号

资质证书号码：H1203226　　　　　　　　法定代表人：陈俊杰

法定代表人：李瑞函　　　　　　　　　　　联系电话：0792-8189866

联系电话：0792-8183425

第一条　本合同依据《中华人民共和国民法通则》、《中华人民共和国合同法》及其他相关法律、法
　　　　规的规定，由买卖双方在平等、自愿、协商一致的基础上共同订立。

第二条　商品房销售依据

　　　　乙方购买的商品房为现房，已办理权属登记，登记机关为九江市国土资源和房屋管理局。

第三条　合同标的物基本情况

　　　　乙方所购商品房位于九江市经济开发区 280 号，该商品房建筑面积200平方米。

第四条　计价方式和付款方式

　　　　该商品房按产权登记的建筑面积计价，如取得产权时一次性付款，应付房款总金额为 2 874 480.00
　　　　元，现双方协定采用分期付款方式，签订合同时一次性支付 60 万元，其余款项在2019～2024年
　　　　的五年内每年年末支付 60 万元。折现率10%。

　　　　……

第十二条　本合同一式三份，甲方一份，乙方一份，房地产登记机构一份。

甲方（签章）：九江盈润置业有限公司　　　乙方（签章）：江西九瑞油泵油嘴有限公司
法定代表人：李瑞函　　　　　　　　　　　法定代表人：陈俊杰
日期：2019年12月　日　　　　　　　　　日期：2019年12月　日

10 - 6 - 2/4

收款收据

2019 年 12 月 31 日　　　№01391987

交款单位　江西九瑞油泵油嘴有限公司

人民币（大写）　陆拾万元整　　　　　　　¥600 000.00

系付　房屋分期款

收款单位（签章有效）

财务专用章

财务 黄尼　　经手人 高雷

②客户联

10 - 6 - 3/4

ICBC 中国工商银行　　　　业务回单（付款）

日期：2019 年 12 月 31 日
回单编号：173550000236
付款人户名：江西九瑞油泵油嘴有限公司　　　　付款人开户行：工行九江莲花支行
付款人账号（卡号）：34520294168
收款人户名：九江盈润置业有限公司　　　　　　收款人开户行：工行九江经开区支行
收款人账号（卡号）：26359209087
金额：陆拾万元整　　　　　　　　　　　　　小写：600 000.00 元
业务（产品）种类：结算业务凭证　　凭证种类：000000000　凭证号码：00000000000000
摘要：支付房屋分期款　　　　　用途：　　　　　币种：人民币
交易机构：0150602160　记账柜员：00011 交易代码：52031　渠道：其他
产品名称：
费用名称：
应付金额：600 000.00　实付金额：600 000.00　收费渠道：

本回单为第一次打印，注意重复　　打印日期：2019 年 12 月 31 日　　打印柜员：0　验证码：A981CCDB9124

10 - 6 - 4/4

未确认融资费用摊销表

单位：江西九瑞油泵油嘴有限公司　　　2019 年 12 月 31 日　　　金额单位：元

日期	分期付款额	融资费用摊销额	应付本金减少额	应付本金余额
2019.01.01	—			2 274 480.00
2019.12.31	600 000.00	227 448.00	372 552.00	1 901 928.00
2020.12.31	600 000.00	190 192.80	409 807.20	1 492 120.80
……				

审核：张有才　　　　制表：董旭

10 – 7 – 1/2 实际利率 5%，债券利息于每年 12 月 31 日支付。

企业债券发行申请表

申请企业盖章

申请日期：2019年12月23日

企业名称	江西华瑞油泵油嘴有限公司		经济性质	民营	法定代表人	陈俊杰
注册地址	九江市莲花路128路		所属行业	油泵制造	企业类型	有限责任公司
注册登记号	91360402389264078N		登记机关		登记日期	
银行基本账户开户行	工行九江莲花支行		银行账号	34520294168		
通讯地址	九江市莲花路128路		邮政编码		联系人	
电 话		传 真		手 机		
电子信箱			网 址			
主要业务范围	主要从事油泵生产制造					
主要生产产品	油泵					
企业拟发债的额度	100万元		所筹资金的用途	补充流动资金		
愿选择何种债券担保方式	1. 用自有不动产抵押		2. 由第三方担保	✓		
能承担的最大年利率	6%	能接受的一次性发债服务总费用占发债额的比例			1%	

企业主管部门意见	（盖章） 年 月 日	省市计经委审查意见	（印章） 2019年12月23日
开户银行审核意见	（盖章） 2019年12月23日	人民银行审批意见	（盖章） 2019年12月23日

10 - 7 - 2/2

ICBC 🏧 **中国工商银行**　　　　　　业务回单（收款）

日期：2019 年 12 月 31 日
回单编号：173550000009
付款人户名：九江市欣新开发有限公司　　　　付款人开户行：工行九江新港支行
付款人账号（卡号）：41035473322
收款人户名：江西九瑞油泵油嘴有限公司　　　　收款人开户行：工行九江莲花支行
收款人账号（卡号）：34520294168
金额：壹佰零壹万捌仟伍佰陆拾肆元整　　　　小写：1 018 564.00 元
业务（产品）种类：结算业务凭证　　凭证种类：000000000　　凭证号码：000000000000000
摘要：发行债券款　　　　用途：　　　　币种：人民币
交易机构：0150602180　　记账柜员：00023　交易代码：52093　　渠道：其他
产品名称：
费用名称：
应收金额：1 018 564.00　　实收金额：1 018 564.00　　收费渠道：

本回单为第一次打印，注意重复　　打印日期：2019 年 12 月 31 日　　打印柜员：0　验证码：A981CCDB9124

10.1　非流动负债概述

10.1.1　非流动负债含义及特点

1. 含义

非流动负债是指偿还期在一年或超过一年的一个营业周期以上的债务。它是企业向债权人筹集的、可供长期使用的资金。

2. 特点

（1）举借非流动负债不影响企业原来的资本（或股权）结构，有利于保持投资者（或股东）控制企业的权力。

（2）举借非流动负债可以增加投资者所得的盈余，因此如果企业经营所获得的投资利润率高于非流动负债的利率，剩余利益将全部归投资者所有。

（3）在缴纳所得税时，非流动负债的利息支出除予以资本化以外的，可以作为正常的经营费用从利润总额中扣减，作为纳税扣减项目。但股利则只能从税后利润中支付，不能扣减。

10.1.2　非流动负债的分类

（1）按筹措方式分类，非流动负债可分为长期借款、应付债券和长期应付款等。

（2）按取得的途径分类，非流动负债可分为三类：从银行取得的非流动负债；从其他金融机构取得的非流动负债；从其他社会组织或个人取得的非流动负债。

（3）按计息和偿还方式分类，非流动负债可分为定期偿还的非流动负债和分期偿还的非流动负债。非流动负债利息的支付方式也可以分为一次付息和分期付息两种。

10.2 借款费用核算

10.2.1 借款费用概述

1. 借款费用的范围

借款费用是企业因借入资金所付出的代价，它包括借款利息、折价或者溢价的摊销、辅助费用以及因外币借款而发生的汇兑差额等。

（1）因借款而发生的利息，包括企业向银行或者其他金融机构等借入资金发生的利息、发行公司债券发生的利息，以及为购建或者生产符合资本化条件的资产而发生的带利息债务所承担的利息等。

（2）因借款而发生的折价或溢价的摊销，主要是指发行债券等所发生的折价或者溢价在资产负债表日对债券票面利息的调整。

（3）因外币借款而发行的汇兑差额，是指由于汇率变动对外币借款本金及其利息的记账本位币金额所产生的影响金额。

（4）因借款而发生的辅助费用，是指企业在借款过程中发生的诸如手续费、佣金、印刷费等费用。

【例10-1】某企业发生了借款手续费9万元，发行公司债券佣金1 000万元，发行公司股票佣金2 000万元，借款利息200万元。其中借款手续费9万元，发行公司债券佣金1 000万元和借款利息200万元均属于借款费用；其中发行公司股票属于公司权益性融资性质，所发生的佣金应当冲减溢价，不属于借款费用范畴，不应按照借款费用进行会计处理。

2. 借款的范围

借款包括专门借款和一般借款。专门借款是指为购建或者生产符合资本化条件的资产而专门借入的款项。专门借款通常应当有明确的用途，即为购建或者生产某项符合资本化条件的资产而专门借入的，并通常应当具有标明该用途的借款合同。一般借款指除专门借款之外的借款，相对于专门借款而言，一般借款在借入时，其用途通常没有特指用于符合资本化条件的资产的购建或者生产。

3. 符合资本化条件的资产

符合资本化条件的资产是指需要经过相当长时间的购建或者生产活动才能达到预定可使用或者可销售状态的固定资产、投资性房地产和存货等资产。如果由于人为或者故意等非正常因素导致资产的购建或者生产时间相当长的，该资产不属于符合资本化条件的资产。

符合资本化条件的存货，主要包括：（1）房地产开发企业开发的用于对外出售的房地产开发产品；（2）企业制造的用于对外出售的大型机械设备等。"相当长时间"应当是指为资产的购建或者生产所必要的时间，通常为1年以上（含1年）。

【例10-2】A公司于2×18年1月1日起，用银行借款开工建设一幢简易厂房，厂房于当月31日完工，达到预定可使用状态。所发生的相关借款费用不予以资本化计入在建工程成本，而应根据发生额计入当期财务费用。

10.2.2 借款费用的确认

1. 借款费用的确认原则

企业发生的借款费用，可直接归属于符合资本化条件的资产的购建或者生产的，应当予以资本化，计入相关资产成本；其他借款费用，应当在发生时根据其发生额确认为费用，计入当期损益。

企业只有发生在资本化期间内的有关借款费用，才允许资本化。借款费用资本化期间，是指从借款费用开始资本化时点到停止资本化时点的期间，但不包括借款费用暂停资本化的期间。

2. 借款费用开始资本化的时点

借款费用允许开始资本化必须同时满足三个条件：

（1）"资产支出已经发生"的界定。它是指企业已经发生了支付现金、转移非现金资产或者承担带息债务形式所发生的支出。

① 支付现金，是指用货币资金支付符合资本化条件的资产的购建或者生产支出。

【例 10 － 3】某企业用现金或者银行存款购买为建造或者生产符合资本化条件的资产所需用材料、支付有关职工薪酬、向工程承包商支付工程进度款等，这些支出均属于资产支出。

② 转移非现金资产，是指企业将自己的非现金资产直接用于符合资本化条件的资产的购建或者生产。

【例 10 － 4】某企业将自己生产的产品，包括自己生产的水泥、钢材等，用于符合资本化条件的资产的建造或者生产，企业同时还将自己生产的产品向其他企业换取用于符合资本化条件的资产的建造或者生产所需用工程物资的，这些产品成本均属于资产支出。

③ 承担带息债务，是指企业为了购建或者生产符合资本化条件的资产所需用物资等而承担的带息应付款项（如带息应付票据）。如果企业赊购这些物资承担的是不带息债务，就不应当将购买价款计入资产支出，因为该债务在偿付前不需要承担利息，也没有占用借款资金。如果企业赊购物资承担的是带息债务，则企业要为这笔债务付出代价，支付利息。所以，企业为购建或者生产符合资本化条件的资产而承担的带息债务应当作为资产支出，当该带息债务发生时，视同资产支出已经发生。

（2）"借款费用已经发生"的界定。

【例 10 － 5】某企业于 2×18 年 1 月 1 日为建造一幢建设期为 2 年的厂房从银行专门借入款项 9 000 万元，当日开始计息。在 2×18 年 1 月 1 日即应当认为借款费用已经发生。

（3）"为使资产达到预定可使用或者可销售状态所必要的购建或生产活动已经开始"的界定。

【例 10 － 6】某企业为了建设写字楼购置了建筑用地，但是尚未开工兴建房屋，有关房屋实体建造活动也没有开始，在这种情况下即使企业为了购置建筑用地已经发生了支出，也不应当将其认为为使资产达到预定可使用状态所必要的购建活动已经开始。

企业只有在上述三个条件同时满足的情况下，有关借款费用才可开始资本化，只要其中有一个条件没有满足，借款费用就不能开始资本化。

3. 借款费用暂停资本化的时间

符合资本化条件的资产在购建或者生产过程中发生非正常中断，且中断时间连续超过 3 个月的，应当暂停借款费用的资本化。中断的原因必须是非正常中断，属于正常中断的，相关借款费用仍可资本化。

【例 10 - 7】某企业于 2 × 18 年 1 月 1 日利用专门借款开工兴建一幢办公楼，支出已经发生，因此借款费用从当日起开始资本化。工程预计于 2 × 19 年 3 月完工。2 × 18 年 5 月 15 日，由于工程施工发生了安全事故，导致工程中断，直到 9 月 10 日才复工。

该中断就属于非正常中断，因此上述专门借款在 5 月 15 日至 9 月 10 日间所发生的借款费用不应资本化，而应作为财务费用计入当期损益。

非正常中断，通常是由于企业管理决策上的原因或者其他不可预见的原因等所导致的中断。比如企业因与施工方发生了质量纠纷。

正常中断通常仅限于因购建或者生产符合资本化条件的资产达到预定可使用或者可销售状态所必要的程序，或者事先可预见的不可抗力因素导致的中断。某些地区的工程在建造过程中，由于可预见的不可抗力因素（如雨季或冰冻季节等原因）导致施工出现停顿，也属于正常中断。

4. 借款费用停止资本化的时点

购建或者生产符合资本化条件的资产达到预定可使用或者可销售状态时，借款费用应当停止资本化。符合下列情形之一的，应当认为购建或者生产符合资本化条件的资产达到预定可使用或者可销售状态：（1）资产实体建造全部完成或实质上完成；（2）购建固定资产与设计要求或合同要求基本相符；（3）继续发生的支出很少或者几乎不再发生。

所购建或者生产的符合资本化条件的资产的各部分分别完工，且每部分在其他部分继续建造或者生产过程中可供使用或者可对外销售，且为使该部分资产达到预定可使用或可销售状态所必要的购建或者生产活动已经实质上完成的，应当停止与该部分资产相关的借款费用的资本化。

【例 10 - 8】某企业利用借入资金建造由若干幢厂房组成的生产车间，每幢厂房完工时间不一样，但每幢厂房在其他厂房继续建造期间均可单独使用。在这种情况下，当其中的一幢厂房完工并达到预定可使用状态时，企业应当停止该幢厂房相关借款费用的资本化。

【例 10 - 9】ABC 公司借入一笔款项，于 2 × 18 年 2 月 1 日采用出包方式开工兴建一幢办公楼。2 × 19 年 10 月 10 日工程全部完工，达到合同要求。10 月 30 日工程验收合格，11 月 15 日办理工程竣工结算，11 月 20 日完成全部资产移交手续，12 月 1 日办公楼正式投入使用。

在本例中，企业应当将 2 × 19 年 10 月 10 日确定为工程达到预定可使用状态的时点，作为借款费用停止资本化的时点。

如果企业购建或者生产的资产的各部分分别完工，但必须等到整体完工后才可使用或者对外销售的，应当在该资产整体完工时停止借款费用的资本化。在这种情况下，即使各部分资产已经完工，也不能够认为该部分资产已经达到了预定可使用或者可销售状态，企业只能在所购建固定资产整体完工时，才能认为资产已经达到了预定可使用或者可销售状态，借款费用方可停止资本化。

【例 10 – 10】某企业在建设某一涉及数项工程的钢铁冶炼项目时，每个单项工程都是根据各道冶炼工序设计建造的，因此只有在每项工程都建造完毕后，整个冶炼项目才能正式运转，达到生产和设计要求，所以以每一个单项工程完工后不应认为资产已经达到了预定可使用状态，企业只有等到整个冶炼项目全部完工、达到预定可使用状态时，才停止借款费用的资本化。

10.2.3　借款费用的计量

1. 借款利息资本化金额的确定

在借款费用资本化期间内，每一会计期间的利息（包括折价或溢价的摊销）资本化金额，应当按照下列方法确定：

（1）专门借款费用。为购建或者生产符合资本化条件的资产而借入专门借款的，应当以专门借款当期实际发生的利息费用，减去将尚未动用的借款资金存入银行取得的利息收入或进行暂时性投资取得的投资收益后的金额确定。

专门借款费用资本化金额 = 发生于资本化期间专门借款利息费用 – 闲置专门借款资本化期间的利息收益或投资收益

专门借款与资产支出不挂钩。

【例 10 – 11】甲公司为建造一条生产线于 2×15 年 12 月 31 日借入一笔长期借款，本金为 2 000 万元，年利率为 6%，期限为 4 年，每年末支付利息，到期还本。工程采用出包方式，于 2×16 年 2 月 1 日开工，工程期为 2 年，2×16 年相关资产支出如下：2 月 1 日支付工程预付款 500 万元；5 月 1 日支付工程进度款 700 万元；7 月 1 日因工程事故一直停工至11 月 1 日，11 月 1 日支付了工程进度款 500 万元。2×17 年 3 月 1 日支付工程进度款 200 万元，6 月 1 日支付工程进度款 100 万元，工程于 2×17 年 9 月 30 日完工。闲置资金因购买国债可取得 0.1% 的月收益。

第一，2×16 年、2×17 年专门借款利息费用资本化计算过程如图 10 – 1、图 10 – 2所示。

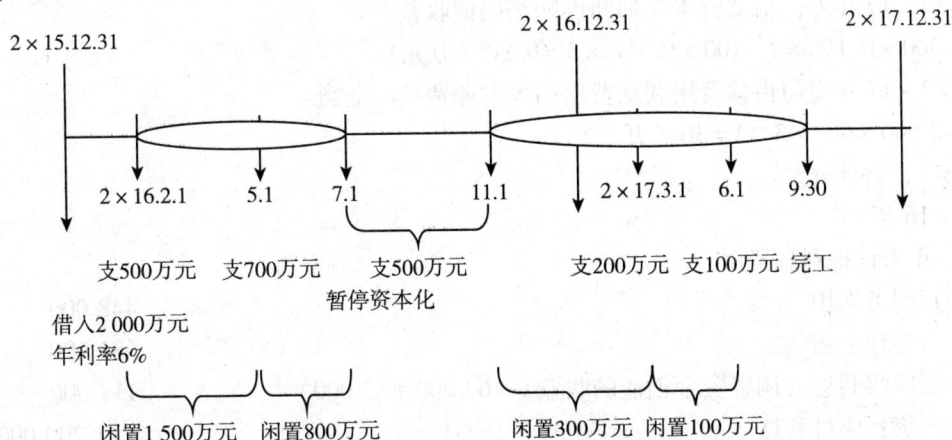

图 10 – 1　借款利息计算数轴图 1

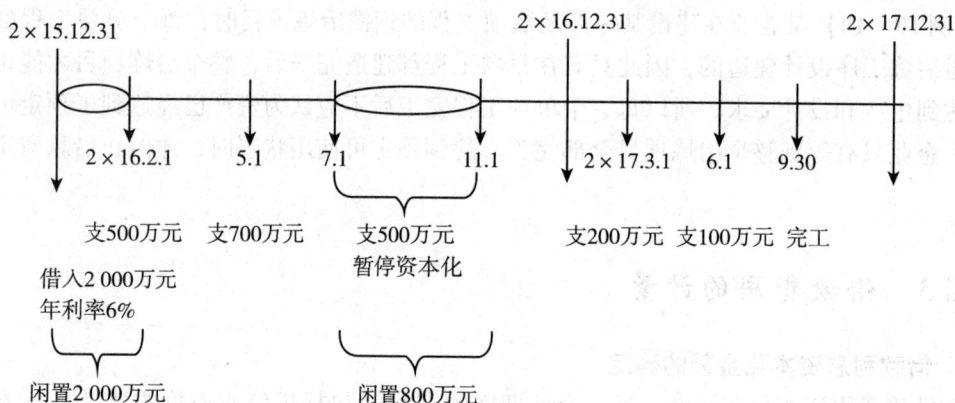

图 10 - 2　借款利息计算数轴图 2

① 开始资本化日为 2×16 年 2 月 1 日；

② 2×16 年 2~6 月和 11~12 月为资本化期间；

③ 2×16 年专门借款在工程期内产生的利息费用 = 2 000 × 6% × 7/12 = 70（万元）；

④ 2×16 年专门借款资本化期内因投资国债而创造的收益 = 1 500 × 0.1% × 3 + 800 × 0.1% × 2 + 300 × 0.1% × 2 = 6.7（万元）；

⑤ 2×16 年专门借款利息费用资本化额 = 70 - 6.7 = 63.3（万元）；

⑥ 2×16 年专门借款利息费用归入当期"财务费用"的金额

＝ 2 000 × 6% × 5/12 - 2 000 × 0.1% × 1 - 800 × 0.1% × 4

＝ 44.8（万元）；

⑦ 2×16 年专门借款非资本化期间因购买国债收益

＝ 2 000 × 0.1% × 1 + 800 × 0.1% × 4 = 5.2（万元）；

⑧ 2×17 年专门借款费用利息费用资本化额

＝ 2 000 × 6% × 9/12 - 300 × 0.1% × 2 - 100 × 0.1% × 3

＝ 89.1（万元）；

⑨ 2×17 年专门借款资本化期间因购买国债收益

＝ 300 × 0.1% × 2 + 100 × 0.1% × 3 = 0.90（万元）；

⑩ 2×17 年专门借款费用利息费用归入财务费用的金额

＝ 2 000 × 6% × 3/12 = 30（万元）。

第二，会计分录。

2×16 年：

① 年末计提利息费用：

借：财务费用	448 000
在建工程	633 000
应收利息（闲置资金创造的收益）（67 000 + 52 000）	119 000
贷：应付利息	1 200 000

② 收到闲置资金创造的收益：

借：银行存款	119 000

　　　贷：应收利息　　　　　　　　　　　　　　　　　　　　　　　　119 000

③ 年末支付利息费用：

借：应付利息　　　　　　　　　　　　　　　　　　　　1 200 000

　　　贷：银行存款　　　　　　　　　　　　　　　　　　　　　　　1 200 000

2×17 年：

① 年末计提利息费用：

借：财务费用　　　　　　　　　　　　　　　　　　　　　300 000

　　在建工程　　　　　　　　　　　　　　　　　　　　　891 000

　　应收利息（闲置资金创造的收益）　　　　　　　　　　　9 000

　　　贷：应付利息　　　　　　　　　　　　　　　　　　　　　　　1 200 000

② 收到闲置资金创造的收益：

借：银行存款　　　　　　　　　　　　　　　　　　　　　9 000

　　　贷：应收利息　　　　　　　　　　　　　　　　　　　　　　　　9 000

③ 年末支付利息费用：

借：应付利息　　　　　　　　　　　　　　　　　　　　1 200 000

　　　贷：银行存款　　　　　　　　　　　　　　　　　　　　　　　1 200 000

　　（2）一般借款费用。为购建或者生产符合资本化条件的资产而占用了一般借款的，企业应当根据累计资产支出超过专门借款部分的资产支出加权平均数乘以所占用一般借款的资本化率，计算确定一般借款应予资本化的利息金额。资本化率应当根据一般借款加权平均利率计算确定。

　　一般借款应予资本化的利息金额应当按照下列公式计算：

　　一般借款利息费用资本化金额 = 累计资产支出超过专门借款部分的资产支出加权平均数 × 所占用一般借款的资本化率

　　所占用一般借款的资本化率 = 所占用一般借款加权平均利率 = 所占用一般借款当期实际发生的利息之和/所占用一般借款本金加权平均数

　　所占用一般借款本金加权平均数 = $\sum$（所占用每笔一般借款本金 × 每笔一般借款在当期所占用的天数/当期天数）

　　【例 10 - 12】 P 公司于 2×18 年 1 月 1 日动工兴建一幢办公楼，工期预计为 1 年，工程采用出包方式，分别于 2×18 年 1 月 1 日、2×18 年 7 月 1 日和 2×18 年 10 月 1 日，支付工程进度款 1 500 万元、2 000 万元、3 000 万元。办公楼于 2×18 年 12 月 31 日达到预定使用状态。P 公司为建造办公楼于 2×18 年 1 月 1 日专门借款 2 000 万元，借款期限为 3 年，年利率为 7%。另外在 2×18 年 7 月 1 日又专门借款 2 500 万元，借款期限为 5 年，年利率为 10%。借款利息按年支付。假设名义利率与实际利率均相同，闲置借款资金均用于固定收益债券短期投资，该短期投资月收益率为 0.5%。

　　P 公司为建造办公楼占用一般借款：①向中国工商银行借入的长期贷款 1 200 万元，2×17 年 12 月 1 日 ~ 2×20 年 12 月 1 日，年利率 6%，借款利息按年支付。②向中国建设银行借入的长期贷款 1 000 万元，2×16 年 9 月 1 日至 2×19 年 9 月 1 日，年利率 8%。

　　要求：计算 P 公司 2×18 年度专门借款资本化利息、一般借款资本化利息，并编制相关会计分录。

① 专门借款资本化利息计算。

2×18 年度专门借款应计利息 = 2 000 × 7% + 2 500 × 10% × 6/12 = 265（万元）

2×18 年度专门借款资本化利息 = 2 000 × 7% + 2 500 × 10% × 6/12 − 500 × 0.5% × 6 − 1 000 × 0.5% × 3 = 235（万元）

闲置资金投资收益 = 500 × 0.5% × 6 + 1 000 × 0.5% × 3 = 30（万元）

会计分录为：

借：在建工程　　　　　　　　　　　　　　　　　　　　　　　2 350 000
　　应收利息　　　　　　　　　　　　　　　　　　　　　　　　300 000
　　　贷：应付利息　　　　　　　　　　　　　　　　　　　　　　　2 650 000

② 一般借款资本化利息计算。

2×18 年度一般借款应计利息 = 1 200 × 6% + 1 000 × 8% = 152（万元）

累计资产支出超过专门借款部分加权平均数 = (1 500 + 2 000 + 3 000 − 4 500) × 3/12 = 500（万元）

一般借款资本化率 = (1 200 × 6% + 1 000 × 8%)/(1 200 + 1 000) = 6.91%

2×18 年度一般借款资本化利息 = 500 × 6.91% = 34.55 ≈ 35（万元）

2×18 年度一般借款计入当期损益的利息 = 152 − 35 = 117（万元）

会计分录为：

借：在建工程　　　　　　　　　　　　　　　　　　　　　　　350 000
　　财务费用　　　　　　　　　　　　　　　　　　　　　　　1 170 000
　　　贷：应付利息　　　　　　　　　　　　　　　　　　　　　　　1 520 000

注意：第一，一般借款与资产支出相挂钩。第二，判断"累计资产支出总额"是否超过"专门借款总额"而占用一般借款时，应区分几个概念。"累计资产支出总额"是将各期"资产支出金额"进行累计相加，而不是各期"资产累计支出加权平均数"之和，前者是判断是否占用一般借款时而采用的一个指标，后者是计算一般借款应予资本化的一个平均数。

【例 10 − 13】B 公司于 2×18 年 1 月 1 日正式动工兴建一幢办公楼，工期预计为 1 年零 6 个月，工程采用出包方式，分别于 2×18 年 1 月 1 日支付工程进度款 1 200 万元、2×18 年 7 月 1 日支付 1 400 万元和 2×19 年 1 月 1 日支付 800 万元。公司为建造办公楼于 2×18 年 1 月 1 日专门借款 1 300 万元，借款期限为 3 年，年利率为 6%；2×18 年 1 月 1 日发行债券 2 年期，实际取得款项 920 万元，该债券面值总额 1 000 万元，年利率为 4%。除此之外，没有其他专门借款。B 公司 2×18 年 7 月 1 日向 A 银行贷款 2 000 万元，1 年期，年利率为 3%，到期付利息。

累计资产支出总额 = 1 200 + 1 400 + 800 = 3 400（万元）

专门借款总额 = (1 300 + 920) = 2 220（万元）

占用一般借款 = 累计资产支出总额 − 专门借款总额 = 3 400 − 2 220 = 1 180（万元）

2×18 年末资产累计支出加权平均数 = [(1 200 + 1 400) − (1 300 + 920)] × 6/12 = 190（万元）

2×19 年 6 月末资产累计支出加权平均数 = [(1 200 + 1 400) − (1 300 + 920)] × 12/12 + 800 × 6/12 = 780（万元）

在资本化期间，每一会计期间的利息资本化金额，不应当超过当期相关借款实际发生的利息金额。

2. 借款辅助费用资本化金额的确定

专门借款发生的辅助费用，在所购建或者生产的符合资本化条件的资产达到预定可使用或者可销售状态之前发生的，应当在发生时根据其发生额予以资本化，计入符合资本化条件的资产的成本；在所购建或者生产的符合资本化条件的资产达到预定可使用或者可销售状态之后发生的，应当在发生时根据其发生额确认为费用，计入当期损益。

3. 外币专门借款汇兑差额资本化金额的确定

在资本化期间内，外币专门借款本金及利息的汇兑差额，应予以资本化，计入符合资本化条件的资产成本，一般借款的汇兑差额直接计入当期损益。

10.3　长期借款核算

10.3.1　长期借款核算内容

长期借款是指企业向银行或其他金融机构借入的期限在 1 年以上（不含 1 年）的各项借款。长期借款按借款条件可分为抵押借款、担保借款和信用借款；按借款用途可分为基本建设借款、技术改造借款和生产经营借款；按借款币种可分为人民币借款和外币借款；按借款偿还方式可分为定期偿还借款和分期偿还借款。

10.3.2　长期借款会计处理流程

长期借款会计处理流程如图 10 - 3 所示。

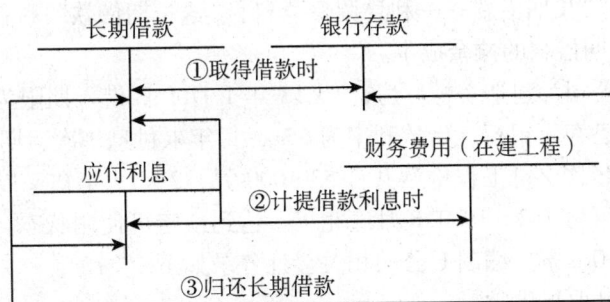

图 10 - 3　长期借款会计处理流程

10.3.3　长期借款会计核算

1. 借入长期借款本金核算

企业借入长期借款，应按实际收到的金额，借记"银行存款"科目，按借款本金贷记

"长期借款——本金"科目，按其差额借记"长期借款——利息调整"科目。

2. 计息和利息调整的核算

（1）利息处理原则。资产负债表日，企业应按摊余成本和实际利率计算确定长期借款的利息费用，按合同利率计算确定应付未付的利息。长期借款计算确定的利息费用，应当按以下原则计入有关成本、费用：

① 属于筹建期间的，计入管理费用。

② 属于生产经营期间的，计入财务费用。

③ 若长期借款用于购建固定资产的，满足资本化条件的利息，则计入在建工程成本；若长期借款用于购建存货的，满足资本化条件的利息，则计入制造费用成本；若长期借款用于购建投资性房地产、无形资产的，满足资本化条件的利息，则计入相关资产成本。

④ 若长期借款用于购建固定资产、无形资产、存货、投资性房地产的，不满足资本化条件的利息，则计入财务费用。

⑤ 固定资产、无形资产、存货、投资性房地产达到预定可使用状态后发生的利息支出，计入财务费用。

（2）会计处理。资产负债表日，应按摊余成本和实际利率计算确定的长期借款的利息费用，借记"在建工程""制造费用""财务费用""研发支出"等科目；按合同约定的名义利率计算确定的应付利息金额，贷记"应付利息"科目，按其差额，贷记"长期借款——利息调整"科目。实际利率与合同约定名义利率差异很小的，也可以采用合同约定的名义利率计算确定利息费用。

支付利息的核算。支付利息时，借记"应付利息"科目，贷记"银行存款"科目。

3. 归还长期借款的核算

归还长期借款本金时，借记"长期借款——本金"科目，贷记"银行存款"科目；同时，存在利息调整余额的，借记或贷记"在建工程""制造费用""财务费用""研发支出"等科目，贷记或借记"长期借款——利息调整"科目。"长期借款"科目期末贷方余额，反映企业尚未偿还的长期借款的摊余成本。

【例 10-14】 F 公司为建造一幢厂房，2×18 年 1 月 1 日借入期限为 2 年的长期专门借款 900 000 元，款项已存入银行，借款利率为 6%，每年末付息一次，期满后一次还清本金。2×18 年初，以银行存款支付工程价款共计 530 000 元，2×19 年初又以银行存款支付工程费用 370 000 元。该厂房于 2×19 年 8 月底完工，达到预定可使用状态。假定闲置专门借款资金存款的月利率为 0.1%。编制 F 公司相关会计分录如下：

2×18 年 1 月 1 日取得借款时：

借：银行存款　　　　　　　　　　　　　　　　　　　　　　　　900 000
　　贷：长期借款　　　　　　　　　　　　　　　　　　　　　　　　900 000

2×18 年初支付工程款时：

借：在建工程　　　　　　　　　　　　　　　　　　　　　　　　530 000
　　贷：银行存款　　　　　　　　　　　　　　　　　　　　　　　　530 000

计算 2×18 年 12 月 31 日计入工程成本的利息时：

借款利息 = 900 000 × 6% − 370 000 × 0.1% × 12 = 49 560（元）

借：在建工程　　　　　　　　　　　　　　　　　　　49 560

　　应收利息　　　　　　　　　　　　　　　　　　　4 440

　　　贷：应付利息　　　　　　　　　　　　　　　　　　　54 000

2×18 年 12 月 31 日支付借款利息时：

借：应付利息　　　　　　　　　　　　　　　　　　　54 000

　　　贷：银行存款　　　　　　　　　　　　　　　　　　　54 000

2×18 年末收到闲置资金利息收益：

借：银行存款　　　　　　　　　　　　　　　　　　　4 440

　　　贷：应收利息　　　　　　　　　　　　　　　　　　　4 440

2×19 年初支付工程款时：

借：在建工程　　　　　　　　　　　　　　　　　　　370 000

　　　贷：银行存款　　　　　　　　　　　　　　　　　　　370 000

2×19 年 12 月 31 日：

应计入工程成本利息 =（900 000 × 6% ÷ 12）× 8 = 36 000（元）

应计入财务费用的利息 =（900 000 × 6% ÷ 12）× 4 = 18 000（元）

借：在建工程　　　　　　　　　　　　　　　　　　　36 000

　　财务费用　　　　　　　　　　　　　　　　　　　18 000

　　　贷：应付利息　　　　　　　　　　　　　　　　　　　54000

厂房达到预定可使用状态时：

借：固定资产　　　　　　　　　　　　　　　　　　　985 560

　　　贷：在建工程　　　　　　　　　　　　　　　　　　　985 560

2×19 年 12 月 31 日支付利息时：

借：应付利息　　　　　　　　　　　　　　　　　　　54 000

　　　贷：银行存款　　　　　　　　　　　　　　　　　　　54 000

2×20 年 1 月 1 日到期还本时：

借：长期借款　　　　　　　　　　　　　　　　　　　900 000

　　　贷：银行存款　　　　　　　　　　　　　　　　　　　900 000

10.4　应付债券核算

10.4.1　应付债券核算内容

　　应付债券是指企业为筹集长期资金而发行的债券本金和利息。为了核算有关应付债券的业务，企业应专设"应付债券"科目。发行 1 年期及 1 年期以内的短期债券，在"交易性金融负债"科目核算，不在本科目核算。"应付债券"科目应当按照"面值""利息调整""应计利息"进行明细核算。

10.4.2　应付债券会计处理流程

应付债券会计处理流程如图 10 - 4 所示。

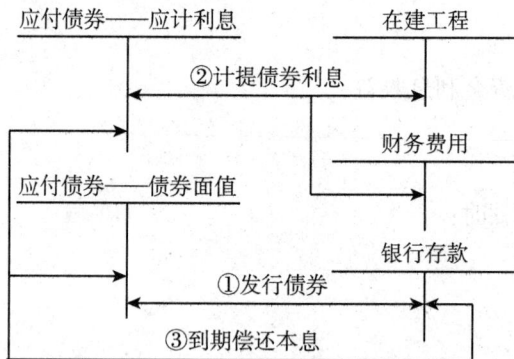

图 10 - 4　应付债券会计处理流程

10.4.3　应付债券会计核算——以摊余成本计量的金融负债

1. 应付债券发行时的核算

（1）债券的发行方式有三种：

① 溢价发行，指债券的票面利率高于同期银行存款利率时，按超过债券票面价值的价格发行。

② 折价发行，指债券的票面利率低于同期银行存款利率，按低于债券面值的价格发行。

③ 面值发行，指债券的票面利率与同期银行存款利率相同，按票面价格发行。

（2）企业发行债券的发行费用的处理原则：

① 如果发行费用大于发行期间冻结资金所产生的利息收入（不利差额），按发行费用减去发行期间冻结资金所产生的利息收后的差额，根据发行债券所筹集资金的用途，分别计入财务费用或相关资产成本。

② 如果发行费用小于发行期间冻结资金所产生的利息收入（有利差额），按发行期间冻结资金所产生的利息收入减去发行费用后的差额，视同发行债券的溢价收入，在债券存续期间于计提利息时摊销，分别计入财务费用或相关资产成本。

（3）企业发行债券会计处理。按实际收到款项，借记"银行存款""库存现金"等科目；按票面价值，贷记"应付债券——面值"科目；按实际收到的款项与票面价值之间差额，贷记或借记"应付债券——利息调整"科目。

2. 计息及利息调整的摊销会计处理

债券利息费用按债券的摊余价值和实际利率计算确定，利息调整应在债券存续期间内采用实际利率法进行摊销。其计算公式为：

$$债券利息费用 = 应付债券的期初账面价值 \times 实际利率$$

$$摊销利息调整 = 债券票面利息 - 债券利息费用$$

（1）资产负债表日，对于分期付息、一次还本的债券，企业应按应付债券的摊余成本和实际利率计算确定的债券利息费用，借记"在建工程""制造费用""财务费用"等科目；按票面利率计算确定的应付未付利息，贷记"应付利息"科目；按其差额，借记或贷记"应付债券——利息调整"科目。

（2）对于一次还本付息的债券，应于资产负债表日按摊余成本和实际利率计算确定的债券利息和，借记"在建工程""制造费用""财务费用"等科目；按票面利率计算确定的应付未付利息，贷记"应付债券——应计利息"科目；按其差额，借记或贷记"应付债券——利息调整"科目。

3. 债券偿还的会计处理

企业发行的债券通常分为到期一次还本付息或一次还本、分期付息两种。

（1）采用一次还本付息方式的，企业应于债券到期支付债券本息时，借记"应付债券——面值""应计利息"科目，贷记"银行存款"科目。

（2）采用一次还本、分期付息方式的，在每期支付利息时，借记"应付利息"科目，贷记"银行存款"科目；债券到期偿还本金并支付最后一期利息时，借记"应付债券——面值""在建工程""财务费用""制造费用"（倒挤）等科目，贷记"银行存款"科目，按借贷双方之间的差额，借记或贷记"应付债券——利息调整"（先算）科目。

【例 10-15】2×18 年 12 月 31 日，甲公司经批准发行 5 年期一次还本、分期付息的公司债券 10 000 000 元，利息每年 12 月 31 日支付，年利率为 6%。假定债券发行时市场利率为 5%。甲公司债券实际发行价 10 432 700 元，该公司筹集资金基础设施建设，所有债券利息满足资本化条件。利息费用计算如表 10-1 所示。

表 10-1   **利息费用计算表**   单位：元

付息日期	期初债券摊余价值（a）	应付利息（b）	利息费用（c = a×5%）	利息调整摊销（d = b - c）	期末债券摊余价值（e = a - d）
2×18 年末					10 432 700
2×19 年末	10 432 700	600 000	521 635	78 365	10 354 335
2×20 年末	10 354 335	600 000	517 716.75	82 283.25	10 272 051.75
2×21 年末	10 272 051.75	600 000	513 602.59	86 397.41	10 185 654.34
2×22 年末	10 185 654.34	600 000	509 282.72	90 717.28	10 094 937.06
2×23 年末	10 094 937.06	600 000	505 062.94	94 937.06	10 000 000
合计	—	3 000 000	2 567 300	432 700	—

① 2×18 年 12 月 31 日发行债券时：

借：银行存款   10 432 700
  贷：应付债券——面值   10 000 000
      ——利息调整   432 700

② 计息及利息调整的摊销会计处理：

2×19 年 12 月 31 日计算利息费用时：

借：在建工程   521 635

    应付债券——利息调整   78 365

    贷：应付利息   600 000

同时，

借：应付利息   600 000

    贷：银行存款   600 000

2×20 年 12 月 31 日：

借：在建工程   517 716.75

    应付债券——利息调整   82 283.25

    贷：应付利息（10 000 000 × 6%）   600 000

同时，

借：应付利息   600 000

    贷：银行存款   600 000

2×21 年 12 月 31 日：

借：在建工程   513 602.59

    应付债券——利息调整   86 397.41

    贷：应付利息   600 000

同时，

借：应付利息   600 000

    贷：银行存款   600 000

2×22 年 12 月 31 日：

借：在建工程   509 282.72

    应付债券——利息调整   90 717.28

    贷：应付利息   600 000

同时，

借：应付利息   600 000

    贷：银行存款   600 000

③ 2×23 年 12 月 31 日归还债券本金及最后一期利息费用时：

借：在建工程   505 062.94（倒挤）

    应付债券——面值   10 000 000

            ——利息调整   94 937.06

    贷：银行存款   10 600 000

【例 10 - 16】假设 A 公司 2×18 年 1 月 1 日以 110 000 元的价格发行了面值为 100 000 元、票面利率为 16.55%、期限为 2 年、到期一次还本付息的企业债券，当时的实际利率为 10%。该公司筹集资金用于生产经营，则该企业有关该债券业务，应编制如下会计分录：

① 2×18 年 1 月 1 日发行债券时：

借：银行存款   110 000

    贷：应付债券——面值   100 000

　　　　　　　　——利息调整　　　　　　　　　　　　　　　　　10 000

②2×18 年 12 月 31 日计息和利息调整（计算见表 10 - 2）时：

借：财务费用　　　　　　　　　　　　　　　　　　　　11 000

　　应付债券——利息调整　　　　　　　　　　　　　　　5 550

　　贷：应付债券——应计利息　　　　　　　　　　　　　　　　16 550

表 10 - 2　　　　　　　　　　**利息费用计算表**　　　　　　　　　单位：元

计息日期	期初债券摊余价值（a）	应计利息（b）	利息费用（c = a×10%）	利息调整摊销（d = b - c）	期末债券摊余价值（e = a + b - d）
2×18 年末	110 000	16 550	11 000	5 550	121 000
2×19 年末	121 000	16 550	12 100	4 450	133 100
合计	—	33 100	23 100	10 000	—

2×19 年 12 月 31 日计息和利息调整（计算见表 10 - 2）时：

借：财务费用　　　　　　　　　　　　　　　　　　　　12 100

　　应付债券——利息调整　　　　　　　　　　　　　　　4 450

　　贷：应付债券——应计利息　　　　　　　　　　　　　　　　16 550

③2×20 年 1 月 1 日到期支付债券本息时：

借：应付债券——面值　　　　　　　　　　　　　　　100 000

　　　　　　　——应计利息　　　　　　　　　　　　　　33 100

　　贷：银行存款　　　　　　　　　　　　　　　　　　　　　133 100

10.5　长期应付款核算

10.5.1　长期应付款核算内容

1. 核算范围

长期应付款是指企业除了长期借款、应付债券和专项应付款以外的其他各种长期应付债务，主要是应付补偿贸易引进设备款、应付融资租入固定资产租赁款以及分期付款方式购入固定资产、无形资产、存货等发生的应付款项等。

2. 账户设置

为了核算长期应付款的发生及偿还情况，企业应设置"长期应付款"和"未确认融资费用"科目。

"长期应付款"科目核算应付补偿贸易引进设备款、应付租入固定资产的租赁费、以分期付款方式购入固定资产、无形资产、存货等发生的应付账款等。该科目应当按照长期应付款的种类和债权人进行明细核算，其期末贷方余额，反映企业尚未支付的各种长期应付款。

"未确认融资费用"科目核算企业应当分期计入利息费用的未确认融资费用，该科目应当按照未确认融资费用项目进行明细核算，其期末借方余额，反映企业未确认融资费用的摊余价值。

10.5.2　长期应付款会计处理流程

长期应付款会计处理流程如图 10-5 所示。

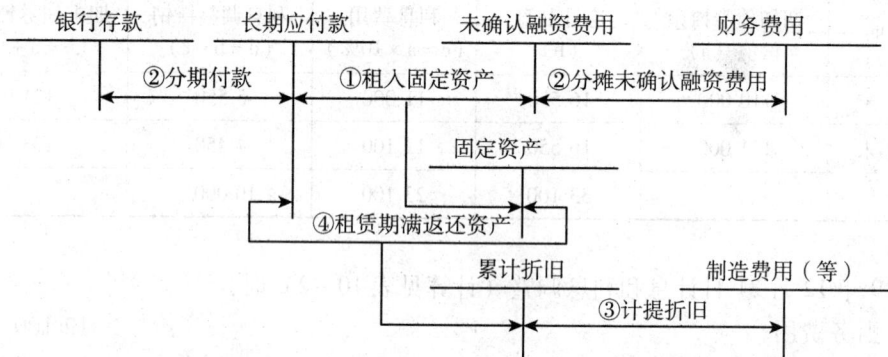

图 10-5　长期应付款会计处理流程

10.5.3　长期应付款会计处理

1. 应付补偿贸易引进设备款的核算

应付补偿贸易引进设备款是指企业采用补偿贸易方式引进国外设备所发生的未付款项。补偿贸易是企业从国外引进设备，再用该设备生产的产品归还设备价款。企业按照补偿贸易方式引进设备时，按设备、工具、零配件等的价款以及国外运杂费的外币金额和规定的汇率折合为人民币记账，借记"原材料""在建工程"等科目，贷记"长期应付款——应付补偿贸易引进设备款"科目；企业用人民币支付进口关税、国内运杂费和安装费等，借记"在建工程""原材料"等科目，贷记"银行存款""长期借款"等科目。按补偿贸易方式引进的国外设备验收交付使用时，将其全部价值借记"固定资产"科目，贷记"在建工程"科目；归还引进设备款时，借记"长期应付款——应付补偿贸易引进设备款"，贷记"银行存款""应收账款"等科目。

【例 10-17】P 公司开展补偿贸易业务，从国外引进设备价款折合人民币 290 万元，公司引进设备时，用人民币存款支付进口关税、国内运杂费、设备安装费 35 万元，企业准备用所生产的产品归还引进设备款。引进设备投产后，第一批生产产品 3 000 件，每件销售价格 200 元，单位生产成本 150 元，这批产品全部用于还款。

有关会计处理如下：

引进设备时：

借：在建工程　　　　　　　　　　　　　　　　　　　　　　　2 900 000

　　贷：长期应付款——应付引进设备款　　　　　　　　　　　　　　2 900 000

以人民币支付进口关税和国内运杂费时：

借：在建工程　　　　　　　　　　　　　　　　　350 000
　　贷：银行存款　　　　　　　　　　　　　　　　　　350 000

设备验收交付使用时：

借：固定资产　　　　　　　　　　　　　　　　3 250 000
　　贷：在建工程　　　　　　　　　　　　　　　　　3 250 000

销售产品时：

借：应收账款　　　　　　　　　　　　　　　　　600 000
　　贷：主营业务收入　　　　　　　　　　　　　　　　600 000

结转成本：

借：主营业务成本　　　　　　　　　　　　　　　450 000
　　贷：库存商品　　　　　　　　　　　　　　　　　450 000

抵付设备款时：

借：长期应付款——应付引进设备款　　　　　　　600 000
　　贷：应收账款　　　　　　　　　　　　　　　　　600 000

2. 租赁固定资产时确认的长期应付款的核算

租赁，是指在一定期间内，出租人将资产使用权让与承租人以获取对价的合同。在租赁开始日，承租人应当对租赁确认使用权资产和租赁负债，应用简化处理的短期租赁和低价值资产租赁除外。

使用权资产应当按照成本进行初始计量。该成本包括：（1）租赁负债的初始计量金额；（2）在租赁期开始日或之前支付的租赁付款额，存在租赁激励的，扣除已享受的租赁激励相关金额；（3）承租人发生的初始直接费用；（4）承租人为拆卸及移除租赁资产、复原租赁资产所在场地或将租赁资产恢复至租赁条款约定状态预计将发生的成本。前述成本属于为生产存货而发生的，使用《企业会计准则第 1 号——存货》。

租赁负债应当按照租赁期开始日尚未支付的租赁付款额的现值进行初始计量。在计算租赁付款额的现值时，承租人应当采用租赁内含利率作为折现率；无法确定租赁内含利率的，应当采用承租人增量借款利率作为折现率。租赁内含利率，是指使出租人的租赁收款额的现值与未担保余值的现值之和等于租赁资产公允价值与出租人的初始直接费用之和的折现率。承租人增量借款利率，是指承租人在类似经济环境下为获得与使用权资产价值接近的资产，在类似期间以类似抵押条件借入资金须支付的利率。

租赁激励，是指出租人为达成租赁向承租人提供的优惠，包括出租人向承租人支付的与租赁有关的款项、出租人为承租人偿付或承担的成本等。

租赁付款额，是指承租人向出租人支付的与在租赁期内使用租赁资产的权利相关的款项，包括：（1）固定付款额及实质固定付款额，存在租赁激励的，扣除租赁激励相关金额；（2）取决于指数或比率的可变租赁付款额，该款项在初始计量时根据租赁期开始日的指数或比率确定；（3）购买选择权的行权价格，前提是承租人合理确定将行使该选择权；（4）行使终止租赁选择权需支付的款项，前提是租赁期反映出承租人将行使终止租赁选择权；（5）根据承租人提供的担保余值预计应支付的款项。实质固定付款额，是指在形式上可能包含变量但实质上无法避免的付款额。可变租赁付款额，是指承租人为取得在租赁期内使用租赁资产的权利，向出租人支付的因租赁期开始日后的事实或情况发生变化（而非时间推移）而变动的款项。取决于指数或比率的可变租赁付款额包括与消费者价格指数挂钩的款项、与基准利率挂钩的款项和为反映市场租金费率变化而变动的款项等。担保余值，是指与出租人无关的一方向出租人提供担保，保证在租赁结束时租赁资产的价值至少为某指定的金额。未担保余值，是指租赁资产余值中，出租人无法保证能够实现或仅由与出租人有关的一方予以担保的部分。

在租赁期开始日后，承租人应当按照《企业会计准则第21号——租赁》的规定，采用成本模式对使用权资产进行后续计量，参照《企业会计准则第4号——固定资产》有关折旧规定，对使用权资产计提折旧。承租人能够合理确定租赁期届满时取得租赁资产所有权的，应当在租赁资产剩余使用寿命内计提折旧。无法合理确定租赁期届满时能够取得租赁资产所有权的，应当在租赁期与租赁资产剩余使用寿命两者孰短的期间内计提折旧。

对于在租赁期开始日，租赁期不超过12个月的短期租赁以及单项租赁资产为全新资产时价值较低的低价值资产租赁，承租人可以选择不确认使用权资产和租赁负债。作出该选择的，承租人应当将短期租赁和低价值资产租赁的租赁付款额，在租赁期内各个期间按照直线法或其他系统合理的方法计入相关资产成本或当期损益。其他系统合理的方法能够更好地反映承租人的受益模式的，承租人应当采用该方法。

【例10-18】甲公司向乙公司租入一台需要安装的设备，租赁付款额为1 500 000元，分3年支付；根据该租赁合同确定的租赁负债的初始计量金额为1 200 000元。设备租入后需要安装，共发生安装调试费50 000元，其中，从仓库领用材料10 000元，其余以银行存款支付。用银行存款支付的此项租赁合同的谈判和签订租赁合同过程中发生的初始直接费用50 000元。按租赁合同协议约定，租赁期满，该设备转归甲公司所有。

根据上述材料，甲公司应作的有关会计分录如下：

（1）租入设备时：

借：在建工程——使用权资产　　　　　　　　　　　　　　　　1 250 000
　　未确认融资费用　　　　　　　　　　　　　　　　　　　　　 300 000
　　贷：长期应付款——应付租赁款　　　　　　　　　　　　　　　　1 500 000
　　　　银行存款　　　　　　　　　　　　　　　　　　　　　　　　 50 000

（2）支付安装调试费时：

借：在建工程——使用权资产　　　　　　　　　　　　　　　　　 50 000
　　贷：原材料　　　　　　　　　　　　　　　　　　　　　　　　 10 000
　　　　银行存款　　　　　　　　　　　　　　　　　　　　　　　 40 000

（3）安装完毕交付使用时：

借：固定资产——使用权资产　　　　　　　　　　　　　　　　1 300 000
　　贷：在建工程——使用权资产　　　　　　　　　　　　　　　　1 300 000

（4）租赁期满，资产产权转入企业时：

借：固定资产　　　　　　　　　　　　　　　　　　　　　　　1 300 000
　　贷：固定资产——使用权资产　　　　　　　　　　　　　　　　1 300 000

对于长期应付款的后续计量参照分期付款购入固定资产时确认长期应付款的处理方法进行处理。

10.6　预计负债核算

10.6.1　或有事项的含义及特征

1. 或有事项的含义

或有事项是指过去的交易或者事项形成的,其结果必须由某些未来事项的发生或不发生才能决定的不确定事项。常见的或有事项有:未决诉讼或仲裁、债务担保、产品质量保证(含产品安全保证)、环境污染整治、承诺、亏损合同、重组义务等。

【例 10 – 19】根据准则规定,下列各项中,属于或有事项的有哪些?

A. 某公司为其子公司的贷款提供担保　　B. 某公司为其他企业的贷款提供担保

C. 某企业以财产作抵押向银行借款　　　D. 某公司被国外企业提起诉讼

属于或有事项的有 A、B、D 项。

2. 特征

(1) 由过去交易或事项形成,即或有事项的现存状况是过去交易或事项引起的客观存在。

(2) 结果具有不确定性,即或有事项的结果是否发生具有不确定性,或者或有事项的结果预计将会发生,但发生的具体时间或金额具有不确定性。

(3) 由未来事项决定,即或有事项的结果只能由未来不确定事项的发生或不发生才能决定。

10.6.2　预计负债的确认

与或有事项相关义务同时满足下列条件的,应作为预计负债进行确认:

1. 该义务是企业承担的现时义务

预计负债必须是在企业当前条件下已承担的义务,企业没有其他现实的选择,只能履行该现时义务,如法律要求企业履行、有关各方形成企业将履行现时义务的合理预期等。

2. 履行该义务很可能导致经济利益流出企业

履行与或有事项相关的现时义务导致经济利益流出企业的可能性超过 50% 但小于或等于 95% 时,可以确认该预计负债。根据不确定性事项发生的可能性将其分为基本确定、很可能、可能、极小可能四种。各种不确定性事项对应概率如表 10 – 3 所示。

表 10 – 3　　　　　　　　　　不确定性事项发生概率

结果的可能性	对应的概率区间
基本确定	大于 95% 但小于 100%
很可能	大于 50% 但小于或等于 95%
可能	大于 5% 但小于或等于 50%
极小可能	大于 0 但小于或等于 5%

3. 履行该义务的金额能够可靠地计量

即与或有事项相关的现时义务的金额能够合理地估计。由于或有事项具有不确定性，因而或有事项产生的现时义务也具有不确定性，因此需要企业对其金额进行估计，将其确认为预计负债。在实务中，企业应当注意：不应当将未来经营亏损确认预计负债；不应当确认或有负债和或有资产。

10.6.3　预计负债的计量

预计负债会计核算流程如图 10-6 所示。

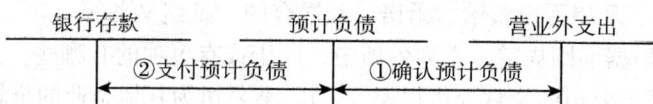

图 10-6　预计负债会计核算流程

1. 最佳估计数的确定

在确定最佳估计数时，企业要综合考虑与或有事项有关的风险、不确定因素、货币时间价值等。如果货币时间价值因素影响重大，预计负债的金额应是结算义务预期所要求支出的现值。

（1）所需支出存在一个连续范围。如果企业清偿预计负债所需支出存在一个连续范围，且该范围内各种结果发生的可能性相同，最佳估计数应当按照该范围内的中间值确定。

【例 10-20】2×18 年 11 月 1 日，甲公司因合同违约而涉及一起诉讼案。在咨询了公司的法律顾问后，公司认为，最终的判决很可能对公司不利。2×18 年 12 月 31 日，甲公司尚未接到法院的判决，诉讼须承担的赔偿金额也无法准确地确定。根据法律顾问的职业判断，赔偿金额很可能为 180 000~200 000 元，其中包括甲公司应承担的诉讼费 20 000 元。据此，甲公司应在资产负债表中确认一项金额为 190 000 元的预计负债。

借：管理费用　　　　　　　　　　　　　　　　　　　　　　20 000
　　营业外支出　　　　　　　　　　　　　　　　　　　　　170 000
　　　贷：预计负债——未决诉讼　　　　　　　　　　　　　　　190 000

（2）如果所需支出不存在一个连续范围（一个金额区间），则最佳估计数应分别情况处理：

① 或有事项涉及单个项目的，按照最可能发生额确定。涉及单个项目是指或有事项涉及的项目只有一个，如一项未决诉讼、一项未决仲裁、一项债务担保等。

【例 10-21】P 公司因合同违约而涉及一桩诉讼案。2×18 年 12 月 31 日尚未判决。律师判断胜诉的可能性不超过 30%，败诉的可能性超过 70%，如果败诉，将要赔偿 650 000 元。为此，甲应在年末资产负债表中确认 650 000 元预计负债。

借：营业外支出　　　　　　　　　　　　　　　　　　　　　650 000
　　贷：预计负债——未决诉讼　　　　　　　　　　　　　　　650 000

② 或有事项涉及多个项目时，最佳估计数按各种可能发生额及其发生概率计算确定（即计算加权平均数）。涉及多个项目是指或有事项涉及的项目不止一个，而是很多个。典型

的是产品质量保证。在产品质量保证情况下，企业承担的现时义务将包括诸多难以辨认的、提出产品保证要求的可能的客户。相应地，企业对这些客户负有保修义务。

【例 10 – 22】甲公司为汽车生产和销售企业，2×18 年汽车销售收入 2 500 万元。甲公司对购买其汽车的消费者承诺：汽车售后 3 年内如出现非意外事件造成的汽车故障和质量问题，甲公司免费保修（含零部件更换）。根据以往经验，发生大修的可能性为 1%，发生大修时修理费预计为销售额的 8%；发生中修的可能性为 15%，修理费为销售额的 6%；发生小修的可能性为 80%，修理费为销售额的 0.5%。

甲公司预计负债 = 2 500 × 8% × 1% + 2 500 × 6% × 15% + 2 500 × 0.5% × 80%

$\qquad\qquad\quad$ = 34.5（万元）

借：销售费用　　　　　　　　　　　　　　　　　　　345 000

　　贷：预计负债——产品质量保证金　　　　　　　　　　　345 000

【例 10 – 23】M 公司 2×18 年销售丁产品 20 000 000 元，将在产品保修期内对发生的质量问题免费维修。按照以往经验，发生较小质量问题的可能性为 15%，发生较小质量问题后发生的维修费为销售收入的 1%；发生较大质量问题的可能性为 5%，发生较大质量问题后发生的维修费为销售收入的 4%；发生严重质量问题的可能性为 0，发生严重质量问题后发生的维修费为销售收入的 20%。

计提 2×18 年产品质量保证金

= (20 000 000 × 1%) × 15% + (20 000 000 × 4%) × 5% + (20 000 000 × 20%) × 0

= 30 000 + 40 000 = 70 000（元）

借：销售费用　　　　　　　　　　　　　　　　　　　70 000

　　贷：预计负债——产品质量保证金　　　　　　　　　　　70 000

2. 预期可获得的补偿金额的确定

企业有时会出现因清偿或有负债所需支出全部或部分预期由第三方或其他方补偿的情况。如发生交通事故，企业可从保险公司获得赔偿；诉讼案中，可以通过反诉对索赔人或第三方另行提出赔偿要求；债务担保中，可以向被担保企业提出额外追偿要求等。准则规定：如果清偿因或有事项而确认的负债所需支出全部或部分预期由第三方或其他方获得补偿，则补偿金额只能在基本确定能收到时作为资产单独确认，且确认的补偿金额不应超过所确认的负债的账面价值。因为企业预期从第三方获得的补偿是一种或有资产，其能否转化为资产具有较大的不确定性，只有在基本确定能收到补偿时方能确认，而且不能与预计负债相互抵销。

【例 10 – 24】F 股份有限公司因担保涉及一桩诉讼。2×18 年 12 月 31 日诉讼尚未判决。律师判断败诉的可能性超过 75%，如果败诉，将要赔偿 840 000 元。同时，公司因该担保诉讼，基本确定可从 M 股份有限公司获得 170 000 元的赔偿。

F 股份有限公司应分别确认一项金额为 840 000 元的负债和一项金额为 170 000 元的资产，而不能只确认一项金额为 670 000 元（840 000 – 170 000）的负债。同时，公司所确认的补偿金额 170 000 元不能超过所确认的负债的账面价值 840 000 元。

借：营业外支出　　　　　　　　　　　　　　　　　　840 000

　　贷：预计负债——未决诉讼　　　　　　　　　　　　　840 000

借：其他应收款　　　　　　　　　　　　　　　　　　170 000

　　　　贷：营业外支出　　　　　　　　　　　　　　　　　　　　170 000

3. 预计负债计量需要考虑的其他因素

　　企业在确定最佳估计数时，应当综合考虑与或有事项有关的风险、不确定性和货币时间价值等因素。货币时间价值影响重大的，应当通过对相关未来现金流出进行折现后确定最佳估计数。

　　（1）风险和不确定性。企业在不确定情况下进行判断需要谨慎，使得收入或资产不会被高估，费用或负债不会被低估。企业应充分考虑与或有事项有关的风险和不确定性，既不能忽略风险和不确定性对或有事项计量影响，也需要避免对风险和不确定性进行重复调整，从而在低估和高估预计负债金额之间寻找平衡点。

　　（2）货币时间价值。预计负债的金额通常应当等于未来应支付的金额。但是，因货币时间价值的影响，资产负债表日后不久发生的现金流出，要比一段时间之后发生的同样金额的现金流出负有更大的义务。所以，如果预计负债的确认时点距离实际清偿有较长的时间跨度，货币时间价值的影响重大，那么在确定预计负债的确认金额时，应考虑采用现值计量，即通过对相关未来现金流出进行折现后确认最佳估计数。

4. 预计负债账面价值的调整

　　企业应当在资产负债表日对预计负债的账面价值进行复核。有确凿证据表明该账面价值不能真实反映当前最佳估计数的，应当按照当前最佳估计数对该账面价值进行调整。

【本章小结】

　　（1）本章需完成任务包括：①非流动负债内容；②借款费用的确认、借款费用资本化金额的确定；③长期借款、应付债券的核算；④或有事项概念及常见或有事项。

　　（2）学习完本章学生应掌握：①借款费用的确认、借款费用资本化金额的确定；②借款费用开始、暂停、停止资本化条件；③长期借款、应付债券、长期应付款的核算；④各种不确定性事项对应概率及预计负债的核算。

　　（3）完成本章若干学习任务应深刻理解：①借款及借款费用的范围；②长期应付款核算；③预计负债的确认条件、预计负债的计量原则；④实际利率法操作。

　　（4）完成学习任务应学会运用：①长期借款核算；②实际利率法核算应付债券；③预计负债的核算。

第 **11** 章

所有者权益核算

【学习目标】

通过本章学习，应了解企业组织形式，理解所有者权益各项目的含义和内容；掌握实收资本、资本公积、其他综合收益、其他权益工具、盈余公积和未分配利润项目的核算内容及其相应的账务处理。

【能力目标】

能够掌握实收资本、资本公积的增加和减少的账务处理；掌握其他综合收益的账务处理；掌握提取盈余公积、利润分配业务的核算。

【任务提示】

下述票据是所有者权益业务过程中涉及的一系列的原始凭证，如出资证明、发行股票、提取盈余公积、宣告分配利润等。企业发生的这类业务在会计上该如何确认与计量，是本章将要解决的主要问题。

11 – 1

ICBC 中国工商银行	业务回单（收款）

日期：2019 年 12 月 28 日
回单编号：173550000023
付款人户名：陈俊杰 付款人开户行：工行九江庐山支行
付款人账号（卡号）：15842548154
收款人户名：江西九瑞油泵油嘴有限公司 收款人开户行：工行九江莲花支行
收款人账号（卡号）：34520294168
金额：壹拾万元整 小写：100 000.00 元
业务（产品）种类：结算业务凭证 凭证种类：000000000 凭证号码：00000000000000
摘要：投资款 用途： 币种：人民币
交易机构：0150602180 记账柜员：00023 交易代码：52093 渠道：其他
产品名称：
费用名称：
应收金额：100 000.00 实收金额：100 000.00 收费渠道：

本回单为第一次打印，注意重复 打印日期：2019 年 12 月 29 日 打印柜员：0 验证码：A981CCDB9124

11 - 2

盈余公积提取表

单位：江西九瑞油泵油嘴有限公司　　　　2019年12月31日　　　　金额单位：元

项　　目	计算基数	计提比率	提取金额
1. 提取法定盈余公积	180 000	10%	18 000
2. 提取任意公积金	180 000	5%	9 000
合计			27 000

审核：张有才　　　　　　　　制表：董旭

11 - 3

应付利润计算表

单位：江西九瑞油泵油嘴有限公司　　　　2019年12月31日　　　　金额单位：元

年初未分配利润	本年可分配利润	可分配利润合计	分配比例	应付利润总额
80 000	180 000	260 000	80%	208 000
应付利润明细表				
投资者	出资比例		应得利润	
九江市使嵩有限公司	50%		104 000	
九江市安平有限公司	30%		62 400	
南昌金明有限公司	20%		41 600	

审核：张有才　　　　　　　　制表：董旭

11 - 4 - 1/2

公司股东会决议

　　江西九瑞油泵油嘴有限公司（简称公司）股东于2019年12月20日在公司会议室召开了股东会全体会议。

　　本次股东会会议于2019年12月14日通知全体股东到会参加会议，符合《公司法》及公司章程的有关规定通知全体股东。股东会确认本次会议已按照《公司法》及公司章程之有关规定有效通知。出席会议的股东为持有公司100%的股权，会议合法有效，由董事长（法定代表人）陈俊杰主持。

　　本次股东会会议的召集与召开程序、出席会议人员资格及表决程序符合《公司法》及公司章程的有关规定。

　　会议就公司下一步经营发展事宜，全体股东一致同意如下决议：

　　1. 全体股东一致通过有关公司章程。

　　2. 股东对所持有该公司股份表示一致同意、会议合法有效。

　　3. 接受股东九江华强实业有限公司以现金出资，金额为人民币叁仟万元整（￥30 000 000.00），享有公司注册资本金额为人民币贰仟捌佰壹拾贰万伍仟元整，占公司注册资本的比例为36.00%，符合公司财务有关规定。

　　4. 同意公司下一步经营发展事项。

11 – 4 – 2/2

ICBC 🏛 中国工商银行　　　　　　　　业务回单（收款）

日期：2019 年 12 月 22 日
回单编号：173550000021
付款人户名：九江华强实业有限公司　　　　　　付款人开户行：工行九江莲花支行
付款人账号（卡号）：15842520983
收款人户名：江西九瑞油泵油嘴有限公司　　　　收款人开户行：工行九江莲花支行
收款人账号（卡号）：34520294168
金额：叁仟万元整　　　　　　　　　　　　　　小写：30 000 000.00 元
业务（产品）种类：结算业务凭证　　凭证种类：000000000　凭证号码：00000000000000
摘要：投资款　　　　　　　　　　用途：　　　　　　　币种：人民币
交易机构：0150602180　记账柜员：00023　交易代码：52093　渠道：其他
产品名称：
费用名称：
应收金额：30 000 000.00　实收金额：30 000 000.00　收费渠道：

本回单为第一次打印，注意重复　　打印日期：2019 年 12 月 23 日　打印柜员：0　验证码：A981CCDB9124

11.1　所有者权益概述

11.1.1　企业组织形式

我国实行的社会主义市场经济，已形成了多种经济成分并存的格局。虽然企业所有制性质不同，但与所有者权益会计密切相关的不是企业所有制的性质，而是企业的组织形式。所有者权益会计，要解决不同企业的所有者对企业应承担的风险及其享有的利益。国际通行的做法是按企业资产经营的法律责任，把企业划分为非公司制企业组织形式和公司制企业组织形式。

1. 非公司制企业

（1）独资型企业是指依照中国法律在中国境内设立，由一个自然人投资，财产为投资人个人所有，投资人以其个人财产对企业债务承担无限责任的经营实体。

（2）合伙型企业是指依法在中国境内设立的由各合伙人订立合伙协议，共同出资、合伙经营、共享收益、共担风险，并对合伙企业债务承担无限连带责任的营利性组织。

合伙人可以用货币、实物、土地使用权、知识产权或其他财产权利出资；上述出资应当是合伙人的合法财产及财产权利。经全体合伙人协商一致，合伙人也可以用劳务出资，其评估办法由全体合伙人协商确定。合伙人应当按照合伙协议约定的出资方式、数额和缴付出资的期限，履行出资义务。

2. 公司制企业

公司制企业是指依法在中国境内设立的有限责任公司和股份有限公司。公司制企业是企业法人，有独立的法人财产，享有法人财产权。公司以其全部财产对公司的债务承担责任。

有限责任公司的股东以其认缴的出资额为限对公司承担责任；股份有限公司的股东以其认购的股份为限对公司承担责任。

股东可以用货币出资，也可以用实物、知识产权、土地使用权等可以用货币估价并可以依法转让的非货币财产作价出资；但是，法律、行政法规规定不得作为出资的财产除外。全体股东的货币出资金额不得低于有限责任公司注册资本的30%。

11.1.2　所有者权益含义及内容

所有者权益是所有者在企业中享有的经济利益，是指资产扣除负债后由所有者应享的剩余利益，即净资产。所谓净资产，在数量上等于企业全部资产减去全部负债后的余额，即资产 – 负债 = 所有者权益。所有者权益的来源包括所有者投入的资本、直接计入所有者权益的利得和损失、其他综合收益、其他权益工具、留存收益等。

直接计入所有者权益的利得和损失，是指不应计入当期损益、会导致所有者权益发生增减变动的、与所有者投入资本或者向所有者分配利润无关的利得或者损失。利得是指由企业非日常活动所形成的、会导致所有者权益增加的、与所有者投入资本无关的经济利益的流入。利得分为：直接计入所有者权益的利得和直接计入当期利润的利得。损失是指由企业非日常活动所发生的、会导致所有者权益减少的、与向所有者分配利润无关的经济利益的流出。损失分为：直接计入所有者权益的损失和直接计入当期利润的损失。

根据所有者权益组成内容，所有者权益内容包括实收资本、资本公积、其他综合收益、其他权益工具、盈余公积、未分配利润等。

11.2　实收资本核算

11.2.1　实收资本的含义

实收资本是指企业按照章程规定或合同、协议约定，接受投资者投入企业的资本。实收资本的构成比例即投资者的出资比例或股东的股权比例，是确定所有者在企业所有者权益中份额的基础，也是企业进行利润或股利分配的主要依据。

我国《公司法》规定，股东可以用货币出资，也可以用实物、知识产权、土地使用权等可以用货币估价并可以依法转让的非货币财产作价出资；但是，法律、行政法规规定不得作为出资的财产除外。

对作为出资的非货币财产应当评估作价，核实财产，不得高估或者低估作价。全体股东的货币出资金额不得低于有限责任公司注册资本的30%。不论以何种方式出资，投资者如在投资过程中违反投资合同或协议约定，不按规定如期缴足出资额，企业可以依法追究投资者的违约责任。

除股份有限公司外，其他企业应设置"实收资本"科目，核算投资者投入资本的增减变动情况。股份有限公司应设置"股本"科目，核算公司实际发行股票的面值总额。

11. 2. 2　实收资本会计处理

1. 实收资本增加的会计处理

（1）企业接受现金资产投资。

① 一般企业接受现金资产投资。企业接受现金资产投资，应以实际收到金额或存入企业开户银行金额，借记"银行存款"等科目，按投资合同或协议约定投资者在企业注册资本中所占份额部分，贷记"实收资本"科目，企业实际收到或存入开户银行金额超过投资者在企业注册资本中所占份额部分，贷记"资本公积——资本溢价"科目。

【例 11 – 1】A 公司以银行存款 300 万元对 B 有限责任公司出资，占其 20% 的份额，B 公司的注册资本为 1 500 万元，B 公司收到投资。

借：银行存款　　　　　　　　　　　　　　　　　　　　　　　3 000 000

　　贷：实收资本——A 企业　　　　　　　　　　　　　　　　　　3 000 000

【例 11 – 2】甲、乙、丙三人出资设立万发有限责任公司，其注册资本为 180 万元，所占份额比例分别为 50% 、30% 和 20%。三人以银行存款出资。

表 11 – 1　　　　　　　　　　　甲、乙、丙三人出资情况

投资者	投资比例（%）	投资额（实收资本）（万元）
甲	50	90
乙	30	54
丙	20	36
合计	100	180

注：实收资本 = 注册资本 × 投资者所占比例。

借：银行存款　　　　　　　　　　　　　　　　　　　　　　　1 800 000

　　贷：实收资本——甲　　　　　　　　　　　　　　　　　　　　900 000

　　　　　　——乙　　　　　　　　　　　　　　　　　　　　540 000

　　　　　　——丙　　　　　　　　　　　　　　　　　　　　360 000

② 股份有限公司接受现金资产投资。股份有限公司发行股票收到现金资产时，借记"银行存款"等科目，按每股股票面值和发行股份总额的乘积计算的金额，贷记"股本"科目，实际收到的金额与该股本之间的差额，贷记"资本公积——股本溢价"科目。

股份有限公司发行股票发生的手续费、佣金等交易费用，应从溢价中抵扣，冲减资本公积（股本溢价）。

【例 11 – 3】某股份有限公司通过证券公司发行普通股 100 000 股，每股面值 1 元，发行价 6 元，双方约定，支付证券公司发行费 10 000 元，并从发行收入中扣除。股票已发行完毕，股款已划入银行存款账户。

借：银行存款　　　　　　　　　　　　　　　　　　　　　　　590 000

　　贷：股本——普通股　　　　　　　　　　　　　　　　　　　100 000

　　　　资本公积——股本溢价　　　　　　　　　　　　　　　　490 000

（2）企业接受非现金资产投资。企业接受固定资产、无形资产等非现金资产投资时，应按投资合同或协议约定的价值（不公允的除外）作为固定资产、无形资产的入账价值，按投资合同或协议约定的投资者在企业注册资本或股本中所占份额的部分作为实收资本或股本入账，投资合同或协议约定的价值（不公允的除外）超过投资者在企业注册资本或股本中所占份额的部分，计入资本公积。

① 接受原材料投资。企业接受原材料投资，其投资额包括不含税的双方确认的原材料价值（如发生运杂费应计入原材料价值，但不计入投资额）和增值税两部分。企业根据不含税双方确认的原材料价值，借记"原材料"等科目；根据增值税税额，借记"应交税费——应交增值税（进项税额）"科目；根据不含税的双方确认的原材料价值与增值税之和，贷记"实收资本"科目。

【例 11-4】甲公司收到投资者投入的原材料一批，双方确认的不含税的原材料的价值为 100 万元，增值税为 13 万元。

借：原材料　　　　　　　　　　　　　　　　　　　　　　1 000 000
　　应交税费——应交增值税（进项税额）　　　　　　　　　130 000
　　贷：实收资本　　　　　　　　　　　　　　　　　　　　1 130 000

② 接受固定资产投资。有限责任公司接受的固定资产投资，其投资额为双方确认的固定资产的价值（如发生运杂费应计入固定资产价值，但不计入投资额），按双方确认的价值借记"固定资产"科目；根据增值税税额，借记"应交税费——应交增值税（进项税额）"科目，贷记"实收资本"科目。如果为需要安装的固定资产则先通过"在建工程"账户核算。

【例 11-5】甲公司收到旧的需要安装的机器设备，双方确认的价值为 800 000 元，企业用银行存款实际支付运杂费 2 000 元。该企业收到机器设备后出包安装，用银行存款支付安装费 8 000 元。

收到机器设备：
借：在建工程　　　　　　　　　　　　　　　　　　　　　802 000
　　贷：实收资本　　　　　　　　　　　　　　　　　　　　800 000
　　　　银行存款　　　　　　　　　　　　　　　　　　　　　2 000
支付安装费：
借：在建工程　　　　　　　　　　　　　　　　　　　　　　8 000
　　贷：银行存款　　　　　　　　　　　　　　　　　　　　　8 000
安装工程完工：
借：固定资产　　　　　　　　　　　　　　　　　　　　　810 000
　　贷：在建工程　　　　　　　　　　　　　　　　　　　　810 000

③ 接受无形资产投入。当企业收到投资者以无形资产进行投资时，应按投资各方确认的价值，借记"无形资产"科目，根据增值税专用发票记载的税额，借记"应交税费——应交增值税（进项税额）"科目，贷记"实收资本"科目。

【例 11-6】东方公司收到 A 公司的一项非专利技术投资，投资双方确认的价值为 20 000 元，不考虑相关税费。

借：无形资产——非专利技术　　　　　　　　　　　　　　20 000

| | 贷：实收资本 | | 20 000 |

（3）公积金转增资本。企业将资本公积转为实收资本或者股本，借记"资本公积——资本溢价或股本溢价"科目，贷记"实收资本"或"股本"科目。企业将盈余公积转为实收资本或者股本，借记"盈余公积"科目，贷记"实收资本"或"股本"科目。

（4）股票股利方式增资。股份有限公司采用发放股票股利方式实现增资，将股东大会批准的利润分配方案中分配的股票股利，应在办理增资手续后，借记"利润分配"科目，贷记"股本"科目。

2. 实收资本减少的会计处理

（1）有限责任公司和一般企业按法定程序报经批准减少注册资本的，借记"实收资本"科目，贷记"银行存款"等科目。

（2）股份有限公司因减少注册资本而回购本公司股份。企业回购自身权益工具支付的对价和交易费用，应当减少所有者权益。回购股票时，通过"库存股"科目核算，之后减少"股本"，差额记入"资本公积——股本溢价"，若"资本公积——股本溢价"不足冲减的，调整留存收益。

【例 11 - 7】A 公司 2×15 年 12 月 31 日股东权益中，股本为 20 000 万元（面值为 1元），资本公积（股本溢价）为 6 000 万元，盈余公积为 5 000 万元，未分配利润为 0 万元。经董事会批准回购本公司股票并注销。2×15 年发生业务如下：

（1）以每股 3 元的价格回购本公司股票 2 000 万股。

借：库存股（2 000×3）　　　　　　　　　　　　　　　　6 000
　　贷：银行存款　　　　　　　　　　　　　　　　　　　　　6 000

（2）以每股 2 元的价格回购本公司股票 4 000 万股。

借：库存股（4 000×2）　　　　　　　　　　　　　　　　8 000
　　贷：银行存款　　　　　　　　　　　　　　　　　　　　　8 000

（3）注销股票。

借：股本　　　　　　　　　　　　　　　　　　　　　　6 000
　　资本公积——股本溢价　　　　　　　　　　　　　　　6 000
　　盈余公积　　　　　　　　　　　　　　　　　　　　　2 000
　　贷：库存股　　　　　　　　　　　　　　　　　　　　　14 000

11.3　资本公积与其他综合收益的核算

11.3.1　资本公积的含义及内容

资本公积是企业收到投资者出资额超出其在注册资本（或股本）中所占份额的部分，以及直接计入所有者权益的利得和损失等。

资本公积包括资本溢价（或股本溢价）和直接计入所有者权益的利得和损失等。形成资本溢价（或股本溢价）的原因有溢价发行股票、投资者超额缴入资本等。

直接计入所有者权益的利得和损失是指不应计入当期损益、会导致所有者权益发生增减变动的、与所有者投入资本或者向所有者分配利润无关的利得或者损失，如企业的长期股权投资采用权益法核算时，因被投资单位除净损益以外所有者权益的其他变动，投资企业按应享有份额而增减资本公积。

11.3.2 资本公积的核算

企业应通过"资本公积"科目核算资本公积的增减变动情况，并分别"资本溢价（股本溢价）""其他资本公积"进行明细核算。经股东大会或类似机构决议，用资本公积转增资本，冲减资本公积（资本溢价或股本溢价）。

1. 资本溢价（或股本溢价）的核算

（1）资本溢价。收到投资者投入资金，按实际收到金额或确定的价值，借记"银行存款""固定资产"等科目，按其在注册资本中所占的份额，贷记"实收资本（或股本）"科目，按其差额，贷记"资本公积——资本（或股本）溢价"科目。

【例 11 - 8】 君益有限责任公司由甲、乙、丙三股东各自出资 1 000 000 元设立。设立时的实收资本为 3 000 000 元。经 3 年的经营，该企业留存收益 1 500 000 元。这时有投资者有意参加该企业，并表示愿意出资 1 800 000 元仅占该企业股份的 25%。

假设丁应缴出资额为 X，则公司实收丁资金数额：$X/(3\,000\,000 + X) = 25\%$，解方程式得：$X = 1\,000\,000$ 元。超额缴入资金（作为资本公积部分）$= 1\,800\,000 - 1\,000\,000 = 800\,000$（元）。

借：银行存款   1 800 000
  贷：实收资本——丁   1 000 000
    资本公积——资本溢价   800 000

（2）股本溢价。股份有限公司溢价发行股票，收到现金等资产时，按实际收到金额，借记"库存现金""银行存款"等科目，按股票面值和核定股份总额的乘积计算的金额，贷记"股本"科目，按溢价部分，贷记"资本公积——股本溢价"科目。

委托证券商代理发行股票而支付的手续费、佣金等，应从溢价发行收入中扣除，企业应按扣除手续费、佣金后的数额记入"资本公积"账户。

【例 11 - 9】 B 股份有限公司首次公开发行了普通股 50 000 000 股，每股面值 1 元，每股发行价 4 元。B 公司以银行存款支付发行手续费、咨询费等费用共计 6 000 000 元。假定发行收入已全部收到，发行费用已支付，不考虑其他因素，B 公司的会计处理如下：

收到发行收入时：
借：银行存款   200 000 000
  贷：股本   50 000 000
    资本公积——股本溢价   150 000 000

应增加的资本公积 $= 50\,000\,000 \times (4 - 1) = 150\,000\,000$（元）

本例中，B 股份有限公司溢价发行普通股，发行收入中等于股票面值的部分 50 000 000 元应记入"股本"科目，发行收入超出股票面值的部分 150 000 000 元记入"资本公积——股本溢价"科目。

支付发行费用时：

借：资本公积——股本溢价　　　　　　　　　　　　　　　　　　6 000 000
　　贷：银行存款　　　　　　　　　　　　　　　　　　　　　　　　　6 000 000

本例中，B 股份有限公司的股本溢价 150 000 000 元高于发行中发生的交易费用 6 000 000元，因此，交易费用可从股本溢价中扣除，作为冲减资本公积处理。

（3）资本公积转增资本。在企业采用资本公积转增资本时，企业应按照转增的资本金额，借记"资本公积"科目，贷记"实收资本"或"股本"科目。

按照我国《公司法》的规定，法定公积金（资本公积和盈余公积）作为资本时，所留存的该项公积金不得少于转增前公司注册资本的 25%，经股东大会或类似机构决议，用资本公积转增资本时，应冲减资本公积，同时按照转增前的实收资本（或股本）的结构或比例，将转增的金额记入"实收资本"（或股本）科目各所有者的明细分类账。

【例 11 – 10】甲公司为股份有限公司，经股东大会决议批准，将资本公积（股本溢价）20 万元转增资本，原注册资本中 A、B、C、D 四个公司所占比例分别为 25%、35%、20%和 20%，该公司按法定程序已办完增资手续。则公司编制会计分录为：

借：资本公积——股本溢价　　　　　　　　　　　　　　　　　200 000
　　贷：股本——A 公司　　　　　　　　　　　　　　　　　　　　50 000
　　　　　　——B 公司　　　　　　　　　　　　　　　　　　　　70 000
　　　　　　——C 公司　　　　　　　　　　　　　　　　　　　　40 000
　　　　　　——D 公司　　　　　　　　　　　　　　　　　　　　40 000

2. 其他资本公积的核算

其他资本公积是指除资本（股本）溢价项目以外所形成的资本公积。

（1）以权益结算的股份支付换取职工或其他方提供服务。

① 等待期内应按照授予日权益工具的公允价值计算确定的金额。

借：管理费用
　　贷：资本公积——其他资本公积

② 在行权日，应按实际行权的权益工具数量计算确定的金额。

借：资本公积——其他资本公积
　　贷：股本
　　　　资本公积——股本溢价

（2）采用权益法核算的长期股权投资。被投资单位除净损益、其他综合收益以及利润分配以外的所有者权益的其他变动，投资方应按所持股权比例计算应享有的份额，调整长期股权投资的账面价值，同时计入资本公积（其他资本公积），投资方在后续处置股权投资但对剩余股权仍采用权益法核算时，应按处置比例将这部分资本公积转入当期投资收益。

11.3.3　其他综合收益的核算

其他综合收益，是指企业根据其他会计准则规定未在当期损益中确认的各项利得和损失。包括下列两类：

（1）以后会计期间不能重分类进损益的其他综合收益项目，主要包括：①重新计量设定受益计划净负债或净资产导致的变动。②按照权益法核算因被投资单位重新计量设定受益计划净负债或净资产变动导致的权益变动，投资企业按持股比例计算确认的该部分其他综合收益项目。③在初始确认时，企业可以将非交易性权益工具指定为以公允价值计量且其变动计入其他综合收益的金融资产，该指定后不得撤销，即当该类非交易性权益工具终止确认时原计入其他综合收益的公允价值变动损益不得重分类进损益，而是转留存收益处理。④按照权益法核算的在被投资单位不能重分类进损益的其他综合收益变动中所享有的份额。

（2）以后会计期间在满足规定条件时将重分类进损益的其他综合收益项目，主要包括：①其他债权投资公允价值变动形成的利得或损失，除减值损失和外币货币性金融资产形成的汇兑差额外，应当直接计入所有者权益（其他综合收益），在该金融资产终止确认时转出，计入当期损益。②企业将作为存货或自用房地产转换为采用公允价值模式计量的投资性房地产，在转换日公允价值大于账面价值部分。待投资企业处置该项投资性房地产时，将原计入其他综合收益的部分转入当期损益。③金融资产重分类，按规定可以将原计入其他综合收益的利得或损失转入当期损益的部分。④按照权益法核算的在被投资单位其他综合收益（可重分类进损益的）变动中所享有的份额。待投资企业处置股权投资时，将原计入其他综合收益的金额转入当期损益。⑤现金流量套期工具产生的利得或损失中属于有效套期的部分。

11.4　留存收益核算

11.4.1　留存收益含义及内容

留存收益是指企业从历年实现的利润中提取或形成的留存于企业的内部积累，包括盈余公积和未分配利润两类。

1. 利润分配

利润分配是指企业根据国家有关规定和企业章程、投资者协议等，对企业当年可供分配的利润所进行的分配。

企业当年实现的净利润加上年初未分配利润（或减年初未弥补亏损）和其他转入后的余额，为可供分配的利润。可供分配的利润，按下列顺序分配：（1）提取法定盈余公积；（2）提取任意盈余公积；（3）向投资者分配利润。

2. 盈余公积

盈余公积是指企业按照有关规定从净利润中提取的积累资金。公司制企业的盈余公积包括法定盈余公积和任意盈余公积。公司制企业的法定公积金按照税后利润的10%的比例提取（非公司制企业也可按照超过10%的比例提取），公司法定公积金累计额为公司注册资本的50%以上时，可以不再提取法定公积金。公司的法定公积金不足以弥补以前年度亏损的，在提取法定公积金之前，应当先用当年利润弥补亏损。任意盈余公积是指企业按照股东会或股东大会决议提取的盈余公积。

公司提取盈余公积主要可以用于以下两个方面：

（1）用于弥补亏损。公司发生亏损时，应由公司自行弥补。弥补亏损的渠道主要有三条：一是用以后年度税前利润弥补。按照现行制度规定，公司发生亏损时，可以用以后5年内实现的税前利润弥补，即税前利润弥补亏损的期间为5年。二是用以后年度税后利润弥补。公司发生的亏损经过 5 年未弥补足额的，未弥补亏损应用所得税后的利润弥补。三是以盈余公积弥补亏损。公司以提取的盈余公积弥补亏损时，应当由公司董事会提议，并经股东大会批准。

（2）转增资本，即所谓的"送红股"。公司将盈余公积转增资本时，必须经股东大会决议批准。在实际将盈余公积转增资本时，要按股东原有持股比例结转。盈余公积转增资本时，转增后留存的盈余公积的数额不得少于注册资本的 25%。

3. 未分配利润

未分配利润是指企业实现的净利润经过弥补亏损、提取盈余公积和向投资者分配利润后留存在企业的、历年结存的利润。

11.4.2　盈余公积核算

企业应通过"盈余公积"科目，核算盈余公积的提取、使用等情况，并分别"法定盈余公积""任意盈余公积"进行明细核算。

企业按规定提取盈余公积时，借记"利润分配——提取法定盈余公积、提取任意盈余公积"科目，贷记"盈余公积"科目。经股东大会或类似机构决议用盈余公积弥补亏损或转增资本时，借记"盈余公积"科目，贷记"利润分配——盈余公积补亏""实收资本（或股本）"科目。经股东大会决议用盈余公积派送新股时，按派送新股计算的金额，借记"盈余公积"科目，按股票面值和派送新股总数计算的股票面值总额，贷记"股本"科目。

【例 11－11】 甲公司 2×15 年末税后净利润为 500 000 元，公司分别按 10% 和 5% 的比例提取法定盈余公积和任意盈余公积。

借：利润分配——提取法定盈余公积　　　　　　　　　　　50 000
　　　　　　——提取任意盈余公积　　　　　　　　　　　25 000
　　贷：盈余公积——法定盈余公积　　　　　　　　　　　　　　50 000
　　　　　　　——任意盈余公积　　　　　　　　　　　　　　25 000

【例 11－12】 甲公司经股东大会决议，用任意盈余公积 100 000 元弥补以前年度亏损。则甲公司编制会计分录为：

借：盈余公积——任意盈余公积　　　　　　　　　　　100 000
　　贷：利润分配——盈余公积补亏　　　　　　　　　　　　　100 000

【例 11－13】 A 股份有限公司按 10 送 1 的方案，用法定盈余公积派送新股 100 万股，每股面值为 1 元。则甲公司编制会计分录为：

借：盈余公积——法定盈余公积　　　　　　　　　　1 000 000
　　贷：股本——普通股　　　　　　　　　　　　　　　　1 000 000

11.4.3　未分配利润核算

企业应通过"利润分配"科目，核算企业利润的分配（或亏损的弥补）和历年分配或弥补后的未分配利润（或未弥补亏损）。该科目应分别以"提取法定盈余公积""提取任意盈余公积""应付现金股利或利润""盈余公积补亏""转作股票股利""未分配利润"等进行明细核算。企业未分配利润通过"利润分配——未分配利润"明细科目进行核算。

年度终了，企业应将全年实现的净利润或发生的净亏损，自"本年利润"科目转入"利润分配——未分配利润"科目，并将"利润分配"科目所属其他明细科目的余额，转入"未分配利润"明细科目。结转后，"利润分配——未分配利润"科目如为贷方余额，表示累积未分配的利润数额；如为借方余额，则表示累积未弥补的亏损数额。

【本章小结】

（1）本章需完成任务包括：①企业组织形式及所有者权益的含义和内容；②实收资本的核算；③资本公积与其他综合收益的核算；④盈余公积和未分配利润的核算。

（2）学习完本章学生应掌握：①实收资本的含义和会计处理；②资本公积与其他综合收益的含义和会计处理；③盈余公积和未分配利润的含义和会计处理。

（3）完成学习任务应能够正确运用相应的账务处理方法对企业的所有者权益的形成和变动业务进行核算。

第 12 章

收入、费用和利润核算

【学习目标】

通过本章学习，深刻理解收入确认和计量的五步法、合同履约成本与合同取得成本的构成；掌握收入确认、计量五步法；掌握合同成本的确认、摊销核算；掌握附有销售退回条款的销售、附有质量保证条款的销售、附有客户额外购买选择权的销售、售后回购、授予知识产权许可、客户未行使的权利等特定交易的会计处理；深刻理解政府补助与收入界限划分；掌握管理费用、财务费用和销售费用核算内容、利润构成内容、营业外收入和营业外支出的核算；掌握与资产相关的政府补助、与收益相关的政府补助的会计处理方法；掌握结转本年利润的方法及利润分配会计处理。

【能力目标】

能够正确掌握某一时点或某一时段内履行的履约义务的收入确认方法；运用实际利率法摊销未实现融资收益；掌握特定交易的会计处理；掌握与资产相关的政府补助、与收益相关的政府补助的会计处理方法等；正确核算费用、本年利润、利润分配。

【任务提示】

下述涉及收入、费用、利润业务相关的销售发票记账联、销售退回单据、分期收款销售单据、差旅费发票、广告费发票、销售成本结转单等原始凭证，本章将解决收入、费用、利润业务的确认与计量问题。

12 – 1 – 1/3

江西增值税专用发票

货物或应税劳务、服务名称	规格型号	单位	数量	单价	金额	税率	税额
*发动机*油泵	CY-18	台	200	1 200.00	240 000.00	13%	31 200.00
合　　计					¥240 000.00		¥31 200.00

购买方：九江市凯瑞机械有限公司　纳税人识别号：9136040245902002IN　地址、电话：九江市莲花路56号 0792-8187654　开户行及账号：工行九江莲花支行 458093209087

销售方：江西九瑞油泵油嘴有限公司　纳税人识别号：9136040230926407BN　地址、电话：九江市莲花路128号 8189866　开户行及账号：工行九江莲花支行 34520294168

价税合计（大写）：◎贰拾柒万壹仟贰佰圆整　（小写）¥271 200.00

开票日期：2019 年 12 月 16 日

No 21540108

12 - 1 - 2/3

ICBC 🏦 **中国工商银行**　　　　　　　　业务回单（收款）

日期： 2019 年 12 月 15 日
回单编号：173550000021
付款人户名：九江市凯瑞机械有限公司　　　　　付款人开户行：工行九江莲花支行
付款人账号（卡号）：458093209087
收款人户名：江西九瑞油泵油嘴有限公司　　　　收款人开户行：工行九江莲花支行
收款人账号（卡号）：34520294168
金额：贰拾柒万壹仟贰佰元整　　　　　　　　　小写：271 200.00 元
业务（产品）种类：结算业务凭证　　凭证种类：000000000　　凭证号码：00000000000000
摘要： 货款　　　　　　　　　　　用途：　　　　　　币种：人民币
交易机构：0150602190　记账柜员：00023 交易代码：52094　　渠道：其他
产品名称：
费用名称：
应收金额：271 200.00　实收金额：271 200.00　收费渠道：

本回单为第一次打印，注意重复　　打印日期：2019 年 12 月 16 日　　打印柜员：0　验证码：A981CCDB9132

12 - 1 - 3/3

江西九瑞油泵油嘴有限公司销售单

客户名称：九江市凯瑞机械有限公司　　2019 年 12 月 15 日　　№0901203

产品名称	规格	单位	数量	单价	金额	备注
油泵	CY-18	台	200	1 200	240 000.00	
合　计					￥240 000.00	

销售经理：李刚　会计：董旭　仓库：毛容　签收人：李雨萍　经办人：王盼

第五联会计联

12 - 2 - 1/2

江西增值税普通发票

036001800104　　　　　　　　　　　　No 11059623　　036001800104
11059623
校验码 23433 77908 34225 09867　　　　　　　　开票日期：2019 年 12 月 19 日

购买方	名　称：贵溪田野贸易有限公司 纳税人识别号：91360681MA46DHJL28 地　址、电话： 开户行及账号：	密码区	1*16<98*->532*-536//32<65<*32+6//62<65<*392 +325-616<74>29312-8-35><56>92+389-65<8 2-055-456<78>25613-8-53><20>+542+365-73<6 18<764>534//33-8-895><126>>37592+147-41<3

货物或应税劳务、服务名称	规格型号	单位	数量	单价	金额	税率	税额
*金属制品*喷油嘴	DA16	只	50 000	8.00	400 000.00	13%	52 000.00
合　计					￥400 000.00		￥52 000.00
价税合计（大写）			⊗肆拾伍万贰仟圆整			（小写）￥452 000.00	

销售方	名　称：江西九瑞油泵油嘴有限公司 纳税人识别号：91360402309264078N 地　址、电话：九江市莲花路 128 号 8189866 开户行及账号：工行九江莲花支行 34520294168	备注	

收款人：　　　复核：董旭　　开票人：肖英　　销售单位：（章）

第一联：记账联　销售方记账凭证

12 – 2 – 2/2

江西九瑞油泵油嘴有限公司销售单

客户名称：贵溪田野贸易有限公司　　　2019 年 12 月 19 日　　　№0901206

产品名称	规格	单位	数量	单价	金额	备注
喷油嘴	DA16	只	50 000	8.00	400 000.00	
合　计					￥400 000.00	

销售经理：李刚　会计：董旭　　仓库：毛容　签收人：王单　经办人：王昐

第五联 会计联

12 – 3

江西九瑞油泵油嘴有限公司产品销售成本计算表

2019 年 12 月 31 日　　　　　　　金额单位：元

产品名称	销售数量	单位	加权平均单价	出库总成本	备注
油泵 CY-18	1 000	台	1 000	1 000 000	
喷油嘴 DA16	50 000	只	7.00	350 000	
喷油嘴 DLLA	30 000	只	3.20	96 000	
合　计				1 446 000	

审核：张有才　　制表：董旭

12 – 4 – 1/2

江西增值税专用发票

3600184130　　　　№ 21540112　　3600184130
　　　　　　　　　　　　　　　　　　2154012

此联不作报销、付款收讫扣使用　　　开票日期：2019 年 12 月 16 日

校验码 12410 66218 35412 35434

购买方	名　　称：九江市兴华机械有限公司 纳税人识别号：91360402459019981N 地　址、电　话：九江市莲花路 78 号 0792-8187212 开户行及账号：工行九江莲花支行 458093206543	密码区	2*16<98*->532*-536//32<65<*32+6//62<65<*4 24+325-616<74>29312-8-35<56>>92+389-65<4 3-055-456<78>25613-8-53><20>+542+365-73<5 36<764>534//33-8-895><126>37592+147-41<5

货物或应税劳务、服务名称	规格型号	单位	数量	单价	金额	税率	税额
*经营租赁*设备租金		月	1	7 000.00	7 000.00	13%	910.00
合　　计					￥7 000.00		￥910.00

价税合计（大写）　⊗柒仟玖佰壹拾圆整　　　　（小写）￥7 910.00

销售方	名　　称：江西九瑞油泵油嘴有限公司 纳税人识别号：91360423092640708N 地　址、电　话：九江市莲花路 128 号 8189866 开户行及账号：工行九江莲花支行 34520294168	备注	

收款人：　　　复核：董旭　　　开票人：肖英　　　销售单位：（章）

第一联：记账联 销售方记账凭证

12 - 4 - 2/2

ICBC ⊕ 中国工商银行	业务回单（收款）

日期：2019年12月15日
回单编号：173550000032
付款人户名：九江兴华机械有限公司　　　　　付款人开户行：工行九江莲花支行
付款人账号（卡号）：458093206543
收款人户名：江西九瑞油泵油嘴有限公司　　　收款人开户行：工行九江莲花支行
收款人账号（卡号）：34520294168
金额：柒仟玖佰壹拾元整　　　　　　　　　　小写：7 910.00元
业务（产品）种类：结算业务凭证　　凭证种类：000000000　凭证号码：00000000000000
摘要：租金　　　　　　　　　用途：　　　　　　币种：人民币
交易机构：0150602190　记账柜员：00023　交易代码：52094　渠道：其他
产品名称：
费用名称：
应收金额：7 910.00　　　实收金额：7 910.00　　收费渠道：

本回单为第一次打印，注意重复　　打印日期：2019年12月17日　打印柜员：0　验证码：A981CCDB9132

12 - 5 - 1/3

江西增值税专用发票	№ 21540114

3600184130
校验码 12410 66218 35412 35143
此联不作报销，付款凭证使用
开票日期：2019年12月18日
3600184130
21540114

购买方
名　称：九江市枫林机械有限公司
纳税人识别号：91360402459023465N
地址、电话：九江市莲花路88号 0792-8181213
开户行及账号：工行九江莲花支行 458093206542

货物或应税劳务、服务名称	规格型号	单位	数量	单价	金额	税率	税额
*发动机*油泵	CY-18	台	300	1 200.00	360 000.00	13%	46 800.00
合　　计					¥360 000.00		¥46 800.00

价税合计（大写）⊗肆拾万陆仟捌佰圆整　　　　（小写）¥406 800.00

销售方
名　称：江西九瑞油泵油嘴有限公司
纳税人识别号：91360402309264078N
地址、电话：九江市莲花路128号 8189866
开户行及账号：工行九江莲花支行 34520294168

收款人：　　　复核：董旭　　　开票人：肖英　　　销售单位：（章）

12 - 5 - 2/3

委托代销清单

2019 年 12 月 18 日　　　　　　单号：001

委托单位：江西九瑞油泵油嘴有限公司
受托单位：九江市枫林机械有限公司

销售单号：wyd2938101　　　　　发出仓库：产品库

编号	名称及规格	单位	单价	数量	金额	备注
1	油泵 cy-18	台	1 200.00	300	360 000.00	不含税
合计	人民币（大写）：叁拾陆万元整				360 000.00	

仓库管理员：温兆轩　　　销售经理：林利煌　　　会计：李清城　　　经办人：陈志利

客户联

12 – 5 – 3/3

代销协议

甲方（委托方）：江西九瑞油泵油嘴有限公司

乙方（代销方）：九江市枫林机械有限公司

　　甲乙双方经友好协商，在平等合作、互惠互利的基础上，就甲方有关产品代销事宜，达成协议如下：

　　乙方根据每月的实际销售情况于每月 10 日前进行结算。甲方应根据协议规定办理相关结算手续并支付相应的费用。合同自 2019 年 9 月 30 日起至 2020 年 9 月 30 日止，合同未到期，如要提前终止合同，需先通知对方，协商一致后才终止协议。

　　一、协议内容
　　1. 甲乙双方经营需遵守国家相关法律法规，不得违法经营；
　　2. 甲方须给乙方颁发销售代理授权书，并签订本协议；
　　3. 乙方须接受甲方颁发的销售代理授权书，并签订本协议；
　　4. 甲方须以书面等方式向乙方提供可靠、全面的公司和产品宣传资料；
　　5. 甲方以既定的代理价格供货给乙方，乙方承诺以不超过甲方提供的建议零售限额的价格销售；代销手续费为售价（不含税）的3%；
　　6. 甲方须保证由乙方代销的产品质量过硬有保证；
　　7. 甲方委托乙方销售的产品如下：

产品名称	建议售价	数量	金额
油泵cy-18	1 200.00	300	360 000.00

　　合计人民币（大写）：叁拾陆万元整
　　8. 甲乙双方须共同遵守商议价格，双方各自监督，任何一方不得擅自调整价格。
　　9. 本协议未尽事宜双方友好协商解决，自双方签字之日起开始生效。

　　二、免责条款
　　1. 因不可抗拒力因素（战争、自然灾害等）致使甲、乙双方任何一方不能履行本协议时，免责。
　　2. 因甲方公司突发状况，严重影响经营，甲乙双方可单方面解除本协议。
　　3. 甲乙双方协商一致，可以解除本协议，无须承担违约责任。

甲方：江西九瑞油泵油嘴有限公司　　　　乙方：九江市枫林机械有限公司

法定代表人：陈俊杰　　　　　　　　　　法定代表人：陈思

日期：2019年9月30日　　　　　　　　　日期：2019年9月30日

12 – 6

12 - 7

中国工商银行 ICBC　　　　　　　　业务回单（收款）

日期：2019 年 12 月 18 日
回单编号：173550000037
付款人户名：九江市枫林机械有限公司　　　　　　付款人开户行：工行九江莲花支行
付款人账号（卡号）：458093206542
收款人户名：江西九瑞油泵油嘴有限公司　　　　　　收款人开户行：工行九江莲花支行
收款人账号（卡号）：34520294168
金额：叁拾玖万陆仟元整　　　　　　　　　　　　　小写：396 000.00 元
业务（产品）种类：结算业务凭证　　凭证种类：000000000　凭证号码：00000000000000
摘要：货款　　　　　　　　　　　用途：　　　　　　　币种：人民币
交易机构：0150602190　记账柜员：00023　交易代码：52094　渠道：其他
产品名称：
费用名称：
应收金额：396 000.00　　实收金额：396 000.00　　收费渠道：

本回单为第一次打印，注意重复　　打印日期：2019 年 12 月 19 日　　打印柜员：0　验证码：A981CCDB9132

12 - 8 - 1/2

江西增值税专用发票　　No 25152101

3600184130
3600184130
25152101

校验码 25415 32154 25478 12457　　　　开票日期：2018 年 12 月 27 日

购买方	名　称：江西九瑞油泵油嘴有限公司 纳税人识别号：91360402309264078N 地址、电话：九江市莲花路 128 号 8189866 开户行及账号：工行九江莲花支行 34520294168	密码区	1*16<98*-->532*-536//32<65<*32+6//62<65<*1 52+325-616<74>29312-8-35<56>>92+389-65<2 9-055-456<78>25613-8-53>(20)+542+365-73<3 65<764>534//33-8-895<126>37592+147-41<4

货物或应税劳务、服务名称	规格型号	单位	数量	单价	金额	税率	税额
*物流辅助服务*运费			1	2 000.00	2 000.00	9%	180.00
合　计					¥2 000.00		¥180.00

价税合计（大写）　⊙贰仟壹佰捌拾圆整　　　　　（小写）¥2 180.00

销售方	名　称：江西顺通物流有限公司 纳税人识别号：91360412450012145N 地址、电话：九江市滨江东路 115 号 0792-8183654 开户行及账号：建行银行九江金鸡坡支行 36067465870015471201	备注	

收款人：郑新明　　　复核：张丽萍　　　开票人：郑新明　　　销售单位：（章）

12 - 8 - 2/2

中国工商银行 ICBC　　　　　　　　业务回单（付款）

日期：2019 年 12 月 27 日
回单编号：173550000236
付款人户名：江西九瑞油泵油嘴有限公司　　　　　　付款人开户行：工行九江莲花支行
付款人账号（卡号）：34520294168
收款人户名：江西顺通物流有限公司　　　　　　　　收款人开户行：建行银行九江金鸡坡支行
收款人账号（卡号）：36067465870015471201
金额：贰仟壹佰捌拾元整　　　　　　　　　　　　　小写：2 180.00 元
业务（产品）种类：结算业务凭证　　凭证种类：000000000　凭证号码：00000000000000
摘要：运费　　　　　　　　　　　用途：　　　　　　　币种：人民币
交易机构：0150602160　记账柜员：00011　交易代码：52031　渠道：其他
产品名称：
费用名称：
应付金额：2 180.00　　实付金额：2 180.00　　收费渠道：

本回单为第一次打印，注意重复　　打印日期：2019 年 12 月 28 日　　打印柜员：0　验证码：A981CCDB9124

12 – 9 – 1/2

江西增值税专用发票

| 3600184130 | | No 25152302 | 3600184130 25152302 |

校验码 25415 32154 25478 12212

开票日期：2019 年 12 月 27 日

| 购买方 | 名　称：江西九瑞油泵油嘴有限公司
纳税人识别号：91360402309264078N
地　址、电　话：九江市莲花路 128 号 8189866
开户行及账号：工行九江莲花支行 34520294168 | 密码区 | 1*16<98*->532*-536//32<65<*32+6//62<65<*1
52+325-616<74>29312-8-35><56>>92+389-65<2
9-055-456<78>25613-8-53><20>+542+365-73<3
65<764>534//33-8-895><126>37592+147-41<4 |

货物或应税劳务、服务名称	规格型号	单位	数量	单价	金额	税率	税额
*广告服务*广告费			1	2 000.00	2 000.00	6%	120.00
合　　　计					¥2 000.00		¥120.00

价税合计（大写）　⊗贰仟壹佰贰拾圆整　　　　　　　　　（小写）¥2 120.00

| 销售方 | 名　称：江西飞扬广告有限公司
纳税人识别号：91360412450098760N
地　址、电　话：九江市十里大道 20 号 0792-8183221
开户行及账号：工商银行九江十里支行 3234015478899 | 备注 | 江西飞扬广告有限公司
91360412450098760N
发票专用章 |

收款人：汪洋　　　复核：朱阿芳　　　开票人：汪洋　　　销售单位：（章）

12 – 9 – 2/2

ICBC 中国工商银行　　　　　　　　　　业务回单（付款）

日期：　2019 年 12 月 27 日
回单编号：173550000236
付款人户名：江西九瑞油泵油嘴有限公司　　　　　　付款人开户行：工行九江莲花支行
付款人账号（卡号）：34520294168
收款人户名：江西飞扬广告有限公司　　　　　　　　收款人开户行：工商银行九江十里支行
收款人账号（卡号）：3234015478899
金额：贰仟壹佰贰拾元整　　　　　　　　　　　　　　小写：2 120.00 元
业务（产品）种类：结算业务凭证　　凭证种类：000000000　　凭证号码：00000000000000
摘要：广告费　　　　　　　　　　　用途：其他　　　　币种：人民币
交易机构：0150602160　　记账柜员：00011　交易代码：52031　　渠道：其他
产品名称：
费用名称：
应付金额：2 120.00　　实付金额：2 120.00　　收费渠道：

本回单为第一次打印，注意重复　　打印日期：2019 年 12 月 28 日　　打印柜员：0　验证码：A981CCDB9124

12 – 10 – 1/2

江西增值税专用发票

| 3600184130 | | No 25147102 | 3600184130 25147102 |

校验码 25147 23251 25478 50001

开票日期：2019 年 12 月 16 日

| 购买方 | 名　称：江西九瑞油泵油嘴有限公司
纳税人识别号：91360402309264078N
地　址、电　话：九江市莲花路 128 号 8189866
开户行及账号：工行九江莲花支行 34520294168 | 密码区 | 3*16<98*->532*-536//32<65<*32+6//62<65<*3
55+325-616<74>29312-8-35><56>>92+389-65<8
8-055-456<78>25613-8-53><20>+542+365-73<6
12<764>534//33-8-895><126>37592+147-41<3 |

货物或应税劳务、服务名称	规格型号	单位	数量	单价	金额	税率	税额
*劳务*修理费		次	1	2 000.00	2 000.00	13%	260.00
合　　　计					¥2 000.00		¥260.00

价税合计（大写）　⊗贰仟贰佰陆拾圆整　　　　　　　　　（小写）¥2 260.00

| 销售方 | 名　称：九江市明华科技有限公司
纳税人识别号：91360425058462324N
地　址、电　话：九江市十里大道 128 号 0792-8189306
开户行及账号：工商银行九江十里支行 15281202510012457842 | 备注 | 九江市明华科技有限公司
91360425058462324N
发票专用章 |

收款人：应国庆　　　复核：蒋红梅　　　开票人：应国庆　　　销售单位：（章）

12 – 10 – 2/2

ICBC ⑧ 中国工商银行　　　　　　　　　业务回单（付款）

日期：　2019 年 12 月 16 日
回单编号：173550000229
付款人户名：江西九瑞油泵油嘴有限公司　　　　　　付款人开户行：工行九江莲花支行
付款人账号（卡号）：34520294168
收款人户名：九江市明华科技有限公司　　　　　　　收款人开户行：工商银行九江十里支行
收款人账号（卡号）：100124578421
金额：贰仟贰佰陆拾元整　　　　　　　　　　　　　小写：2 260.00 元
业务（产品）种类：结算业务凭证　　凭证种类：000000000　凭证号码：00000000000000
摘要：修理费　　　　　　　　　用途：　　　　　　　币种：人民币
交易机构：0150602160　记账柜员：00011　交易代码：52031　　渠道：其他
产品名称：
费用名称：
应付金额：2 260.00　　实付金额：2 260.00　　收费渠道：

本回单为第一次打印，注意重复　　打印日期：2019 年 12 月 17 日　　打印柜员：0　验证码：A981CCDB9124

12 – 11 – 1/2

江西九瑞油泵油嘴有限公司费用报销单

2019 年 12 月 6 日　　　　　　单据及附件共　1　张

报销部门	行政部		报销人姓名	李光华		
支付原因	招待用餐					
实付金额	人民币（大写）⊗万 壹 仟 贰佰 叁 拾 陆 元 零角 零分　¥ 1 236.00					
财务负责人	张有才	部门负责人	陈强	出纳	肖英	报销人 李光华

（现金付讫）

12 – 11 – 2/2

| 3600184130 | 江西增值税普通发票 | № 12050932 | 3600184130 12050932 |

校验码 12478 36541 25478 65212　　　　开票日期：2019 年 12 月 06 日

购买方	名　称：江西九瑞油泵油嘴有限公司 纳税人识别号：91360402309264078N 地　址、电　话：九江市莲花路 128 号 8189866 开户行及账号：工行九江莲花支行 34520294168	密码区	1*16<98*->532*-536//32<65<*32+6//62<65<*3 12+325-616<74>29312-8-35<*56>92+389-65<3 4-055-456<78>25613-8-53>20>+542+365-73<4 42<764>534//33-8-895<126>37592+147-41<4

货物或应税劳务、服务名称	规格型号	单位	数量	单价	金额	税率	税额
*餐饮服务*餐费			1	1 200.00	1 200.00	3%	36.00
合　计					¥ 1 200.00		¥36.00

价税合计（大写）　⊗壹仟贰佰叁拾陆圆整　　　　　　　（小写）¥1 236.00

销售方	名　称：九江市永盛餐饮有限公司 纳税人识别号：91360411052453223N 地　址、电　话：九江市南湖路 280 号 0792-8185522 开户行及账号：工商银行九江南湖支行 128776983366	备注	

收款人：张燕　　复核：李丽　　开票人：张燕　　销售单位：（章）

12 – 12

中国工商银行 业务收费凭证
INDUSTRIAL AND COMMERCIAL BANK OF CHINA

2019 年 12 月 21 日

户名：江西九瑞油泵油嘴有限公司 账号：34520294168

项目	起止号码	数量	金 额					
			工本费	邮电费	手续费	其他	小计	
转账支票	109801-109820	20	0.5				10.00	第三联 回单联
现金支票	303601-303620	20	0.5				10.00	
合 计							20.00	
大写金额：(人民币) 贰拾元整				备注：				
划款方式 □现金 ■转账								

12 – 13

ICBC 中国工商银行 业务回单（收款）

币别：人民币 2019 年 12 月 21 日 回单编号：173550000074

户名：江西九瑞油泵油嘴有限公司 账号 34520294168

计息项目	起息日	结息日	本金/积数	利率（%）	利息
	2019-10-21	2019-12-21	424 704.48	0.35	84.26
金额（大写）捌拾肆元贰角陆分					¥84.26
付款方式	转账				
上列存款利息，已照收你单位 34520294168 账户					

本回单为第一次打印，注意重复 打印日期：2019 年 12 月 22 日 打印柜员：0 验证码：A981CCDB9132

12.1 收入核算

12.1.1 收入概述

1. 收入含义

收入是指企业在日常活动中形成的、会导致所有者权益增加的、与所有者投入资本无关的经济利益的总流入。其中，日常活动是指企业为完成其经营目标所从事的经常性活动以及与之相关的其他活动。例如，工业企业制造并销售产品、商品流通企业销售商品、咨询公司提供咨询服务、软件公司为客户开发软件、安装公司提供安装服务、建筑企业提供建造服务等，均属于企业的日常活动，日常活动所形成的经济利益的流入应当确认为收入。

本章适用于所有与客户之间的合同，不涉及企业对外出租资产收取的租金、进行债权投资收取的利息、进行股权投资取得的现金股利、保险合同取得的保费收入等。企业以存货换取客户的存货、固定资产、无形资产以及长期股权投资等，按照本章进行会计处理；其他非货币性资产交换，按照本书第 14 章的规定进行会计处理。除非特别说明，本章所称商品，既包括商品，也包括服务。

2. 收入分类

按照企业营业活动的重要性可以分为主营业务收入和其他业务收入。这两项收入在利润表中合并为营业收入。主营业务收入是指企业为完成其经营目标从事的经常性活动实现的收入、主要业务所产生的收入。如工业企业制造并销售产品、自制半成品和工业性劳务作业的收入等。它在企业收入中所占比重较大，对企业经济效益有着举足轻重的影响。其他业务收入是指企业除主营业务收入以外的其他销售收入。工业企业的其他业务收入主要包括对外销售材料，对外出租包装物、商品或固定资产，对外转让无形资产使用权等。

12.1.2　关于应设置的特殊会计科目分析

1. 合同履约成本

企业为履行合同可能会发生各种成本，企业在确认收入的同时应当对这些成本进行分析，属于存货、固定资产、无形资产等规范范围的应当按照相关章节进行会计处理。

（1）合同履约成本确认条件。不属于本书其他章节范围且同时满足下列条件的，应当作为合同履约成本确认为一项资产：第一，该成本与一份当前或预期取得的合同直接相关。预期取得的合同应当是企业能够明确识别的合同，例如，现有合同续约后的合同、尚未获得批准的特定合同等。与合同直接相关的成本包括直接人工（如支付给直接为客户提供所承诺服务的人员的工资、奖金等），直接材料（如为履行合同耗用的原材料、辅助材料、构配件、零件、半成品的成本和周转材料的摊销及租赁费用等），制造费用或类似费用（如为组织和管理生产、施工、服务等活动发生的费用，包括管理人员的职工薪酬、劳动保护费、固定资产折旧费及修理费、物料消耗、取暖费、水电费、办公费、差旅费、财产保险费、工程保修费、排污费、临时设施摊销费等），明确由客户承担的成本以及仅因该合同而发生的其他成本（如支付给分包商的成本、机械使用费、设计和技术援助费用、施工现场二次搬运费、生产工具和用具使用费、检验试验费、工程定位复测费、工程点交费用、场地清理费等）。第二，该成本增加了企业未来用于履行（或持续履行）履约义务的资源。第三，该成本预期能够收回。

企业应当在下列支出发生时，将其计入当期损益：一是管理费用，除非这些费用明确由客户承担。二是非正常消耗的直接材料、直接人工和制造费用（或类似费用），这些支出为履行合同发生，但未反映在合同价格中。三是与履约义务中已履行（包括已全部履行或部分履行）部分相关的支出，即该支出与企业过去的履约活动相关。四是无法在尚未履行的与已履行（或已部分履行）的履约义务之间区分的相关支出。

【例 12 - 1】甲公司与乙公司签订合同，为其信息中心提供管理服务，合同期限为 5 年。在向乙公司提供服务之前，甲公司设计并搭建了一个信息技术平台供其内部使用，该信息技术平台由相关的硬件和软件组成。甲公司需要提供设计方案，将该信息技术平台与乙公司现有的信息系统对接，并进行相关测试。该平台并不会转让给乙公司，但是将用于向乙公司提供服务。甲公司为该平台的设计、购买硬件和软件以及信息中心的测试发生了成本。除此之外，甲公司专门指派两名员工，负责向乙公司提供服务。

本例中，甲公司为履行合同发生的上述成本中，购买硬件和软件的成本应当分别按照固定资产和无形资产进行会计处理；设计服务成本和信息中心的测试成本不属于其他章节的规范范围，但是这些成本与履行该合同直接相关，并且增加了甲公司未来用于履行履约义务（即提供管理服务）的资源，如果甲公司预期该成本可通过未来提供服务收取的对价收回，则甲公司应当将这些成本确认为一项资产。甲公司向两名负责该项目的员工支付的工资费用，虽然与向乙公司提供服务有关，但是由于其并未增加企业未来用于履行履约义务的资源，因此，应当于发生时计入当期损益。

（2）"合同履约成本"科目核算。本科目核算企业为履行当前或预期取得的合同所发生的、不属于其他企业会计准则规范范围且按照本准则应当确认为一项资产的成本。本科目可按合同，分别"服务成本""工程施工"等进行明细核算。企业发生上述合同履约成本时，借记本科目，贷记"银行存款""应付职工薪酬""原材料"等科目；对合同履约成本进行摊销时，借记"主营业务成本""其他业务成本"等科目，贷记本科目。涉及增值税的，还应进行相应的处理。本科目期末借方余额，反映企业尚未结转的合同履约成本。

（3）"合同履约成本减值准备"科目核算。本科目核算与合同履约成本有关的资产的减值准备。本科目可按合同进行明细核算。与合同履约成本有关的资产发生减值的，按应减记的金额，借记"资产减值损失"科目，贷记本科目；转回已计提的资产减值准备时，做相反的会计分录。本科目期末贷方余额，反映企业已计提但尚未转销的合同履约成本减值准备。

（4）"合同履约成本"科目在报表中列示。初始确认时摊销期限不超过一年或一个正常营业周期的，在资产负债表中列示为存货；初始确认时摊销期限在一年或一个正常营业周期以上的，在资产负债表中列示为其他非流动资产。

2. 合同取得成本

（1）合同取得成本的含义。企业为取得合同发生的增量成本预期能够收回的，应当作为合同取得成本确认为一项资产。增量成本，是指企业不取得合同就不会发生的成本，例如销售佣金等。为简化实务操作，该资产摊销期限不超过一年的，可以在发生时计入当期损益。

企业为取得合同发生的、除预期能够收回的增量成本之外的其他支出，例如，无论是否取得合同均会发生的差旅费、投标费、为准备投标资料发生的相关费用等，应当在发生时计入当期损益，除非这些支出明确由客户承担。

【例 12 - 2】甲公司是一家咨询公司，其通过竞标赢得一个新客户，为取得和该客户的合同，甲公司发生下列支出：聘请外部律师进行尽职调查，支付相关费用为 15 000 元；为投标发生的差旅费为 10 000 元；支付销售人员佣金为 5 000 元。甲公司预期这些支出未来能够收回。此外，甲公司根据其年度销售目标、整体盈利情况及个人业绩等，向销售部门经理支付年度奖金 10 000 元。

本例中，甲公司向销售人员支付的佣金属于为取得合同发生的增量成本，应当将其作为合同取得成本确认为一项资产。甲公司聘请外部律师进行尽职调查发生的支出、为投标发生的差旅费，无论是否取得合同都会发生，不属于增量成本，因此，应当于发生时直接计入当期损益。甲公司向销售部门经理支付的年度奖金也不是为取得合同发生的增量成本，这是因为该奖金发放与否以及发放金额还取决于其他因素（包括公司的盈利情况和个人业绩），其并不能直接归属于可识别的合同。

企业因现有合同续约或发生合同变更需要支付的额外佣金，也属于为取得合同发生的增量成本。实务中，当涉及合同取得成本的安排比较复杂时，例如，合同续约或合同变更时需要支付额外的佣金、企业支付的佣金金额取决于客户未来的履约情况或者取决于累计取得的合同数量或金额等，企业需要运用判断，对发生的合同取得成本进行恰当的会计处理。

【例 12 - 3】甲公司相关政策规定，销售部门的员工每取得一份新的合同，可以获得提成 100 元，现有合同每续约一次员工可以获得提成 60 元。甲公司预期上述提成均能够收回。

本例中，甲公司为取得新合同支付给员工的提成 100 元，属于为取得合同发生的增量成本，且预期能够收回，因此，应当确认为一项资产。甲公司为现有合同续约支付给员工的提成 60 元，也属于为取得合同发生的增量成本，这是因为如果不发生合同续约，就不会支付相应的提成，由于该提成预期能够收回，甲公司应当在每次续约时将应支付的相关提成确认为一项资产。

假设除上述规定外，甲公司相关政策规定，当合同变更时，如果客户在原合同的基础上，向甲公司支付额外的对价以购买额外的商品，甲公司需根据该新增的合同金额向销售人员支付一定的提成，此时，甲公司均应当将应支付的提成视同为取得合同（变更后的合同）发生的增量成本进行会计处理。

（2）"合同取得成本"科目核算。本科目核算企业取得合同发生的、预计能够收回的增量成本。本科目可按合同进行明细核算。企业发生上述合同取得成本时，借记本科目，贷记"银行存款""其他应付款"等科目；对合同取得成本进行摊销时，按照其相关性借记"销售费用"等科目，贷记本科目。涉及增值税的，还应进行相应的处理。本科目期末借方余额，反映企业尚未结转的合同取得成本。

（3）"合同取得成本减值准备"科目核算。本科目核算与合同取得成本有关的资产的减值准备。本科目可按合同进行明细核算。与合同取得成本有关的资产发生减值的，按应减记的金额，借记"资产减值损失"科目，贷记本科目；转回已计提的资产减值准备时，做相反的会计分录。本科目期末贷方余额，反映企业已计提但尚未转销的合同取得成本减值准备。

（4）"合同取得成本"科目在报表中列示。初始确认时摊销期限不超过一年或一个正常营业周期的，在资产负债表中列示为其他流动资产；初始确认时摊销期限在一年或一个正常营业周期以上的，减去"合同取得成本减值准备"科目相应的期末余额，在资产负债表中列示为其他非流动资产。

3. 应收退货成本

"应收退货成本"科目核算企业销售商品时预期将退回商品的账面价值，扣除收回该商品预计发生的成本（包括退回商品的价值减损）后的余额。本科目应按合同进行明细核算，其期末借方余额，反映企业预期将退回商品转让时的账面价值，扣除收回该商品预计发生的成本（包括退回商品的价值减损）后的余额。

4. 合同资产

"合同资产"科目核算企业已向客户转让商品而有权收取对价的权利，且该权利仅取决于时间流逝因素之外的其他因素。在客户实际支付合同对价或在该对价到期应付之前，已经向客户转让了商品的，则应当因已转让商品而有权收取的清理列示为合同资产，但不包括应收账款。

合同资产和应收款项都是企业拥有的有权收取对价的合同权利，二者的区别在于，应收款项代表的是无条件收取合同对价的权利，即企业仅仅随着时间的流逝即可收款，而合同资产并不是一项无条件收款权，该权利除了时间流逝之外，还取决于其他条件（如履行合同中的其他履约义务）才能收取相应的合同对价。

"合同资产减值准备"账户是"合同资产"账户的备抵账户。本科目核算合同资产的减值准备。本科目应按合同进行明细核算。合同资产发生减值的，按应减记的金额，借记"信用减值损失"科目，贷记本科目；转回已计提的资产减值准备时，做相反的会计分录。本科目期末贷方余额，反映企业已计提但尚未转销的合同资产减值准备。

5. 合同负债

"合同负债"科目核算企业已收或应收客户对价而应向客户转让商品的义务。企业在向客户转让商品之前，客户已经支付了合同对价或企业已经取得了无条件收取合同对价权利的，企业应当在客户实际支付款项与到期应支付款项孰早时点，将该已收或应收的款项列示为合同负债。本科目应按合同进行明细核算。其期末贷方余额，反映企业在向客户转让商品之前已经收到的合同对价或已经取得的无条件收取合同对价权利的金额。

【例 12-4】2×19 年 3 月 1 日，甲公司与客户签订合同，向其销售 A、B 两个商品，合同价款为 200 000 元。合同约定，A 商品于合同开始日交付，B 商品从合同开始日起 1 个月之后交付，只有当 A、B 两个商品全部交付之后，甲公司才有权收取 200 000 元的合同对价。假设 A 商品和 B 商品构成两项履约义务，其控制权在交付时转移给客户，分摊给 A、B 的不包括增值税交易价格分别为 70 000 元和 130 000 元，增值税税率为 13%。

（1）交付 A 商品时：

借：合同资产　　　　　　　　　　　　　　　　　　　79 100
　　贷：主营业务收入　　　　　　　　　　　　　　　　　70 000
　　　　应交税费——应交增值税（销项税额）　　　　　　9 100

（2）交付 B 商品，售价 130 000 元，增值税 16 900 元，款项尚未收到。

借：应收账款　　　　　　　　　　　　　　　　　　　226 000
　　贷：主营业务收入　　　　　　　　　　　　　　　　130 000
　　　　应交税费——应交增值税（销项税额）　　　　　16 900
　　　　合同资产　　　　　　　　　　　　　　　　　　79 100

6. 合同结算

合同结算核算同一合同下属于在某一时段内履行履约义务涉及与客户结算对价的合同资产或合同负债。企业可以设置"合同结算——价款结算"科目，反映定期与客户进行结算的金额，由此而形成的，类似于"合同负债"科目。企业可以设置"合同结算——收入结转"科目，反映按照履约进度确认收入所应收取的金额，由此而形成的，类似于"合同资产"科目。"合同结算"科目余额既可能在借方，代表合同资产的性质；也可能在贷方，代表合同负债的性质。

12.1.3　收入的确认与计量

根据 2017 年 7 月财政部发布修订后的新收入准则要求，收入的确认和计量分为五步：第一步，识别与客户订立的合同；第二步，识别合同中的单项履约义务；第三步，确定交易价格；第四步，将交易价格分摊至各单项履约义务；第五步，履行各单项履约义务时确认收入。其中，第一步、第二步和第五步主要与收入的确认有关，第三步和第四步主要与收入的计量有关。

1. 识别与客户订立的合同

收入的确认和计量应该以合同为基础。合同是指双方或多方之间订立有法律约束力的权利义务的协议，包括书面形式、口头形式以及其他可验证的形式（如隐含于商业惯例或企业以往的习惯做法中等）。

（1）收入确认的原则。企业确认收入的方式应当反映其向客户转让商品的模式，收入的金额应当反映企业因转让这些商品而预期有权收取的对价金额。

企业应当在履行了合同中的履约义务，即在客户取得相关商品控制权时确认收入。取得相关商品控制权，是指能够主导该商品的使用并从中获得几乎全部的经济利益，也包括有能力阻止其他方主导该商品的使用并从中获得经济利益。取得商品控制权同时包括下列三要素：一是能力，即客户必须拥有现时权利，能够主导该商品的使用并从中获得几乎全部经济利益。二是主导该商品的使用。客户有能力主导该商品的使用，是指客户有权使用该商品，或者能够允许或阻止其他方使用该商品。三是能够获得几乎全部的经济利益。商品的经济利益，是指该商品的潜在现金流量，既包括现金流入的增加，也包括现金流出的减少。客户可以通过使用、消耗、出售、处置、交换、抵押或持有多种方式直接或间接地获得商品的经济利益。

本章所称客户，是指与企业订立合同以向该企业购买其日常活动产出的商品并支付对价的一方。如果合同对方与企业订立合同的目的是共同参与一项活动（如合作开发一项资产），合同对方和企业一起分担或分享该活动产生的风险或收益，而不是获取企业日常活动产出的商品，则该合同对方不是企业的客户。

（2）收入确认的前提条件。企业与客户之间的合同同时满足下列条件的，企业应当在客户取得相关商品控制权时确认收入：一是合同各方已批准该合同并承诺将履行各自义务；二是该合同明确了合同各方与所转让的商品（或提供的服务，以下简称转让的商品）相关的权利和义务；三是该合同有明确的与所转让的商品相关的支付条款；四是该合同具有商业实质，即履行该合同将改变企业未来现金流量的风险、时间分布或金额；五是企业因向客户转让商品而有权取得的对价很可能收回。企业在进行上述判断时，需要注意下列三点：第一，合同约定的权利和义务是否具有法律约束力，需要根据企业所处的法律环境和实务操作进行判断。第二，合同具有商业实质，即履行该合同将改变企业未来现金流量的风险、时间分布或金额。关于商业实质的判断，详见本书第 14 章有关内容。第三，企业在评估其因向客户转让商品而有权取得的对价是否很可能收回时，仅应考虑客户到期时支付对价的能力和意图（即客户的信用风险）。企业预期很可能无法收回全部合同对价时，应当判断其原因是由于客户的信用风险还是企业向客户提供了价格折让所致。提供价格折让的，应当在估计交易价格时进行考虑。

如果合同开始日，交易各方签订的合同符合上述五个条件，初始计量时可以确认收入；在后续计量过程中，根据业务进展情况判断是否需要重新评估合同。合同开始日，是指合同开始赋予合同各方具有法律约束力的权利和义务的日期，通常是指合同生效日。

对于不能同时满足上述收入确认的五个条件的合同，企业只有在不再负有向客户转让商品的剩余义务（如合同已完成或取消），且已向客户收取的对价（包括全部或部分对价）无须退回时，才能将已收取的对价确认为收入；否则，应当将已收取的对价作为负债进行会计处理。其中，企业向客户收取无须退回的对价的，应当在已经将该部分对价所对应的商品的控制权转移给客户，并且已不再向客户转让额外的商品且不再负有此类义务时，将该部分对价确认为收入；或者，在相关合同已经终止时，将该部分对价确认为收入。

对于不满足上述收入确认条件的合同，企业应当在后续期间对其进行持续评估，以判断其能否满足这些条件。企业如果在合同满足相关条件之前已经向客户转移了部分商品，当该合同在后续期间满足相关条件时，企业应当将在此之前已经转移的商品所分摊的交易价格确认为收入。

没有商业实质的非货币性资产交换，无论何时均不应确认收入。从事相同业务经营的企业之间，为便于向客户或潜在客户销售而进行的非货币性资产交换（例如，两家石油公司之间相互交换石油，以便及时满足各自不同地点客户的需求），不应确认收入。

（3）合同合并。企业与同一客户（或该客户的关联方）同时订立或在相近时间内先后订立的两份或多份合同，在满足下列条件之一时，应当合并为一份合同进行会计处理：①该两份或多份合同基于同一商业目的而订立并构成"一揽子交易"，如一份合同在不考虑另一份合同对价的情况下将会发生亏损；②该两份或多份合同中的一份合同的对价金额取决于其他合同的定价或履行情况，如一份合同如果发生违约，将会影响另一份合同的对价金额；③该两份或多份合同中所承诺的商品（或每份合同中所承诺的部分商品）构成单项履约义务。两份或多份合同合并为一份合同进行会计处理的，仍然需要区分该一份合同中包含的各单项履约义务。

（4）合同变更。合同变更是指经合同各方批准对原合同范围或价格作出的变更。合同各方可能以书面形式、口头形式或其他形式（如隐含于企业以往的习惯做法中）批准合同变更。企业应当区分下列三种情形对合同变更分别进行会计处理：

①合同变更部分作为单独合同进行会计处理。合同变更增加了可明确区分的商品及合同价款，且新增合同价款反映了新增商品单独售价的，应当将该合同变更作为一份单独合同进行会计处理。

【例 12－5】甲公司承诺向某客户销售 120 件产品，每件产品售价 100 元，该批产品彼此之间可明确区分，且将于未来 6 个月陆续转让给该客户。甲公司将其中的 60 件产品转让给该客户后，双方对合同进行了变更，甲公司承诺向该客户额外销售 30 件相同的产品，这30 件产品与原合同中的产品可明确区分，其售价为每件 95 元（假定该价格反映了合同变更时该产品的单独售价）。上述价格均不包含增值税。

由于新增的 30 件产品可明确区分且新增的合同价款反映了新增产品的单独售价，因此，应按单价 100 元继续执行原合同，并将此 30 件产品销售作为一项新合同认定。

②合同变更作为原合同终止及新合同订立。合同变更不属于上述第①种情形，且在合同

变更日已转让商品与未转让商品之间可明确区分的，应当视为原合同终止，同时，将原合同未履约部分与合同变更部分合并为新合同。新合同的交易价格应当为下列两项金额之和：一是原合同交易价格中尚未确认为收入的部分（包括已从客户收取的金额）；二是合同变更中客户已承诺的对价金额。

【例 12 – 6】 沿用〖例 12 – 5〗，甲公司新增销售的 30 件产品售价为每件 80 元，且该价格不能反映合同变更时的该产品的单独售价，同时，客户发现已提供的 60 件产品有瑕疵，双方约定每件折扣 15 元，共计 900 元，并从后续 30 件合同价款中扣减。

销售折让应在发生时冲减当期销售收入；新增 30 件产品的售价不能反映变更合同时的单独售价，且这 30 件产品及未交付的 60 件产品与已转让的 60 件产品可以明确区分，则应终止原合同，并将后续的 60 件产品和 30 件产品并为一项新合同，单价为 93.33 元 $[(60 \times 100 + 30 \times 80)/(60 + 30)]$。

③合同变更部分作为原合同的组成部分。合同变更不属于上述第①种情形，且在合同变更日已转让商品与未转让商品之间不可明确区分的，应当将该合同变更部分作为原合同的组成部分，在合同变更日重新计算履约进度，并调整当期收入和相应成本等。

【例 12 – 7】 2 × 18 年 1 月 15 日，乙建筑公司和客户签订了一项总金额为 1 000 万元的固定造价合同，在客户自有土地上建造一幢办公楼，预计合同总成本为 700 万元。假定该建造服务属于在某一时段内履行的履约义务，并根据累计发生的合同成本占合同预计总成本的比例确定履约进度。截至 2 × 18 年末，乙公司累计已发生成本 420 万元，履约进度为 60% （420/700）。因此，乙公司在 2 × 18 年确认收入 600 万元 （1 000 × 60%）。2 × 19 年初，合同双方同意更改该办公楼屋顶的设计，合同价格和预计总成本因此而分别增加 200 万元和 120 万元。

由于合同变更后拟提供的剩余服务与在合同交更日或之前已提供的服务不可明确区分（即该合同仍为单项履约义务），因此，乙公司应当将合同变更作为原合同的组成部分进行会计处理。

合同变更后的交易价格为 1 200 万元 （1 000 + 200），乙公司重新估计的履约进度为 51.2% [420/(700 + 120)]，乙公司在合同变更日应额外确认收入 14.4 万元（51.2% × 1 200 – 600）。

如果在合同变更日未转让的商品为上述第②种和第③种情形的组合，企业应当分别相应按照上述第②种或第③种情形的方式对合同变更后尚未转让（或部分未转让）的商品进行会计处理。

【例 12 – 8】 A 公司和客户签订合同，合同约定 A 公司在 6 个月内以每件 100 元的价格向客户销售 200 件产品。

情况 1：A 公司向客户移交 100 件产品后，客户要求追加 50 件产品并且要求价格优惠，双方协商按照每件 80 元价格销售。情况 2：A 公司向客户移交 100 件产品后，客户要求追加 50 件产品，但客户认为之前移交的 100 件产品有瑕疵，双方协商追加的 50 件产品按照每件 95 元的价格销售，之前已销的 100 件产品给予每件 10 元的折让。情况 3：客户认为之前移交的 100 件产品存在瑕疵，双方达成协议并订立合同，约定剩余 100 件按每件 75 元的价格销售，之前销售的 100 件产品给予每件 20 元的折让。

对于情况 1，追加的 50 件产品给予优惠，协议价格为 80 元，可以明确区分追加商品 50

件和合同价款 4 000 元（50×80），因此属于单独合同。其账务处理如下：

借：应收账款　　　　　　　　　　　　　　　　　　　4 520

　　贷：主营业务收入（50×80）　　　　　　　　　　4 000

　　　　应交税费——应交增值税（销项税额）（4 000×13%）　　520

原合同 200 件商品销售会计处理：

借：应收账款　　　　　　　　　　　　　　　　　　　22 600

　　贷：主营业务收入（200×100）　　　　　　　　20 000

　　　　应交税费——应交增值税（销项税额）（20 000×13%）　　2 600

情况 1 确认的收入总额为 24 000 元（20 000＋4 000）。

对于情况 2，可明确区分追加商品 50 件和合同价款 3 750 元（50×95－100×10），但 50 件商品的售价不能单独确定。原合同终止，原合同未履约部分和变更部分合并为新合同，商品销售价款为 23 750 元（200×100＋3 750），单价为 95 元（23 750÷250）。其账务处理如下：

对于原合同的商品销售：

借：应收账款　　　　　　　　　　　　　　　　　　　11 300

　　贷：主营业务收入（100×100）　　　　　　　　10 000

　　　　应交税费——应交增值税（销项税额）（10 000×13%）　　1 300

对于新合同中的折让：

借：主营业务收入（100×10）　　　　　　　　　　　1 000

　　应交税费——应交增值税（销项税额）（1 000×13%）　　130

　　贷：应收账款　　　　　　　　　　　　　　　　　1 130

对于合同合并后的商品销售：

借：应收账款　　　　　　　　　　　　　　　　　　　16 667.5

　　贷：主营业务收入（100×100＋50×95）　　　　14 750

　　　　应交税费——应交增值税（销项税额）（14 750×13%）　　1 917.5

情况 2 确认的收入总额为 23 750 元（10 000－1 000＋147 500）。

对于情况 3，未增加可明确区分商品及合同价款，变更日可转让商品（劳务）与未转让商品（劳务）可明确区分，因此原合同终止，原合同未履约部分和变更部分合并为新合同，商品销售价款为 15 500 元（100×80＋100×75），单价为 77.5 元（15 500÷200）。其账务处理如下：

对于原合同的商品销售：

借：应收账款　　　　　　　　　　　　　　　　　　　11 300

　　贷：主营业务收入（100×100）　　　　　　　　10 000

　　　　应交税费——应交增值税（销项税额）（10 000×13%）　　1 300

对于新合同中的折让：

借：主营业务收入（100×20）　　　　　　　　　　　2 000

　　应交税费——应交增值税（销项税额）（2 000×13%）　　260

　　贷：应收账款　　　　　　　　　　　　　　　　　2 260

对于合同合并后的商品销售：

借：应收账款　　　　　　　　　　　　　　　　　　　　　　　　8 475
　　贷：主营业务收入（100×75）　　　　　　　　　　　　　　　　7 500
　　　　应交税费——应交增值税（销项税额）（7 500×13%）　　　 975

情况3确认的收入总额为15 500元（100×100－100×20＋75×100）。

2. 识别合同中的单项履约义务

合同开始日，企业应当识别合同中所包含的各单项履约义务，并确定各单项履约义务是在某一时段内履行，还是在某一时点履行，然后，在履行了各单项履约义务时分别确认收入。履约义务，是指合同中企业向客户转让可明确区分商品的承诺。企业应当将下列向客户转让商品的承诺作为单项履约义务：

（1）企业向客户转让可明确区分商品（或者商品或服务的组合）的承诺。企业向客户承诺的商品同时满足下列条件的，应当作为可明确区分商品：

第一，客户能够从该商品本身或者从该商品与其他易于获得的资源一起使用中受益，即该商品本身能够明确区分。

第二，企业向客户转让该商品的承诺与合同中其他承诺可单独区分，即转让该商品的承诺在合同中是可明确区分的。

下列情形通常表明企业向客户转让该商品的承诺与合同中的其他承诺不可明确区分：

一是企业需提供重大的服务以将该商品与合同中承诺的其他商品进行整合，形成合同约定的某个或某些组合产出转让给客户。例如，企业为客户建造写字楼的合同中，企业向客户提供的砖头、水泥、人工等都能够使客户获益，但是，在该合同下，企业对客户承诺的是为其建造一栋写字楼，而并非提供这些砖头、水泥和人工等，企业需提供重大的服务将这些商品或服务进行整合，以形成合同约定的一项组合产出（即写字楼）转让给客户。因此，在该合同中，砖头、水泥和人工等商品或服务彼此之间不能单独区分。此合同为一项履约义务。

二是该商品将对合同中承诺的其他商品予以重大修改或定制。例如，企业承诺向客户提供其开发的一款现有软件，并提供安装服务，虽然该软件无须更新或技术支持也可直接使用，但是企业在安装过程中需要在该软件现有基础上对其进行定制化的重大修改，以使其能够与客户现有的信息系统相兼容。此时，转让软件的承诺与提供定制化重大修改的承诺在合同层面是不可明确区分的。此合同为一项履约义务。

三是该商品与合同中承诺的其他商品具有高度关联性。也就是说，合同中承诺的每一单项商品均受到合同中其他商品的重大影响。例如，企业承诺为客户设计一种新产品并负责生产10个样品，企业在生产和测试样品的过程中需要对产品的设计进行不断的修正，导致已生产的样品均可能需要进行不同程度的返工。此时，企业提供的设计服务和生产样品的服务是不断交替反复进行的，二者高度关联，因此，在合同层面是不可明确区分的。此合同为一项履约义务。

需要说明的是，企业向客户销售商品时，往往约定企业需要将商品运送至客户指定的地点。通常情况下，商品控制权转移给客户之前发生的运输活动不构成单项履约义务，相反，商品控制权转移给客户之后发生的运输活动可能表明企业向客户提供了一项运输服务，企业应当考虑该项服务是否构成单项履约义务。

（2）企业向客户转让一系列实质相同且转让模式相同的、可明确区分商品的承诺。当企业向客户连续转让某项承诺的商品时，如每天为客户提供保洁服务的长期劳务合同等，如果这些商品属于实质相同且转让模式相同的一系列商品时，此合同为一项履约义务。其中，转让模式相同，是指每一项可明确区分的商品均满足本章所述的在某一时段内履行履约义务的条件，且采用相同方法确定其履约进度。

企业在判断所转让的一系列商品是否实质相同时，应当考虑合同中承诺的性质，如果企业承诺的是提供确定数量的商品，那么需要考虑这些商品本身是否实质相同；如果企业承诺的是在某一期间内随时向客户提供某项服务，则需要考虑企业在该期间内的各个时间段（如每天或每小时）的承诺是否相同，而并非具体的服务行为本身。例如，企业向客户提供2 年的酒店管理服务，具体包括保洁、维修、安保等，但没有具体的服务次数或时间的要求，尽管企业每天提供的具体服务不一定相同，但是企业每天对于客户的承诺都是相同的，因此，该服务符合"实质相同"的条件。此合同为一项履约义务。

3. 确定交易价格

交易价格，是指企业因向客户转让商品而预期有权收取的对价金额。企业代第三方收取的款项（如增值税）以及企业预期将退还给客户的款项，应当作为负债进行会计处理，不计入交易价格。合同标价并不一定代表交易价格，企业应当根据合同条款，并结合以往的习惯做法等确定交易价格。

（1）可变对价。

①可变对价的情形。企业与客户的合同中约定的对价金额可能是固定的，也可能会因折扣、价格折让、返利、退款、奖励积分、激励措施、业绩奖金、索赔等因素而变化。此外，企业有权收取的对价金额将根据一项或多项或有事项的发生而有所不同情况，也属于可变对价的情形。例如，企业售出商品但允许客户退货时，由于企业有权收取的对价金额将取决于客户是否退货，因此该合同的交易价格是可变的。

②可变对价的确认。企业在判断合同中是否存在可变对价时，不仅应当考虑合同条款的约定，还应当考虑下列情况：第一，根据企业已公开宣布的政策、特定声明或者以往的习惯做法等，客户能够合理预期企业将会接受低于合同约定的对价金额，即企业会以折扣、返利等形式提供价格折让；第二，其他相关事实和情况表明企业在与客户签订合同时即意图向客户提供价格折让。合同中存在可变对价的，企业应当对计入交易价格的可变对价进行估计。

③可变对价最佳估计数的确定。企业应当按照期望值或最可能发生金额确定可变对价的最佳估计数。期望值，是按照各种可能发生的对价金额及相关概率计算确定的金额。当企业拥有大量具有类似特征的合同，并据此估计合同可能产生多个结果时，按照期望值估计可变对价金额通常是恰当的。

【例 12 - 9】 A 公司生产和销售电视机，2×19 年 3 月，A 公司向零售商 B 公司销售1 000 台电视机，每台价格为 4 000 元，合同价款合计 400 万元。同时，A 公司承诺，在未来 6 个月内，如果同类电视机售价下降，则按照合同价格与最低售价之间的差额向乙公司支付差价。甲公司根据以往执行类似合同的经验，预计未来 6 个月内，不降价的概率为 50 %；每台降价 600 元的概率为 40%；每台降价 900 元的概率为 10%。假定上述价格均不包含增值税。

2×19 年 3 月会计处理：

A 公司估计交易价格 = 4 000 × 50% + 3 400 × 40% + 3 100 × 10%

$\qquad$ = 3 670 （元/台）

借：银行存款		4 520 000
贷：主营业务收入		3 670 000
合同负债		330 000
应交税费——应交增值税（销项税额）		520 000

6 个月内到期时，每台下降 40 元，共 40 000 元，应补偿对方，并已支付：

借：合同负债		40 000
应交税费——应交增值税（销项税额）		5 200
贷：银行存款		45 200

剩余的 290 000 元转为收入：

借：合同负债		290 000
贷：主营业务收入		290 000

　　最可能发生金额是一系列可能发生的对价金额中最可能发生的单一金额，即合同最可能产生的单一结果。当合同仅有两个可能结果（例如，企业能够达到或不能达到某业绩奖金目标）时，按照最可能发生金额估计可变对价金额通常是恰当的。

　　【例 12 – 10】 A 公司为其客户建造一栋厂房，合同约定的价款为 1 000 万元，当 A 公司不能在合同签订之日起的 2 年内竣工时，须支付 100 万元罚款，该罚款从合同价款中扣除。A 公司对合同结果的估计如下：工程按时完工的概率为 90%，工程延期的概率为 10%。假定上述金额均不含增值税。

　　本例中，由于该合同涉及两种可能结果，A 公司认为按照最可能发生金额能够更好地预测其有权获取的对价金额。因此，A 公司估计的交易价格为 1 000 万元，即最可能发生的单一金额。

　　④计入交易价格的可变对价金额的限制。企业按照期望值或最可能发生金额确定可变对价金额之后，计入交易价格的可变对价金额还应该满足限制条件，即包含可变对价的交易价格，应当不超过在相关不确定性消除时，累计已确认的收入极可能不会发生重大转回的金额。企业在对此进行评估时，应当同时考虑收入转回的可能性及转回金额的比重。其中，极可能是指发生概率在很可能（概率 > 50%）与基本确定（概率 > 95%）之间的可能性；在评估收入转回金额的比重时，应同时考虑合同中包含的固定对价和可变对价。企业应当将满足上述限制条件的可变对价的金额，计入交易价格。

　　将可变对价计入交易价格的限制条件不适用于企业向客户授予知识产权许可并约定按客户实际销售或使用情况收取特许权使用费的情况。

　　每一资产负债表日，企业应当重新估计可变对价金额（包括重新评估对可变对价的估计是否受到限制），以如实反映报告期末存在的情况以及报告期内发生的情况变化。

　　【例 12 – 11】 2 × 19 年 1 月 3 日，甲公司与客户签订合同，以每件 150 元价格向其销售 A 产品。如果客户在 2 × 19 年的采购量超过 100 万件时，该产品的每件价格为 120 元。该产品的控制权在交付时转移给客户。合同开始日，甲公司估计该客户 2 × 18 年采购量能够超过 100 万件。2 × 19 年 1 月 31 日，甲公司交付了第一批产品 10 万件，增值税税率 13%，假设款项已收到。

12×19 年 1 月 31 日甲公司会计处理：

借：银行存款　　　　　　　　　　　　　　　　　　16 950 000

　　贷：主营业务收入　　　　　　　　　　　　　　　12 000 000

　　　　预计负债——应付退货款　　　　　　　　　　3 000 000

　　　　应交税费——应交增值税（销项税额）　　　　1 950 000

2×19 年 12 月 31 日客户总采购量 115 万件：

应付退货款 = 1 150 000×30 = 34 500 000（元）

冲销增值税 = 34 500 000×13% = 4 485 000（元）

借：预计负债——应付退货款　　　　　　　　　　　34 500 000

　　应交税费——应交增值税（销项税额）　　　　　　4 485 000

　　贷：银行存款　　　　　　　　　　　　　　　　38 985 000

现金折扣是在销售商品收入金额确定的情况下，债权人为鼓励债务人在规定的期限内付款而向债务人提供的债务扣除。一般发生在企业对外提供的赊销交易中。现金折扣是为尽快回笼资金发生的理财费用，在实际发生时计入当期财务费用。现金折扣的处理方法：一是总价法，按不扣除现金折扣的金额计量收入。二是净价法，按合同总价款扣除现金折扣的金额计量收入。在我国会计实务中，采用的是总价法来核算。

（2）合同中存在的重大融资成分。当企业将商品的控制权转移给客户的时间与客户实际付款的时间不一致时，如企业以赊销的方式销售商品，或者要求客户支付预付款等，当合同各方以在合同中明确（或者以隐含的方式）约定的付款时间为客户或企业就转让商品的交易提供了重大融资利益时，合同中即包含了重大融资成分。企业在确定交易价格时，应当对已经承诺的对价金额做出调整，以剔除货币资金时间价值影响。

合同中存在重大融资成分的，企业应当按照假定客户在取得商品控制权时即以现金支付的应付金额（即现销价格）确定交易价格。在评估合同中是否存在融资成分以及该融资成分对于该合同而言是否重大时，企业应当考虑所有相关的事实和情况，包括：第一，已承诺的对价金额与已承诺商品的现销价格之间的差额；第二，下列两项的共同影响：一是企业将承诺的商品转让给客户与客户支付相关款项之间的预计时间间隔；二是相关市场的现行利率。

企业向客户转让商品与客户支付相关款项之间虽然存在时间间隔，但两者之间的合同没有包含重大融资成分的情形有：第一，客户就商品支付了预付款，且可以自行决定这些商品的转让时间（例如，企业向客户出售其发行的储值卡，客户可随时到该企业持卡购物；企业向客户授予奖励积分，客户可随时到该企业兑换这些积分等）；第二，客户承诺支付的对价中有相当大的部分是可变的，该对价金额或付款时间取决于某一未来事项是否发生，且该事项实质上不受客户或企业控制（例如，按照实际销量收取的特许权使用费）；第三，合同承诺的对价金额与现销价格之间的差额是由于向客户或企业提供融资利益以外的其他原因所导致的，且这一差额与产生该差额的原因是相称的（例如，合同约定的支付条款目的是向企业或客户提供保护，以防止另一方未能依照合同充分履行其部分或全部义务）。

需要说明的是，企业应当在单个合同层面考虑融资成分是否重大，而不应在合同组合层面考虑这些合同中的融资成分的汇总影响对企业整体而言是否重大。合同中存在重大融资成分的，企业在确定该重大融资成分的金额时，应使用将合同对价的名义金额折现为商品现销价格的折现率。该折现率一经确定，不得因后续市场利率或客户信用风险等情况的变化而变更。企业确定的交易价格与合同承诺的对价金额之间的差额，应当在合同期间内采用实际利率法摊销。

为简化实务操作，如果在合同开始日，企业预计客户取得商品控制权与客户支付价款间隔不超过一年的，可以不考虑合同中存在的重大融资成分。企业应当对类似情形下的类似合同一致地应用这一简化处理方法。

①具有融资性质的分期收款销售商品的会计处理。

合同或协议价款的收取采用递延方式，如分期收款销售商品，实质上具有融资性质的。按照应收的合同或协议价款的公允价值（通常为现销价格或未来现金流量现值）确定销售商品收入金额，在企业确认收入的同时并未产生增值税代扣代缴义务，而只能暂时作为"应交税费——待转销项税额"处理。应收的合同或协议价款与其公允价值之间的差额，作为未实现融资收益处理。

增值税销项税额的计算以增值税专用发票开出金额为准，其确认时点是合同确认收款日，因此，企业需要将"应交税费——待转销项税额"部分转为销项税额。

对于未实现融资收益在合同或协议期间内，按照应收款项的摊余成本和实际利率计算确定的摊销金额，计入当期损益（冲减财务费用）。

"未实现融资收益"是"长期应收款"的抵减科目。未实现融资收益抵减"长期应收款"（要扣除与待转销项税额对应的金额），就可以得出长期应收款此时价值，即现值。

【例 12 – 12】F 公司于 2×18 年 1 月 3 日采用分期收款方式销售大型设备，成本 400 万元，合同价格为 600 万元，增值税税率为 13%，分 3 年于每年末收取。假定该大型设备现销价格为 500 万元。应收款项的实际利率为 9.7%，每年摊销未实现融资收益计算如表 12 – 1 所示。

表 12 – 1　　　　　未实现融资收益摊销的计算确定　　　　　单位：元

年份	每年应收款①	摊销未实现融资收益 ②=期初④×9.7%	应收款成本减少额 ③=①-②	应收款摊余成本期末 ④=期初④-③
2×18	2 000 000	485 000	1 515 000	3 485 000
2×19	2 000 000	338 045	1 661 955	1 823 045
2×20	2 000 000	176 955	1 823 045	0
合计	6 000 000	1 000 000		

该公司有关会计处理如下：

2×18 年 1 月 3 日分期收款销售设备时：

借：长期应收款　　　　　　　　　　　　　　　　　6 780 000
　　贷：主营业务收入　　　　　　　　　　　　　　　5 000 000
　　　　未实现融资收益　　　　　　　　　　　　　　1 000 000
　　　　应交税费——待转销项税额　　　　　　　　　　780 000

借：主营业务成本　　　　　　　　　　　　　　　　　　　4 000 000
　　贷：库存商品　　　　　　　　　　　　　　　　　　　　　4 000 000

2×18 年 12 月 31 日按合同收取款项时：

借：银行存款　　　　　　　　　　　　　　　　　　　　　2 260 000
　　贷：长期应收款　　　　　　　　　　　　　　　　　　　　2 260 000

借：应交税费——待转销项税额　　　　　　　　　　　　　　260 000
　　贷：应交税费——应交增值税（销项税额）　　　　　　　　260 000

2×18 年 12 月 31 日摊销未实现融资收益时：

借：未实现融资收益　　　　　　　　　　　　　　　　　　　485 000
　　贷：财务费用　　　　　　　　　　　　　　　　　　　　　485 000

2×19 年 12 月 31 日按合同收取款项时：

借：银行存款　　　　　　　　　　　　　　　　　　　　　2 260 000
　　贷：长期应收款　　　　　　　　　　　　　　　　　　　　2 260 000

借：应交税费——待转销项税额　　　　　　　　　　　　　　260 000
　　贷：应交税费——应交增值税（销项税额）　　　　　　　　260 000

2×19 年 12 月 31 日摊销未实现融资收益时：

借：未实现融资收益　　　　　　　　　　　　　　　　　　　338 045
　　贷：财务费用　　　　　　　　　　　　　　　　　　　　　338 045

2×20 年 12 月 31 日按合同收取款项时：

借：银行存款　　　　　　　　　　　　　　　　　　　　　2 260 000
　　贷：长期应收款　　　　　　　　　　　　　　　　　　　　2 260 000

借：应交税费——待转销项税额　　　　　　　　　　　　　　260 000
　　贷：应交税费——应交增值税（销项税额）　　　　　　　　260 000

2×20 年 12 月 31 日摊销未实现融资收益时：

借：未实现融资收益　　　　　　　　　　　　　　　　　　　176 955
　　贷：财务费用　　　　　　　　　　　　　　　　　　　　　176 955

②先收款再发货的重大融资行为的会计处理。

【例 12 - 13】2×18 年 1 月 1 日，甲公司与乙公司签订合同，向其销售一批产品，合同约定，该批产品将于 2 年后交货，合同中包含两种可供选择的付款方式，即乙公司可以在 2 年后交付产品时支付 449.44 万元，或者在合同签订时支付 400 万元，乙公司选择在合同签订时支付货款，此产品的控制权在交货时转移，甲公司于 2×18 年 1 月 1 日收到乙公司支付的货款。上述价格不包含增值税，且假定不考虑相关税费影响。

按照上述两种付款方式计算的内含利率为 6%，考虑到乙公司付款时间和产品交付时间之间的间隔以及现行市场利率水平，甲公司认为该合同包含重大融资成分，在确定交易价格时，应当对合同承诺的对价金额进行调整，以反映该重大融资成分的影响。假定不考虑借款费用资本化因素。

甲公司账务处理如下：

2×18 年初收到货款时：

借：银行存款　　　　　　　　　　　　　　　　　　　　　4 000 000

      未确认融资费用   494 400

         贷：合同负债   4 494 400

2×18 年末确认融资成分的影响：

应分摊的财务费用 = 4 000 000 × 6% = 240 000（元）

    借：财务费用   240 000

        贷：未确认融资费用   240 000

2×19 年末确认融资成分的影响：

应分摊的财务费用 =（4 000 000 + 240 000）× 6% = 254 000（元）

    借：财务费用   254 400

        贷：未确认融资费用   254 400

2×19 年末交付产品时，并于当天收到增值税：

    借：合同负债   4 494 400

        贷：主营业务收入   4 494 400

    借：银行存款   584 272

        贷：应交税费——应交增值税（销项税额）   584 272

（3）非现金对价。非现金对价包括实物资产、无形资产、股权、客户提供的广告服务等。客户支付非现金对价的，通常情况下，企业应当按照非现金对价在合同开始日的公允价值确定交易价格。非现金对价公允价值不能合理估计的，企业应当参照其承诺向客户转让商品的单独售价间接确定交易价格。

非现金对价的公允价值可能会因对价的形式而发生变动（例如，企业有权向客户收取的对价是股票，股票本身的价格会发生变动），也可能会因为对价形式以外的原因而发生变动（例如，企业有权收取非现金对价的公允价值因企业的履约情况而发生变动）。合同开始日后，非现金对价的公允价值因对价形式以外的原因而发生变动的，应当作为可变对价，按照与计入交易价格的可变对价金额的限制条件相关的规定进行处理，合同开始日后，非现金对价的公允价值因对价形式而发生变动的，该变动金额不应计入交易价格。

（4）应付客户对价。企业在向客户转让商品的同时，需要向客户或第三方支付对价的（如优惠券、兑换券等），应当将应付对价直接冲减当期收入（交易价格），但应付客户对价是为了向客户取得其他可明确区分商品或服务的除外。

企业应付客户对价是为了自客户取得其他可明确区分商品或服务的，应当采用与企业其他采购相一致的方式确认所购买的商品。企业应付客户对价超过自客户取得的可明确区分商品公允价值的，超过金额冲减到期收入（应当作为应付客户对价冲减交易价格）；自客户取得的可明确区分商品或服务公允价值不能合理估计的，企业应当将应付客户对价全额冲减交易价格。在确认相关收入与支付（或承诺支付）客户对价二者孰晚的时点冲减当期收入。

【例 12 - 14】F 公司与 A 商场签订销售合同，该公司于 2×19 年 12 月 2 日向 A 商场销售甲商品 500 件，每件售价 1 000 元。合同约定 F 公司通过广告提供购买甲商品的优惠券，消费者持优惠券在 A 商场购买甲商品每件可以获得 200 元折扣。A 商场可以持兑换的优惠券向 F 公司报销。

本例中 F 公司应付客户对价 200 元不是为了获得可明确区分商品或服务，因此，200 元的折扣应冲减收入，F 公司对持优惠券购买的甲商品按照 40 000 元［（1 000 - 200）× 500］

确认收入。

【例 12 – 15】F 公司生产销售煤气灶，与零售商 A 商场签订销售合同，该公司于 2 × 19 年 12 月 6 日向 A 商场销售 W 商品 500 件，每件不含税售价 2 600 元。合同约定在 A 商场购买 F 公司煤气灶的客户，可以获赠 C 公司生产炊具一套，C 公司凭客户签收单到 F 公司结账。F 公司与 C 公司约定，每套炊具结算含税价格为 226 元（200 + 200 × 13%），总计 113 000 元。

F 公司应付 C 公司对价 226 元是为了获得可明确区分商品或服务，其相关账务处理如下：

F 公司销售煤气灶：

借：银行存款　　　　　　　　　　　　　　　　　　　　　　　　　　1 469 000
　　贷：主营业务收入（500 × 2 600）　　　　　　　　　　　　　　　　 1 300 000
　　　　应交税费——应交增值税（销项税额）　　　　　　　　　　　　　 169 000

C 公司凭客户签收单到 F 公司结账：

炊具的公允价值为单价 140 元时：

借：库存商品　　　　　　　　　　　　　　　　　　　　　　　　　　　70 000
　　应交税费——应交增值税（进项税额）　　　　　　　　　　　　　　　13 000
　　主营业务收入　　　　　　　　　　　　　　　　　　　　　　　　　　30 000
　　贷：应付账款　　　　　　　　　　　　　　　　　　　　　　　　　 113 000

借：主营业务成本　　　　　　　　　　　　　　　　　　　　　　　　　70 000
　　贷：库存商品　　　　　　　　　　　　　　　　　　　　　　　　　　70 000

炊具的公允价值无法可靠估计时：

借：主营业务收入（500 × 200）　　　　　　　　　　　　　　　　　　 100 000
　　应交税费——应交增值税（进项税额）　　　　　　　　　　　　　　　13 000
　　贷：应付账款　　　　　　　　　　　　　　　　　　　　　　　　　 113 000

4. 将交易价格分摊至各单项履约义务

合同中包含两项或多项履约义务的，企业应当在合同开始日，按照各单项履约义务所承诺商品的单独售价的相对比例，将交易价格分摊至各单项履约义务。单独售价，是指企业向客户单独销售商品的价格。企业在类似环境下向类似客户单独销售某商品的价格，应作为该商品的单独售价。单独售价无法直接观察的，企业应当综合考虑其能够合理取得的全部相关信息，采用市场调整法、成本加成法、余值法等方法合理估计单独售价。

（1）市场调整法，是指企业根据某商品或类似商品的市场售价，考虑本企业的成本和毛利等进行适当调整后的金额，确定其单独售价的方法。

（2）成本加成法，是指企业根据某商品的预计成本加上其合理毛利后的金额，确定其单独售价的方法。

（3）余值法，是指企业根据合同交易价格减去合同中其他商品可观察单独售价后的余额，确定某商品单独售价的方法。企业在商品近期售价波动幅度巨大，或者因未定价且未曾单独销售而使售价无法可靠确定时，可采用余值法估计其单独售价。

【例 12 – 16】2 × 18 年 3 月 1 日，F 公司与客户签订合同，向其销售 A、B 两项商品，A 商品的单独售价为 16 000 元，B 商品的单独售价为 24 000 元，合同价款为 35 000 元。合同约定，A 商品于合同开始日交付，B 商品在 2 个月之后交付，只有当两项商品全部交付之后，F公司才有权收取35 000元的合同对价。假定A商品和B商品分别构成单项履约义务，其控制权在交付时转移给客户。上述价格均不包含增值税，且假定不考虑相关税费影响。

分摊至A商品的合同价款=14 000元［(16 000/(16 000 + 24 000))×35 000］；分摊至B商品的合同价款=21 000元［24 000/(16 000 + 24 000)×35 000］。F公司的账务处理如下：

交付A商品时：

借：合同资产　　　　　　　　　　　　　　　　　　　　　　　　15 820

　　贷：主营业务收入　　　　　　　　　　　　　　　　　　　　　　14 000

　　　　应交税费——应交增值税（销项税额）　　　　　　　　　　　　1 820

交付B商品时：

借：应收账款　　　　　　　　　　　　　　　　　　　　　　　　39 550

　　贷：合同资产　　　　　　　　　　　　　　　　　　　　　　　　15 820

　　　　主营业务收入　　　　　　　　　　　　　　　　　　　　　　21 000

　　　　应交税费——应交增值税（销项税额）　　　　　　　　　　　　2 730

5. 履行每一单项履约义务时确认收入

企业应当在履行了合同中的履约义务，即客户取得相关商品控制权时确认收入。企业将商品的控制权转移给客户，首先判断履约义务是否满足在某一时段内履行的条件，如不满足，则该履约义务属于在某一时点履行的履约义务。对于在某一时段内履行的履约义务，企业应当选取恰当的方法来确定履约进度；对于在某一时点履行的履约义务，企业应当综合分析控制权转移的迹象，判断其转移时点。

（1）在某一时段内履行的履约义务。

①在某一时段内履行的履约义务的收入确认条件。满足下列条件之一的，属于在某一时段内履行的履约义务：

Ⅰ 客户在企业履约的同时即取得并消耗企业履约所带来的经济利益。企业在履约过程中是持续地向客户转移企业履约所带来的经济利益的，该履约义务属于在某一时段内履行的履约义务，企业应当在提供该服务的期间内确认收入。企业在进行判断时，可以假定在企业履约的过程中更换为其他企业继续履行剩余履约义务，如果该继续履行合同的企业实质上无须重新执行企业累计至今已经完成的工作，则表明客户在企业履约的同时即取得并消耗了企业履约所带来的经济利益。例如，企业承诺将客户的一批货物从A市运送到B市，假定该批货物在途经C市时，由另外一家运输公司接替企业继续提供该运输服务，由于A市到C市之间的运输服务是无须重新执行的，因此，表明客户在企业履约的同时即取得并消耗了企业履约所带来的经济利益。企业提供的运输服务属于在某一时段内履行的履约义务。

Ⅱ 客户能够控制企业履约过程中在建的商品。企业在履约过程中创建的商品包括在产品、在建工程、尚未完成的研发项目、正在进行的服务等，由于客户控制了在建的商品，客户在企业提供商品的过程中获得其利益，因此，该履约义务属于在某一时段内履行的履约义务，应当在该履约义务履行的期间内确认收入。

Ⅲ 企业履约过程中所产出的商品具有不可替代用途，且该企业在整个合同期间内有权就累计至今已完成的履约部分收取款项。

ⅰ商品具有不可替代用途。具有不可替代用途，是指因合同限制或实际可行性限制，企业不能轻易地将商品用于其他用途。企业在判断商品是否具有不可替代用途时，需要注意下列四点：一是判断时点是合同开始日。二是当合同中存在实质性的限制条款，导致企业不能将合同约定的商品用于其他用途时，该商品满足具有不可替代用途的条件。三是虽然合同中没有限制条款，但是，当企业将合同中约定的商品用作其他用途，将导致企业遭受重大的经济损失时，企业将该商品用作其他用途的能力实际上受到了限制。四是基于最终转移给客户的商品的特征判断。

ⅱ企业在整个合同期间内有权就累计至今已完成的履约部分收取款项。有权就累计至今已完成的履约部分收取款项，是指在由于客户或其他方原因终止合同的情况下，企业有权就累计至今已完成的履约部分收取能够补偿其已发生成本和合理利润的款项，并且该权利具有法律约束力。需要强调的是，合同终止必须是由于客户或其他方而非企业自身的原因所致，在整个合同期间内的任一时点，企业均应当拥有此项权利。企业在进行判断时，需要注意下列五点：一是企业有权收取的款项应当能够补偿企业已经发生的成本和合理利润。二是该规定并不意味着企业拥有现时可行使的无条件收款权。企业在判断时应当考虑，假设在发生由于客户或其他方原因导致合同在合同约定的重要时点、重要事项完成前或合同完成前终止时，企业是否有权要求客户补偿其累计至今已完成的履约部分应收取的款项。三是当客户只有在某些特定时点才有权终止合同，或者根本无权终止合同时，客户终止了合同（包括客户没有按照合同约定履行其义务），但是，合同或法律法规仍要求企业应继续向客户转移合同中承诺的商品并因此有权要求客户支付对价的，也符合"企业有权就累计至今已完成的履约部分收取款项"的要求。四是企业在进行判断时，既要考虑合同条款的约定，还应当充分考虑适用的法律法规、补充或者凌驾于合同条款之上的以往司法实践以及类似案例的结果等。五是企业和客户之间在合同中约定的付款时间进度表，不一定就表明企业有权就累计至今已完成的履约部分收取款项。

②在某一时段内履行的履约义务的收入确认方法。对于在某一时段内履行的履约义务，企业应当在该段时间内按照履约进度确认收入，履约进度不能合理确定的除外。企业应当考虑商品的性质，采用产出法或投入法确定恰当的履约进度，并且在确定履约进度时，应当扣除那些控制权尚未转移给客户的商品和服务。企业按照履约进度确认收入时，通常应当在资产负债表日按照合同的交易价格总额乘以履约进度扣除以前会计期间累计已确认的收入后的金额，确认为当期收入。

Ⅰ产出法。产出法主要是根据已转移给客户的商品对于客户的价值确定履约进度，主要包括按照实际测量的完工进度、评估已实现的结果、已达到的里程碑、时间进度、已完工或交付的产品等确定履约进度的方法。

当产出法所需要的信息可能无法直接通过观察获得，或者为获得这些信息需要花费很高的成本时，可采用投入法。

Ⅱ投入法。投入法主要是根据企业履行履约义务的投入确定履约进度，主要包括以投入的材料数量、花费的人工工时或机器工时、发生的成本和时间进度等投入指标确定履约进度。当企业从事的工作或发生的投入是在整个履约期间内平均发生时，企业也可以按照直线法确认收入。

由于企业的投入与向客户转移商品的控制权之间未必存在直接的对应关系，因此，企业在采用投入法时，应当扣除那些虽然已经发生，但是未导致向客户转移商品的投入。实务中，企业通常按照累计实际发生的成本占预计总成本的比例（即成本法）确定履约进度，累计实际发生的成本包括企业向客户转移商品过程中所发生的直接成本和间接成本，如直接人工、直接材料、分包成本以及其他与合同相关的成本。

在下列情形下，企业在采用成本法确定履约进度时，可能需要对已发生的成本进行适当调整的情形有：

一是已发生的成本并未反映企业履行其履约义务的进度，如因企业生产效率低下等原因而导致的非正常消耗，包括非正常消耗的直接材料、直接人工及制造费用等，除非企业和客户在订立合同时已经预见会发生这些成本并将其包括在合同价款中。

二是已发生的成本与企业履行其履约义务的进度不成比例。当企业已发生的成本与履约进度不成比例，企业在采用成本法确定履约进度时需要进行适当调整。对于施工中尚未安装、使用或耗用的商品（本段中的商品不包括服务）或材料成本等，当企业在合同开始日就预期将能够满足下列所有条件时，应在采用成本法确定履约进度时不包括这些成本：第一，该商品或材料不可明确区分，即不构成单项履约义务；第二，客户先取得该商品或材料的控制权，之后才接受与之相关的服务；第三，该商品或材料的成本相对于预计总成本而言是重大的；第四，企业自第三方采购该商品或材料，且未深入参与其设计和制造，对于包含该商品的履约义务而言，企业是主要责任人。

每一资产负债表日，企业应当对履约进度进行重新估计。对于每一项履约义务，企业只能采用一种方法来确定其履约进度，并加以一贯运用。对于类似情况下的类似履约义务，企业应当采用相同的方法（如成本法）确定履约进度。

对于在某一时段内履行的履约义务，只有当其履约进度能够合理确定时，才应当按照履约进度确认收入。资产负债表日，企业应当在按照合同的交易价格总额乘以履约进度扣除以前会计期间累计已确认的收入后的金额，确认为当期收入。当履约进度不能合理确定时，企业已经发生的成本预计能够得到补偿的，应当按照已经发生的成本金额确认收入，直到履约进度能够合理确定为止。

（2）在某一时点履行的履约义务。对于不属于在某一时段内履行的履约义务，应当属于在某一时点履行的履约义务，企业应当在客户取得相关商品控制权时点确认收入。在判断控制权是否转移时，企业应当考虑下列五个迹象：

①企业就该商品享有现时收款权利，即客户就该商品负有现时付款义务。当企业就该商品享有现时收款权利时，可能表明客户已经有能力主导该商品的使用并从中获得几乎全部的经济利益。

②企业已将该商品的法定所有权转移给客户，即客户已拥有该商品的法定所有权。当客户取得了商品的法定所有权时，可能表明客户已取得对该商品的控制权。如果企业仅仅是为了确保到期收回货款而保留商品的法定所有权，那么企业拥有的该权利通常不会对客户取得对该商品的控制权构成障碍。

③企业已将该商品实物转移给客户，即客户已占有该商品实物。客户占有了某项商品实物并不意味着其就一定取得了该商品的控制权，反之亦然。

Ⅰ委托代销安排。这一安排是指委托方和受托方签订代销合同或协议，委托受托方向终端客户销售商品。如果受托方获得对该商品控制权的，企业应当按销售商品进行会计处理，这种安排不属于委托代销安排；受托方没有获得对该商品控制权的，企业通常应当在受托方售出商品后，按合同或协议约定的方法计算确定的手续费确认收入。表明一项安排是委托代销安排的迹象包括但不限于：一是在特定事件发生之前（例如，向最终客户出售产品或指定期间到期之前）企业拥有对商品的控制权；二是企业能够要求将委托代销的商品退回或者将其销售给其他方（如其他经销商）；三是尽管受托方可能被要求向企业支付一定金额的押金，但是，其并没有承担对这些商品无条件付款的义务。

Ⅱ 售后代管商品安排。售后代管商品是指根据企业与客户签订的合同，企业已经就销售的商品向客户收款或取得了收款权利，但是，由于客户因为缺乏足够的仓储空间或生产进度延迟等原因，直到在未来某一时点将该商品交付给客户之前，企业仍然继续持有该商品实物的安排。

企业除了考虑客户是否取得商品控制权的迹象之外，还应当同时满足下列条件，才表明客户取得了该商品的控制权：一是该安排必须具有商业实质，例如该安排是应客户的要求而订立的；二是属于客户的商品必须能够单独识别，例如将属于客户的商品单独存放在指定地点；三是该商品可以随时应客户要求交付给客户；四是企业不能自行使用该商品或将该商品提供给其他客户。实务中，越是通用的、可以和其他商品互相替换的商品，越有可能难以满足上述条件。

需要注意的是，企业在同时满足上述条件时，对尚未发货的商品确认了收入的，应当考虑是否还承担了其他的履约义务，例如，向客户提供保管服务等，从而应当将部分交易价格分摊至该其他履约义务。

④企业已将该商品所有权上的主要风险和报酬转移给客户，即客户已取得该商品所有权上的主要风险和报酬。企业在判断时不应考虑导致企业在除所转让商品之外产生其他单项履约义务的风险。例如，企业将产品销售给客户，并承诺提供后续维护服务的安排中，销售产品和提供维护服务均构成单项履约义务，企业将产品销售给客户之后，虽然仍然保留了与后续维护服务相关的风险，但是由于维护服务构成单项履约义务，所以该保留的风险并不影响企业已将产品所有权上的主要风险和报酬转移给客户的判断。

⑤客户已接受该商品。当商品通过了客户的验收，通常表明客户已接受该商品。客户验收通常有两种情况：一是企业向客户转让商品时，能够客观地确定该商品符合合同约定的标准和条件，客户验收只是一项例行程序，不会影响企业判断客户取得该商品控制权的时点；二是企业向客户转让商品时，无法客观地确定该商品是否符合合同规定的条件，在客户验收之前，企业不能认为已经将该商品的控制权转移给了客户，企业应当在客户完成验收并接受该商品时才能确认收入。实务中，定制化程度越高的商品，越难以证明，客户验收仅仅是一项例行程序。

需要强调的是，在上述五个迹象中，并没有哪一个或哪几个迹象是决定性的，企业应当根据合同条款和交易实质进行分析，综合判断其是否将商品的控制权转移给客户以及何时转移的，从而确定收入确认的时点。此外，企业应当从客户的角度进行评估，而不应当仅考虑企业自身的看法。

12.1.4 关于特定交易的会计处理

1. 附有销售退回条款的销售

企业应当在客户取得相关商品控制权时，按照因向客户转让商品而预期有权收取的对价金额（即不包含预期因销售退回将退还的金额）确认收入，记入"主营业务收入"科目；按照预期因销售退回将退还的金额确认负债，记入"预计负债——应付退货款"科目。同时，按照预期将退回商品转让时的账面价值，扣除收回该商品预计发生的成本（包括退回商品的价值减损）后的余额，确认一项资产，记入"应收退货成本"科目。按照所转让商品转让时的账面价值，扣除上述资产成本的净额结转成本。

每一资产负债表日，企业应当重新估计未来销售退回情况，并对上述资产和负债进行重新计量。如有变化，应当作为会计估计变更进行会计处理。

【例 12 – 17】甲公司是一家健身器材销售公司。2×18 年 11 月 1 日，甲公司向乙公司销售 2 000 件健身器材，单位销售价格为 500 元，单位成本为 400 元，开出的增值税专用发票上注明的销售价格为 1 000 000 元，增值税额为 130 000 元。健身器材已经发出，但款项尚未收到。根据协议约定，乙公司应于 2×18 年 12 月 31 日之前支付货款，在 2×19 年 3 月 31 日之前有权退还健身器材。甲公司根据过去的经验，估计该批健身器材的退货率约为 20%。在 2×18 年 12 月 31 日，甲公司对退货率进行了重新评估，认为只有 10% 的健身器材会被退回。甲公司为增值税一般纳税人，健身器材发出时纳税义务已经发生，实际发生退回时取得税务机关开具的红字增值税专用发票。假定健身器材发出时控制权转移给乙公司。甲公司的账务处理如下：

（1）2×18 年 11 月 1 日发出健身器材时：

借：应收账款		1 130 000
贷：主营业务收入		800 000
预计负债——应付退货款		200 000
应交税费——应交增值税（销项税额）		130 000
借：主营业务成本		640 000
应收退货成本		160 000
贷：库存商品		800 000

（2）2×18 年 12 月 31 日前收到货款时：

借：银行存款		1 130 000
贷：应收账款		1 130 000

（3）2×18 年 12 月 31 日，甲公司重新评估退货率 10%，原估计退货率 20%，企业应增加收入 1 000 000 × 10% = 100 000（元），增加营业成本 800 000 × 10% = 80 000（元）。

借：预计负债——应付退货款		100 000
贷：主营业务收入		100 000
借：主营业务成本		80 000
贷：应收退货成本		80 000

（4）2×19 年 3 月 31 日发生销售退回，实际退货量 200 件时（10%）。

第一步，冲销估计退货 200 件产品时借方累计应收退货成本 80 000 元，冲销贷方累计预计负债 100 000 元。

  借：主营业务成本（200 ×400）   80 000

    贷：应收退货成本   80 000

  借：预计负债——应付退货款（200 ×500）   100 000

    贷：主营业务收入   100 000

  第二步，根据实际销售退回率会计处理：

  ①向客户支付退回 200 件产品价税款时：

  借：主营业务收入（200 ×500）   100 000

    应交税费——应交增值税（销项税额）   13 000

    贷：银行存款   113 000

  ②收到客户实际退货 200 件产品时：

  借：库存商品（200 ×400）   80 000

    贷：主营业务成本   80 000

  （5）2 ×19 年 3 月 31 日发生销售退回，实际退货量 100 件时（5%）。

  第一步，冲销估计退货 200 件产品时借方累计应收退货成本 80 000 元，冲销贷方累计预计负债 100 000 元。

  借：主营业务成本（200 ×400）   80 000

    贷：应收退货成本   80 000

  借：预计负债——应付退货款（200 ×500）   100 000

    贷：主营业务收入   100 000

  第二步，根据实际销售退回率会计处理：

  ①向客户支付退回 100 件产品价税款时：

  借：主营业务收入（100 ×500）   50 000

    应交税费——应交增值税（销项税额）   6 500

    贷：银行存款   56 500

  ②收到客户实际退货 100 件产品时：

  借：库存商品（100 ×400）   40 000

    贷：主营业务成本   40 000

  （6）2 ×19 年 3 月 31 日发生销售退回，实际退货量为 400 件时（20%）。

  第一步，冲销估计退货 200 件产品时借方累计应收退货成本 80 000 元，冲销贷方累计预计负债 100 000 元。

  借：主营业务成本（200 ×400）   80 000

    贷：应收退货成本   80 000

  借：预计负债——应付退货款（200 ×500）   100 000

    贷：主营业务收入   100 000

  第二步，根据实际销售退回率会计处理：

  ①向客户支付退回 400 件产品价税款时：

  借：主营业务收入（400 ×500）   200 000

    应交税费——应交增值税（销项税额）   26 000

　　　　　贷：银行存款　　　　　　　　　　　　　　　　　　　　226 000

　　②收到客户实际退货400件产品时：

　　　　借：库存商品（400×400）　　　　　　　　　　　　　　　160 000

　　　　　贷：主营业务成本　　　　　　　　　　　　　　　　　　160 000

　　附有销售退回条款的销售，在客户要求退货时，如果企业有权向客户收取一定金额的退货费，则企业在估计预期有权收取的对价金额时，应当将该退货费包括在内。

　　【例12-18】甲公司向家具店销售20张餐桌，每张售价1 000元，成本700元。根据合同约定，家具店有权在收到合同30天内退货，但需要向甲公司支付10%退货费（即每张餐桌的退货费为100元）。根据历史经验，甲公司预计退货率20%，且在退货过程中，甲公司预计每张餐桌发生的退货成本为50元。上述价款均不包含增值税，增值税税率为13%。甲公司在餐桌的控制权转移给家具店时的会计处理：

　　　　甲公司确认收入=20×80%×1 000+20×20%×100=16 400（元）

　　　　应付退货款=20×1 000×20%-20×20%×100=3 600（元）

　　　　应收退货成本=20×20%×700-20×20%×50=2 600（元）

　　　　主营业务成本=20×700-2 600=11 400（元）

　　　　借：应收账款　　　　　　　　　　　　　　　　　　　　　22 600

　　　　　　贷：主营业务收入　　　　　　　　　　　　　　　　　16 400

　　　　　　　　预计负债——应付退货款　　　　　　　　　　　　　3 600

　　　　　　　　应交税费——应交增值税（销项税额）　　　　　　　2 600

　　　　借：主营业务成本　　　　　　　　　　　　　　　　　　　11 400

　　　　　　应收退货成本　　　　　　　　　　　　　　　　　　　　2 600

　　　　　　贷：库存商品　　　　　　　　　　　　　　　　　　　14 000

2. 附有质量保证条款的销售

　　对于附有质量保证条款的销售，企业应当对其所提供的质量保证性质进行分析：对于客户能够选择单独购买质量保证的，表明该质量保证构成单项履约义务；对于客户虽然不能选择单独购买质量保证，但是，如果该质量保证在向客户保证所销售的商品符合既定标准之外提供了一项单独服务的，也应当作为单项履约义务。作为单项履约义务的质量保证应当按本章进行会计处理，并将部分交易价格分摊至该项履约义务。对于不能作为单项履约义务的质量保证，企业应当按照或有事项的规定进行会计处理。

　　企业在评估一项质量保证是否在向客户保证所销售的商品符合既定标准之外提供了一项单独的服务时，应当考虑的因素包括：（1）该质量保证是否为法定要求。当法律要求企业提供质量保证时，该法律规定通常表明企业承诺提供的质量保证不是单项履约义务。（2）质量保证期限。企业提供质量保证的期限越长，越有可能表明企业向客户提供了保证商品符合既定标准之外的服务，该质量保证越有可能构成单项履约义务。（3）企业承诺履行任务的性质。如果企业必须履行某些特定的任务以保证所销售的商品符合既定标准（例如，企业负责运输被客户退回的瑕疵商品），则这些特定的任务可能不构成单项履约义务。

　　【例12-19】2×19年，甲公司销售电视机，不含增值税销售收入1 200万元，增值税税率为13%，另外，甲公司因其客户购买电视机延保服务不含税收费了25万元，延保服务的增值税税率为6%。款项存入银行。该延保服务条款规定商品售出后，超过法定一年保修期后的一年内，如发生正常质量问题，甲公司将免费负责修理。根据以往经验，如果出现较小的质量问题，则修理费按产品销售收入的 5%；如果出现较大的质量问题，则修理费按产品销售收入的 10%。预计本年度已销售产品中，超过法定的一年保修期后的一年内，有 65% 不会发生质量问题，有 20% 将发生较小的质量问题，有 15% 将发生较大的质量问题。2×19 年，甲公司按照合同约定，对 2×21 年销售的电视机提供延保服务，发生成本 21 万元，假设全部以银行存款支付。延保服务的增值税税率为 6%。以上款项均不含增值税。

（1）2×19 年甲公司不含增值税销售收入 1 200 万元，增值税 156 万元；取得不含税延保费 25 万元，增值税 1.5 万元。

借：银行存款　　　　　　　　　　　　　　　　　　　　　13 825 000
　　贷：主营业务收入　　　　　　　　　　　　　　　　　　12 000 000
　　　　合同负债　　　　　　　　　　　　　　　　　　　　　250 000
　　　　应交税费——应交增值税（销项税额）　　　　　　　1 575 000

（2）2×21 年发生延保服务费 21 万元。

借：主营业务成本　　　　　　　　　　　　　　　　　　　　210 000
　　应交税费——应交增值税（进项税额）　　　　　　　　　　12 600
　　贷：银行存款　　　　　　　　　　　　　　　　　　　　　222 600
借：合同负债　　　　　　　　　　　　　　　　　　　　　　250 000
　　贷：主营业务收入　　　　　　　　　　　　　　　　　　　250 000

【例 12－20】2×18 年，甲公司销售产品，不含增值税销售收入 1 500 万元，增值税税率为 13%，款项存入银行。甲公司产品质量保证条款：产品售出一年内，如发生正常质量问题，甲公司将免费修理。根据以往经验，如果出现较小的质量问题，则修理费按产品销售收入的 10%；如果出现较大的质量问题，则修理费按产品销售收入的 20%。预计本年度已销售产品中，有 80% 不会发生质量问题，有 10% 将发生较小的质量问题，有 5% 将发生较大的质量问题。2×19 年，甲公司按照合同约定，对 2×18 年销售产品提供免费维修服务，发生不含税费用 23 万元，专用增值税发票税率 6%，假设全部以银行存款支付。

（1）2×18 年甲公司销售产品：

借：银行存款　　　　　　　　　　　　　　　　　　　　　16 950 000
　　贷：主营业务收入　　　　　　　　　　　　　　　　　　15 000 000
　　　　应交税费——应交增值税（销项税额）　　　　　　　1 950 000

（2）2×18 年底，根据估计确认预计负债：

2×18 年预计售后服务费 = 15 000 000×（10%×10% + 20%×5%）
　　　　　　　　　　　= 300 000（元）

借：销售费用　　　　　　　　　　　　　　　　　　　　　　300 000
　　贷：预计负债　　　　　　　　　　　　　　　　　　　　　300 000

（3）2×19 年，甲公司提供免费维修：

借：预计负债　　　　　　　　　　　　　　　　　　　　　　230 000
　　应交税费——应交增值税（销项税额）　　　　　　　　　　13 800
　　贷：银行存款　　　　　　　　　　　　　　　　　　　　　243 800

（4）2×19年底，冲销2×18年计提的预计负债余额：

借：预计负债　　　　　　　　　　　　　　　　　　　　　70 000

　　贷：销售费用　　　　　　　　　　　　　　　　　　　　70 000

3. 主要责任人和代理人

当企业向客户销售商品涉及其他方参与其中时，企业应当判断其自身在该交易中的身份是主要责任人还是代理人。主要责任人应当按照已收或应收对价总额确认收入；代理人按照既定的佣金金额或比例计算的金额确认收入，或者按照已收或应收对价总额扣除应支付给提供该特定商品的第三方的价款后的净额确认收入。

（1）主要责任人或代理人判断原则。企业判断其是主要责任人还是代理人时，应当根据其承诺的性质，也就是履约义务的性质确定。企业承诺自行向客户提供特定商品的，即企业在将特定商品转让给客户之前控制该商品的，企业为主要责任人；企业承诺安排他人提供特定商品的，即为他人提供协作的，企业在特定商品转让给客户之前不控制该商品的，企业为代理人。自行向客户提供特定商品，可能也包含委托另一方（包括分包商）代为提供特定商品。

（2）企业作为主要责任人的情况。

①企业自第三方取得商品或其他资产控制权后，再转让给客户。这里的商品或其他资产也包括企业向客户转让的未来享有由第三方提供服务的权利，企业应当评估该权利在转让给客户前，企业是否控制该权利。如果该权利在转让给客户之前并不存在，表明企业实质上并不能在该权利转让给客户之前控制该权利。

②企业能够主导该第三方代表本企业向客户提供服务，说明企业在相关服务提供给客户之前能够控制该相关服务。

③企业自第三方取得商品控制权后，通过提供重大的服务将该商品与其他商品整合成合同约定的某组合产出转让给客户。此时，企业承诺提供的特定商品就是合同约定的组合产出。企业只有获得为生产该特定商品所需的投入（包括从第三方取得的商品）的控制权，才能够将这些投入加工整合为合同约定的组合产出。

（3）需要考虑的相关事实和情况。企业在判断其在向客户转让特定商品之前是否已经拥有对该商品的控制权时，不应仅局限于合同的法律形式，而应当综合考虑所有相关事实和情况进行判断，这些事实和情况包括但不仅限于：①企业承担转让商品的主要责任。②在商品转让前后由企业承担该商品的存货风险。③企业有权决定所交易商品的价格。

需要强调的是，企业在判断其是主要责任人还是代理人时，应当以该企业在特定商品转让给客户之前是否能够控制该商品为原则。

在收取手续费形式的商品代销中，委托方发出商品，其控制权并没有发生转移，不应该确认收入。受托方根据代销商品数量向委托方收取手续费，是受托方的一种劳务收入，在这种方式下，受托方通常按照委托方规定的价格销售，不得自行改变售价，委托方应在受托方将商品销售后，并向委托方开具代销清单时确认收入；受托方在商品销售后，确认对委托方的债务，同时，按应收取的手续费确认收入。

【例12-21】2×19年1月15日，甲公司委托丙公司销售C商品100件，C商品已经发出，每件成本为158元。合同约定丙公司应按每件200元对外销售，甲公司按不含增值税的销售价格的10%向丙公司支付手续费。丙公司对外实际销售100件，开出的增值税专用发票上注明的销售价格20 000元，增值税额为2 600元，款项已经收到。2×19年2月22日甲公司收到丙公司开具的代销清单时，向丙公司开具一张相同金额的增值税专用发票。2 月 27 日，甲公司收到乙公司扣除手续费后的销售款项，将其存入银行，同时收到乙公司开具的增值税专用发票，手续费 2 000 元，增值税额 120 元。

根据上述资料，甲公司的账务处理如下：

（1）2×19 年 1 月 15 日甲公司将 C 商品交付给丙公司：

借：发出商品——丙公司　　　　　　　　　　　　　　　　　　　　15 800
　　贷：库存商品——C 商品　　　　　　　　　　　　　　　　　　　　　15 800

（2）2×19 年 2 月 22 日收到代销清单，同时发生增值税纳税义务：

借：应收账款——丙公司　　　　　　　　　　　　　　　　　　　　22 600
　　贷：主营业务收入——C 商品　　　　　　　　　　　　　　　　　　　20 000
　　　　应交税费——应交增值税（销项税额）　　　　　　　　　　　　　 2 600

借：主营业务成本——C 商品　　　　　　　　　　　　　　　　　　15 800
　　贷：发出商品——丙公司　　　　　　　　　　　　　　　　　　　　　15 800

（3）2 月 27 日，确认手续费和进项税：

借：销售费用——代销手续费　　　　　　　　　　　　　　　　　　 2 000
　　应交税费——应交增值税（进项税额）　　　　　　　　　　　　　 120
　　贷：应收账款——丙公司　　　　　　　　　　　　　　　　　　　　　 2 120

借：银行存款　　　　　　　　　　　　　　　　　　　　　　　　　20 480
　　贷：应收账款——丙公司　　　　　　　　　　　　　　　　　　　　　20 480

丙公司的账务处理如下：

（1）2×19 年 1 月 15 日收到甲公司 C 商品：

借：受托代销商品——甲公司　　　　　　　　　　　　　　　　　　20 000
　　贷：受托代销商品款——甲公司　　　　　　　　　　　　　　　　　　20 000

（2）2×19 年 2 月 22 日，对外销售：

借：银行存款　　　　　　　　　　　　　　　　　　　　　　　　　22 600
　　贷：应付账款——甲公司　　　　　　　　　　　　　　　　　　　　　20 000
　　　　应交税费——应交增值税（销项税额）　　　　　　　　　　　　　 2 600

借：受托代销商品款——甲公司　　　　　　　　　　　　　　　　　20 000
　　贷：受托代销商品——甲公司　　　　　　　　　　　　　　　　　　　20 000

（3）2×19 年 2 月 22 日，丙公司转嫁增值税代扣代缴义务：

借：应交税费——应交增值税（进项税额）　　　　　　　　　　　　 2 600
　　贷：应付账款——甲公司　　　　　　　　　　　　　　　　　　　　　 2 600

（4）2 月 27 日丙公司确认代销手续费收入：

借：应付账款——甲公司　　　　　　　　　　　　　　　　　　　　 2 120
　　贷：应交税费——应交增值税（销项税额）　　　　　　　　　　　　　 120
　　　　其他业务收入——代销手续费　　　　　　　　　　　　　　　　　 2 000

（5）2 月 27 日，乙公司扣除手续费后的销售款项交付给甲公司：

借：应付账款——丙公司　　　　　　　　　　　　　　　　　　　　20 480
　　贷：银行存款　　　　　　　　　　　　　　　　　　　　　　　　　　20 480

4. 附有客户额外购买选择权的销售

企业在销售商品的同时，有时会向客户授予选择权，允许客户据此免费或者以折扣价格购买额外的商品，此种情况称为附有客户额外购买选择权的销售。企业向客户授予的额外购买选择权的形式包括销售激励、客户奖励积分、未来购买商品的折扣券以及合同续约选择权等。

对于附有客户额外购买选择权的销售，企业应当评估该选择权是否向客户提供了一项重大权利。如果客户只有在订立了一项合同的前提下才取得了额外购买选择权，并且客户行使该选择权购买额外商品时，能够享受到超过该地区或该市场中其他同类客户所能够享有的折扣，则通常认为该选择权向客户提供了一项重大权利，应当将其与原购买的商品单独区分，作为单项履约义务。

企业应按照各单项履约义务的单独售价的相对比例，将交易价格分摊至各单项履约义务。其中，分摊至重大选择权的交易价格与未来的商品相关，企业应当在客户未来行使该选择权取得相关商品的控制权时，或者在该选择权失效时确认为收入。

当企业向客户提供了额外购买选择权，但客户在行使该选择权购买商品的价格反映了该商品的单独售价时，即使客户只能通过与企业订立特定合同才能获得该选择权，该选择权也不应被视为企业向该客户提供了一项重大权利，企业无须分摊交易价格，只有在客户行使选择权购买额外的商品时才需要进行相应的会计处理。

【例 12－22】2×18 年 1 月 1 日，甲公司开始推行一项奖励积分计划。根据该计划，客户在甲公司每消费 10 元可获得 1 个积分，每个积分从次月开始在购物时可以抵减 1 元。截至 2×18 年 1 月 31 日，客户共消费 100 000 元，可获得 10 000 个积分，根据历史经验，甲公司估计该积分的兑换率为 95%，增值税税率为 13%。

①甲公司认为其授予客户的积分为客户提供了一项重大权利，应当作为一项单独的履约义务。

②客户购买商品的单独售价合计为 100 000 元，考虑积分的兑换率，甲公司估计积分的单独售价为 9 500 元（1 元 × 10 000 个积分 × 95%）。甲公司按照商品和积分单独售价的相对比例对交易价格进行分摊，具体如下：

分摊至商品的交易价格 ＝［100 000/（100 000 ＋9500）］× 100 000

　　　　　　　　　　＝91 324（元）

分摊至积分的交易价格 ＝［9 500/（100 000 ＋9 500）］× 100 000

　　　　　　　　　　＝8 676（元）

③甲公司应当在商品的控制权转移时确认收入 91 324 元，同时确认合同负债 8 676 元。

借：银行存款　　　　　　　　　　　　　　　　　　　　　　　113 000

　　贷：主营业务收入　　　　　　　　　　　　　　　　　　　　　91 324

　　　　合同负债　　　　　　　　　　　　　　　　　　　　　　　8 676

　　　　应交税费——应交增值税（销项税额）　　　　　　　　　　13 000

④截至 2×18 年 12 月 31 日，客户共兑换了 4 500 个积分，甲公司对该积分的兑换率进行了重新估计，仍然预计客户总共将会兑换 9 500 个积分。因此，甲公司以客户兑换的积分数占预期将兑换的积分总数的比例为基础确认收入。

积分应当确认的收入 ＝ 4 500/9 500 × 8 676 ＝ 4 110（元）；剩余未兑换的积分 ＝ 8 676 －

4 110 = 4 566（元），仍然作为合同负债。

借：合同负债　　　　　　　　　　　　　　　　　　　　　　　　4 110
　　贷：主营业务收入　　　　　　　　　　　　　　　　　　　　　　　　4 110

⑤截至 2×19 年 12 月 31 日，客户累计兑换了 8 500 个积分。甲公司对该积分的兑换率进行了重新估计，预计客户总共将会兑换 9 700 个积分。

积分应当确认的收入 = 8 500/9 700 × 8 676 - 4 110 = 3 493（元）；剩余未兑换的积分 = 8 676 - 4 110 - 3 493 = 1 073（元），仍然作为合同负债。

借：合同负债　　　　　　　　　　　　　　　　　　　　　　　　3 493
　　贷：主营业务收入　　　　　　　　　　　　　　　　　　　　　　　　3 493

【例 12 - 23】甲公司以 100 元的价格向客户销售 A 商品，购买 A 商品的客户可以得到一张五折的折扣券，客户可以在未来的 30 天内使用该折扣券购买甲公司原价不超过 100 元的任意商品，同时，甲公司计划推出季节性促销活动，在未来 30 天内，针对所有商品均提供 10% 的折扣上去，上述两项优惠活动不能叠加。根据历史经验，甲公司预计有 70% 的客户会使用该折扣券，额外购买的商品金额平均为 50 元。以上款项均不含增值税，增值税税率 13%。

①甲公司估计该折扣券的单独售价为：

50 × (50% - 10%) × 70% = 14（元）

②总售价在 A 商品与折扣券之间分摊：

A 商品应分摊 = 100 × (100 ÷ 114) = 87.72（元）

折扣券应分摊 = 100 × (14 ÷ 114) = 12.28（元）

借：银行存款　　　　　　　　　　　　　　　　　　　　113
　　贷：主营业务收入　　　　　　　　　　　　　　　　　　　87.72
　　　　合同负债　　　　　　　　　　　　　　　　　　　　　12.28
　　　　应交税费——应交增值税（销项税额）　　　　　　　　　　　　13

5. 授予知识产权许可

授予知识产权许可，是指企业授予客户对企业拥有的知识产权享有相应权利。常见的知识产权包括软件和技术、影视和音乐等的版权、特许经营权以及专利权、商标权和其他版权等。

（1）授予知识产权许可是否构成单项履约义务。企业向客户授予知识产权许可时，可能也会同时销售商品，应当评估该知识产权许可是否构成单项履约义务。对于不构成单项履约义务的，企业应当将该知识产权许可和其他商品一起作为一项履约义务进行会计处理。授予知识产权许可不构成单项履约义务的情形包括：一是该知识产权许可构成有形商品的组成部分并且对于该商品的正常使用不可或缺，例如，企业向客户销售设备和相关软件，该软件内嵌于设备之中，该设备必须安装了该软件之后才能正常使用；二是客户只有将该知识产权许可和相关服务一起使用才能够从中获益，例如，客户取得授权许可，但是只有通过企业提供的在线服务才能访问相关内容。

（2）授予知识产权许可属于在某一时段履行的履约义务。授予客户的知识产权许可构成单项履约义务的，企业应当根据该履约义务的性质，进一步确定其是在某一时段内履行还是在某一时点履行。企业向客户授予的知识产权许可，同时满足下列三项条件的，应当作为在某一时段内履行的履约义务确认相关收入，否则，应当作为在某一时点履行的履约义务确认相关收入：①合同要求或客户能够合理预期企业将从事对该项知识产权有重大影响的活动。②该活动对客户将产生有利或不利影响。③该活动不会导致向客户转让商品。

【例 12 – 24】甲公司是一家设计制作连环漫画的公司，乙公司是一家大型游轮的运营商。甲公司授权乙公司可在 4 年内使用其 3 部连环漫画中的角色形象和名称，乙公司可以以不同的方式（如展览或演出）使用这些漫画中的角色。甲公司的每部连环漫画都有相应的主要角色，并会定期创造新的角色，角色的形象也会随时演变。合同要求乙公司必须使用最新的角色形象。在授权期内，甲公司每年向乙公司收取不含增值税 1 000 万元，增值税税率为 6%。

本例中，甲公司除了授予知识产权许可外不存在其他履约义务。甲公司基于下列因素的考虑，认为该许可的相关收入应当在某一时段内确认：第一，乙公司合理预期（根据甲公司以往的习惯做法），甲公司将实施对该知识产权许可产生重大影响的活动，包括创作角色及出版包含这些角色的连环漫画等；第二，合同要求乙公司必须使用甲公司创作的最新角色，这些角色塑造得成功与否，会直接对乙公司产生有利或不利影响；第三，尽管乙公司可以通过该知识产权许可从这些活动中获益，但在这些活动发生时并没有导致向乙公司转让任何商品。

由于合同规定乙公司在一段固定期间内可无限制地使用其取得援权许可的角色，因此，甲公司按照时间进度确定履约进度。

①甲公司在年初收到款项。

借：银行存款　　　　　　　　　　　　　　　　　　　　　10 600 000
　　贷：合同负债　　　　　　　　　　　　　　　　　　　　10 000 000
　　　　应交税费——应交增值税（销项税额）　　　　　　　　600 000

②甲公司在一段时期内履约以确认收入，按时间进度（年）确定履约进度。

借：合同负债　　　　　　　　　　　　　　　　　　　　　10 000 000
　　贷：主营业务收入　　　　　　　　　　　　　　　　　　10 000 000

（3）授予知识产权许可属于在某一时点履行的履约义务。授予知识产权许可不属于在某一时段内履行的履约义务的，应当作为在某一时点履行的履约义务，在履行该履约义务时确认收入。在客户能够使用某项知识产权许可并开始从中获利之前，企业不能对此类知识产权许可确认收入。例如，企业授权客户在一定期间内使用软件，但是，在企业向客户提供该软件的密钥之前，客户都无法使用该软件，因此，企业在向客户提供该密钥之前虽然已经得到授权，但也不应确认收入。

此外，由于公司履约的时间与客户付款的时间（如两年内每月支付）之间间隔较长，公司需要判断该项合同中是否存在重大融资成分，并进行相应的会计处理。

【例 12 – 25】甲音乐唱片公司将其拥有的一首经典民歌的版权授予乙公司，并约定乙公司在 2 年内有权在国内电视、广播、网络广告等商业渠道，使用该经典民歌，因提供版权许可，甲公司每月收取 1 500 元的固定对价，除提供版权之外，甲公司无须提供任何其他商品，该合同不可撤销，如乙公司一次付款，只需要支付 30 000 元即可。以上款项均不含增值税，增值税税率为 6%，甲公司按某一时点履约确认收入，该合同具有重大的融资成分。

①甲在控制权转移时，确认收入。

借：长期应收款　　　　　　　　　　　　　　　　　　　　　38 160

　　贷：主营业务收入　　　　　　　　　　　　　　　　　　　30 000

　　　　未实现融资收益　　　　　　　　　　　　　　　　　　6 000

　　　　应交税费——待转销项税额　　　　　　　　　　　　　2 160

②每月收到不含增值税款项 1 500 元合同对价，收到增值税额 90 元，结转待转销项税额，确认融资收益。

借：银行存款　　　　　　　　　　　　　　　　　　　　　　1 590

　　贷：长期应收款　　　　　　　　　　　　　　　　　　　　1 590

借：应交税费——待转销项税额　　　　　　　　　　　　　　　60

　　贷：应交税费——应交增值税（销项税额）　　　　　　　　　60

借：未实现融资收益　　　　　　　　　　　　　　　　　　　×　×

　　贷：财务费用　　　　　　　　　　　　　　　　　　　　　×　×

（4）基于销售或使用情况的特许权使用费。企业向客户授予知识产权许可，并约定按客户实际销售或使用情况（如按照客户的销售额）收取特许权使用费的，应当在客户后续销售或使用行为实际发生与企业履行相关履约义务二者孰晚的时点确认收入。

6. 售后回购

售后回购，是指企业销售商品的同时承诺或有权选择日后再将该商品购回的销售方式。企业应当区分下列两种情形分别对售后回购交易进行会计处理。

（1）企业因存在与客户远期安排而负有回购义务或企业享有回购权利的。表明客户在销售时点并未取得相关商品控制权，企业应根据下列情况分别进行相应的会计处理：一是回购价格低于原售价的，应当视为租赁交易进行会计处理；二是回购价格不低于原售价的，应当视为融资交易，应当在收到客户款项时确认金融负债，而不是终止确认该资产，并将该款项和回购价格的差额在回购期间内确认为利息费用等。

企业应当作为租赁交易或融资交易进行相应的会计处理。

【例 12 – 26】甲公司向乙公司销售一台设备，销售价格为 320 万元，同时双方约定 2 年之后，甲公司将以 260 万元的价格回购该设备。假定不考虑货币时间价值等其他因素影响。

本例中，根据合同有关甲公司在 2 年后回购该设备的确定，乙公司并未取得该设备的控制权。不考虑货币时间价值等影响，该交易的实质是乙公司支付了 60 万元（320 – 260）的对价取得了该设备 2 年的使用权。因此，甲公司应当将该交易作为租赁交易进行会计处理。

【例 12 – 27】2×19 年 6 月 1 日，F 公司向乙公司销售一批商品，开出的增值税专用发票上注明的销售价款为 200 万元，增值税额为 26 万元。该批商品成本为 170 万元；商品发出，款项已经收到。协议约定 F 公司应于 9 月 30 日将所售商品购回，回购价不含增值税为220 万元，增值税税率为 13%。

F 公司的账务处理如下：

①6 月 1 日销售商品开出增值税专用发票时：

借：银行存款　　　　　　　　　　　　　　　　　　　　2 260 000

　　贷：其他应付款　　　　　　　　　　　　　　　　　　2 000 000

　　　　应交税费——应交增值税（销项税额）　　　　　　　260 000

同时结转库存商品：

借：发出商品 1 700 000

　　贷：库存商品 1 700 000

②回购价大于原售价的差额，应在回购期间按期计提利息费用，计入当期财务费用。由于回购期间为 4 个月，货币时间价值影响不大，采用直线法计提利息费用，每月计提利息费用为 50 000 元（200 000/4）。

借：财务费用 50 000

　　贷：其他应付款 50 000

③9 月 30 日回购商品时，收到的增值税专用发票上注明的商品价格为 220 万元，增值税额为 28.6 万元，款项已经支付。

借：其他应付款 2 200 000

　　应交税费——应交增值税（进项税额） 286 000

　　　　贷：银行存款 2 486 000

同时将发出商品转回：

借：库存商品 1 700 000

　　贷：发出商品 1 700 000

（2）企业应客户要求回购商品的购买。企业负有应客户要求回购商品义务的，应当在合同开始日评估客户是否具有行使该要求权的重大经济动因。客户具有行使该要求权的重大经济动因的，企业应当将回购价格与原售价进行比较，并按照第（1）种情形下的原则将该售后回购作为租赁交易或融资交易进行相应的会计处理。客户不具有行使该要求权的重大经济动因的，企业应当将该售后回购作为附有销售退回条款的销售交易进行相应的会计处理。

在判断客户是否具有行权的重大经济动因时，企业应当综合考虑各种相关因素，包括回购价格与预计回购时市场价格之间的比较，以及权利的到期日等。当回购价格明显高于该商品回购时的市场价值时，通常表明客户有行权的重大经济动因。

【例 12 - 28】甲公司向乙公司销售其生产的一台设备，销售价格为 2 000 万元，双方约定，乙公司在 5 年后有权要求甲公司以 1 500 万元的价格回购该设备。甲公司预计该设备在回购时的市场价值将远低于 1 500 万元。

本例中，假定不考虑时间价值的影响，甲公司的回购价格低于原售价，但远高于该设备在回购时的市场价值，甲公司判断乙公司有重大的经济动因行使其权利要求甲公司回购该设备。因此，甲公司应当将该交易作为租赁交易进行会计处理。

对于上述两种情形，企业在比较回购价格和原销售价格时，应当考虑货币的时间价值。在企业有权要求回购或者客户有权要求企业回购的情况下，企业或者客户到期未行使权利的，应在该权利到期时终止确认相关负债，同时确认收入。

7. 客户未行使的权利

企业因销售商品向客户收取的预收款，赋予了客户一项在未来从企业取得该商品的权利，并使企业承担了向客户转让该商品的义务，因此，企业应当将预收的款项确认为合同负债，待未来履行了相关履约义务，即向客户转让相关商品时，再将该负债转为收入。

某些情况下，企业收取的预收款无须退回，但是客户可能会放弃其全部或部分合同权利，例如，放弃储值卡的使用等。企业预期将有权获得与客户所放弃的合同权利相关的金额的，应当按照客户行使合同权利的模式按比例将上述金额确认为收入；否则，企业只有在客户要求其履行剩余履约义务的可能性极低时，才能将相关负债余额转为收入。

企业在确定其是否预期将有权获得与客户所放弃的合同权利相关的金额时，应当考虑将估计的可变对价计入交易价格的限制要求。

如果有相关法律规定，企业所收取的与客户未行使权利相关的款项须转交给其他方的（例如，法律规定无人认领的财产需上交政府），企业不应将其确认为收入。

【例 12 – 29】甲公司经营连锁面包店，为增值税一般纳税人，增值税税率为 13%，2×19 年 7 月甲公司向客户销售了 5 000 张储值卡，每张卡面值为 452 元，总额 2 260 000 元，客户可在甲公司经营的任何一家门店使用该储值卡消费。根据历史经验，甲公司预期客户购买的储值卡中有大约 5%（面值金额 113 000 元，即客户预计未行使权利为 113 000 元）不会被消费，截至 2×19 年 12 月 31 日客户使用该储值卡消费的金额为 904 000 元，在客户使用该储值卡消费时发生增值税纳税义务。

甲公司的账务处理为：

①2×19 年甲公司销售储值卡，不含税款项 = 2 260 000 ÷ （1 + 13%） = 2 000 000 （元）。

借：银行存款   2 260 000
　　贷：合同负债   2 000 000
　　　　应交税费——待转销项税额   226 000

②2×19 年 12 月 31 日销售 904 000 元，同时结转客户未行使的权利。

储值卡消费的不含税收入 = 904 000 ÷ （1 + 13%） = 800 000 （元）

储值卡消费的增值税税额 = 800 000 × 13% = 104 000 （元）

应结转未使用权利含税收入 = 113 000 × [904 000 ÷ （2 260 000 – 113 000）] = 47 578.94 （元）

应结转未使用权利不含税收入 = 113 000 × [904 000 ÷ （2 260 000 – 113 000）] ÷ （1 + 13%） = 42 105.26 （元）

应结转未使用权利增值税税额 = 5 473.68 （元）

③2×19 年 12 月 31 日不含增值税销售收入总额 = 800 000 + 42 105.26 = 842 105.26 （元）

2019 年 12 月 31 日增值税总额 = 104 000 + 5 473.68 = 109 473.68 （元）

借：合同负债   842 105.26
　　贷：主营业务收入   842 105.26
借：应交税费——待转销项税额   109 473.68
　　贷：应交税费——应交增值税（销项税额）   109 473.68

8. 无须退回的初始费

企业在合同开始（或邻近合同开始）日向客户收取的无须退回的初始费通常包括入会费、接驳费、初装费等。企业收取该初始费时，应当评估该初始费是否与向客户转让已承诺的商品相关。

（1）如果该初始费与合同中已承诺的某项商品相关，企业应判断其是否构成单项履约义务：①如其构成单项履约义务，在转让该相关商品时按照分摊至该商品的交易价格确认收入；②如不构成单项履约义务，企业应在包含该商品的单项履约义务履行时，按照分摊至该单项履约义务的交易价格确认收入。

　　如果企业授予客户续约选择权并且这一选择权向客户提供了重大权利，则收入确认期间应延长至超出最初的合同期。

　　（2）如果该笔无须退回的初始费与合同中承诺的商品不相关，该初始费应当作为未来将转让商品的预收款，在未来转让该商品时确认为收入。

　　即便无须退回的初始费与企业在履行合同开始时开展的初始活动相关，其实质是作为对合同准备过程中发生的成本的补偿，但这些初始活动并不会导致向客户转让已承诺的商品或服务，向客户收取的无须退回的初始费实质为合同期内商品或服务的预收款，应在合同期内分期确认为收入。

9. 合同结算业务

　　"合同结算"科目核算同一合同下属于在某一时段内履行履约义务，涉及客户结算对价的合同资产和合同负债，该科目一般使用于施工内劳务性企业的业务核算。

　　【例 12 – 30】甲建筑公司与客户签订了一项总金额为 100 万元的建造合同，第一年实际发生工程成本 42 万元，该企业增值税税率为 9%。

　　（1）本年度发生履约成本 42 万元：

　　　借：合同履约成本　　　　　　　　　　　　　　　　　420 000
　　　　　贷：相关科目　　　　　　　　　　　　　　　　　　　　420 000

　　（2）年底，年底只结算 17.44 万元，其余款项可能收不回来。

　　将含税收入转为不含税收入 $= 174\,400 \div (1 + 9\%) = 160\,000$（元）

　　增值税额 $= 160\,000 \times 9\% = 14\,400$（元）

　　　借：合同结算——收入结转　　　　　　　　　　　　　160 000
　　　　　贷：主营业务收入　　　　　　　　　　　　　　　　　160 000
　　　借：主营业务成本　　　　　　　　　　　　　　　　　420 000
　　　　　贷：合同履约成本　　　　　　　　　　　　　　　　　420 000
　　　借：应收账款　　　　　　　　　　　　　　　　　　　174 400
　　　　　贷：合同结算——价款结算　　　　　　　　　　　　　160 000
　　　　　　　应交税费——应交增值税（销项税额）　　　　　　 14 400
　　　借：银行存款　　　　　　　　　　　　　　　　　　　174 400
　　　　　贷：应收账款　　　　　　　　　　　　　　　　　　　174 400

　　（3）第 2 年收回款项的不确定因素消除，实际发生成本 30 万元，预计未完成合同尚需发生成本 28 万元。

　　履约进度 $= (420\,000 + 300\,000) \div (420\,000 + 300\,000 + 280\,000) \times 100\%$
　　　　　　$= 72\%$

　　合同收入 $= 10\,000\,000 \times 72\% - 160\,000 = 560\,000$（元）

　　合同费用 $= (420\,000 + 300\,000 + 280\,000) \times 72\% - 420\,000 = 300\,000$（元）

　　　借：合同履约成本　　　　　　　　　　　　　　　　　300 000
　　　　　贷：相关科目　　　　　　　　　　　　　　　　　　　　300 000
　　　借：合同结算——收入结转　　　　　　　　　　　　　560 000
　　　　　贷：主营业务收入　　　　　　　　　　　　　　　　　560 000
　　　借：主营业务成本　　　　　　　　　　　　　　　　　300 000

贷：合同履约成本	300 000
借：应收账款	610 400
贷：合同结算——价款结算	560 000
应交税费——应交增值税（销项税额）	50 400
借：银行存款	610 400
贷：应收账款	610 400

【例 12 – 31】2×18 年 1 月 1 日，甲建筑公司与乙公司签订一项建造工程合同，双方合同约定，该工程的造价为 6 300 万元，工程期限为 1 年半，甲公司负责工程的施工及全面管理，乙公司按照第三方工程监理公司确认的工程完工量，每半年与甲公司结算一次；预计 2×19 年 6 月 30 日竣工，预计可能发生的总成本为 4 000 万元。假定该建造工程整体构成单项履约义务，并属于在某一时段履行的履约义务，甲公司采用成本法确定履约进度，增值税税率为 9%，不考虑其他相关因素。数据如表 12 – 2 所示，上述价款均不含增值税额。假定甲公司与乙公司结算时即发生增值税纳税义务，乙公司在实际支付工程价款的同时支付其对应的增值税款。

表 12 – 2   **甲公司相关数据**   单位：万元

项目	2×18 年 6 月 30 日	2×18 年 12 月 31 日	2×19 年 6 月 30 日
累计发生成本	1 500	3 000	4 100
预计尚需发生成本	2 500	1 000	0
合同约定结款	2 600	1 200	2 500
实际收款	2 200	1 100	3 000

甲公司的会计处理如下：

（1）2×18 年 1 月 1 日至 6 月 30 日实际发生工程成本时：

借：合同履约成本	1 500
贷：原材料、应付职工薪酬等	1 500

（2）2×18 年 6 月 30 日：

履约进度 = 1 500/4 000 = 37.5%

合同收入 = 6 300 × 37.5% – 0 = 2 362.5（万元）

合同成本 = 4 000 × 37.5% – 0 = 1 500（万元）

会计分录如下：

借：合同结算——收入结转	2 362.5
贷：主营业务收入	2 362.5
借：主营业务成本	1 500
贷：合同履约成本	1 500
借：应收账款	2 834
贷：合同结算——价款结算	2 600
应交税费——应交增值税（销项税额）	234

借：银行存款   2 398

  贷：应收账款   2 398

期末"合同结算"科目的余额为贷方 237.5 万元（2 600 – 2 362.5），表明甲公司已经与客户结算但尚未履行履约义务的金额为 237.5 万元，由于甲公司预计该部分履约义务将在 2×18 年内完成，因此，应在资产负债表中作为合同负债列示。

（3）2×18 年 7 月 1 日至 12 月 31 日实际发生工程成本时：

借：合同履约成本   1 500

  贷：原材料、应付职工薪酬等   1 500

（4）2×18 年 12 月 31 日：

履约进度 = 3 000/4 000 = 75%

合同收入 = 6 300 × 75% – 2 362.5 = 2 362.5（万元）

合同成本 = 4 000 × 75% – 1 500 = 1 500（万元）

会计分录如下：

借：合同结算——收入结转   2 362.5

  贷：主营业务收入   2 362.5

借：主营业务成本   1 500

  贷：合同履约成本   1 500

借：应收账款   1 308

  贷：合同结算——价款结算   1 200

    应交税费——应交增值税（销项税额）   108

借：银行存款   1 199

  贷：应收账款   1 199

期末，"合同结算"科目的余额为借方 925 万元（2 362.5 – 1 200 – 237.5），表明甲公司已经履行履约义务但尚未与客户结算的金额为 925 万元，由于该部分金额将在 2×19 年内结算，因此，应在资产负债表中作为合同资产列示。

（5）2×19 年 1 月 1 日至 6 月 30 日实际发生工程成本时：

借：合同履约成本   1 100

  贷：原材料、应付职工薪酬等   1 100

（6）2×19 年 6 月 30 日：

由于当日该工程已竣工决算，其履约进度为 100%。

合同收入 = 6 300 – 2 362.5 – 2 362.5 = 1 575（万元）

合同成本 = 4 100 – 1 500 – 1 500 = 1 100（万元）

会计分录如下：

借：合同结算——收入结转   1 575

  贷：主营业务收入   1 575

借：主营业务成本   1 100

  贷：合同履约成本   1 100

借：应收账款   2 725

  贷：合同结算——价款结算   2 500

　　　　　　应交税费——应交增值税（销项税额）　　　　　　　　　　225
　　借：银行存款　　　　　　　　　　　　　　　　　　　　3 270
　　　　贷：应收账款　　　　　　　　　　　　　　　　　　　　　　3270
　　期末，"合同结算"科目的余额为 0 万元（925 + 1 575 – 2 500）。

12.2　费用核算

12.2.1　费用的含义、特点及确认条件

1. 费用的含义及特点

　　费用是指企业在日常活动中发生的、会导致所有者权益减少的、与向所有者分配利润无关的经济利益的总流出。根据费用的定义，费用具有以下几方面的特点：

　　（1）费用是企业在日常活动中形成的。费用必须是企业在其日常活动中所形成的，这些日常活动的界定与收入定义中涉及的日常活动的界定相一致。因日常活动所产生的费用通常包括销售成本（营业成本）、职工薪酬、折旧费、无形资产摊销费等。

　　（2）费用是与向所有者分配利润无关的经济利益的总流出。费用的发生应当会导致经济利益的流出，从而导致资产的减少或者负债的增加（最终也会导致资产的减少）。其表现形式包括现金或者现金等价物的流出，存货、固定资产和无形资产等的流出或者消耗等。

　　（3）费用会导致所有者权益的减少。与费用相关的经济利益的流出应当会导致所有者权益的减少，不会导致所有者权益减少的经济利益的流出不符合费用的定义，不应确认为费用。

2. 费用的确认条件

　　费用的确认除了应当符合定义外，也应当满足严格的条件，即费用只有在经济利益很可能流出从而导致企业资产减少或者负债增加，且经济利益的流出额能够可靠计量时才能予以确认。因此，费用的确认至少应当符合以下条件：一是与费用相关的经济利益应当很可能流出企业；二是经济利益流出企业的结果会导致资产的减少或者负债的增加；三是经济利益的流出额能够可靠计量。

12.2.2　营业成本、税金及附加的核算

　　营业成本是和营业收入相关的，是已经确定了归属期和归属对象的各种费用。在不同的企业，由于其经营业务的不同，营业成本的表现形式也不相同。在制造业，营业成本表现为已销产品的成本。在商品流通企业，营业成本表现为商品销售成本。商品销售成本是进价成本。

　　主营业务成本与其他业务成本构成了企业的营业成本。营业成本与营业收入存在着直接的配比关系，营业成本的发生是取得营业收入的前提，营业成本与营业收入在发生总额上是相关的，都是根据经营对象数量上的变动确定的。因此必须明确，营业成本的确定应在确认

营业收入的同期进行。

1. 主营业务成本

主营业务成本是指企业的主要生产经营业务过程发生的支出。它与完工产品制造成本的区别在于，主营业务成本在制造业指已售产品的制造成本，完工产品的制造成本指一定时期内完工入库的产成品在其生产过程中发生的生产费用的总和。

为了核算企业的主营业务成本，应设置"主营业务成本"账户，核算企业经营主营业务而发生的实际成本。月份终了，应根据本月销售的各种产品、提供的各种劳务的实际成本，计算应结转的主营业务成本，从"库存商品"账户转入"主营业务成本"账户，与当期的主营业务收入相配比。当期的销货退回，可以直接从当月的销售数量中冲减，也可以单独计算本月销售退回的产品成本。借记"库存商品"科目，贷记"主营业务成本"科目。

2. 其他业务成本

其他业务成本核算企业除产品销售以外的其他销售或其他业务所发生的支出，包括销售成本、提供劳务而发生的相关成本、费用，以及营业税金及附加等。企业发生的其他业务成本，借记本科目，贷记"原材料""周转材料""累计折旧""累计摊销""生产成本""应付职工薪酬""应付职工薪酬""银行存款""应交税费"等有关科目。期末应将本科目余额转入"本年利润"科目，结转后本科目应无余额。其他业务成本应按照其他业务的种类，如材料销售、技术转让、固定资产出租、包装物出租、运输业务等设置明细账。

发生除主营业务以外的其他销售或其他业务成本，应作会计分录：

借：其他业务成本
　　贷：原材料
　　　　周转材料
　　　　生产成本
　　　　应付职工薪酬
　　　　银行存款
　　　　应交税费

3. 税金及附加

税金及附加是指企业销售商品、提供劳务等主营业务所负担的消费税、城市维护建设税、资源税、教育费附加、房产税、城镇土地使用税、车船税、印花税等相关税费。所谓附加，则指企业所负担的教育费附加。

为核算税金及附加，应设置"税金及附加"科目，其借方核算企业发生的税金及附加的金额，贷方核算期末结转"本年利润"的结转额，期末结转后本科目应无余额。

企业计算应交税金及附加时，应作如下会计分录：

借：税金及附加
　　贷：应交税费——应交消费税
　　　　　　　　　——应交城市维护建设税
　　　　　　　　　——应交资源税
　　　　　　　　　——应交教育费附加

　　　　——应交房产税
　　　　——应交车船税
　　　　——应交土地使用税
　　　　——应交印花税

12.2.3 期间费用的核算

1. 管理费用

（1）管理费用的概念及其内容。管理费用是指企业为组织和管理生产经营活动所发生的各种费用。包括企业的董事会和行政管理部门在企业的经营管理中发生的，或者应当由企业统一负担的各项费用，具体包括以下几项：

①公司经费：指直接在企业行政管理部门发生的行政管理部门职工工资、修理费、物料消耗、低值易耗品摊销、办公费和差旅费等。

②工会经费：拨交给工会使用的经费。

③职工教育经费：用于职工培训、学习的费用。

④劳动保险费：指企业支付离退休职工的退休金（包括按规定缴纳地方统筹退休金）、价格补贴、医药费（包括支付离退休人员参加医疗保险费用）、异地安家费、职工退职金、6 个月以上病假人员工资、职工死亡丧葬补助费、抚恤费、按规定支付给离休人员的其他费用。

⑤待业保险费：指企业按规定缴纳的待业保险基金。

⑥董事会费：指企业董事会或最高权力机构及其成员为执行职权而发生的各项费用，包括成员津贴、差旅费、会议费等。

⑦咨询费：指企业向有关咨询机构进行生产经营管理咨询所支付的费用或支付给企业经济顾问、法律顾问、技术顾问的费用。

⑧聘请中介机构费：指企业聘请会计师事务所进行查账、验资、资产评估、清账等发生的费用。

⑨诉讼费：指企业向法院起诉而支付的费用。

⑩矿产资源补偿费：指企业在中华人民共和国领域和其他管辖海域开采矿产资源，按照主营业务收入的一定比例缴纳的矿源补偿费。

⑪排污费：指企业根据环保部门的规定缴纳的排污费用。

⑫绿化费：指企业区域内零星绿化费用。

⑬技术转让费：指导企业使用非专利技术而支付的费用。

⑭研究与开发费：指企业开发新产品和新技术所发生的新产品设计费、工艺规程制定费、设备调试费、原材料和半成品的试验费、技术图书资料费、未纳入国家计划的中间试验费、研究人员工资、研究设备折旧、与新产品和新技术研究有关的其他经费、委托其他单位进行科研试制费用以及试制失败损失等。

⑮无形资产摊销：指企业分期摊销的无形资产价值，包括专利权、商标权、著作权、土地使用权和非专利技术等的摊销。

⑯长期待摊费用摊销：指企业对分摊期限有一年以上的各项费用在费用项目的受益期限内分期平均摊销。

⑰购销业务的应酬费。

（2）管理费用的账务处理。为了核算企业为组织和管理企业生产经营所发生的管理费用，企业应设置"管理费用"科目。应按核算内容设置明细项目，该科目的借方反映企业发生的各项管理费用，贷方反映企业转入"本年利润"科目的管理费用；"管理费用"科目结转"本年利润"科目后，期末应无余额。

【例12-32】A公司经计算应由本期负担行政管理部门人员工资100 000元，福利费14 000元。

借：管理费用——工资　　　　　　　　　　　　　　　　　　100 000
　　　　　　——福利费　　　　　　　　　　　　　　　　　　14 000
　　贷：应付职工薪酬——短期薪酬（工资）　　　　　　　　　　100 000
　　　　　　　　　　——短期薪酬（福利费）　　　　　　　　　14 000

【例12-33】D公司结转本月发生的管理费用100 000元。

借：本年利润　　　　　　　　　　　　　　　　　　　　　　100 000
　　贷：管理费用　　　　　　　　　　　　　　　　　　　　　100 000

2. 销售费用

（1）销售费用的概念及其内容。销售费用是指企业在销售商品过程中发生的各项费用以及为销售本企业商品时专设的销售机构（含销售网点、售后服务网点等）的经营费用。

销售费用一般包括以下内容：

①产品自销费用。包括由本企业负担的包装费、运输费、装卸费、保险费。

②产品促销费用。为了扩大本企业商品的销售而发生的促销费用：展览费、广告费、经营租赁费（为扩大销售而租用的柜台、设备等的费用，不包括融资租赁费）、销售服务费用（提供售后服务等的费用）。

③销售部门的费用。一般指为销售本企业商品而专设的销售机构（含销售网点、售后服务网点等）的职工工资及福利费、类似工资性质的费用、业务费等经营费用。但企业内部销售部门属于行政管理部门，所发生的经费开支不包括在销售费用中，而是列入管理费用。

④委托代销费用。主要指企业委托其他单位代销按代销合同规定支付的委托代销手续费。

（2）销售费用的账务处理。为了核算企业在销售商品过程中发生的各项费用，企业应当设置"销售费用"科目。该科目借方反映企业发生的各项费用，贷方反映企业转入"本年利润"科目的销售费用；"销售费用"科目结转到"本年利润"科目后，期末应无余额。该科目应按销售费用的费用项目进行明细核算。

【例12-34】本月B公司为销售产品以银行存款支付展览费3 500元，广告费6 500元，增值税税率6%。

借：销售费用——展览费　　　　　　　　　　　　　　　　　3 500
　　　　　　——广告费　　　　　　　　　　　　　　　　　6 500
　　应交税费——应交增值税（进项税额）　　　　　　　　　　600

　　　　贷：银行存款　　　　　　　　　　　　　　　　　　　　　　　　10 600

【例 12 - 35】本月公司设立销售机构发生下列费用：销售机构人员工资 6 840 元，固定资产折旧费 5 000 元，以银行存款支付办公费 360 元。

　　借：销售费用——专设销售机构经费　　　　　　　　　　　　　　12 200

　　　　贷：应付职工薪酬——短期薪酬（工资）　　　　　　　　　　　　6 840

　　　　　　累计折旧　　　　　　　　　　　　　　　　　　　　　　　5 000

　　　　　　银行存款　　　　　　　　　　　　　　　　　　　　　　　　360

【例 12 - 36】公司按规定将本月发生的销售费用 500 000 元予以结转。

　　借：本年利润　　　　　　　　　　　　　　　　　　　　　　　500 000

　　　　贷：销售费用　　　　　　　　　　　　　　　　　　　　　　500 000

3. 财务费用

（1）财务费用的概念及其内容。财务费用是指企业为筹集生产经营所需资金而发生的费用，包括利息支出、汇兑损失以及相关的手续费等。具体内容包括：

①利息支出指企业短期借款利息、长期借款利息、应付票据利息、票据贴现利息、应付债券利息、长期应付引进国外设备款利息等利息支出（除资本化的利息外）减去银行存款等利息收入后的净额。

②汇兑损失指企业因向银行结算或购入外汇而产生的银行买入、卖出价与记账所采用的汇率之间的差额. 以及月度（季度、年度）终了，各种外币账户的外币期末余额，按照期末规定汇率折合的记账人民币金额与原账面人民币金额之间的差额等。

③相关的手续费用指发行债券所需支付的手续费（需资本化的手续费除外）开出汇票的银行手续费、调剂外汇手续费等，但不包括发行股票所支付的手续费。

④其他财务费用，如融资租入固定资产发生的融资租赁费用等。

（2）财务费用的账务处理。为了核算企业发生的各项为筹集生产经营资金等发生的费用，企业应设置"财务费用"科目。该科目的借方反映本期实际发生的财务费用，贷方反映期末转入"本年利润"科目的财务费用；"财务费用"科目结转"本年利润"后，期末应无余额。

在核算财务费用时，应注意企业为购建固定资产而筹集资金所发生的费用，在固定资产达到预定可使用状态前发生，若同时满足予以资本化三个条件时，记入"在建工程"科目，若不同时满足三个条件，则记入"财务费用"科目。

【例 12 - 37】B 公司本月发生银行存款利息收入 1 500 元。

　　借：银行存款　　　　　　　　　　　　　　　　　　　　　　　1 500

　　　　贷：财务费用　　　　　　　　　　　　　　　　　　　　　　1 500

【例 12 - 38】C 公司银行存款美元户期末账面人民币余额 350 000 元，根据期末汇率调整后的余额为 340 000 元，发生汇兑损失 10 000 元。

　　借：财务费用　　　　　　　　　　　　　　　　　　　　　　　10 000

　　　　贷：银行存款——美元户　　　　　　　　　　　　　　　　　10 000

【例 12 - 39】A 公司按规定月末结转本月发生财务费用 200 000 元。

　　借：本年利润　　　　　　　　　　　　　　　　　　　　　　　200 000

　　　　贷：财务费用　　　　　　　　　　　　　　　　　　　　　　200 000

12.3 政府补助核算

12.3.1 政府补助的概述

1. 政府补助的定义及特征

（1）政府补助的定义。政府补助是指企业从政府无偿取得货币性资产或非货币性资产。政府补助的主要形式包括政府对企业的无偿拨款、税收返还、财政贴息，以及无偿划拨非货币性资产等。其中，税收返还是指政府以先征后返（退）、即征即退等方式向企业返还的税款，属于以税收优惠的形式给予的一种政府补助。

通常情况下，直接减征、免征、增加计税抵扣额、抵免部分税额等税收优惠，体现了政策导向，不涉及资产直接转移的经济资源，政府并未直接向企业无偿提供资产，不适用政府补助准则。增值税出口退税是国际上通行的做法，避免了国际间的双重征税，本质上是退还企业垫付的税款，不属于政府补助。

（2）政府补助的特征。一是来源于政府的经济资源；二是无偿性。政府如以企业所有者身份向企业投入资本，享有相应的所有者权益，政府与企业之间是投资者与被投资者的关系，属于互惠交易，不适用政府补助准则。

企业从政府取得的经济资源，如果与企业销售商品或提供服务等活动密切相关，且来源于政府的经济资源是企业商品或服务的对价或对价的组成部分，应当按照《企业会计准则第14号——收入》的规定进行会计处理，不适用政府补助准则。

政府补助同时满足下列条件，才能予以确认：一是企业能够满足政府补助所附条件；二是企业能够收到政府补助。

2. 政府补助的分类

政府补助的主要形式包括财政拨款、财政贴息（财政将贴息资金直接支付给受益企业、财政将贴息资金直接拨付给贷款银行）、税收返还、无偿划拨非货币性资产（如无偿划拨土地使用权）。

政府补助的分类包括：一是与资产相关的政府补助，是指企业取得的、用于购建或以其他方式形成长期资产的政府补助；二是与收益相关的政府补助，是指除与资产相关的政府补助之外的政府补助，此类补助主要用于补偿企业已发生或即将发生的相关成本费用或损失。

12.3.2 政府补助的会计处理

1. 会计处理原则

政府补助有两种会计处理方法：总额法和净额法。总额法是在确认政府补助时将其全额确认为收益；净额法是将政府补助确认为对相关资产账面价值或者所补偿费用的扣减。根据《企业会计准则——基本准则》的要求，同一企业不同时期发生的相同或者相似的交易或者事项，应当采用一致的会计政策，不得随意变更。确需变更的，应当在附注中说明。

与企业日常活动相关的政府补助，应当按照经济业务实质，计入其他收益或冲减相关成本费用。与企业日常活动无关的政府补助，计入营业外收支。

通常情况下，若政府补助补偿的成本费用是营业利润之中的项目，或该补助与日常销售等经营行为密切相关，如增值税即征即退等，则认为该政府补助与日常活动相关。

企业选择总额法对与日常活动相关的政府补助进行会计处理的，应增设"其他收益"科目进行核算。该科目核算总额法下与日常活动相关的政府补助以及其他与日常活动相关且应直接记入本科目的项目。期末，应将本科目余额转入"本年利润"科目，结转后本科目无余额。

2. 会计处理类型

与企业日常活动相关的政府补助，应当按照经济业务实质，计入其他收益或冲减相关成本费用，与企业日常活动无关的政府补助应当计入营业外收支。

（1）与资产相关的政府补助的会计处理。实务中，企业通常先收到补助资金，再按照政府要求将补助资金用于购建固定资产或无形资产等长期资产。企业在取得与资产相关的政府补助时，应当选择总额法或净额法进行会计处理。

总额法，即按照补助资金的金额借记"银行存款"等科目，贷记"递延收益"科目；然后在相关资产使用寿命内按合理、系统的方法分期计入损益。如果企业先收到补助资金，再购建长期资产，则应当在开始对相关资产计提折旧或摊销时将递延收益分期计入损益；如果企业先开始购建长期资产，再取得补助，则应当在相关资产的剩余使用寿命内按照合理、系统的方法将递延收益分期计入损益。采用总额法后，为避免出现前后方法不一致的情况，结转递延收益时不得冲减相关成本费用，而是将递延收益分期转入其他收益或营业外收入，借记"递延收益"科目，贷记"其他收益"或"营业外收入"科目。相关资产在使用寿命结束时或结束前被处置（出售、报废等），尚未分摊的递延收益余额应当一次性转入资产处置当期的损益，不再予以递延。

净额法，按照补助资金的金额冲减相关资产的账面价值，企业按照扣减了政府补助后的资产价值对相关资产计提折旧或进行摊销。

企业取得的政府补助为非货币性资产的，应当按照公允价值计量；公允价值不能可靠取得的，按照名义金额（1 元）计量。企业在收到非货币性资产的政府补助时，应当借记有关资产科目，贷记"递延收益"科目，然后在相关资产使用寿命内按合理、系统的方法分期计入损益，借记"递延收益"科目，贷记"其他收益"或"营业外收入"科目。但是，对以名义金额计量的政府补助，在取得时计入当期损益。

【例 12 – 40】 按照国家有关政策，企业购置环保设备可以申请补贴以补偿其环保支出。F 企业于 2×18 年 1 月向政府有关部门提交了 210 万元的补助申请，作为对其购置环保设备的补贴。2×18 年 3 月 15 日，F 企业收到了政府补贴款 210 万元。2×18 年 4 月 20 日 F 企业购入不需安装环保设备，不含增值税实际成本为 480 万元，税率 13%，使用寿命 10 年，采用直线法计提折旧（不考虑净残值）。2×26 年 4 月，F 企业出售了这台设备，取得价款 120 万元。假定该企业采用直线法分摊递延收益。

①假设 F 企业选择总额法进行会计处理：

2×18 年 3 月 15 日实际收到财政拨款，确认递延收益：

借：银行存款　　　　　　　　　　　　　　　　　　　　　　　　2 100 000

　　贷：递延收益　　　　　　　　　　　　　　　　　　　　　　　　2 100 000

2×18 年 4 月 20 日购入设备：

借：固定资产　　　　　　　　　　　　　　　　　　　　　　　　 4 800 000
　　应交税费——应交增值税（进项税额）　　　　　　　　　　　 624 000
　　　贷：银行存款　　　　　　　　　　　　　　　　　　　　　　 5 424 000

自 2×18 年 5 月起计提折旧，同时分摊递延收益：

计提折旧：

借：管理费用（4 800 000/10/12）　　　　　　　　　　　　　　　 40 000
　　　贷：累计折旧　　　　　　　　　　　　　　　　　　　　　　 40 000

分摊递延收益：

借：递延收益（2 100 000/10/12）　　　　　　　　　　　　　　　 17 500
　　　贷：其他收益　　　　　　　　　　　　　　　　　　　　　　 17 500

2×26 年 4 月设备出售，同时转销递延收益余额：

借：固定资产清理　　　　　　　　　　　　　　　　　　　　　　　 960 000
　　累计折旧（4 800 000/10×8）　　　　　　　　　　　　　　　 3 840 000
　　　贷：固定资产　　　　　　　　　　　　　　　　　　　　　　 4 800 000

借：银行存款　　　　　　　　　　　　　　　　　　　　　　　　　 1 356 000
　　　贷：固定资产清理　　　　　　　　　　　　　　　　　　　　 1 200 000
　　　　　应交税费——应交增值税（销项税额）　　　　　　　　　 156 000

借：固定资产清理　　　　　　　　　　　　　　　　　　　　　　　 240 000
　　　贷：资产处置收益　　　　　　　　　　　　　　　　　　　　 240 000

借：递延收益（2 100 000 − 2 100 000/10×8）　　　　　　　　　　 420 000
　　　贷：其他收益　　　　　　　　　　　　　　　　　　　　　　 420 000

②假设 F 企业选择净额法进行会计处理：

2×18 年 3 月 15 日实际收到财政拨款：

借：银行存款　　　　　　　　　　　　　　　　　　　　　　　　　 2 100 000
　　　贷：递延收益　　　　　　　　　　　　　　　　　　　　　　 2 100 000

2×18 年 4 月 20 日购入设备：

借：固定资产　　　　　　　　　　　　　　　　　　　　　　　　　 4 800 000
　　应交税费——应交增值税（进项税额）　　　　　　　　　　　　 624 000
　　　贷：银行存款　　　　　　　　　　　　　　　　　　　　　　 5 424 000

借：递延收益　　　　　　　　　　　　　　　　　　　　　　　　　 2 100 000
　　　贷：固定资产　　　　　　　　　　　　　　　　　　　　　　 2 100 000

自 2×18 年 5 月起每个资产负债表日（月末）计提折旧：

借：管理费用［（4 800 000 − 2 100 000）/10/12］　　　　　　　　 22 500
　　　贷：累计折旧　　　　　　　　　　　　　　　　　　　　　　 22 500

2×26 年 4 月设备出售：

借：固定资产清理　　　　　　　　　　　　　　　　　　　　　　　 540 000
　　累计折旧（2 700 000/10×8）　　　　　　　　　　　　　　　 2 160 000
　　　贷：固定资产　　　　　　　　　　　　　　　　　　　　　　 2 700 000

借：银行存款	1 356 000	
贷：固定资产清理		1 200 000
应交税费——应交增值税（销项税额）		156 000
借：固定资产清理	660 000	
贷：资产处置收益		660 000

由于净额法直接冲销了固定资产等项目的价值，净额法会导致未来该资产的折旧或摊销额减少，但由于需要在利润表中填列政府补助所带来的其他收益，企业需要按原来资产金额应计提的折旧和摊销金额对应的成本或费用进行调整，因此不建议采用这种方法。

（2）与收益相关的政府补助的会计处理。

①用于补偿以后期间的相关成本费用或损失的会计处理。在收到时应当先判断企业能否满足政府补助所附条件。如收到时暂时无法确定，则应当先作为预收款项计入其他应付款，待客观情况表明企业能够满足政府补助所附条件后，再确认递延收益；如收到补助时，客观情况表明企业能够满足政府补助所附条件，则应当确认递延收益，并在确认相关费用或损失的期间，计入当期损益或冲减相关成本，其账务处理：

收到补偿资金时：

借：银行存款

　　贷：其他应付款(未满足政府补助的附加条件时，先入其他应付款，待满足后转入
　　　　　　递延收益)

　　　　递延收益（满足政府补助的附加条件时）

实际按规定用途使用补助资金时：

借：递延收益

　　贷：其他收益/××费用（日常活动）

　　　　营业外收入/营业外支出（非日常活动）

【例 12 –41】甲企业于 2×19 年 2 月 18 日与其所在地方政府签订合作协议，根据约定，当地政府将向甲企业提供 1 000 万元奖励资金，用于企业的人才激励和人才引进奖励，甲企业必须按年向当地政府报送详细的资金使用计划并按规定用途使用资金。甲企业于 2×19 年 3 月 18 日收到 800 万元补助资金，分别在 2×19 年 12 月、2×20 年 12 月、2×21 年 12 月使用了 300 万元、260 万元和 240 万元，用于发放高管年度奖金。本例中不考虑相关税费等其他因素。

假定甲企业选择总额法对此类补助进行会计处理，其账务处理如下：

2×19 年 4 月 10 日甲企业实际收到补助资金：

借：银行存款	8 000 000	
贷：递延收益		8 000 000

2×19 年 12 月、2×20 年 12 月、2×21 年 12 月甲企业将补助资金发放高管奖金，相应结转递延收益。

2×19 年 12 月：

借：递延收益	3 000 000	
贷：其他收益		3 000 000

2×20 年 12 月：

借：递延收益	2 600 000	

　　　　贷：其他收益　　　　　　　　　　　　　　　　　　　　2 600 000

2×21年12月：

　　借：递延收益　　　　　　　　　　　　　　　　　　　　2 400 000

　　　　贷：其他收益　　　　　　　　　　　　　　　　　　　　2 400 000

　　如果本例中甲企业选择按净额法对此类政府补助进行会计处理，则应当在确认相关管理费用的期间，借记"递延收益"科目，贷记"管理费用"科目。

　　②用于补偿企业已发生的相关成本费用或损失的会计处理。在收到时应直接计入当期损益或冲减相关成本，这类补助通常与企业已经发生的行为有关，是对企业已发生的成本费用或损失的补偿，或是对企业过去行为的奖励。其账务处理：

　　借：银行存款或其他应收款

　　　　贷：其他收益/××费用（日常活动）

　　　　　　营业外收入/营业外支出（非日常活动）

　　【例12-42】乙企业销售其自主开发生产的动漫软件。按照国家有关规定，该产品适用增值税即征即退政策。乙企业2×18年8月在进行纳税申报时，对归属于7月的增值税即征即退提交返税申请，经主管税务机关审核后的退税额为10万元。

　　本例中，软件企业即征即退增值税属于与企业的日常活动相关的政府补助。对一般纳税人增值税即征即退只能采用总额法进行会计处理，其账务处理如下：

　　借：其他应收款　　　　　　　　　　　　　　　　　　　　100 000

　　　　贷：其他收益　　　　　　　　　　　　　　　　　　　　100 000

　　【例12-43】丙企业2×19年11月遭受重大自然灾害，并于2×19年12月20日收到了政府补助资金200万元用于弥补其遭受的损失。

　　2×19年12月20日，丙企业实际收到补助资金并选择总额法进行会计处理，其账务处理如下：

　　借：银行存款　　　　　　　　　　　　　　　　　　　　2 000 000

　　　　贷：营业外收入　　　　　　　　　　　　　　　　　　　　2 000 000

　　（3）特殊业务的会计处理。

　　①综合性项目政府补助的会计处理。综合性项目政府补助同时包含与资产相关的政府补助和与收益相关的政府补助，企业需要将其进行分解并分别进行会计处理：与资产相关部分冲减资产账面价值或计入递延收益，与收益相关部分冲减成本或计入当期损益；难以区分的，统一按与收益相关的政府补助进行会计处理。

　　②财政贴息的会计处理。

　　Ⅰ财政将贴息资金拨给贷款银行处理方法有两种。一是以实际收到的金额作为借款的入账价值，按照借款本金和该政策性优惠利率计算借款费用；二是以借款的公允价值作为借款的入账价值并按照实际利率法计算借款费用，实际收到的金额与借款公允价值之间的差额确认为递延收益，递延收益在借款存续期间采用实际利率法摊销，冲减相关借款费用。

　　Ⅱ财政将贴息资金直接拨付给受益企业处理方法是贴息冲减借款费用。收到本金时，借记"银行存款"科目；贷记"长期借款——本金"科目。月末计息时，借记"在建工程"科目；贷记"应付利息"科目。同时，借记"其他应收款"；贷记"在建工程"科目。

　　③政府补助退回的会计处理。已确认的政府补助需要退回，应当分别下列情况进行会计

处理：初始确认时冲减相关资产成本的，应当调整资产账面价值；存在尚未摊销的递延收益的，冲减相关递延收益账面余额，超出部分计入当期损益；属于其他情况的，直接计入当期损益。此外，对于属于前期差错的政府补助退回，应当按照前期差错更正进行追溯调整。

12.4　利润与利润分配核算

12.4.1　利润的含义及构成

1. 利润的概念

利润是指企业在一定会计期间的经营成果。利润包括收入减去费用后的净额、直接计入当期利润的利得和损失等。直接计入当期的利得和损失，是指应当计入当期损益、会导致所有者权益发生增减变动的、与所有者投入资本或者向所有者分配利润无关的利得或者损失。

2. 利润的构成

利润由营业利润、利润总额、净利润等构成。利润相关计算公式如下：

（1）营业利润。

$$营业利润 = 营业收入 - 营业成本 - 税金及附加 - 销售费用 - 管理费用$$
$$- 财务费用 - 信用减值损失 - 资产减值损失 + 公允价值变动收益$$
$$- 公允价值变动损失 + 投资收益 - 投资损失$$

（2）利润总额。

$$利润总额 = 营业利润 + 营业外收入 - 营业外支出$$

（3）净利润。

$$净利润 = 利润总额 - 所得税费用$$

12.4.2　信用减值损失和资产减值损失核算

1. 信用减值损失核算

核算准则要求企业计提的各项金融工具减值准备所形成的预期信用损失。本科目应当按照信用减值损失的项目进行明细核算。

在资产负债表日，企业确认减值损失，借记"信用减值损失"科目，根据金融工具的种类，贷记"贷款损失准备""债权投资减值准备""坏账准备""合同资产减值准备""租赁应收款减值准备""预计负债"（用于贷款承诺及财务担保合同）或"其他综合收益"（用于其他债权投资减值核算，设置"其他综合收益——信用减值准备"）等科目；若减值损失发生转回时，则做相反的会计分录。企业实际发生信用损失，经批准予以核销的，借记"贷款损失准备"等科目，贷记"应收账款""合同资产"等科目，若核销金额大于已计提的损失准备，还应按其差额借记"信用减值损失"科目。期末，应将本科目余额转入"本年利润"科目，结转后本科目无余额。

2. 资产减值损失核算

资产减值损失是指企业根据资产减值等准则计提除金融资产外的各项资产减值准备所形成的损失。本科目应当按照资产减值损失的项目进行明细核算。

企业的存货、长期股权投资、固定资产、无形资产、贷款等资产发生减值的，按应减记的金额，借记本科目，贷记"存货跌价准备""长期股权投资减值准备""固定资产减值准备""无形资产减值准备"等科目。在建工程、工程物资、生产性生物资产、商誉、抵债资产、采用成本模式计量的投资性房地产等资产发生减值的，应当设置相应的减值准备科目。

企业计提存货跌价准备等，相关资产的价值又得以恢复的，应在原已计提的减值准备金额内，按恢复增加的金额，借记"存货跌价准备"等科目，贷记本科目。期末，应将本科目余额转入"本年利润"科目，结转后本科目无余额。

12.4.3　公允价值变动损益核算

公允价值变动损益是指企业交易性金融资产、交易性金融负债，以及采用公允价值模式计量的投资性房地产等业务中公允价值变动形成的应计入当期损益的利得或损失。企业发生的公允价值变动损益在"公允价值变动损益"科目中核算。该科目应当按照交易性金融资产、交易性金融负债、投资性房地产等进行明细核算。期末，应将该科目余额转入"本年利润"科目，结转后该科目无余额。

资产负债表日，企业应按交易性金融资产或采用公允价值模式计量的投资性房地产的公允价值高于其账面余额的差额，借记"交易性金融资产——公允价值变动""投资性房地产"科目，贷记本科目；公允价值低于其账面余额的差额，做相反的会计分录。

资产负债表日，交易性金融负债等负债类项目的公允价值高于其账面余额时，借记"公允价值变动损益——交易性金融负债等"，贷记"交易性金融负债等——公允价值变动"科目；公允价值低于其账面价值时则做相反的会计处理。

出售交易性金融资产等时，借记"银行存款"（实际收到的金额）科目，贷记"交易性金融资产"（账面余额）科目，借或贷记"投资收益"（差额）科目。

处置交易性金融负债等时，借记"交易性金融负债"（账面余额）科目，贷记"银行存款"（实际支付的金额）科目，借或贷记"投资收益"（差额）科目。

出售、转让采用公允价值模式计量的投资性房地产时，借记"银行存款"（实际收到的金额）科目，贷记"其他业务收入""应交税费——应交增值税（销项税额）"科目；借记"其他业务成本"（账面余额）科目，贷记"投资性房地产——成本"科目，贷或借记"投资性房地产——公允价值变动"科目；同时，将投资性房地产累计公允价值变动转入其他业务收入，借或贷记"公允价值变动"科目，贷或借记"其他业务成本"科目。

12.4.4　投资收益核算

投资收益是指企业对外投资所取得的收益扣除损失后的净额。为了核算投资收益，企业应设置"投资收益"科目。

"投资收益"科目核算内容：（1）主要用以核算企业根据长期股权投资准则确认的投资

收益或损失；（2）核算企业交易性金融资产、交易性金融负债处置损益；（3）核算其他权益工具投资或其他债权投资实现的损益；（4）核算企业的债权投资和买入返售金融资产在持有期间取得的投资收益和处置损益。该科目应当按照投资项目进行明细核算。期末，应将"投资收益"科目余额转入"本年利润"科目，"投资收益"科目结转后应无余额。

12.4.5　营业外收入与营业外支出核算

1. 营业外收入含义及核算

（1）营业外收入含义及核算内容。营业外收入是指企业发生的与其日常活动无直接关系的各项利得。营业外收入包括盘盈利得、罚没利得、捐赠利得、确实无法支付而按规定程序经批准后转作营业外收入的应付款项等。

①盘盈利得，主要指对于现金清查盘点中库存现金的盘盈，报经批准后计入营业外收入的金额。

②罚没利得，指企业取得的各项罚款，在弥补由于对违反合同或协议而造成的经济损失后的罚款净收益。

③捐赠利得，指企业接受外部现金及非现金资产捐赠所产生的利得。

④无法支付的应付账款，它主要是指因债权人单位变更登记或撤销等而无法支付的应付款项等。

⑤与企业日常活动无关的政府补助，计入营业外收入。

（2）营业外收入的核算。企业应通过"营业外收入"科目核算营业外收入的取得及结转情况。结转后该科目应无余额。该科目应按照营业外收入的项目进行明细核算。

【例 12-44】甲公司将无法支付的应付账款 15 000 元转作营业外收入。编制会计分录如下：

借：应付账款　　　　　　　　　　　　　　　　　　　　　15 000
　　贷：营业外收入　　　　　　　　　　　　　　　　　　　　　15 000

【例 12-45】甲公司本期营业外收入总额为 200 000 元，期末结转本年利润。会计分录如下：

借：营业外收入　　　　　　　　　　　　　　　　　　　　200 000
　　贷：本年利润　　　　　　　　　　　　　　　　　　　　　200 000

2. 营业外支出含义及核算

（1）营业外支出含义及核算内容。日常活动无直接关系的各项损失，但应从企业实现的利润总额中扣除的支出。主要包括非流动资产损失、盘亏损失、罚款支出、公益性捐赠支出、非常损失等。

①非流动资产损失包括固定资产和无形资产报废损失。

②盘亏损失，主要指对于固定资产清查盘点中盘亏的固定资产，在查明原因处理时按确定的损失计入营业外支出的金额。

③罚款支出，指企业由于违反税收法规、经济合同等而支付的各种滞纳金和罚款。

④公益性捐赠支出，指企业对外进行公益性捐赠发生的支出。

⑤非常损失，指企业对于因客观因素（如自然灾害等）造成的损失，在扣除保险公司

赔偿后应计入营业外支出的净损失。

（2）营业外支出的核算。企业应通过"营业外支出"科目核算营业外支出的发生及结转情况。该科目借方登记企业发生的各项营业外支出，贷方登记期末转入"本年利润"科目的营业外支出，结转后该科目应无余额。该科目应按照营业外支出的项目进行明细核算。

【例 12 - 46】甲公司将已经发生的原材料意外灾害损失 300 000 元转作营业外支出。编制会计分录如下：

借：营业外支出	300 000
贷：待处理财产损溢	300 000

【例 12 - 47】甲公司用银行存款支付税款滞纳金 20 000 元。

借：营业外支出	20 000
贷：银行存款	20 000

【例 12 - 48】甲公司本期营业外支出总额为 340 000 元，期末结转本年利润。编制会计分录如下：

借：本年利润	340 000
贷：营业外支出	340 000

12.4.6 本年利润的结转

1. 结转本年利润的方法

会计期末结转本年利润的方法有表结法和账结法两种。

（1）表结法。在表结法下，各损益类科目每月月末只需结计出本月发生额和月末累计余额，不结转到"本年利润"科目，只在年末时将全年累计余额结转入"本年利润"科目。但每月月末要将损益类科目的本月发生额合计数填入利润表的本月数栏，同时将本月末累计余额填入利润表的本年累计数栏，通过利润表计算反映各期的利润（或亏损）。表结法下年中损益类科目无须结转入"本年利润"科目，从而减少了转账环节和工作量，同时并不影响利润表的编制及有关损益指标的利用。

（2）账结法。在账结法下，每月月末均需编制转账凭证，将在账上结计出的各损益类科目的余额结转入"本年利润"科目。结转后"本年利润"科目的本月合计数反映当月实现的利润或发生的亏损，"本年利润"科目的本年累计数反映本年累计实现的利润或发生的亏损。账结法在各月均可通过"本年利润"科目提供当月及本年累计的利润（或亏损）额，但增加了转账环节和工作量。

2. 结转本年利润的核算

结转本年利润的会计核算流程如图 12 - 1 所示。

企业应设置"本年利润"科目，核算企业本年度实现的净利润（或发生的净亏损）。会计期末，企业应将各收益类科目的余额转入"本年利润"科目的贷方。借记有关收益类科目，贷记"本年利润"科目；将各成本费用或支出类科目的余额转入"本年利润"科目的借方，借记"本年利润"科目，贷记各有关成本费用或支出类科目。如果有关收益类科目为借方余额或有关成本费用类科目为贷方余额，则作相反的结转分录。结转后"本年利润"科目如为贷方余额，表示当年实现的净利润；如为借方余额，表示当年发生的净亏损。年度

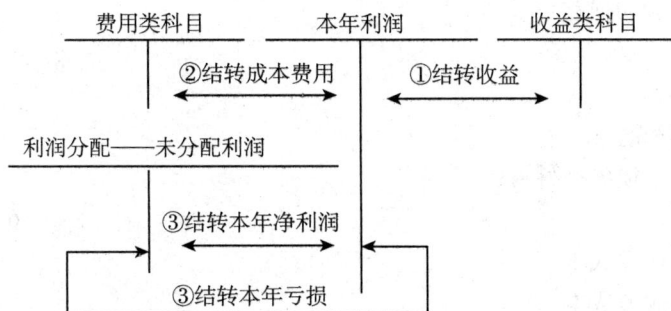

图 12 - 1　结转本年利润的会计核算流程

终了，企业还应将"本年利润"科目的本年累计余额转入"利润分配——未分配利润"科目。如为贷方余额，借记"本年利润"科目，贷记"利润分配——未分配利润"科目。如为借方余额，作相反的会计分录。结转后"本年利润"科目应无余额。

【例 12 - 49】甲公司 2×19 年有关损益类科目的年末余额如表 12.3 所示（该企业采用表结法年末一次结转损益类科目，所得税税率 25%）。

表 12 - 3　　　　　　　　甲公司 2×19 年损益类科目的年末余额　　　　　　　单位：元

科目名称	结账前余额
主营业务收入	6 000 000（贷）
其他业务收入	700 000（贷）
公允价值变动损益	150 000（贷）
投资收益	600 000（贷）
营业外收入	50 000（贷）
主营业务成本	4 000 000（借）
其他业务成本	400 000（借）
税金及附加	80 000（借）
销售费用	500 000（借）
管理费用	770 000（借）
财务费用	200 000（借）
资产减值损失	100 000（借）
营业外支出	250 000（借）

编制会计分录如下：

①将各项损益类科目年末余额结转入"本年利润"科目。

结转各项收入、利得类科目：

借：主营业务收入　　　　　　　　　　　　　　　　　　　　　6 000 000

　　其他业务收入　　　　　　　　　　　　　　　　　　　　　　700 000

公允价值变动损益	150 000	
投资收益	600 000	
营业外收入	50 000	
贷：本年利润		7 500 000

结转各项费用、损失类科目：

借：本年利润	6 300 000	
贷：主营业务成本		4 000 000
其他业务成本		400 000
税金及附加		80 000
销售费用		500 000
管理费用		770 000
财务费用		200 000
资产减值损失		100 000
营业外支出		250 000

②经过上述结转后，"本年利润"科目的贷方发生额合计 7 500 000 元减去借方发生额合计 6 300 000 元即为税前会计利润 1 200 000 元。

③假定该公司不存在纳税调整因素。

④应交所得税税额 = 1 200 000 × 25% = 300 000（元）。

确认所得税费用：

借：所得税费用	300 000	
贷：应交税费——应交所得税		300 000

将所得税费用结转入"本年利润"科目：

借：本年利润	300 000	
贷：所得税费用		300 000

⑤将"本年利润"科目余额 900 000 元（7 500 000 - 6 300 000 - 300 000）转入"利润分配——未分配利润"科目：

借：本年利润	900 000	
贷：利润分配——未分配利润		900 000

12.4.7　利润分配核算

1. 利润分配会计处理流程

利润分配会计处理流程如图 12 - 2 所示。

2. 利润分配的核算

企业应设置"利润分配"科目，进行利润分配的核算。该科目核算企业利润的分配（或亏损的弥补）和历年分配（或弥补）后的余额。该科目的贷方反映年末从"本年利润"科目转入的本年净利润以及用盈余公积补亏的数额；借方反映按规定提取的盈余公积、公益金、向投资者分配的利润数额以及年末从"本年利润"科目转入的本年亏损数额。该科目年末余额反映企业历年积存的未分配利润（或未弥补的亏损）。

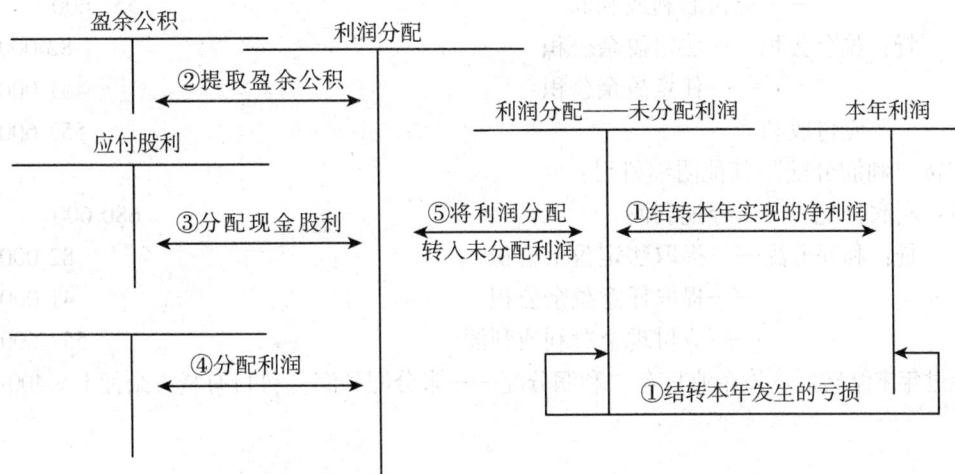

图 12 – 2 利润分配核算流程

在"利润分配"科目应设置明细科目：提取法定盈余公积、提取任意盈余公积、应付现金股利或利润、转作股本股利、未分配利润等。

企业按规定提取的盈余公积，借记"利润分配——提取法定盈余公积、提取任意盈余公积"，贷记"盈余公积——法定盈余公积、任意盈余公积"科目。

宣告分配给股东的现金股利或利润，借记"利润分配——应付现金股利或利润"科目，贷记"应付股利"科目。宣告分配给股东股票股利，借记"利润分配——转作股本股利"科目，贷记"股本"科目。

年终，企业应将全年实现净利润，自"本年利润"科目转入"利润分配"科目，借记"本年利润"科目，贷记"利润分配——未分配利润"科目，如为净亏损，作相反会计分录。同时，将"利润分配"科目下的其他明细科目的余额转入"利润分配——未分配利润"明细科目。结转后，除"未分配利润"明细科目外，"利润分配"科目的其他明细科目应无余额。

【例 12 – 50】甲公司 2 × 19 年度实现净利润 820 000 元，按净利润的 10% 和 5% 分别法定盈余公积和任意盈余公积。经董事会决议，按本期可向股东分配利润的 80% 向投资者分配利润。假设无年初未分配利润。

年末结转"本年利润"科目余额：

借：本年利润   820 000

    贷：利润分配——未分配利润   820 000

年末进行利润分配时：

提取法定盈余公积 = 820 000 × 10% = 82 000（元）

提取任意盈余公积 = 820 000 × 5% = 41 000（元）

本期可向投资者分配利润 = 820 000 – 123 000 = 697 000（元）

应向投资者分配的利润 = 697 000 × 80% = 557 600（元）

借：利润分配——提取法定盈余公积   82 000

    ——提取任意盈余公积   41 000

——应付股利或利润	557 600
贷：盈余公积——法定盈余公积	82 000
——任意盈余公积	41 000
应付股利	557 600

结转"利润分配"其他明细科目：

借：利润分配——未分配利润	680 600
贷：利润分配——提取法定盈余公积	82 000
——提取任意盈余公积	41 000
——应付现金股利或利润	557 600

经过年末结转后，该企业只有"利润分配——未分配利润"科目有贷方余额 139 400 元。

【本章小结】

（1）本章需完成任务包括：①收入确认、计量五步法；②合同成本的确认、摊销核算；③完工百分比法确认收入的核算；④附有销售退回条款的销售、附有质量保证条款的销售、附有客户额外购买选择权的销售、售后回购、授予知识产权许可、客户未行使的权利等特定交易的会计处理；⑤政府补助会计处理方法；⑥管理费用、财务费用和销售费用核算内容，营业利润及利润的因素构成内容、营业外收入和营业外支出的核算；⑦结转本年利润的方法及利润分配的会计处理。

（2）学习完本章学生应掌握：①一般销售商品收入处理、附有销售退回条款的销售、附有质量保证条款的销售、附有客户额外购买选择权的销售、售后回购、授予知识产权许可、客户未行使的权利等特定交易的会计处理；②完工百分比法确认收入的核算；③政府补助的会计处理；④费用的核算、利润的构成内容、营业外收入和营业外支出的核算；⑤结转本年利润方法及利润分配会计处理。

（3）完成本章若干学习任务应深刻理解：①销售商品收入的确认、计量条件；②政府补助的概念及其会计核算；③结转本年利润的方法；④实际利率法摊销未实现融资收益；⑤附有销售退回条款的销售、附有质量保证条款的销售、附有客户额外购买选择权的销售、售后回购、授予知识产权许可、客户未行使的权利等特定交易的会计处理；⑥政府补助与收入界限划分。

（4）完成学习任务应学会运用：①收入确认、计量五步法；②实际利率法摊销未实现融资收益；③特定交易的会计处理；④与资产相关的政府补助、与收益相关的政府补助的会计处理方法；⑤费用、本年利润、利润分配的核算。

第 *13* 章

所得税会计核算

【学习目标】

通过本章学习，要深刻理解会计利润与应纳税所得额之间差异；掌握资产计税基础、负债计税基础的确定；掌握应纳税暂时性差异和可抵扣暂时性差异的确定；掌握递延所得税资产、递延所得税负债的确认和计量及所得税费用的确认与计量；掌握资产负债表债务法原理。

【能力目标】

能够正确运用资产负债表债务法核算企业递延所得税和所得税费用。

【任务提示】

下述是所得税会计核算业务中涉及的一系列原始凭证，企业发生这些业务在会计上应如何确认和计量，就是本章需要解决的主要问题。

13－1

ICBC 中国工商银行	中国工商银行电子缴税付款凭证	回单凭证

记账日期：2020 年 1 月 10 日　　　　　　检索号：20201008100435092

纳税人全称及纳税人识别号：江西九瑞油泵油嘴有限公司　91360402309264078N

收款国库（银行）名称：国家金库九江市支库

缴款书交易流水号：201903088005508743　　征收机构名称：国家税务总局九江市税务局

付款人账号：34520294168　　　　　　　　付款人全称：江西九瑞油泵油嘴有限公司

币种：人民币　　合计金额：（大写）陆拾肆万元整　　　　　　小写：640 000.00

所属日期	税种	实缴金额
20191001—20191231	企业所得税	640 000.00

卡号：9050508080054934　　柜员号：　　　　　　打印时间：2020-1-16

打印方式：自动打印　　　　授权柜员号：　　　　已打印　　　　　05：30

地区号：1506　　　　　　　网点号：15062210　　设备编号：

13 – 2

应交所得税计算表

编制单位：江西九瑞油泵油嘴有限公司　　　　　　　　2019年度　　　　　　金额单位：元

项目	账面价值	计税基础	可抵扣暂时性差异		应纳税暂时性差异		纳税调整增减额
			期初余额	期末余额	期初余额	期末余额	
业务招待费							204 000.00
营业外支出							20 000.00
投资收益							-1 350.58
应收账款	2 752 380.00	2 770 580.00	36 300.00	18 200.00			10 700.00
其他权益工具投资	102 000.00	92 278.00			1 227.80	9 722.00	
交易性金融资产	285 000.00	240 000.00			20 000.00	45 000.00	-25 000.00
坏账准备（债务重组）							-28 800.00
合计			36 300.00	18 200.00	21 227.80	54 722.00	-4 050.58

年度利润总额	应纳税所得额	应交所得税	递延所得税资产			递延所得税资产		
			期初数	期末数	本期数	期初数	期末数	本期数
9 030 514.43	9 026 463.85	2 256 615.96	9 075.00	4 550.00	-4 525.00	5 306.95	13 680.50	8 373.55

所得税费用			其他综合收益		
		2 267 390.96	期初数	期末数	本期数
			306.95	2 430.50	2 123.55

复核：张有才　　　　　制表：董旭

13.1　所得税会计概述

13.1.1　会计利润与应纳税所得额之间差异

　　由于会计制度与税法遵循的原则、体现目的要求不同，同一企业在同一会计期间按照会计制度计算的会计利润与按照税法计算的应税所得不可避免地会存在差异。

　　会计利润是以会计准则为依据核算收益、费用、利润、资产、负债等；而应纳税所得额是以税法规定为依据核算收益、费用、利润、资产、负债等。应纳税所得额是在会计利润的基础上加减税收调整项目得到的。其中"税收调整项目金额"为暂时性差异金额和永久性差异金额之和。二者核算的目的不同，导致依据的口径不同，由此产生了暂时性差异与永久性差异。

1. 暂时性差异

　　暂时性差异是指资产或负债的账面价值与其计税基础之间的差额，未作为资产和负债确认的项目；按照税法规定可以确定其计税基础的，该计税基础与其账面价值之间的差额也属于暂时性差异。

　　暂时性差异则侧重于从资产和负债的角度分析某个时点上资产、负债的计税基础与其列示在财务报表上的账面价值之间的差异。除了记入所有者权益的交易或事项以及企业合并产生的暂时性差异外，其他暂时性差异的存在会导致所得税费用的跨期摊配，从而使所得税费用与应纳所得税税额不尽一致。因此，暂时性差异不仅影响所得税费用，还可能影响所有者权益或商誉。

2. 永久性差异

　　永久性差异是指某一会计期间，由于会计准则和税法在计算收益、费用或损失时的口径不同所产生的税前会计利润与应纳税所得额之间的差异。这种差异在某一时间发生，在以后时间还可能继续发生，但不能在以后的时期内转回。该种差异只影响当期，不影响其他会计期间。应纳税所得额等于税前会计利润加减永久性差异的金额，消除了该差异对所得税费用的影响。按照税前会计利润加减永久性差异调整为应纳税所得额，根据应税所得和现行所得税税率计算的应交所得税等于当期所得税费用。因此，永久性差异不会导致所得税费用与应纳所得税税额产生差异。

资产负债表债务法下，导致永久性差异的资产或负债的账面价值与其计税基础相等，不形成暂时性差异。因此，暂时性差异不包括永久性差异，永久性差异也不属于暂时性差异。

【例 13-1】某企业国库券利息收入 80 万元，资产负债表中作为资产列示的应收利息账面价值为 80 万元，按照税法规定该项收益为免税收益，该项资产的计税基础为 80 万元。由于该项资产账面价值与其计税基础相等，暂时性差异为 0，因此，永久性差异不形成暂时性差异，暂时性差异也不包括永久性差异。

【例 13-2】某公司接到环保部门的处罚通知，要求其支付罚款 100 万元。税法规定，企业因违反国家有关法律法规支付的罚款和滞纳金不允许税前扣除。应支付罚款产生的负债账面价值为 100 万元，该项负债的计税基础 100 万元（账面价值 100 万元 - 未来期间计算应纳税所得额时按照税法规定可予抵扣的金额 0），该项负债的账面价值 100 万元与其计税基础 100 万元相同，不形成暂时性差异。

13.1.2　所得税会计的含义

通俗地说，所得税会计就是在应交所得税基础上如何确定所得税费用。在原会计制度采用应付税款法下，所得税费用等于应交所得税；而在采用资产负债表债务法下，所得税费用不一定等于应交所得税，所得税费用应在应交所得税基础上考虑暂时性差异的影响。

所得税会计是从资产负债表出发，通过比较资产负债表上列示的资产、负债按照企业会计准则规定确定的账面价值与按照税法规定确定的计税基础，对于两者之间的差额区别应纳税暂时性差异与可抵扣暂时性差异，确认相关的递延所得税负债与递延所得税资产，并在此基础上确定每一期间利润表中的所得税费用。

资产和负债金额与基于所得税法计算确定的资产和负债金额的差异，称为暂时性差异。由于资产的计价金额随着时间的推移，将逐步费用化，会计核算上的资产计价金额与所得税法规定的计价金额之间的差异，从整个资产的使用期间来看，两者之间的差异将消失，所以是暂时性的。

13.2　资产负债表债务法核算

13.2.1　资产负债表债务法核算原理

资产/负债观的利润总额 = 期末净资产 - 期初净资产 - 业主投资 + 分配于业主的利润，净资产 = 资产 - 负债。会计核算上计价基础（账面价值）与所得税法的计税基础的差异，导致资产负债表中反映的资产或负债的金额与按所得税法规定的计税基础确定的金额之间的差异，从而产生纳税影响。

（1）若会计账面资产价值＞计税资产价值，或者会计账面负债价值＜计税负债价值，则会计账面净资产＞计税净资产，由此可知资产/负债观的会计利润总额＞应纳税所得额，产生了应纳税暂时性差异。本期按应纳税所得额计提所得税标准数必然少于按会计利润总额计提的所得税，而在资产负债表债务法下，由于资产将逐步费用化，在若干长期间内，按会计利润总额与应纳税所得额计提的所得税总数是一致的，因此本期少计提了所得税费用将来就要多计提，即产生了递延所得税负债，应付所得税应在以后各期予以确认。

（2）若会计账面资产价值＜计税资产价值，或者会计账面负债价值＞计税负债价值，则会计账面净资产＜计税净资产，所以资产/负债观的会计利润总额＜应纳税所得额，产生可抵扣暂时性差异。本期按应纳税所得额计提所得税标准数必然多于按会计利润总额计提的所得税，而在资产负债表债务法下，由于资产将逐步费用化，在若干长期间内，按会计利润总额与应纳税所得额计提的所得税总数是一致的，因此本期多计提了所得税费用将来即可少计提，产生了可递减暂时性差异，该差异对所得税费用的影响，即产生了递延所得税资产。

13.2.2　资产负债表债务法的核算业务流程

业务核算流程：确定资产和负债项目的账面价值→确定资产和负债计税基础→确定两者之间的暂时性差异→递延所得税负债和递延所得税资产的应有金额→确定所得税费用。

资产负债表债务法的核算业务流程如图 13 - 1 所示。

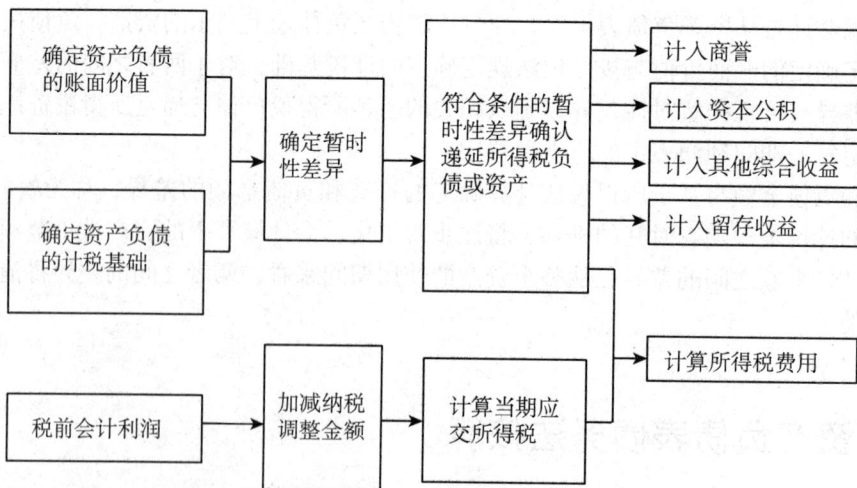

图 13 - 1　资产负债表债务法的核算业务流程

13.3　计税基础和暂时性差异

13.3.1　资产计税基础

资产的计税基础指企业收回资产账面价值的过程中，计算应纳税所得额时按照税法可以自应税经济利益中抵扣的金额，即该项资产在未来使用或最终处置时，允许作为成本或费用于税前列支的金额。

$$资产的计税基础 = 未来可税前列支的金额$$
$$某一资产负债表日资产的计税基础 = 成本 - 以前期间已税前列支的金额$$

1. 固定资产

固定资产在持有期间进行后续计量时，会计上的基本计量模式是"成本 - 累计折旧 - 固定资产减值准备"。会计与税收处理的差异主要来自折旧方法、折旧年限的不同以及固定资产减值准备的提取。

$$账面价值 = 固定资产原价 - 会计累计折旧 - 固定资产减值准备$$
$$计税基础 = 固定资产原价 - 税收累计折旧$$

【例 13 - 3】某项机器设备原价为 1 000 万元，预计使用年限为 10 年，会计处理时按照直线法计提折旧，税收处理允许加速折旧，企业在计税时对该项资产按双倍余额递减法计列折旧，预计净残值为 0。计提了 2 年的折旧后，会计期末企业对该项固定资产计提了 80 万元的固定资产减值准备。

$$机器设备会计账面价值 = 固定资产原价 - 累计折旧 - 固定资产减值准备$$
$$= 1\,000 - 100 - 100 - 80 = 720（万元）$$
$$机器设备（税收账面价值）计税基础 = 固定资产原价 - 税收累计折旧$$
$$= 1\,000 - 200 - 160 = 640（万元）$$

该项固定资产账面价值 720 万元与其计税基础 640 万元之间产生的差额 80 万元，形成应纳税暂时性差异，应确认相应的递延所得税负债。

2. 无形资产

对于内部研究开发形成的无形资产，企业会计准则规定有关研究开发支出区分两个阶段，研究阶段的支出应当费用化计入当期损益，开发阶段符合资本化条件的支出应当资本化作为无形资产的成本；税法规定，企业发生的研究开发费用允许追计75%。

【例 13 - 4】甲公司当期发生研究开发支出共计 1 000 000 元，其中研究阶段支出 200 000 元，开发阶段符合资本化条件前发生的支出为 200 000 元，符合资本化条件后发生的支出为 600 000 元。假定开发形成的无形资产在当期期末已达到预定用途，但尚未进行摊销。

①当年研究费用和不允许资本化的开发费用会计上按 400 000 元列入研发费用，而税务上按 700 000 元（400 000 + 400 000 × 75%）计入当年扣税支出，形成 300 000 元的差异属于永久性差异；②会计上按 600 000 元计入无形资产成本，而税务上按 1 050 000 元（600 000 ×

175%）计入无形资产成本，由此造成的各期摊销额的差异属于永久性差异。本质上属于永久性差异，每期摊销口径差异作永久性差异调整。

无形资产在后续计量时，会计与税收的差异主要产生于对无形资产是否需要摊销及无形资产减值准备的提取。

账面价值＝实际成本－会计累计摊销－无形资产减值准备，但对于使用寿命不确定的无形资产，账面价值＝实际成本－无形资产减值准备。

计税基础＝实际成本－税收累计摊销。

【例 13 – 5】某项无形资产取得成本为 200 万元，因其使用寿命无法合理估计，会计上视为使用寿命不确定的无形资产，不予摊销，但税法规定按不短于 10 年的期限摊销，则取得该项无形资产 1 年后的会计账面价值 200 万元（200 – 0）与其计税基础 180 万元（200 – 200÷10）之间的差额 20 万元，产生了应纳税暂时性差异，对所得税影响应确认为递延所得税负债。

3. 以公允价值计量的金融资产

（1）以公允价值计量且其变动计入当期损益的金融资产。

会计：期末按公允价值计量，公允价值变动计入当期损益；

税收：成本。

【例 13 – 6】2×18 年 10 月 20 日，A 公司自公开市场取得一项权益性投资，支付价款 800 万元，作为交易性金融资产核算。2×18 年 12 月 31 日，该项权益性投资的市价为 880 万元。

该交易性金融资产的账面价值 880 万元与其计税基础 800 万元之间产生了 80 万元的暂时性差异，该暂时性差异在未来期间转回时会增加未来期间的应纳税所得额，导致企业应交所得税的增加，为应纳税暂时性差异，应确认相关的递延所得税负债。

（2）以公允价值计量且变动计入其他综合收益的金融资产。

会计：期末按公允价值计量，公允价值变动计入其他综合收益；

税收：成本。

【例 13 – 7】2×18 年 11 月 8 日，甲公司自公开的市场上取得一项基金投资，按照管理层的持有意图，将其作为其他权益工具投资核算。该项基金投资的成本为 600 万元。2×18 年 12 月 31 日，其市价为 630 万元。假定税法规定资产在持有期间公允价值的变动不计入应纳税所得额。

该其他权益工具投资的账面价值 630 万元与其计税基础 600 万元之间产生的 30 万元暂时性差异，将会增加未来该资产处置期间的应纳税所得额和应交所得税，为应纳税暂时性差异，企业应确认与其相关的递延所得税负债。

4. 其他资产

因企业会计准则规定与税收法规规定不同，企业持有的其他资产，可能造成其账面价值与计税基础之间存在差异。

（1）采用公允价值模式进行后续计量的投资性房地产。

会计：期末按公允价值计量；

税收：以历史成本为基础确定。

【例 13 – 8】A 公司于 2×18 年 1 月 1 日签订租赁合同，将其自用房屋建筑物转为对外出租，该房屋建筑物的成本为 300 万元，预计使用年限为 20 年。转为投资性房地产之前，已使用 4 年，A 公司按照直线法计提折旧，预计净残值为 0。转为投资性房地产核算后，因能够持续可靠地取得该投资性房地产的公允价值，A 公司选择采用公允价值对该投资性房地产进行后续计量。假定对该房屋建筑物，税法规定的折旧方法、折旧年限及净残值与会计规定相同；同时，假定税法规定资产在持有期间公允价值的变动不计入应纳税所得额，待处置时一并计算确定应计入应纳税所得额的金额。该项投资性房地产在 2×18 年 12 月 31 日的公允价值为 360 万元。

该项投资性房地产的账面价值 360 万元与其计税基础 225 万元（300 – 300÷20×5）之间产生了 135 万元的暂时性差异，因其会增加企业在未来期间的应纳税所得额和应交所得税，为应纳税暂时性差异，应确认与其相关的递延所得税负债。

（2）其他各种资产减值准备。

【例 13 – 9】C 公司 2×18 年 12 月 31 日应收账款余额为 1 000 万元，该公司期末对应收账款计提了 100 万元的坏账准备。假定该企业期初应收账款及坏账准备的余额均为 0。

该项应收账款在 2×18 年资产负债表日的账面价值为 900 万元（1 000 – 100）。其计税基础为账面余额 1 000 万元，与其账面价值 900 万元之间产生的差额，形成了 100 万元可抵扣暂时性差异，应确认相关的递延所得税资产。

13.3.2　负债计税基础

负债的计税基础，是指负债的账面价值减去未来期间计算应纳税所得额时按照税法规定可予抵扣的金额。负债的计税基础 = 账面价值 – 未来可税前列支的金额。一般负债的确认和清偿不影响所得税的计算，差异主要是因自费用中提取的负债。

1. 预计负债

按照《企业会计准则第 13 号——或有事项》的规定，企业应将预计提供售后服务发生的支出在销售当期确认为费用，同时确认预计负债。如果税法规定，与销售产品有关的支出应于发生时税前扣除，由于该类事项产生的预计负债在期末的计税基础为其账面价值与未来期间可税前扣除的金额之间的差额，因有关的支出实际发生时可全部税前扣除，其计税基础为 0。

因其他事项确认的预计负债，应按照税法规定的计税原则确定其计税基础。某些情况下某些事项确认的预计负债，如果税法规定无论是否实际发生均不允许税前扣除，即未来期间按照税法规定可予抵扣的金额为 0，则其账面价值与计税基础相同。

【例 13 – 10】企业因销售商品提供售后服务等原因于当期确认了 165 万元的销售费用，同时确认为预计负债。税法规定，有关产品售后服务等与取得经营收入直接相关的费用于实际发生时允许税前列支。假定企业在确认预计负债的当期未发生售后服务费用。预计负债账面价值 165 万元；预计负债计税基础 0（账面价值 165 万元 – 可从未来经济利益中扣除的金额 165 万元）；该预计负债的账面价值 165 万元与其计税基础 0 之间形成可抵扣暂时性差异 165 万元，在其产生期间符合有关确认条件时，应确认相关的递延所得税资产。

【例 13 – 11】2×19 年 10 月 5 日，甲公司为乙公司银行借款提供担保，乙公司未如期偿还借款，而被银行提起诉讼，要求其履行担保责任；12 月 31 日，该案件尚未结案。甲公预计很可能履行的担保责任为 2 480 000 元。假定税法规定，企业为其他单位债务提供担保发生的损失不允许在税前扣除。

2×19 年 12 月 31 日该项预计负债账面价值 2 480 000 元，计税基础 2 480 000 元（2 480 000 - 0）。该项预计负债账面价值等于计税基础，不产生暂时性差异。

应注意的是，因产品质量保证和违约金认定的预计负债属于可抵扣暂时性差异；因罚没支出和担保义务认定的预计负债属于非暂时性差异。

2. 合同负债

（1）合同负债计入当期应纳税所得额（如房地产开发企业），计税基础为 0。

（2）合同负债未计入当期应纳税所得额，计税基础与账面价值相等。

【例 13 - 12】F 公司 2×19 年 12 月 31 日因销售商品收到客户预付的款项 600 万元。

若预收的款项计入当期应纳税所得额，则 2×19 年 12 月 31 日合同负债的账面价值为 600 万元；因按税法规定预收的款项已计入当期应纳税所得额，所以在以后年度减少合同负债确认收入时，由税前会计利润计算应纳税所得额时应将其扣除。2×19 年 12 月 31 日合同负债的计税基础 = 账面价值（600）- 可从未来经济利益中扣除的金额（600）= 0。若预收的款项不计入当期应纳税所得额，则 2×19 年 12 月 31 日合同负债的账面价值为 600 万元；2×19年12 月 31 日合同负债的计税基础 = 账面价值（600）- 可从未来经济利益中扣除的金额（0）= 600（万元）。

3. 递延收益

对于确认为递延收益的政府补助，如果按税法规定，该政府补助为免税收入，则并不构成收到当期的应纳税所得额，未来期间会计上确认为收益时，也同样不作为应纳税所得额，因此，不会产生所得税影响；如果按税法规定，应作为收到当期的应纳税所得额计缴企业所得税，则该递延收益的计税基础为 0。期末，该递延收益的账面价值与其计税基础 0 之间将产生可抵扣暂时性差异。

13.3.3 暂时性差异

暂时性差异以资产负债表为着眼点，是从资产负债表项目资产和负债的会计计量标准与税法的差别出发予以考虑，反映的是累计暂时性差异，范围较宽泛。由于资产的计价金额随着时间的推移，将逐步费用化，会计核算上的资产计价金额与所得税法上资产计价金额之间的差异，从整个资产的使用期间来看，两者之间的差异将消失，所以是暂时性的。

暂时性差异，是指资产或负债的账面价值与其计税基础之间的差额。按照暂时性差异对未来期间应税金额的影响，分为应纳税暂时性差异和可抵扣暂时性差异。

1. 应纳税暂时性差异

应纳税暂时性差异是指在确定未来收回资产或清偿负债期间的应纳税所得额时，将导致产生应税金额的暂时性差异。资产的账面价值大于其计税基础或负债的账面价值小于其计税基础产生应纳税暂时性差异，应确认为递延所得税负债。

【例 13 - 13】A 公司 2×17 年年末固定资产原值为 1 200 万元，会计按直线计提折旧 300 万元，固定资产减值准备 150 万元，税法按年数总和法计提折旧，已计提折旧 500 万元。因此，固定资产账面价值 750 万元与计税基础 700 万元的差额，形成应纳税暂时性差异为 50 万元。现将资产价值、计税基础、暂时性差异比较如表 13 - 1 所示。

表 13 – 1		A 公司资产价值、计税基础、暂时性差异的比较	单位：万元
项目	账面价值	计税基础	应纳税暂时性差额（资产账面＞计税基础）
固定资产	750	700	50

2. 可抵扣暂时性差异

可抵扣暂时性差异是指在确定未来收回资产或清偿负债期间的应纳税所得额时，将导致产生可抵扣金额的暂时性差异。资产的账面价值小于其计税基础或负债的账面价值大于其计税基础产生可抵扣暂时性差异，应确认为递延所得税资产。

【例 13 – 14】B 公司 2×17 年年末存货余额 230 万元，已提跌价准备 48 万元，则存货账面价值为 182 万元；存货计税基础为 230 万元，形成可抵扣暂时性差异为 48 万元。现将资产价值、计税基础、暂时性差异比较如表 13 – 2 所示。

表 13 – 2		B 公司资产价值、计税基础、暂时性差异的比较	单位：万元
项目	账面价值	计税基础	可抵扣暂时性差额（资产账面＜计税基础）
存货	182	230	48

3. 特殊项目产生的暂时性差异

（1）某些交易或事项发生以后，因不符合资产、负债的确认条件而未体现为资产负债表中的资产或负债，但按税法规定能够确定其计税基础的，其账面价值 0 与计税基础之间的差异也构成暂时性差异。如超标的广告费支出。

【例 13 – 15】P 公司 2×16 年发生了 700 万元广告费，已作为销售费用。税法规定，该类支出不超过当年销售收入 15% 的部分允许当期税前扣除，超过部分向以后年度结转税前扣除。P 公司 2×16 年实现销售收入 4 000 万元。

广告费按照会计准则规定在发生时已计入当期损益，如果将其视为资产，其账面价值为 0。但按照税法规定，其可予税前扣除 600 万元（4 000×15%），当期未予税前扣除的 100 万元可以向以后年度结转，其计税基础为 100 万元。产生了 100 万元的可抵减暂时性差异，符合确认条件时，应确认相关的递延所得税资产。

（2）按税法规定以后年度可弥补的亏损。对于按照税法规定可以结转以后年度的未弥补亏损及税款抵减，因本质上可抵扣亏损和税款抵减与可抵扣暂时性差异具有同样的作用，均能够减少未来期间应纳税所得额和应交所得税，视同可抵扣暂时性差异，未来 5 年期间能够产生足够的应纳税所得额弥补该经营亏损，应确认递延所得税资产。

【例 13 – 16】乙公司所得税税率为 25%，2×17 ~ 2×20 年应纳税所得额为 – 100 万元、40 万元、40 万元、50 万元。假设没有其他纳税调整事项。

2×17 年末：

借：递延所得税资产（1 000 000×25%）　　　　　　　　　　　　　　250 000

　　贷：所得税费用　　　　　　　　　　　　　　　　　　　　　　　　250 000

2×18 年末：

借：所得税费用　　　　　　　　　　　　　　　　　　　　　　　　100 000

　　　　贷：递延所得税资产（250 000 – 150 000）　　　　　　　　　　　　100 000

2×19 年末：

　　借：所得税费用　　　　　　　　　　　　　　　　　　　　　　　　100 000

　　　　贷：递延所得税资产（150 000 – 50 000）　　　　　　　　　　　　100 000

2×20 年末：

　　借：所得税费用　　　　　　　　　　　　　　　　　　　　　　　　125 000

　　　　贷：递延所得税资产（50 000 – 0）　　　　　　　　　　　　　　　50 000

　　　　　　应交税费——应交企业所得税（300 000 × 25%）　　　　　　　　75 000

13.4　递延所得税资产和负债的确认与计量

　　递延所得税资产和递延所得税负债的确认流程如图 13 – 2 所示。

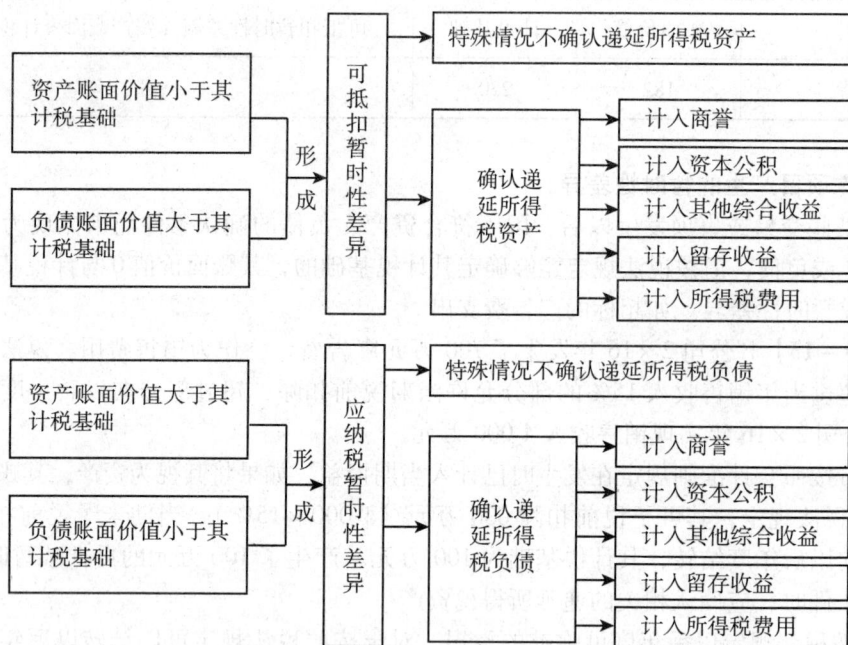

图 13 – 2　递延所得税资产和递延所得税负债的确认流程

13.4.1　递延所得税资产的确认和计量

1. 递延所得税资产确认的一般原则

（1）递延所得税资产的确认应以未来期间可能取得的应纳税所得额为限。

（2）按照税法规定可以结转以后年度的未弥补亏损和税款抵减，应视同可抵扣暂时性差异处理。

（3）企业合并中，按照会计规定确定的合并中取得各项可辨认资产、负债的入账价值与其计税基础之间形成可抵扣暂时性差异的，应确认相应的递延所得税资产，并调整合并中应予确认的商誉等。

（4）与直接计入所有者权益的交易或事项相关的可抵扣暂时性差异，相应的递延所得税资产应计入所有者权益，如因其他权益工具投资或其他债权投资公允价值下降而应确认的递延所得税资产。

【例 13－17】接〚例 13－15〛，假定该企业在 2×17 年除广告费用支出的会计处理与税务处理存在差异外，不存在其他会计和税收之间的差异。对于广告费用支出在资产负债表中列示的账面价值 0 与其计税基础 100 万元之间产生的 100 万元可抵扣暂时性差异，假定该企业使用的所得税税率为 25%，其估计于未来期间能够产生足够的应纳税所得额以利用该可抵扣暂时性差异，则应确认递延所得税资产。

借：递延所得税资产　　　　　　　　　　　　　　　　　250 000
　　贷：所得税费用——递延所得税费用　　　　　　　　　　　　250 000

【例 13－18】M 公司 2×18 年 12 月 1 日取得一项其他权益工具投资，成本为 890 万元，2×18 年 12 月 31 日，该项资产的公允价值为 690 万元。M 公司适用的所得税税率为 25%。

2×18 年 12 月 31 日，该项其他权益工具投资的会计账面价值为 690 万元。其计税基础为 890 万元，产生可抵扣暂时性差异 200 万元，应确认的递延所得税资产为 50 万元。

借：递延所得税资产　　　　　　　　　　　　　　　　　500 000
　　贷：其他综合收益　　　　　　　　　　　　　　　　　　　　500 000

2. 递延所得税资产的计量

（1）适用税率的确定。确认递延所得税资产时，应估计相关可抵扣暂时性差异的转回时间，采用转回期间适用的所得税税率为基础计算确定。无论相关的可抵扣暂时性差异转回期间如何，递延所得税资产均不予折现。

（2）递延所得税资产的减值。资产负债表日，企业应当对递延所得税资产的账面价值进行复核。如果未来期间很可能无法取得足够的应纳税所得额用以利用递延所得税资产的利益，应当减记递延所得税资产的账面价值。递延所得税资产的账面价值减记以后，继后期间根据新的环境和情况判断能够产生足够的应纳税所得额利用可抵扣暂时性差异，使得递延所得税资产包含的经济利益能够实现的，应相应恢复递延所得税资产的账面价值。

3. "递延所得税资产"账户

该账户借方登记增加额，贷方登记减少额。借方余额为资产，表示将来可以少交的所得税费用，如图 13－3 所示。

（资产类）	递延所得税资产
期初余额：M	
本期发生额：X	
期末余额：D＝累计可抵扣	
暂时性差异×现行税率	

图 13－3　"递延所得税资产"账户

$M + X = D \rightarrow X = D - M$。若 $X > 0$，则借记"递延所得税资产"；若 $X < 0$，则贷记"递延所得税资产"。

4. 不确认递延所得税资产的特殊情况

某项交易不属于企业合并，且交易发生时既不影响会计利润也不影响应纳税所得额，则该项交易中产生的资产、负债的初始确认金额与计税基础存在可抵扣暂时性差异的，不确认相关的递延所得税资产。其原因在于，如果确认递延所得税资产，则需调整资产、负债的入账价值，对实际成本进行调整，将有违会计核算中的历史成本原则，影响会计信息的可靠性，该种情况下不确认相应的递延所得税资产。

【例13－19】P 企业进行内部研究开发所形成的无形资产成本为 800 万元，按照税法规定其计税基础为 1 400 万元（800×175%），产生暂时性差异 600 万元。因该项资产并非产生于企业合并，同时在其初始确认时既不影响会计利润也不影响应纳税所得额，不应确认相关的递延所得税资产。

13.4.2　递延所得税负债的确认和计量

1. 递延所得税负债确认的一般原则

企业在确认因应纳税暂时性差异产生的递延所得税负债时，应遵循以下原则：

（1）除企业会计准则中明确规定可不确认递延所得税负债的情况以外，企业对于所有的应纳税暂时性差异均应确认相关的递延所得税负债。

（2）除直接计入所有者权益的交易或事项以及企业合并外，在确认递延所得税负债的同时，应增加利润表中的所得税费用。

【例13－20】2×18 年 12 月 31 日 P 公司固定资产会计账面价值 380 万元，与其计税基础 300 万元差额构成应纳税暂时性差异，企业应确认相关的递延所得税负债。

借：所得税费用——递延所得税费用（800 000×25%）　　　　　200 000
　　贷：递延所得税负债　　　　　　　　　　　　　　　　　　　　　　200 000

2. 递延所得税负债的计量

递延所得税负债应以相关应纳税暂时性差异转回期间适用的所得税税率计量。在我国，一般企业适用的所得税税率在不同年度之间一般不会发生变化，企业在确认递延所得税负债时，可以现行适用税率为基础计算确定。

3. "递延所得税负债"账户

该账户贷方登记增加额，借方登记减少额。贷方余额为负债，表示将来应交所得税费用，如图 13－4 所示。

（负债类）	递延所得税负债
	期初余额：M
	本期发生额：X
	期末余额：D＝累计应纳税暂时性差异×现行税率

图 13－4　"递延所得税负债"账户

$M + X = D \rightarrow X = D - M$。若 $X > 0$，则贷记"递延所得税负债"；若 $X < 0$，则借记"递延所得税负债"。

【例 13 – 21】B 公司于 2 × 16 年年末购入一台机器设备，成本为 240 000 元，会计预计使用年限为 4 年，税法预计使用年限为 3 年，预计净残值为 0。会计、税法均按直线法计提折旧。假定该公司各会计期间均未对固定资产计提减值准备。则该公司每年因固定资产账面价值与计税基础不同应予确认的递延所得税情况如表 13 – 3 所示。

表 13 – 3　　　　　　B 公司 2 × 17 ~ 2 × 20 年应予确认的递延所得税情况

项　　目	2 × 17 年	2 × 18 年	2 × 19 年	2 × 20 年
实际成本（元）	240 000	240 000	240 000	240 000
累计会计折旧（元）	60 000	120 000	180 000	240 000
账面价值（元）	180 000	120 000	60 000	0
累计计税折旧（元）	80 000	160 000	240 000	0
计税基础（元）	160 000	80 000	0	0
应纳税暂时性差异	20 000	40 000	60 000	0
适用税率（%）	25	25	25	25
递延所得税负债余额（元）	5 000	10 000	15 000	0

2 × 17 年资产负债表日：

固定资产账面价值 = 实际成本 – 会计折旧 = 240 000 – 60 000 = 180 000（元）

固定资产计税基础 = 实际成本 – 税法折旧 = 240 000 – 80 000 = 160 000（元）

产生应纳税暂时性差异 20 000 元，应确认递延所得税负债 5 000 元。

借：所得税费用——递延所得税费用　　　　　　　　　　　　　　　5 000

　　贷：递延所得税负债　　　　　　　　　　　　　　　　　　　　　　5 000

2 × 18 年资产负债表日：

固定资产账面价值 = 240 000 – 60 000 – 60 000 = 120 000（元）

固定资产计税基础 = 实际成本 – 税法折旧 = 240 000 – 80 000 – 80 000

　　　　　　　　 = 80 000（元）

产生应纳税暂时性差异 40 000 元，应确认累计递延所得税负债 10 000 元（40 000 × 25%）。但因期初余额为 5 000 元，本期应进一步确认递延所得税负债 5 000 元（10 000 – 5 000）。

借：所得税费用——递延所得税费用　　　　　　　　　　　　　　　5 000

　　贷：递延所得税负债　　　　　　　　　　　　　　　　　　　　　　5 000

2 × 19 年资产负债表日：

固定资产账面价值 = 240 000 – 60 000 – 60 000 – 60 000 = 60 000（元）

固定资产计税基础 = 实际成本 – 税法折旧 = 240 000 – 80 000 – 80 000 – 80 000 = 0（元）

产生应纳税暂时性差异 60 000 元，应确认累计递延所得税负债 15 000 元（60 000 × 25%）。但因期初余额为 10 000 元，本期应进一步确认递延所得税负债 5 000 元（15 000 –

10 000）。

　　借：所得税费用——递延所得税费用　　　　　　　　　　　　　5 000
　　　　贷：递延所得税负债　　　　　　　　　　　　　　　　　　　　　5 000

2×20 年资产负债表日：

　　该项固定资产的账面价值及计税基础均为 0，两者之间不存在暂时性差异，原已确认的与该项资产相关的递延所得税负债应予全额转回，即应将原已确认的累计递延所得税负债15 000 元全额转回。

　　借：递延所得税负债　　　　　　　　　　　　　　　　　　　　15 000
　　　　贷：所得税费用 ——递延所得税费用　　　　　　　　　　　　　15 000

4. 不确认递延所得税负债的情况

　　（1）商誉的初始确认产生的应纳税暂时性差异不能确认递延所得税负债；

　　（2）当某项交易同时具有"不是企业合并"及"交易发生时既不影响会计利润也不影响应纳税所得额"特征时，企业不应当确认可抵扣暂时性差异产生的递延所得税资产或应纳税暂时性差异产生的递延所得税负债。

5. 资产负债表债务法所得税的计算程序

　　（1）递延所得税负债/资产期末余额＝应纳税暂时性差异/可递减暂时性差异期末余额×预计税率；

　　（2）递延所得税负债/资产发生额＝期末递延所得税负债/资产－期初递延所得税负债/资产；

　　（3）本期应交所得税＝应纳税所得额×现行税率；

　　（4）本期所得税费用＝（本期应交所得税＋递延所得税负债/资产发生额）或（本期应交所得税－递延所得税负债/资产发生额）。

13.4.3　适用税率变化对已确认递延所得税资产和负债的影响

　　递延所得税资产和递延所得税负债的金额代表的是，有关可抵扣暂时性差异或应纳税暂时性差异于未来期间转回时，导致企业应交所得税金额的减少或增加的情况。因税收法规的变化，导致企业在某一会计期间适用的所得税税率发生变化的，企业应对已确认的递延所得税资产和递延所得税负债按照新的税率进行重新计量。适用税率变动的情况下，应对原已确认的递延所得税资产及递延所得税负债的金额进行调整。

　　除直接计入所有者权益的交易或事项产生的递延所得税资产及递延所得税负债，相关的调整金额应计入所有者权益以外，其他情况下产生的调整金额应确认为税率变化当期的所得税费用（或收益）。

　　【例 13－22】 某股份公司 2×08 年度实现利润总额 2 400 万元，各项资产减值准备年初余额为 600 万元，本年度共计提有关资产减值准备 280 万元，冲销某项资产减值准备 32 万元。所得税采用资产负债表债务法核算，所得税税率为 25%（非预期税率变动）。假定按税法规定，计提的各项资产减值准备均不得在应纳税所得额中扣除；2×08 年度除计提的各项资产减值准备作为暂时性差异外，无其他纳税调整事项；可抵扣暂时性差异转回时有足够的应纳税所得额。要求：计算该公司 2×08 年度发生的所得税费用并编制相关会计分录。

2×08 年度当期应交所得税 =（2 400 + 280 – 32）×25% = 662（万元）；

至 2×08 年初累计产生可抵扣暂时性差异因税率降低而调减的递延所得税资产 = 600 ×（33% – 25%）= 48（万元）（贷方）；

2×08 年度产生可抵扣暂时性差异对递延所得税资产影响数 =（280 – 32）×25% = 62（万元）（借方），2×08 年度确认递延所得税资产 =（280 – 32）×25% – 600 ×（33% – 25%）= 14（万元）；

2×08 年度发生的所得税费用 = 662 + 48 – 62 = 648（万元）。

借：所得税费用——当期所得税费用	6 620 000
递延所得税资产	140 000
贷：应交税费——应交所得税	6 620 000
所得税费用——递延所得税费用	140 000

13.5　所得税费用的确认与计量

在按照资产负债表债务法核算所得税的情况下，利润表中的所得税费用包括当期所得税和递延所得税两个部分。

13.5.1　当期所得税费用

当期所得税，是指企业按照税法规定计算确定的针对当期发生的交易和事项，应缴纳给税务部门的所得税金额，即当期应交所得税。应在会计利润的基础上，按照适用税收法规的规定进行调整，计算出当期应纳税所得额，按照应纳税所得额与适用所得税税率计算确定当期应交所得税。

一般情况下，应纳税所得额 = 会计利润 + 按照会计准则规定计入利润表但计税时不允许税前扣除的费用 +（–）计入利润表的费用与按照税法规定可予税前抵扣的金额之间的差额 +（–）计入利润表的收入与按照税法规定应计入应纳税所得额的收入之间的差额 – 税法规定的不征税收入 +（–）其他需要调整的因素。

应纳税所得额 = 税前会计利润 +（–）永久性差异 + 本期发生的影响损益的可抵扣暂时性差异 – 本期转回的影响损益的可抵扣暂时性差异 – 本期发生的影响损益的应纳税暂时性差异 + 本期转回的影响损益的应纳税暂时性差异。若暂时性差异不影响损益，如其他债权投资正常的公允价值变动产生的其他综合收益，则不需要纳税调整。

$$当期所得税 = 应交所得税 = 应纳税所得额 × 所得税税率$$

13.5.2　递延所得税费用

递延所得税，是指按照所得税准则规定当期应予确认的递延所得税资产和递延所得税负债金额，即递延所得税资产及递延所得税负债当期发生额的综合结果，但不包括计入所有者权益的交易或事项的所得税影响。

$$\begin{matrix}\text{递延所得税费用} \\ \text{（或收益）}\end{matrix} = \begin{matrix}\text{当期递延所得税} \\ \text{负债的增加额}\end{matrix} + \begin{matrix}\text{当期递延所得税} \\ \text{资产的减少额}\end{matrix} - \begin{matrix}\text{当期递延所得税} \\ \text{负债的减少额}\end{matrix} - \begin{matrix}\text{当期递延所得税} \\ \text{资产的增加额}\end{matrix}$$

　　企业因确认递延所得税资产和递延所得税负债产生的递延所得税，一般应当计入所得税费用，但以下两种情况除外：第一，某项交易或事项按照会计准则规定应计入所有者权益的，由该交易或事项产生的递延所得税资产或递延所得税负债及其变化亦应计入所有者权益，不构成利润表中的递延所得税费用。第二，企业合并中取得的资产、负债，其账面价值与计税基础不同，应确认相关递延所得税的，递延所得税的确认影响合并中产生的商誉或是计入当期损益的金额，不影响所得税费用。

　　【例 13 - 23】F 企业持有的某项其他权益工具投资成本为 968 万元，2 ×18 年末公允价值为 1 148 万元，该企业适用的所得税税率为 25%。除该事项外，该企业不存在其他会计与税收之间的差异。

　　F 企业账务处理为：

　　借：其他权益工具投资　　　　　　　　　　　　　　　　1 800 000
　　　　贷：其他综合收益　　　　　　　　　　　　　　　　　　1 800 000
　　借：其他综合收益　　　　　　　　　　　　　　　　　　450 000
　　　　贷：递延所得税负债　　　　　　　　　　　　　　　　　 450 000

13.5.3　所得税费用

　　计算确定了当期所得税及递延所得税以后，利润表中应予确认的所得税费用为两者之和，即：所得税费用 = 当期所得税费用 + 递延所得税费用。

　　计入当期损益的所得税费用（或收益）不包括企业合并和直接在所有者权益中确认的交易或事项产生的所得税影响。与直接计入所有者权益的交易或者事项相关的递延所得税，应当计入所有者权益。所得税费用应当在利润表中单独列示。

　　【例 13 - 24】M 公司 2 ×18 年度利润表中利润总额为 6 000 万元，该公司适用的所得税税率为 25%。2 ×18 年 12 月 31 日公司资产、负债的账面价值与计税基础如表 13 - 4 所示。

表 13 - 4　　　　　　　　M 公司资产、负债的账面价值与计税基础　　　　　单位：万元

项　　目	账面价值	计税基础	应纳税暂时性差异	可抵扣暂时性差异
存货	8 700	9 000		300
无形资产	3 600	4 100		500
固定资产	4 800	3 900	900	
交易性金融资产	2 000	800	1 200	
预计负债	200	0		200
合　计			2 100	1 000

2×18 年发生的有关交易，会计处理与税收处理存在差别有：①向关联企业捐赠现金 400 万元。假定按照税法规定不允许税前扣除。②2×18 年 12 月 31 日确认的交易性金融资产公允价值变动损益 1 200 万元。③违反环保法规定应支付罚款 360 万元。④期末对持有的存货计提了 300 万元的存货跌价准备。

①2×18 年度当期应交所得税：

应纳税所得额 = 6 000 - 900 + 400 - 1 200 + 360 + 300 + 500 + 200 = 5 660（万元）

应交所得税 = 5 660 × 25% = 1 415（万元）

②2×18 年度递延所得税：

递延所得税资产 = 1 000 × 25% = 250（万元）

递延所得税负债 = 2 100 × 25% = 525（万元）

递延所得税费用 = 525 - 250 = 275（万元）

③利润表中应确认的所得税费用：

所得税费用 = 1 415 + 275 = 1 690（万元）

借：所得税费用——当期所得税费用	14 150 000
所得税费用——递延所得税费用	2 750 000
递延所得税资产——存货（300 × 25%）	750 000
递延所得税资产——无形资产（500 × 25%）	1 250 000
递延所得税资产——预计负债（200 × 25%）	500 000
贷：应交税费——应交所得税	14 150 000
递延所得税负债——固定资产（900 × 25%）	2 250 000
递延所得税负债——交易性金融资产（1 200 × 25%）	3 000 000

【例 13 - 25】某企业 2×18 年 12 月 31 日资产负债表中有关项目金额及其计税基础如表 13 - 5 所示。

表 13 - 5　　　　　某企业固定资产和预计负债账面价值及其计税基础　　　　　单位：元

项目	账面价值	计税基础	暂时性差异	
			应纳税暂时性差异	可抵扣暂时性差异
固定资产	80 000	60 000	20 000	
预计负债	50 000	0		50 000
合计			20 000	50 000

除上述项目外，该企业其他资产、负债账面价值与其计税基础不存在差异，且递延所得税资产和递延所得税负债不存在期初余额，适用的所得税税率为 25%。假定当期应纳税所得额为 300 000 元。该企业预计在未来期间能够产生足够的应纳税所得额用来抵扣可抵扣暂时性差异。要求：计算企业确认的递延所得税负债、递延所得税资产、所得税费用，并编制相关会计分录。

递延所得税负债 = 20 000 × 25% = 5 000（元）

递延所得税资产 = 50 000 × 25% = 12 500（元）

所得税费用 = 300 000 × 25% + 5 000 - 12 500 = 67 500（元）

借：所得税费用——当期所得税费用　　　　　　　　　　　75 000

　　递延所得税资产　　　　　　　　　　　　　　　　　　12 500

　　　贷：递延所得税负债　　　　　　　　　　　　　　　　　　5 000

　　　　　所得税费用——递延所得税费用　　　　　　　　　　7 500

　　　　　应交税费——应交所得税（300 000 × 25%）　　　75 000

【例 13 - 26】2×19 年 12 月 31 日，计提本年度所得税费用和应交所得税。某企业相关资料如下，相关计算如表 13 - 6 所示，要求编制相关会计分录。

（1）支付对养老院捐赠支出 50 000 元。

（2）2×19 年度会计利润 12 000 000 元，本年度业务招待费支出为 380 000 元，本年度营业收入总额为 78 000 000 元。

（3）2×19 年度支付不符合资本化条件的新产品研究开发费用 10 000 元。

（4）2×19 年初对联营企业投资 30%，投资者享有被投资单位所有者权益公允价值的份额高于初始投资 50 000 元，2×19 年末被投资单位实现净利润 2 000 000 元。

（5）2×19 年初坏账准备余额 64 000 元，2×19 年末应收账款账面价值 2 240 000 元，其计税基础 2 420 000 元。

（6）2×19 年初固定资产账面价值 2 748 000 元，其计税基础 3 441 600 元；2×19 年期末固定资产账面价值 2 610 000 元，其计税基础 3 268 000 元。

（7）2×19 年初长期应付款账面价值 1 901 928 元，其计税基础 2 400 000 元；2×19 年末长期应付款账面价值 1 492 120 元，其计税基础 1 800 000 元。

（8）其他债权投资历史成本 1 500 000 元，其公允价值 1 550 000 元。

（9）2×19 年 1 月 20 日购买建筑物 12 000 000 元作为投资性房地产，后续计量采用公允价值计量，2×19 年末其公允价值为 12 300 000 元，该建筑物年折旧率 4.4%。

借：所得税费用　　　　　　　　　　　　　　　　　　　2 886 125

　　其他综合收益　　　　　　　　　　　　　　　　　　　　12 500

　　递延所得税资产　　　　　　　　　　　　　　　　　　　20 100

　　　贷：递延所得税负债　　　　　　　　　　　　　　　　　171 952

　　　　　应交税费——应交所得税　　　　　　　　　　　2 746 773

表 13 - 6　　　　　　　　　　　　　应交所得税计算表

2×19 年 12 月 31 日　　　　　　　　　　　　　　　金额单位：元

项　目	账面价值	计税基础	可抵扣暂时性差异		应纳税暂时性差异		纳税调整增减额
			期初余额	期末余额	期初余额	期末余额	
捐赠支出							50 000
业务招待费							152 000
技术开发费							- 7 500
投资收益							- 600 000
营业外收入							- 50 000

续表

项　目	账面价值	计税基础	可抵扣暂时性差异		应纳税暂时性差异		纳税调整增减额
			期初余额	期末余额	期初余额	期末余额	
应收账款	2 240 000	2 420 000	64 000	180 000			116 000
固定资产	2 610 000	3 268 800	693 600	658 000			− 35 600
长期应付款	1 492 120	1 800 000			498 072	307 880	190 192
其他债权投资	1 550 000	1 500 000				50 000	
投资性房地产	12 300 000	11 472 000				828 000	− 828 000
小计			757 600	838 000	498 072	1 185 880	− 1 012 908

年度利润总额	应纳税所得额	应交所得税	递延所得税资产			递延所得税负债		
			期初	期末	本期	期初	期末	本期
12 000 000	10 987 092	2 746 773	189 400	209 500	20 100	124 518	296 470	171 952
其他综合收益		12 500	所得税费用			2 886 125		

审核：余红　　　　　　　　　　　　　　　　　　　　制单：张丽

【本章小结】

（1）本章需完成任务包括：①会计利润与应纳税所得额之间差异；②资产负债表债务法原理；③计税基础和暂时性差异概念；④递延所得税资产及递延所得税负债的确认和计量；⑤所得税费用的确认与计量；⑥所得税在报表中列示。

（2）学习完本章学生应掌握：①资产负债表债务法原理；②资产计税基础、负债计税基础的确定；③应纳税暂时性差异和可抵扣暂时性差异的确定；④递延所得税资产和递延所得税负债的确认；⑤所得税费用的确认和计量。

（3）完成本章若干学习任务应深刻理解：①会计利润与应纳税所得额概念；②资产负债表债务法原理；③应纳税暂时性差异与可递减暂时性差异的概念及对所得税费用的影响；④所得税费用的确认和计量。

（4）完成学习任务应学会运用：资产负债表债务法的会计处理。

第*14*章

非货币性资产交换和债务重组核算

【学习目标】

通过本章学习，理解非货币性资产交换的概念及判断标准；了解商业实质的判断和公允价值的确定；掌握公允价值模式下的不涉及补价与涉及补价情况下的会计处理；了解账面价值模式下的不涉及补价与涉及补价情况下的会计处理；理解债务重组概念及方式；掌握债务人对债务重组的会计处理；掌握债权人对债务重组的会计处理。

【能力目标】

能熟练地对非货币性资产交换、债务重组双方经济业务进行会计核算。

【任务提示】

下述是非货币性资产交换及债务重组核算业务中涉及的一系列原始凭证，企业发生这些业务在会计上应如何确认和计量，就是本章需要解决的主要问题。

14 – 1 – 1/5

财务说明书——记账凭证附件　NO. 091214

根据江西九瑞油泵油嘴有限公司六届二次股东会议的批准，江西九瑞油泵油嘴有限公司用钻床和江西新明机械有限公司一台未使用的铣床，进行非货币资产交换。该换入的铣床设备公允价值（计税价格）价值为 8 万元，换出的钻床，原值 12 万元，累计折旧 5 万元，公允价值（计税价格）价值为 8 万元。

该交易合同备查公司文件 JRBY12033。

总经理·陈俊杰

201□ 年 12 月 1□ 日

江西九瑞油泵□嘴有限公司

财务专用章

14 - 1 - 2/5

江西增值税专用发票　№ 12051208

校验码 12478 36541 25478 12521

开票日期: 2019 年 12 月 15 日

货物或应税劳务、服务名称	规格型号	单位	数量	单价	金额	税率	税额
*机床设备*铣床	ZX20	台	1	80 000.00	80 000.00	13%	10 400.00
合　　计					¥80 000.00		¥10 400.00

购买方：
名称　江西九瑞油泵油嘴有限公司
纳税人识别号　91360402309264078N
地址、电话　九江市莲花路 128 号 8189866
开户行及账号　工行九江莲花支行 34520294168

价税合计 (大写)　⊗玖万零肆佰圆整　¥90 400.00

销售方：
名称　江西新明机械有限公司
纳税人识别号　91360411052565411N
地址、电话　九江市十里大道 328 号 0792-81190623
开户行及账号　工商银行九江十里支行 70015470643

收款人: 吴军　　复核: 张华　　开票人: 吴军　　销售单位: (章)

14 - 1 - 3/5

江西九瑞油泵油嘴有限公司固定资产验收单

2019 年 12 月 15 日　№0901211

名称	数量	价格	预计使用年限	使用部门
铣床	1	80 000	8年	生产车间
备注				

会计主管: 蒙有才　　制单: 乐羽　　审核: 张右华

14 - 1 - 4/5

江西增值税专用发票　№ 21540105

校验码 12410 66218 35412 35105

此联不作报销、扣抵税款凭证使用

开票日期: 2019 年 12 月 15 日

购买方：
名称　江西新明机械有限公司
纳税人识别号　91360411052565411N
地址、电话　九江市十里大道 328 号 0792-81190623
开户行及账号　工商银行九江十里支行 70015470643

货物或应税劳务、服务名称	规格型号	单位	数量	单价	金额	税率	税额
*车床设备*钻床		台	1	80 000.00	80 000.00	13%	10 400.00
合　　计					¥80 000.00		¥10 400.00

价税合计 (大写)　⊗玖万零肆佰圆整　(小写)　¥90 400.00

销售方：
名称　江西九瑞油泵油嘴有限公司
纳税人识别号　91360402309264078N
地址、电话　九江市莲花路 128 号 8189866
开户行及账号　工行九江莲花支行 34520294168

收款人: 董旭　　复核: 董旭　　开票人: 尚英　　销售单位: (章)

14－1－5/5

江西九瑞油泵油嘴有限公司固定资产出售调拨单

2019 年 12 月 15 日　　　　　　　　调拨单号：091220

调出单位	江西九瑞油泵油嘴有限公司					调入单位	江西新明机械有限公司		
调拨资产名称						有　偿			
固定资产名称	规格及型号	单位	数量	预计使用年限	已使用年限	原值	已提折旧	净值	协商价格
钻床		台	1	10年	8年	120 000	50 000	70 000	80 000

调出单位			调入单位			备注：
财务：张有才		（公章）	财务：李芳		（公章）	
经办：陈西			经办：郭梅			

单位负责人：陈俊杰　　　会计主管：张有才　　　　　制单：董旭

14－2－1/3

债务重组协议书　　　NO.0912102

甲方：江西九瑞油泵油嘴有限公司
乙方：江西华冶机械有限公司

　　双方共同商定，就乙方所欠甲方货款事宜协议如下：

　　一、鉴于乙方由于财务困难，甲方同意乙方以其公司崭新设备抵前欠货款 67 800 元。

　　二、乙方提供一台 CQ-024 油压机，甲方同意接受该崭新设备。

　　三、双方同意该设备抵债，该油压机市价为每台 60 000 元，乙方交给甲方一台 CQ-024 油压机，并开具增值税专用发票给甲方，抵账所欠甲方货款 67 800 元，交货地点为甲方加工车间。

　　五、本协议自签订之日起有效。

　　六、本协议一式二份，双方各持一份。

甲方代表签字：　　　　　　　　　乙方代表签字：

甲方盖章　　　　　　　　　　　　乙方盖章

二〇一九年十二月十三日　　　　　二〇一九年十二月十三日

14 - 2 - 2/3

14 - 2 - 3/3

14－3－1/2

债务重组协议书　NO.12101

甲方：江西九瑞油泵油嘴有限公司

乙方：江西宏达机械有限公司

　　双方共同商定，就乙方所欠甲方货款事宜协议如下：

　　一、鉴于乙方由于财务困难，甲方同意乙方以其公司一项油嘴商标权抵前欠货款 31 800 元。

　　二、乙方提供油嘴商标权，甲方同意接受该项商标权。

　　三、双方同意该项油嘴商标权抵债，该油嘴商标权市场含税价为 31 800 元，并开具增值税专用发票给甲方，抵账所欠甲方货款 31 800 元。

　　五、本协议自签订之日起有效。

　　六、本协议一式二份，双方各持一份。

甲方代表签字：陈俊杰　　　　　　　　　　　乙方代表签字：李国平

甲方盖章：　　　　　　　　　　　　　　　　乙方盖章：

二〇一九年十二月八日　　　　　　　　　　　二〇一九年十二月八日

14－3－2/2

江西增值税专用发票

3600184130　　　　　　　　　　No. 12050087　　3600184130
　　　　　　　　　　　　　　　　　　　　　　　　　　　　12050087

校验码 12478 36541 25476 10987　　　　　　开票日期：2019 年 12 月 08 日

购买方	名　称：江西九瑞油泵油嘴有限公司 纳税人识别号：91360402309264078N 地　址、电话：九江市莲花路 128 号 8189866 开户行及账号：工行九江莲花支行 34520294168	密码区	2*16<98*->532*-536//32<65<*32+6//62<65<*1 12+325-616<74>29312-8-35<*56>>92*389-65<8 9-055-456<78>25613-8-53>\<20>+542+365-73<7 92<764>534//33-8-895><126>>37592+147-41<7

货物或应税劳务、服务名称	规格型号	单位	数量	单价	金额	税率	税额
*无形资产*油嘴商标权		项	1	30 000.00	30 000.00	6%	1 800.00
合　　计					￥30 000.00		￥1 800.00

价税合计（大写）　㊀叁万壹仟捌佰圆整　　　　　　　（小写）￥31 800.00

销售方	名　称：江西宏达机械有限公司 纳税人识别号：91360681340076561N 地址、电话：南昌市东湖路 49 号 0791-8457640 开户行及账号：建行南昌东湖支行 25872658941	备注	

收款人：徐冲　　　复核：田建龙　　　开票人：徐冲　　　销售单位：（章）

14.1　非货币性资产交换核算

14.1.1　非货币性资产交换的概念

（1）非货币性资产交换含义。非货币性资产交换，是指企业主要以固定资产、无形资产、投资性房地产和长期股权投资等非货币性资产进行的交换。货币性资产，是指企业持有的货币资金和收取固定或可确定金额的货币资金的权利。非货币性资产，是指货币性资产以外的资产。

（2）非货币性资产交换判断标准。该交换不涉及或只涉及少量的货币性资产（即补价）。非货币性资产交换的少量货币性资产参考比例为 25%。

（3）不适合非货币性资产交换准则范围。企业以存货换取客户的非货币性资产的，适用《企业会计准则第 14 号——收入》；非货币性资产交换中涉及企业合并的，适用《企业会计准则第 20 号——企业合并》《企业会计准则第 2 号——长期股权投资》和《企业会计准则第 33 号——合并财务报表》；非货币性资产交换中涉及由《企业会计准则第 22 号——金融工具确认和计量》规范的金融资产的，金融资产的确认、终止确认和计量适用《企业会计准则第 22 号——金融工具确认和计量》和《企业会计准则第 23 号——金融资产转移》；非货币性资产交换中涉及由《企业会计准则第 21 号——租赁》规范的使用权资产或应收融资租赁款等的，相关资产的确认、终止确认和计量适用《企业会计准则第 21 号——租赁》；非货币性资产交换的一方直接或间接对另一方持股且以股东身份进行交易的，或者非货币性资产交换的双方均受同一方或相同的多方最终控制，且该非货币性资产交换的交易实质是交换的一方向另一方进行了权益性分配或交换的一方接受了另一方权益性投入的，适用权益性交易的有关会计处理规定。

14.1.2　非货币性资产交换的确认

（1）企业应当分别按照下列原则对非货币性资产交换中的换入资产进行确认，对换出资产终止确认：对于换入资产，企业应当在换入资产符合资产定义并满足资产确认条件时予以确认；对于换出资产，企业应当在换出资产满足资产终止确认条件时终止确认。

（2）换入资产的确认时点与换出资产的终止确认时点存在不一致的，企业在资产负债表日应当按照下列原则进行处理：换入资产满足资产确认条件，换出资产尚未满足终止确认条件的，在确认换入资产的同时将交付换出资产的义务确认为一项负债；换入资产尚未满足资产确认条件，换出资产满足终止确认条件的，在终止确认换出资产的同时将取得换入资产的权利确认为一项资产。

14.1.3　非货币性资产交换的计量

1. 公允价值

公允价值是指在公平交易中，熟悉情况的交易双方自愿进行资产交换或债务清偿的金额。非货币性资产交换同时满足下列两个条件的，采用公允价值计量：

（1）该项交换具有商业实质。能够满足下列条件之一的非货币性资产交换具有商业实质：一是换入资产的未来现金流量在风险、时间分布或金额方面与换出资产显著不同；二是使用换入资产所产生的预计未来现金流量现值与继续使用换出资产不同，且其差额与换入资产和换出资产的公允价值相比是重大的。

（2）换入资产或换出资产的公允价值能够可靠地计量。换入资产和换出资产的公允价值均能够可靠计量的，应当以换出资产的公允价值为基础计量，但有确凿证据表明换入资产的公允价值更加可靠的除外。

2. 账面价值

不具有商业实质或交换涉及资产的公允价值均不能可靠计量的非货币性资产交换，应当采用账面价值计量。

14.1.4　非货币性资产交换的会计处理

1. 公允价值计量

（1）换入资产成本的确定。

①不涉及补价。若以换出资产公允价值为基础的，对于换入资产，应当以换出资产的公允价值和应支付的相关税费作为换入资产的成本进行初始计量；有确凿证据表明换入资产的公允价值更加可靠的，对于换入资产，应当以换入资产的公允价值和应支付的相关税费作为换入资产的初始计量金额。

②涉及补价。一是支付补价方换入资产的成本。若以换出资产公允价值为基础的，则应当以换出资产的公允价值，加上支付补价的公允价值和应支付的相关税费，作为换入资产的成本。若有确凿证据表明换入资产的公允价值更加可靠的，则以换入资产的公允价值和应支付的相关税费作为换入资产的初始计量金额。二是收到补价方换入资产的成本。若以换出资产公允价值为基础的，则以换出资产的公允价值，减去收到补价的公允价值，加上应支付的相关税费，作为换入资产的成本。若有确凿证据表明换入资产的公允价值更加可靠的，则以换入资产的公允价值和应支付的相关税费作为换入资产的初始计量金额。

（2）非货币性资产交换的损益确认。

①不涉及补价。若以换出资产公允价值为基础的，应当在终止确认换出时，将换出资产的公允价值与其账面价值之间的差额计入当期损益。若以换入资产公允价值为基础的，应当在终止确认换出资产时，将换入资产的公允价值与换出资产账面价值之间的差额计入当期损益。

②涉及补价。一是支付补价。若以换出资产公允价值为基础的，则换出资产的公允价值与其账面价值之间的差额计入当期损益。若以换入资产公允价值为基础的，则换入资产的公允价值减去支付补价的公允价值，与换出资产账面价值之间的差额计入当期损益。二是收到补价。若以换出资产公允价值为基础的，则换出资产的公允价值与其账面价值之间的差额计入当期损益。若以换入资产公允价值为基础的，则换入资产的公允价值加上收到补价的公允价值，与换出资产账面价值之间的差额计入当期损益。

（3）非货币性资产交换涉及换入或换出多项资产的处理。

①对于同时换入的多项资产，按照换入的金融资产以外的各项换入资产公允价值相对比例，将换出资产公允价值总额（涉及补价的，加上支付补价的公允价值或减去收到补价的公允价值）扣除换入金融资产公允价值后的净额进行分摊，以分摊至各项换入资产的金额，加上应支付的相关税费，作为各项换入资产的成本进行初始计量。有确凿证据表明换入资产的公允价值更加可靠的，以各项换入资产的公允价值和应支付的相关税费作为各项换入资产的初始计量金额。

②对于同时换出的多项资产，将各项换出资产的公允价值与其账面价值之间的差额，在各项换出资产终止确认时计入当期损益。有确凿证据表明换入资产的公允价值更加可靠的，按照各项换出资产的公允价值的相对比例，将换入资产的公允价值总额（涉及补价的，减去支付补价的公允价值或加上收到补价的公允价值）分摊至各项换出资产，分摊至各项换出资产的金额与各项换出资产账面价值之间的差额，在各项换出资产终止确认时计入当期损益。

【例 14 – 1】甲公司以其持有的对乙公司的长期股权投资交换丙公司拥有的一项商标权。在交换日，甲公司持有的长期股权投资账面余额为 805 万元，已计提长期股权投资减值准备余额为 75 万元，在交换日的公允价值为 680 万元；丙公司商标权的账面原价为 860 万元，累计已摊销金额为 150 万元，已计提减值准备为 42 万元，在交换日的公允价值为 680 万元。丙公司原已持有对乙公司的长期股权投资，从甲公司换入对乙公司的长期股权投资后，使乙公司成为丙公司的联营企业。假设计税价格等于公允价值，增值税税率为 6%。

丙公司的账务处理如下：

借：长期股权投资（6 800 000 + 408 000）　　　　　　　　7 208 000
　　累计摊销　　　　　　　　　　　　　　　　　　　　　1 500 000
　　无形资产减值准备　　　　　　　　　　　　　　　　　　 420 000
　　贷：无形资产——商标权　　　　　　　　　　　　　　　　8 600 000
　　　　应交税费——应交增值税（销项税额）　　　　　　　　 408 000
　　　　资产处置损益　　　　　　　　　　　　　　　　　　　 120 000

【例 14 – 2】甲公司经协商以其拥有的一台设备与乙公司持有的对联营企业丙公司长期股权投资交换。在交换日，该设备的账面原价为 400 万元，已提折旧 65 万元，已计提减值准备 10 万元，在交换日设备不含税公允价值为 360 万元；乙公司持有的对丙公司长期股权投资账面价值为 325 万元，已计提减值准备 12 万元，在交换日的公允价值为 310 万元，乙公司转账支付 96.8 万元给甲公司。甲公司换入长期股权投资仍然作为长期股权投资，并采用权益法核算。甲公司因转让设备向乙公司开具的增值税专用发票上注明的销售额为 360 万元，销项税额为 46.8 万元。甲公司取得支付清理费用增值税专用发票，价款 2 万元，增值税 0.12 万元。假定除增值税外，该项交易中不涉及其他相关税费。该交换具有商业实质且公允价值能够可靠地计量。

本例中，该项资产交换涉及收付货币性资产，即甲公司收到的 96.8 万元，其中包括由于换出和换入资产不含税公允价值不同而收到的补价 50 万元，以及换出资产销项税额与换入资产进项税额（本例中为 0）的差额 46.8 万元。对甲公司而言，收到的不含税补价 50 万元/换出资产的公允价值 360 万元（或换入长期股权投资公允价值 310 万元 + 收到的补价 50 万元）= 13.89% < 25%，属于非货币性资产交换。

本例属于以固定资产交换长期股权投资。由于两项资产的交换具有商业实质，且长期股权投资和固定资产的公允价值均能够可靠地计量，因此，甲公司、乙公司均应当以公允价值为基础确定换入资产的成本，并确定产生的损益。

甲公司的账务处理如下：

借：固定资产清理	3 250 000	
累计折旧	650 000	
固定资产减值准备	100 000	
贷：固定资产		4 000 000
借：固定资产清理	20 000	
应交税费——应交增值税（进项税额）	1 200	
贷：银行存款		21 200
借：长期股权投资——丙公司	3 100 000	
银行存款	968 000	
贷：固定资产清理		3 600 000
应交税费——应交增值税（销项税额）		468 000
借：固定资产清理	330 000	
贷：资产处置损益		330 000

乙公司的账务处理如下：

借：固定资产	3 600 000	
应交税费——应交增值税（进项税额）	468 000	
长期股权投资减值准备	120 000	
投资收益	30 000	
贷：长期股权投资——丙公司		3 250 000
银行存款		968 000

【例 14-3】甲公司以一项账面余额为 290 万元（其中，投资成本 250 万元，损益调整 25 万元，其他综合收益 10 万元，其他权益变动 5 万元），已计提减值准备 30 万元，公允价值为 220 万元的长期股权投资，同时换入乙公司两项非货币性资产，包括一辆小轿车（账面价值 40 万元，公允价值 43 万元）和一台设备（账面价值 170 万元，公允价值 155 万元），甲公司向乙公司支付补价 3.74 万元，甲公司支付不含增值税运费 1 万元，增值税税率 9%，乙公司为增值税一般纳税人，税率 13%，假设公允价值能够可靠计量公允价值，交易具有商业实质。

对于甲公司而言，支付的 3.74 万元，占换出资产公允价与支付补价之和的比例小于 25%，属于非货币性资产交换，且交易具有商业实质，应以公允价值为基础确认换入资产的成本。

甲公司换入资产入账价值总额 = 2 200 000 + 37 400 + 10 900 − 257 400 − 900 = 1 990 000（元）

小轿车公允价值的比例 = 430 000 ÷（430 000 + 1 550 000）= 21.72%

小轿车入账价值 = 1 990 000 × 21.72% = 432 171.72（元）

设备入账价值 = 1 990 000 − 432 171.72 = 1 557 828.28（元）

借：固定资产——设备　　　　　　　　　　　　　　　　　1 557 828.28
　　固定资产——小轿车　　　　　　　　　　　　　　　　　432 171.72
　　应交税费——应交增值税（进项税额）（1 980 000 × 13% + 100 000 × 9%）
　　　　　　　　　　　　　　　　　　　　　　　　　　　　　258 300
　　长期股权投资减值准备　　　　　　　　　　　　　　　　　300 000
　　投资收益　　　　　　　　　　　　　　　　　　　　　　　400 000
　　　贷：银行存款　　　　　　　　　　　　　　　　　　　　　48 300
　　　　　长期股权投资——成本　　　　　　　　　　　　　2 500 000
　　　　　　　　　　　——损益调整　　　　　　　　　　　　250 000
　　　　　　　　　　　——其他权益变动　　　　　　　　　　　50 000
　　　　　　　　　　　——其他综合收益　　　　　　　　　　100 000
借：其他综合收益　　　　　　　　　　　　　　　　　　　　100 000
　　资本公积——其他资本公积　　　　　　　　　　　　　　　50 000
　　　贷：投资收益　　　　　　　　　　　　　　　　　　　　150 000

2. 账面价值计量

（1）换入资产成本的确定。

①不涉及补价。企业应当以换出资产的账面价值和应支付的相关税费作为换入资产的初始计量金额。

②涉及补价。一是支付补价的，以换出资产的账面价值，加上支付补价的账面价值和应支付的相关税费，作为换入资产的初始计量金额。二是收到补价的，以换出资产的账面价值，减去收到补价的公允价值，加上应支付的相关税费，作为换入资产的初始计量金额。

（2）非货币性资产交换的损益确认。对于换出资产，无论是否涉及补价，终止确认时不确认损益。

（3）非货币性资产交换涉及换入或换出多项资产的处理。

①对于同时换入的多项资产，按照各项换入资产的公允价值的相对比例，将换出资产的账面价值总额（涉及补价的，加上支付补价的账面价值或减去收到补价的公允价值）分摊至各项换入资产，加上应支付的相关税费，作为各项换入资产的初始计量金额。换入资产的公允价值不能够可靠计量的，可以按照各项换入资产的原账面价值的相对比例或其他合理的比例对换出资产的账面价值进行分摊。

②对于同时换出的多项资产，各项换出资产终止确认时均不确认损益。

【例 14 - 4】2 × 19 年 9 月 2 日，甲公司以一台设备换入乙公司的长期股权投资，该设备账面原值 120 万元，累计折旧 55 万元，未对该设备计提减值准备，其公允价值为 70 万元。乙公司股权投资账面余额为 120 万元，计提减值准备 40 万元。双方商定，乙公司支付给甲公司 14.1 万元，其中补价 5 万元，增值税进项税额 9.1 万元。甲公司负责将设备运送至乙公司。假定该项交易不具有商业实质。该设备计税基础为 70 万元，增值税税率为 13%。

从收到不含税补价的甲公司来看，收到的补价 5 万元占换出资产的公允价值 70 万元的比例小于 25%，属于非货币性资产交换。

甲公司换入乙公司的长期股权投资的入账价值 = 120 - 55 - 5 = 60（万元）

借：固定资产清理	650 000	
累计折旧	550 000	
贷：固定资产		1 200 000
借：固定资产清理	91 000	
贷：应交税费——应交增值税（销项税税额）		91 000
借：长期股权投资——乙公司（1 200 000 - 550 000 - 50 000）	600 000	
银行存款	141 000	
贷：固定资产清理		741 000

14.2 债务重组核算

14.2.1 债务重组的定义和重组方式

1. 债务重组的概念

债务重组是指在不改变交易对手方的情况下，经债权人和债务人协定或法院裁定，就清偿债务的时间、金额或方式等重新达成协议的交易。

2019 年 5 月 16 日财政部发布了《企业会计准则第 12 号——债务重组》（以下简称《新准则》）明确重组债权和债务与其他金融工具不再区分，重组债权和债务与金融工具的确认与计量原则一致。

2. 适用范围

《新准则》在正文中增加了适用范围的排除条款，明确不适用该准则的以下情形：

一是债务重组中涉及的债权、重组债权、债务、重组债务和其他金融工具的确认、计量和列报，分别适用《企业会计准则第 22 号——金融工具确认和计量》和《企业会计准则第 37 号——金融工具列报》；二是债务重组形成企业合并的，适用《企业会计准则第 20 号——企业合并》；三是债务重组的交易实质上构成是债权人和债务人之间权益性交易的，适用于权益性交易的有关会计处理规定。

3. 债务重组的方式

债务重组一般包括下列方式，或下列一种以上方式的组合：（1）债务人以资产清偿债务；（2）债务人将债务转为权益工具；（3）除本条第一项和第二项以外，采用调整债务本金、改变债务利息、变更还款期限等方式修改债权和债务的其他条款，形成重组债权和重组债务。

14.2.2　债务重组会计处理

1. 债权人会计处理

（1）以资产清偿债务方式进行债务重组的，债权人初始确认受让的金融资产以外的资产的初始计量金额，应当按照放弃债权的公允价值加上其他相关成本确定。债务重组损益 = 放弃债权的公允价值 − 放弃债权的账面价值，作为金融资产终止确认损益，记入"投资收益"科目。

①存货的成本，包括放弃债权的公允价值和使该资产达到当前位置和状态所发生的可直接归属于该资产的税金、运输费、装卸费、保险费等其他成本。

②对联营企业或合营企业投资的成本，包括放弃债权的公允价值和可直接归属于该资产的税金等其他成本。

③投资性房地产的成本，包括放弃债权的公允价值和可直接归属于该资产的税金等其他成本。

④固定资产的成本，包括放弃债权的公允价值和使该资产达到预定可使用状态前所发生的可直接归属于该资产的税金、运输费、装卸费、安装费、专业人员服务费等其他成本。

⑤无形资产的成本，包括放弃债权的公允价值和可直接归属于使该资产达到预定用途所发生的税金等其他成本。

⑥生物资产的成本，包括放弃债权的公允价值和可直接归属于该资产的税金、运输费、保险费等其他成本。

（2）将债务转为权益工具方式进行债务重组导致债权人将债权转为对联营企业或合营企业的权益性投资的，债权人应当按照放弃债权的公允价值加上其他相关成本计量其初始投资成本。债务重组损益 = 放弃债权的公允价值 − 放弃债权的账面价值，作为金融资产终止确认损益，记入"投资收益"科目。

（3）采用修改其他条款方式进行债务重组的，债权人应当按照《企业会计准则第 22 号——金融工具确认和计量》的规定，确认和计量重组债权。

（4）以多项资产清偿债务或者组合方式进行债务重组的，债权人应当首先按照《企业会计准则第 22 号——金融工具确认和计量》的规定确认和计量受让的金融资产和重组债权，然后按照受让的金融资产以外的各项资产的公允价值比例，对放弃债权的公允价值扣除受让金融资产和重组债权确认金额后的净额进行分配，并以此为基础并按照修订后准则的相关规定分别确定各项资产的成本。债务重组损益 = 放弃债权的公允价值 − 放弃债权的账面价值，作为金融资产终止确认损益，记入"投资收益"科目。

2. 债务人会计处理

（1）以资产清偿债务方式进行债务重组的，债务人应当在相关资产和所清偿债务符合终止确认条件时予以终止确认，债务重组损益 = 清偿债务的账面价值 − 转让资产账面价值，记入"资产处置损益"科目。

（2）将债务转为权益工具方式进行债务重组的，债务人应当在所清偿债务符合终止确认条件时予以终止确认。债务人初始确认权益工具时，按照发行权益工具的公允价值计量，债务重组损益＝清偿债务账面价值－发行权益工具的公允价值，应当计入当期损益。权益工具的公允价值不能可靠计量的，允许所清偿债务的公允价值作为债务人权益工具初始计量金额，其债务重组损益＝清偿债务的账面价值－清偿债务的公允价值。

（3）采用修改其他条款方式进行债务重组的，债务人应当按照《企业会计准则第 22 号——金融工具确认和计量》和《企业会计准则第 37 号——金融工具列报》的规定，确认和计量重组债务及债务重组损益。

（4）以多项资产清偿债务或者组合方式进行债务重组的，债务人应当按照前述（1）、（2）、（3）、《新准则》相关规定确认和计量权益工具和重组债务，所清偿债务的账面价值与转让资产的账面价值以及权益工具和重组债务的确认金额之和的差额，应当计入当期损益。

【例 14 – 5】 甲公司前欠乙公司货款 100 万元，因资金周转困难不能按时还款。经法院裁定，甲公司用其商标权一项抵偿债务，账户余额 95 万元，累计摊销 10 万元，计税价格 90 万元，增值税税率 6%。甲乙两公司已经将商标权过户登记，乙公司签发支票一张，支付印花税等费用 3 万元。

乙公司会计处理如下：

借：无形资产——商标权（1 000 000 + 30 000 – 54 000）　　　　　976 000

　　应交税费——应交增值税（进项税额）　　　　　　　　　　54 000

　　贷：应收账款——甲公司　　　　　　　　　　　　　　　　　　1 000 000

　　　　银行存款　　　　　　　　　　　　　　　　　　　　　　　30 000

甲公司会计处理如下：

借：应付账款——乙公司　　　　　　　　　　　　　　　　1 000 000

　　累计摊销　　　　　　　　　　　　　　　　　　　　　100 000

　　贷：无形资产　　　　　　　　　　　　　　　　　　　　　　950 000

　　　　应交税费——应交增值税（销项税额）　　　　　　　　　54 000

　　　　资产处置损益　　　　　　　　　　　　　　　　　　　　96 000

【例 14 – 6】 2×19 年 6 月 1 日，甲公司销售材料给乙公司，价款 113 万元（包括应收取的增值税额），按购销合同约定，乙公司应于 2×19 年 10 月 31 日前支付价款，但至 10 月 31 日乙公司尚未支付。经过协商，甲公司同意乙公司用其一台机器设备抵偿债务。该项设备的原价为 130 万元，累计折旧为 10 万元，公允价值（计税价格）为 110 万元，增值税税率 13%。抵债设备已于 2×19 年 11 月 10 日运抵甲公司，甲公司将其用于生产产品。

甲公司的账务处理：

借：固定资产（1 130 000 – 143 000）　　　　　　　　　　　987 000

　　应交税费——应交增值税（进项税额）　　　　　　　　143 000

　　贷：应收账款——乙公司　　　　　　　　　　　　　　　　1 130 000

乙公司的账务处理：

将固定资产净值转入固定资产清理：

借：固定资产清理　　　　　　　　　　　　　　　　　　　　1 200 000
　　累计折旧　　　　　　　　　　　　　　　　　　　　　　　100 000
　　贷：固定资产　　　　　　　　　　　　　　　　　　　　　　　　1 300 000
结转债务重组损益：
借：应付账款——甲公司　　　　　　　　　　　　　　　　　1 130 000
　　资产处置损益　　　　　　　　　　　　　　　　　　　　　213 000
　　贷：固定资产清理　　　　　　　　　　　　　　　　　　　　　1 200 000
　　　　应交税费——应交增值税（销项税额）　　　　　　　　　　143 000

【例 14 - 7】2 × 19 年 9 月，A 公司应收 B 公司货款账面价值 480 万元。其中，账面余额为 600 万元，已计提坏账准备 120 万元。经评估该应收账款 9 月末公允价值为 536 万元。当月交易双方达成协议，B 公司以其持有的一套房产抵偿 A 公司的债务。B 公司该房产作为固定资产核算，当月账面价值为 380 万元。其中，原值为 530 万元，已计提累计折旧 150 万元。经评估该房产 9 月末公允价值（计税价格）为 520 万元。双方于当月完成该房产产权转移手续。A 公司转入房产发生其他相关税费 16 万元，A 公司转入房产增值税税率 9%。B 公司转出房产发生其他相关税费 22 万元，B 公司转出房产增值税税率 9%。

对于债权人 A 公司会计处理如下：
借：固定资产——原值（5 360 000 + 160 000 - 468 000）　　5 052 000
　　坏账准备　　　　　　　　　　　　　　　　　　　　　　1 200 000
　　应交税费——应交增值税（进项税额）　　　　　　　　　　468 000
　　贷：应收账款　　　　　　　　　　　　　　　　　　　　　　　6 000 000
　　　　银行存款　　　　　　　　　　　　　　　　　　　　　　　160 000
　　　　投资收益　　　　　　　　　　　　　　　　　　　　　　　560 000
对于债务人 B 公司会计分录如下：
①借：固定资产清理　　　　　　　　　　　　　　　　　　　4 268 000
　　累计折旧　　　　　　　　　　　　　　　　　　　　　　1 500 000
　　贷：固定资产——原值　　　　　　　　　　　　　　　　　　　5 300 000
　　　　应交税费——应交增值税（销项税额）　　　　　　　　　　468 000
②借：应付账款　　　　　　　　　　　　　　　　　　　　　6 000 000
　　税金及附加　　　　　　　　　　　　　　　　　　　　　　220 000
　　贷：固定资产清理　　　　　　　　　　　　　　　　　　　　　4 268 000
　　　　银行存款　　　　　　　　　　　　　　　　　　　　　　　220 000
　　　　资产处置损益　　　　　　　　　　　　　　　　　　　　　1 732 000

【本章小结】

1. 本章需完成任务包括：①非货币性资产交换、债务重组概念；②非货币性资产交换、债务重组双方会计主体核算；③债务重组方式。

2. 学习完本章学生应掌握：①非货币性资产交换公允价值与账面价值核算；②债务重组中债务人会计处理和债权人会计处理。

3. 完成本章若干学习任务应深刻理解：①非货币性资产交换判断标准、债务重组含义；②商业实质；③公允价值计量。

4. 完成学习任务应学会运用：①公允价值模式下非货币性资产交换换入资产成本计算、非货币性资产交换损益计算及相关会计处理；②以非现金资产清偿债务时债务人会计处理和债权人会计处理。

第15章

财务报告编制

【学习目标】

通过本章学习，了解财务报表的种类、作用及编制的基本要求；掌握资产负债表、利润表、现金流量表及所有者权益变动表的编制原理和基本编制方法。

【能力目标】

能熟练地、独立地根据账簿资料为企业编制出资产负债表、利润表及所有者权益变动表；能比较熟练地手工编制现金流量表。

15.1 财务报告概述

15.1.1 财务报告的含义及内容

1. 财务报告的含义

财务报告是企业正式对外揭示或表述财务信息的总结性书面文件，其目标是向财务报告使用者提供与企业财务状况、经营成果及现金流量等有关的会计信息。财务报告的作用表现在以下几个方面：(1) 财务报告有助于投资者和债权人等进行合理的决策。(2) 财务报告反映企业管理当局的受托经管责任。(3) 财务报告能够帮助企业管理当局改善经营管理，协调企业与相关利益集团的关系，促进企业快速、稳定的发展。(4) 财务报告能够帮助国家有关部门实现其经济与社会目标，并进行必要的宏观调控，促进社会资源的有效配置。

2. 财务报告的内容

财务报告由财务报表和其他财务报告组成。

财务报表是根据公认会计准则，以表格形式对企业财务状况、现金流动、经营绩效及所有者权益变动情况进行结构性表述的书面文件。财务报表至少应当包括资产负债表、利润表、现金流量表、所有者权益（股东权益）变动表和附注。其中，资产负债表、利润表、现金流量表、所有者权益（股东权益）变动表属于基本财务报表，而附注是对基本财务报表的信息进一步的说明、补充或解释，以便帮助所有者理解和使用报表信息。

其他财务报告作为财务报表的辅助报告，其编制基础与方式可以不受会计准则约束，而以灵活多样的形式提供各种有关的信息，内容十分广泛，主要包括管理层分析与讨论预测报告、物价变动报告及企业社会责任报告等。

在财务报告体系中，最重要、最可靠的财务信息是由财务报表提供的，财务报表连同它的附注是财务报告的核心，其他财务报告则是财务报告的必要补充，它们共同构成一个完整的对外报告体系。

15.1.2 财务报表列报基本要求

企业在财务报表列报时应符合以下基本要求：

1. 真实可靠

企业应当根据实际发生的交易和事项，遵循基本会计准则和各项具体会计准则进行确认和计量，并在此基础上编制财务报表，不应以附注披露代替确认和计量。

2. 以持续经营为基础

持续经营是会计的基本前提，是确认、计量及编制财务报表的基础。企业会计准则规范的是持续经营条件下企业对所发生的交易和事项的确认、计量及报表列报；相反，如果企业出现了非持续经营，致使以持续经营为基础编制的财务报表不再合理，企业应当采用其他基础编制财务报表。

3. 一致性

财务报表项目的列报应当在各个会计期间保持一致，不得随意变更。但以下两种情况可以变更：一是会计准则要求改变财务报表项目的列报；二是企业经营业务的性质发生重大变化，变更财务报表项目的列报能够提供更可靠、更相关的会计信息。

4. 重要性

重要性是判断项目在财务报表中应单独列报还是合并列报的重要原则。如果某个项目单个看不具有重要性，则可以将其与其他项目合并列报；如果具有重要性，则应单独列报。一般来说，如果财务报表的某些项目的省略或错报会影响所有者据此作出经济决策的，则该项目就具有重要性。具体可以根据企业所处环境，从项目的性质和金额大小两方面予以判断。

5. 抵销原则

财务报表中的资产项目和负债项目金额、收入项目和费用项目金额不得相互抵销，其他会计准则另有规定的除外。资产项目按扣除减值准备后的净额列示，不属于抵销。非日常活动产生的损益，以收入扣除费用后的净额列示，不属于抵销。

6. 可比性

当期财务报表的列报，至少应当提供所有列报项目上一可比会计期间的比较数据，以及与理解当期财务报表相关的说明，其他会计准则另有规定的除外。财务报表项目的列报发生变更的，应当对上期比较数据按照当期的列报要求进行调整，并在附注中披露调整的性质和原因，以及调整的各项目金额。对上期比较数据进行调整不切实可行的，应在附注中披露不能调整原因。

7. 财务报表表首的列报

企业应当在财务报表的显著位置至少披露下列各项：（1）编报企业的名称；（2）资产负债表日或财务报表涵盖的会计期间；（3）人民币金额单位；（4）财务报表是合并报表的，

应当予以标明。

8. 报告期间

企业至少应当按年编制财务报表。年度财务报表的涵盖期间短于一年的，应当披露年度财务报表的涵盖期间，以及短于一年的原因。

15.2 资产负债表的编制

15.2.1 资产负债表的含义及列报格式

1. 资产负债表的含义

资产负债表是反映企业在某一特定日期（如月末、季末、半年末、年末）的财务状况的报表。它是一张揭示企业在一定时点上财务状况的静态报表，用以反映企业的经济资源及其分布情况，并据以评价和预测企业的短期偿债能力和长期偿债能力。

2. 资产负债表的列报格式

资产负债表通常有两种格式，即报告式和账户式。报告式资产负债表是依据"资产－负债＝所有者权益"的会计等式，将资产、负债和所有者权益自上而下排列所形成的垂直式资产负债表。账户式资产负债表是依据"资产＝负债＋所有者权益"的会计等式和"T"形账户结构设计的，分为左右两边，左边列示企业的资产，右边列示负债和所有者权益，左右两边保持平衡。

按财务报表列报准则的规定，我国企业应采用的是账户式资产负债表。左方列报资产，一般按资产的流动性大小排列；右方列报负债和所有者权益，一般按要求清偿时间的先后顺序排列。

15.2.2 资产负债表的列报方法

1. 资产负债表的一般填制方法

资产负债表作为一张静态的财务报表，所有项目均可根据有关资产、负债、所有者权益类账户的期末余额直接或分析和计算后来填列。资产负债表通常分为"年初余额"和"期末余额"两栏。以反映两个不同报告期期末资产、负债和所有者权益的构成情况，通过对不同期间相同指标的相互比较，了解企业财务状况的发展与变化趋势。其填列方法如下：

（1）年初余额栏的列报方法。资产负债表"年初余额"栏内各项目数字，应根据上年末资产负债表"期末余额"栏内所列数字填列。如果上年度资产负债表规定的各个项目的名称和内容同本年度不一致，应对上年度资产负债表各项目的名称和数字按本年度的规定进行调整，按调整后的数字填入本表"年初余额"栏内。

（2）期末余额栏的列报方法。资产负债表"期末余额"栏内各项数字，一般应根据资产、负债和所有者权益类科目的期末余额填列。主要包括以下几种填列方式：

①根据总分类账户的余额填列，分两种情况：一是根据总分类账户的余额直接填列，如"交易性金融资产""交易性金融负债""其他债权投资""其他权益工具投资""递延所得

税资产""长期待摊费用""短期借款""持有待售负债""预计负债""递延所得税负债""实收资本（或股本）""其他权益工具""库存股""资本公积""其他综合收益""盈余公积"等项目。需要说明的是，若这类资产（或负债和所有者权益）项目所涉及的账户余额在贷方（或借方），均用"-"号填列。二是根据几个总分类账户的余额计算填列。如"货币资金"项目，需根据"库存现金""银行存款""其他货币资金"三个总分类账户余额的合计数填列；"其他应付款""其他非流动资产""其他流动负债"项目，应根据有关总分类账户的期末余额分析填列。

②根据明细分类账户的余额计算填列。如"开发支出"项目，应根据"研发支出"科目中所属的"资本化支出"明细科目期末余额填列；"应交税费"项目，"一年内到期的非流动资产""一年内到期的非流动负债"项目，应根据有关非流动资产或负债项目的明细科目余额分析填列；"应付职工薪酬"项目，应根据"应付职工薪酬"科目的明细科目期末余额分析填列；年末"未分配利润"项目应根据"利润分配"科目中所属的"未分配利润"明细科目期末余额填列。

③根据总分类账户和明细分类账户的余额分析计算填列。如"长期借款"项目，应根据"长期借款"总账科目余额扣除"长期借款"科目所属的明细科目中将在资产负债表日起一年内到期，且企业不能自主地将清偿义务展期的长期借款后的金额计算填列；此外还有"其他流动资产""其他流动负债"项目等。

④根据有关账户的余额减去其备抵账户余额后的账面价值填列。"持有待售资产""债权投资""长期股权投资""商誉"项目应根据相关科目的期末余额填列，已计提减值准备，还应扣除相应的减值准备；"无形资产""投资性房地产""生产性生物资产""油气资产""长期应收款"等项目类似。

⑤综合运用上述填列方法分析填列。如"其他应收款"项目，应根据"应收利息""应收股利"以及"其他应收款"三个会计科目的期末余额，减去"坏账准备"科目中有关坏账准备期末余额后的金额填列；类似的项目还包括："应收票据""应收账款""预付款项""存货""长期应收款""固定资产""在建工程""合同资产""合同负债""长期应付款"。

2. 资产负债表中"期末余额"主要项目的具体填列方法

（1）资产类。

①"货币资金"项目，反映企业会计报告期末货币资金的总额。本项目应根据"库存现金""银行存款""其他货币资金"总分类账户的期末余额的合计数填列。

②"交易性金融资产"项目，反映资产负债表日企业分类为以公允价值计量且其变动计入当期损益的金融资产，以及企业持有的直接指定为以公允价值计量且其变动计入当期损益的金融资产的期末账面价值。本项目应根据"交易性金融资产"总分类账户的期末借方余额填列。

③"衍生金融资产"项目，企业衍生金融工具业务具有重要性的，应当在资产负债表资产项下，"以公允价值计量且其变动计入当期损益的金融资产"项目和"应收票据"项目之间增设"衍生金融资产"项目，反映企业衍生工具形成资产的期末余额。

④"应收票据"项目，反映资产负债表日以摊余成本计量的，企业因销售商品、提供劳务等经营活动收到的商业汇票，包括银行承兑汇票和商业承兑汇票。本项目应根据"应收票据"总分类账户期末借方余额合计数，减去按预期信用损失法计提的"坏账准备——

应收票据"明细分类账户期末余额后的账面价值填列。

⑤ "应收账款"项目，反映企业因销售商品、提供劳务等经营活动应收取的款项。本项目应根据"预收账款"和"应收账款"总分类账户所属各明细分类账户的期末借方余额合计数，减去按预期信用损失法计提的"坏账准备——应收账款"明细分类账户期末余额后的账面价值填列。

⑥ "预付款项"项目，反映企业预付给供应单位的款项。本项目应根据"预付账款"和"应付账款"总分类账户所属各明细分类账户的期末借方金额合计数，减去"坏账准备——预付账款"明细分类账户期末余额后的账面价值填列。

⑦ "其他应收款"项目，反映企业除应收票据及应收账款、预付账款等经营活动以外的其他各种应收、暂付的款项。本项目应根据"应收利息""应收股利""其他应收款"总分类账户的期末余额，减去"坏账准备——其他应收款"明细分类账户期末余额后的账面价值填列。

⑧ "存货"项目，反映企业期末在库、在途和在加工中的各项存货的可变现净值。本项目应根据"在途物资（或材料采购）""原材料""库存商品""周转材料""委托加工物资""委托代销商品""生产成本""材料成本差异"等总分类账户的期末余额与"合同履约成本"科目的明细科目中初始确认时摊销期限不超过一年或一个正常营业周期的期末余额的合计数，减去"受托代销商品款""存货跌价准备""合同履约成本减值准备"后的账面价值填列。

⑨ "合同资产"项目，应根据"合同资产"科目的相关明细科目期末余额分析填列，同一合同下的合同资产应当以净额列示，其中净额为借方余额的，应当根据其流动性在"合同资产"或"其他非流动资产"项目中填列，已计提减值准备的，还应减去"合同资产减值准备"科目中相关的期末余额后的金额填列；其中净额为贷方余额的，应当根据其流动性在"合同负债"或"其他非流动负债"项目中填列。

⑩ "持有待售资产"项目，反映资产负债表日划分为持有待售类别的非流动资产及划分为持有待售类别的处置组中的流动资产和非流动资产的期末账面值。该项目应根据在资产类科目新设置的"持有待售资产"科目的期末余额减去"持有待售资产减值准备"科目的期末余额后的金额填列。

⑪ "一年内到期的非流动资产"项目，反映企业将于一年内到期的非流动资产金额，应根据有关非流动资产的明细科目期末余额填列。

⑫ "其他流动资产"项目反映企业除以上流动资产项目外的其他流动资产，本项目应根据有关账户的期末余额填列。

⑬ "债权投资"项目，反映资产负债表日，企业以摊余成本计量的长期债权投资的期末账面价值。该项目应根据"债权投资"科目的相关明细科目期末余额，减去"债权投资减值准备"科目期末余额和"一年内到期的长期债权投资"项目金额后填列。自资产负债表日起一年内到期的长期债权投资的期末账面价值，在"一年内到期的非流动资产"项目反映。企业购入的以摊余成本计量的一年内到期的债权投资的期末账面价值，在"其他流动资产"项目反映。

⑭ "其他债权投资"项目，反映资产负债表日，企业分类为以公允价值计量且其变动计入其他综合收益的长期债权投资的期末账面价值。该项目应根据"其他债权投资"科目

的相关明细科目期末余额，减去"其他债权投资减值准备"科目期末余额和"一年内到期的其他债权投资"项目金额填列。自资产负债表日起，一年内到期的其他债权投资的期末账面价值在"一年内到期的非流动资产"项目反映。企业购入的以公允价值计量且其变动计入其他综合收益的一年内到期的其他债权投资的期末账面价值，在"其他流动资产"项目反映。

⑮"长期应收款"项目，反映企业融资租赁产生的应收款项等。本项目应根据"长期应收款"总分类账户的期末借方余额，减去"未实现融资收益"总分类账户和"坏账准备——长期应收款"明细分类账户期末余额后的账面价值填列。

⑯"长期股权投资"项目，反映企业对被投资单位实施控制、重大影响的权益性投资，以及对其合营企业的权益性投资。本项目应根据"长期股权投资"科目的期末余额减去"长期股权投资减值准备"科目的期末余额后的净额填列。

⑰"其他权益工具投资"项目，反映企业指定为以公允价值计量且其变动计入其他综合收益的非交易性权益工具投资的期末账面价值。本项目应根据"其他权益工具投资"总账科目的期末余额填列。

⑱"其他非流动金融资产"项目，反映企业自资产负债表日起超过一年到期且预期持有超过一年的，以公允价值计量且其变动计入当期损益的非流动金融资产的期末账面价值。

⑲"投资性房地产"项目，反映企业为赚取租金或资本增值，或两者兼有而持有的房地产。本项目应根据"投资性房地产"总账科目的期末余额减去"投资性房地产累计折旧"等和"投资性房地产减值准备"总账科目期末余额后的账面价值填列。

⑳"固定资产"项目，反映企业各种固定资产原值减去累计折旧、减值准备，加上固定资产清理后的净额。本项目应根据"固定资产"总分类账户的期末余额减去"累计折旧""固定资产减值准备"，加上"固定资产清理"总分类账户期末余额后的账面价值填列。

㉑"在建工程"项目，反映企业期末各项未完工程的实际支出，包括交付安装的设备价值，未完建筑安装工程已耗用的材料、工资和费用支出，预付出包工程的价款等的可收回金额。本项目应根据"在建工程"总分类账户期末余额，减去"在建工程减值准备"总分类账户期末余额，加上"工程物资"总分类账户期末余额后的账面价值填列。

㉒"生产性生物资产"项目，反映企业为产出农产品、提供劳务或出租等目的而持有的生物资产，包括经济林、薪炭林、产畜和役畜等。本项目应根据"生产性生物资产"科目的期末余额，减去"累计折旧"和"生产性生物资产减值准备"科目期末余额后的账面价值填列。

㉓"油气资产"项目，反映企业持有的矿区权益和油气井及相关设施。本项目应根据"油气资产"科目的期末余额，减去"累计折耗"和"油气资产减值准备"总账科目期末余额后的账面价值填列。

㉔"无形资产"项目，反映企业持有的无形资产，包括专利权、非专利技术、商标权、著作权、土地使用权等。本项目应根据"无形资产"总分类账户的期末余额，减去"累积摊销"和"无形资产减值准备"总分类账户期末余额后的账面价值填列。

㉕"开发支出"项目，反映企业开发无形资产过程中能够资本化形成无形资产成本的支出部分。本项目应当根据"研发支出——资本化支出"明细科目期末余额填列。

㉖"商誉"项目，反映企业合并中形成的商誉的价值。本项目应根据"商誉"总分类

账户的期末余额，减去"商誉减值准备"总分类账户期末余额后的账面价值填列。

㉗"长期待摊费用"项目，反映企业已经发生，但应由本期和以后期负担的分摊期限在一年以上的各项费用。本项目应根据"长期待摊费用"总分类账户的期末余额填列。长期待摊费用只剩一年或不足一年的，在本项目反映，不转入"一年内到期的非流动资产"项目。

㉘"递延所得税资产"项目，反映企业采用资产负债表债务法核算时，将可抵减暂时性差异的预计纳税影响作为预付未来税款的资产。本项目反映期末企业确认的递延所得税资产的金额，应根据"递延所得税资产"账户的期末余额直接填列。

㉙"其他非流动资产"项目，反映企业不能列入以上项目，但性质又属于非流动资产的其他资产。例如公益性生物资产、应收退货成本等。

（2）负债类。

①"短期借款"项目，反映企业向银行或其他金融机构等借入的期限在一年以下（含一年）的各种借款。本项目应根据"短期借款"总分类账户的期末余额填列。

②"交易性金融负债"项目，反映资产负债表日企业承担的交易性金融负债以及企业持有的直接指定为以公允价值计量且其变动计入当期损益的金融负债的期末账面价值。本项目应根据"交易性金融负债"总分类账户的期末贷方余额填列。

③"衍生金融负债"项目，在资产负债表负债项下，"以公允价值计量且其变动计入当期损益的金融负债"项目和"应付票据"项目之间增设"衍生金融负债"项目，反映企业衍生工具形成负债的期末余额。

④"应付票据"项目，反映企业因购买材料、商品和接受劳务等经营活动开出承兑的商业汇票，包括银行承兑汇票和商业承兑汇票，本项目应根据"应付票据"总分类账户期末贷方余额填列。

⑤"应付账款"项目，反映企业因购买材料、商品和接受劳务等经营活动应付的款项。本项目应根据"应付账款"和"预付账款"总分类账户所属各明细分类账户的期末贷方余额合计数填列。

⑥"预收款项"项目，反映企业按照购货合同规定预收购买单位的款项。本项目应根据"预收账款"和"应收账款"总分类账户所属各明细分类账户的期末贷方余额合计数填列。

⑦"应付职工薪酬"项目，在资产负债表中，企业应当根据应支付的职工薪酬负债流动性，对职工薪酬负债按照流动和非流动进行分类列报。企业根据有关规定应付给职工的短期薪酬、离职后福利中的设定提存计划负债、其他长期职工福利中的符合设定提存计划条件的负债、辞退福利中将于资产负债表日后 12 个月内支付的部分，应当在资产负债表的流动负债项下"应付职工薪酬"项目中列示。辞退福利中将于资产负债表日起 12 个月之后支付的部分、离职后福利中设定受益计划净负债、其他长期职工福利中符合设定受益计划条件的净负债，应当在资产负债表的非流动负债项下"长期应付职工薪酬"项目单独列示。

⑧"应交税费"项目，反映企业按照税法规定计算应缴纳的各种税费。包括增值税、所得税、资源税、土地增值税、城市维护建设税、房产税、土地使用税、车船税、教育费附加、矿产资源补偿费等。企业代扣代缴的个人所得税也通过本项目列示，企业所缴纳的税金不需要预计应缴数的，如耕地占用税等，不在本项目列示。本项目应根据"应交税费"科

目的明细科目的期末余额分析填列，其中的借方余额，应当根据其流动性在"其他流动资产"或"其他非流动资产"项目中填列。

⑨"其他应付款"项目，反映企业除应付票据、应付账款、预收款项、应付职工薪酬、应交税费、长期应付款等经营活动以外的其他各项应付暂收的款项。本项目应根据"应付利息""应付股利""其他应付款"总分类账户的期末余额填列。

⑩"合同负债"项目，应根据"合同负债"科目的相关明细科目期末余额分析填列。

⑪"持有待售负债"项目，反映资产负债表日处置组中与划分为持有待售类别的资产直接相关的负债的期末账面价值。该项目应根据在负债类科目新设置的"持有待售负债"科目的期末余额填列。

⑫"一年内到期的非流动负债"项目，反映企业除非流动负债中将于资产负债表日后一年内到期部分的金额，如将于一年内偿还的长期借款。本项目应根据有关长期负债类账户的期末余额分析填列。

⑬"长期借款"项目，反映企业向银行或其他金融机构等借入的期限在一年以上（不含一年）的各种借款。本项目应根据"长期借款"总分类账户的期末余额减去将于一年内（含一年）归还的长期借款后填列。

⑭"应付债券"项目，反映企业尚未偿还的长期债券摊余价值。本项目根据"应付债券"账户期末余额减去一年内到期部分的金额填列。

⑮"长期应付款"项目，反映企业除长期借款和应付债券以外的其他各种长期应付款项。本项目应根据"长期应付款"总分类账户期末余额减去相应的"未确认融资费用"总分类账户期末余额，加上"专项应付款"总分类账户期末余额后的金额填列。

⑯"预计负债"项目，反映企业由于对外提供担保、未决诉讼、产品质量担保等而确认的很可能产生的负债。本项目反映企业期末已确认但尚未支付的金额，应根据"预计负债"账户的期末余额直接填列。

⑰"递延所得税负债"项目，反映企业采用资产负债表债务法核算应纳税暂时性差异的预计纳税影响作为未来应付税款的负债。本项目反映期末企业确认的递延所得税负债的金额，应根据"递延所得税负债"账户的期末余额直接填列。

⑱"其他非流动负债"项目，反映除上述长期负债项目以外的其他长期负债。上述长期负债各项目中将于一年内到期的长期负债，应在一年内到期的长期负债项目内另行反映。

（3）所有者权益类。

①"实收资本（或股本）"项目，反映企业各投资者实际投入的资本或股本总额。本项目应根据"实收资本（或股本）"总分类账户的期末余额填列。

②"其他权益工具"项目，反映企业发行的除普通股以外分类为权益工具的金融工具的账面价值，并在"其他权益工具"项目下增设"优先股"和"永续债"两个项目，分别反映企业发行的分类为权益工具的优先股和永续债的账面价值。

③"资本公积"项目，反映企业的资本公积的期末余额。本项目应根据"资本公积"总分类账户的期末余额填列。

④"库存股"项目，库存股是指企业收购、转让或者注销的本公司的股份。本项目反映其期末余额，应根据"库存股"账户的余额直接填列。

⑤"盈余公积"项目，反映企业盈余公积的期末余额。本项目应根据"盈余公积"总

分类账户的期末余额填列。

⑥"未分配利润"项目，反映企业尚未分配的利润（或未弥补的亏损）。本项目在每月编制资产负债表时，1~11月，应根据"本年利润"和"利润分配"总分类账户的期末余额计算填列，同向余额相加，异向余额相减；12月即年末编制资产负债表时，应根据"利润分配"总分类账户的期末余额填列，如果"利润分配"总分类账户有借方余额，在本项目内应以"-"号填列，表示未弥补的亏损。

⑦"其他综合收益"项目，反映企业根据其他会计准则规定未在当期损益中确认的各项利得和损失。本项目应根据"其他综合收益"账户余额直接填写。

15.2.3　资产负债表编制方法举例

【例15-1】资料：华远股份有限公司为一般纳税人，适用的增值税税率为13%，所得税税率为25%；原材料采用计划成本进行核算。其2×18年12月31日总分类账户与明细分类账户余额如表15-1所示。要求：编制12月资产负债表月报。

表 15 -1　　　　　　华远股份有限公司总分类账户与明细分类账户余额表

2×18年12月31日　　　　　　　　　　　　　　单位：元

总账账户	明细账户	借方余额	贷方余额	总账账户	明细账户	借方余额	贷方余额
库存现金		20 000.00		短期借款			3 000 000.00
银行存款		12 026 800.00		应付票据			2 000 000.00
其他货币资金		2 016 200.00		应付账款			9 548 000.00
交易性金融资产		150 000.00			佳新公司		5 600 000.00
应收票据		2 460 000.00			华实公司	250 000.00	
应收账款		4 000 000.00			一美公司		4 198 000.00
	昌河公司		120 000.00	预收账款			340 000.00
	同方公司	2 600 000.00			华强公司		440 000.00
	洪都公司	1 520 000.00			华成公司	100 000.00	
预付账款		1 000 000.00		其他应付款			500 000.00
	锦团公司	887 000.00		应付职工薪酬			1 100 000.00
	惠达公司	163 000.00		应交税费			366 000.00
	永红公司		50 000.00	应付利息			139 500.00
坏账准备			9 000.00	应付股利			860 500.00
	应收账款		9 000.00	长期借款			6 000 000.00
其他应收款		3 050 000.00		其中：将于一年内到期的长期借款			1 000 000.00

总账账户	明细账户	借方余额	贷方余额	总账账户	明细账户	借方余额	贷方余额
材料采购		2 250 000.00		股本			53 000 000.00
	甲材料	1 810 000.00		资本公积			5 000 000.00
	乙材料	440 000.00		盈余公积			1 000 000.00
原材料		5 500 000.00		利润分配			500 000.00
	甲材料	3 300 000.00			未分配利润		500 000.00
	乙材料	2 200 000.00					
周转材料		880 500.00					
库存商品		16 800 000.00					
	A 产品	9 650 000.00					
	B 产品	7 150 000.00					
材料成本差异		369 500.00					
长期股权投资		2 500 000.00					
固定资产		11 000 000.00					
累计折旧			3 000 000.00				
在建工程		15 000 000.00					
无形资产		6 000 000.00					
累计摊销			660 000.00				
长期待摊费用		2 000 000.00					
其中：将于一年内到期的长期待摊费用		500 000.00					
小计		87 023 000.00	3 669 000.00	小计		0	83 354 000.00
借方余额合计		83 354 000.00		贷方余额合计		83 354 000.00	

（1）根据表 15 - 1，编制 2 × 18 年 12 月 31 日华远股份有限公司资产负债表如表 15 - 2 所示。

表 15 - 2　　　　　　　　　　　　　　　　　**资产负债表**

会企 01 表

编制单位：华远股份有限公司　　　　　2×18 年 12 月 31 日　　　　　单位：元

资　　　产	期末余额	上年年末余额	负债和所有者权益（或股东权益）	期末余额	上年年末余额
流动资产：		略	流动负债：		略
货币资金	14 063 000		短期借款	3 000 000	
交易性金融资产	150 000		交易性金融负债		
衍生金融资产			衍生金融负债		
应收票据	2 460 000		应付票据	2 000 000	
应收账款	4 211 000		应付账款	9 848 000	
应收款项融资			预收款项	560 000	
预付款项	1 300 000		合同负债		
其他应收款	3 050 000		应付职工薪酬	1 100 000	
存货	25 800 000		应交税费	366 000	
合同资产			其他应付款	1 500 000	
持有待售资产			持有待售负债		
一年内到期的非流动资产	500 000		一年内到期的非流动负债	1 000 000	
其他流动资产			其他流动负债		
流动资产合计	51 534 000		流动负债合计	19 374 000	
非流动资产：			非流动负债：		
债权投资			长期借款	5 000 000	
其他债权投资			应付债券		
长期应收款			其中：优先股		
长期股权投资	2 500 000		永续债		
其他权益工具投资			租赁负债		
其他非流动金融资产			长期应付款		
投资性房地产			预计负债		
固定资产	8 000 000		递延收益		
在建工程	15 000 000		递延所得税负债		
生产性生物资产			其他非流动负债		
油气资产			非流动负债合计	5 000 000	
使用权资产			负债合计	24 374 000	
无形资产	5 340 000		所有者权益（或股东权益）：		

资　　产	期末余额	上年年末余额	负债和所有者权益（或股东权益）	期末余额	上年年末余额
开发支出			实收资本（或股本）	53 000 000	
商誉			其他权益工具		
长期待摊费用	1 500 000		其中：优先股		
递延所得税资产			永续债		
其他非流动资产			资本公积	5 000 000	
非流动资产合计	32 340 000		减：库存股		
			其他综合收益		
			专项储备		
			盈余公积	1 000 000	
			未分配利润	500 000	
			所有者权益（或股东权益）合计	59 500 000	
资产总计	83 874 000		负债和所有者权益（或股东权益）总计	83 874 000	

（2）根据表15－1有关资料，表15－2中资产负债表有关项目（直接填列的项目省略）的数据计算过程如下：

货币资金 = 20 000 + 12 026 800 + 20 16 200 = 14 063 000（元）

应收账款 = 2 600 000 + 1 520 000 + 100 000 − 9 000 = 4 211 000（元）

预付款项 = 887 000 + 163 000 + 250 000 = 1 300 000（元）

存货 = 2 250 000 + 5 500 000 + 880 500 + 16 800 000 + 369 500 = 25 800 000（元）

一年内到期的非流动资产 = 长期待摊费用中将于一年内到期的长期待摊费用 = 500 000（元）

流动资产合计 = 14 063 000 + 150 000 + 2 460 000 + 4 211 000 + 1 300 000 + 3 050 000 + 25 800 000 + 500 000 = 51 534 000（元）

固定资产 = 11 000 000 − 3 000 000 = 8 000 000（元）

无形资产 = 6 000 000 − 660 000 = 5 340 000（元）

长期待摊费用 = 2 000 000 − 500 000 = 1 500 000（元）

非流动资产合计 = 2 500 000 + 8 000 000 + 15 000 000 + 5 340 000 + 1 500 000 = 32 340 000（元）

资产总计 = 流动资产合计 + 非流动资产合计 = 51 534 000 + 32 340 000 = 83 874 000（元）

应付账款 = 5 600 000 + 4 198 000 + 50 000 = 9 848 000（元）

预收款项 = 440 000 + 120 000 = 560 000（元）

其他应付款 = 500 000 + 139 500 + 860 500 = 1 500 000（元）

一年内到期的非流动负债 = 长期借款中将于一年内到期的长期借款 = 1 000 000（元）

流动负债合计 = 3 000 000 + 200 000 + 9 848 000 + 560 000 + 1 100 000 + 366 000 + 1 500 000 + 1 000 000 = 19 374 000（元）

长期借款 = 6 000 000 – 1 000 000 = 5 000 000（元）

负债合计 = 流动负债合计 + 非流动负债合计 = 19 374 000 + 5 000 000 = 24 374 000（元）

所有者权益（或股东权益）合计 = 53 000 000 + 5 000 000 + 1 000 000 + 500 000 = 59 500 000（元）

负债和所有者权益（或股东权益）总计 = 负债合计 + 所有者权益（或股东权益）合计 = 24 374 000 + 59 500 000 = 83 874 000（元）

【例 15 – 2】沿用〖例 15 – 1〗。资料：2×19 年华远股份有限公司发生如下经济业务：

①收到银行通知，用银行存款支付到期的商业承兑汇票 1 800 000 元。

②购入原材料——甲材料一批，收到的增值税专用发票上注明的原材料价款为 1 600 000 元，增值税进项税额为 208 000 元，款项已通过银行转账支付，材料尚未验收入库。

③收到原材料——甲材料一批，实际成本 1 000 000 元，计划成本 950 000 元，材料已验收入库，货款已于上月支付。

④用银行汇票支付采购材料价款，公司收到开户银行转来银行汇票多余款收账通知，通知上填写的多余款为 2 260 元，购入甲材料 998 000 元，支付增值税进项税额 129 740 元，原材料已验收入库，该批原材料计划成本 1 000 000 元。

⑤销售 A 产品一批给洪都公司，开出的增值税专用发票上注明的销售价款为 3 000 000 元，增值税销项税额为 390 000 元，货款尚未收到。该批产品实际成本 1 800 000 元，产品已发出。

⑥公司将交易性金融资产（股票投资）兑现 165 000 元，该投资的成本为 130 000 元，增值税专用发票税率 6%，公允价值变动为增值 20 000 元，处置收益为 15 000 元。

⑦购入不需安装的设备一台，收到的增值税专用发票上注明的设备价款为 854 700 元，增值税进项税额为 111 111 元，支付包装费、运费 10 000 元。款价及包装费、运费均以银行存款支付。设备已交付使用。

⑧购入工程物资一批用于建造厂房，收到的增值税专用发票上注明的物资价款为 1 327 433.63 元，增值税进项税额为 172 566.37 元，价税合计为 1 500 000 元，款项已通过银行转账支付。

⑨工程应付薪酬 2 280 000 元。

⑩一项工程完工，交付生产使用，已办理竣工手续，固定资产价值 14 000 000 元。

⑪基本生产车间一台机床报废，原价 2 000 000 元，已提折旧 1 800 000 元，清理费用 5 000 元，增值税专用发票税率 6%，残值收入 8 000 元，均通过转账支付。该项固定资产已清理完毕。

⑫从银行借入三年期款 10 000 000 元，借款已存入银行账户。

⑬销售 A 产品一批，开出的增值税专用发票上注明的销售价款为 7 700 000 元。增值税销项税额为 1 001 000 元，款项已存入银行。销售产品的实际成本为 4 620 000 元。

⑭公司将要到期的一张面值为 2 000 000 元的无息银行承兑汇票（不含增值税），连同解讫通知和进账单交银行办理转账。收到银行盖章退回的进账单一联。款项银行已收妥。

⑮公司出售一台不需用设备，收到含税价款 3 000 000 元，该设备原价为 4 000 000 元，已提折旧 1 500 000 元。该项设备已由购入单位运走，增值税专用发票税率 13%。

⑯取得交易性金融资产（股票投资），价款 1 030 000 元，交易费用 20 000 元，增值税专用发票税率 6%，已付款。

⑰支付工资 5 000 000 元，其中包括支付在建工程人员的工资 2 000 000 元。

⑱分配应支付的职工工资 3 000 000 元（不包括在建工程应负担的工资），其中生产人员薪酬 2 750 000 元，车间管理人员薪酬 100 000 元，行政管理部门人员薪酬 150 000 元。

⑲提取职工福利费 420 000 元（不包括在建工程应负担的福利费 280 000 元），其中生产工人福利费 385 000 元，车间管理人员福利费 14 000 元，行政管理部门福利费 21 000 元。

⑳基本生产车间领用原材料——甲材料，计划成本为 5 000 000 元，领用原材料——乙材料，计划成本为 2 000 000 元，领用低值易耗品，计划成本 500 000 元，采用一次摊销法摊销。

㉑结转领用原材料应分摊的材料成本差异。材料成本差异率为 5%。

㉒计提无形资产摊销 600 000 元；以银行存款支付基本生产车间水电费 900 000 元。

㉓计提固定资产折旧 1 000 000 元，其中计入制造费用 800 000 元，管理费用 200 000 元。计提固定资产减值准备 300 000 元。

㉔收到同方公司应收账款 510 000 元，存入银行。计提应收账款坏账准备 9 000 元。

㉕用银行存款支付产品展览费 100 000 元，增值税专用发票税率 6%。

㉖计算并结转本期完工产品成本，A 产品 6 500 000 元，B 产品 6 324 000 元。期末没有在产品，本期生产的产品全部完工入库。

㉗广告费 120 000 元，已用银行存款支付，增值税专用发票税率 6%。

㉘公司采用商业承兑汇票结算方式销售 B 产品一批，开出的增值税专用发票上注明的销售价款为 2 500 000 元，增值税销项税额为 325 000 元，收到 2 825 000 元的商业承兑汇票一张。产品实际成本为 1 500 000 元。

㉙公司将上述承兑汇票到银行办理贴现，贴现息为 200 000 元。

㉚公司本期产品销售应缴纳的教育费附加为 49 303 元。

㉛用银行存款缴纳增值税 1 000 000 元，教育费附加 49 303 元。

㉜本期在建工程应负担的长期借款利息费用 2 000 000 元，长期借款为分期付息。

㉝提取应计入本期损益的长期借款利息费用 100 000 元，长期借款为分期付息。

㉞归还短期借款本金 2 500 000 元。

㉟支付长期借款利息 2 100 000 元。

㊱偿还长期借款 6 000 000 元。

㊲上年度销售产品一批，开出的增值税专用发票上注明的销售价款为 100 000 元，增值税销项税额为 13 000 元，购货方开出商业承兑汇票。本期由于购货方发生财务困难，无法按合同规定偿还债务，经双方协议，华远股份有限公司同意购货方用产品抵偿该应收票据。用于抵债的 B 产品市价为 80 000 元，增值税税率 13%。

㊳持有的交易性金融资产的公允价值为 1 050 000 元。

㊴结转本期产品销售成本 7 920 000 元。

㊵假设本例中，除计提的固定资产减值准备 300 000 元、计提的坏账准备 9 000 元造成资产账面价值与其计税基础存在差异外，不考虑其他项目的所得税影响。企业按照税法规定计算确定的应交所得税为 930 759 元，递延所得税资产为 77 250 元。

㊶将各收支科目结转本年净利润。

㊷按照净利润的 10% 提取法定盈余公积金。

㊸将利润分配各明细科目的余额转入"未分配利润"明细科目，结转本年利润。

㊹用银行存款缴纳当年应交所得税。

要求：根据上述资料编制会计分录和 2×19 年资产负债表。

（1）会计分录如下：

①借：应付票据   1 800 000

   贷：银行存款   1 800 000

②借：材料采购——甲材料   1 600 000

   应交税费——应交增值税（进项税额）   208 000

   贷：银行存款   1 808 000

③借：原材料——甲材料   950 000

   材料成本差异   50 000

   贷：材料采购——甲材料   1 000 000

④借：材料采购——甲材料   998 000

   银行存款   2 260

   应交税费——应交增值税（进项税额）   129 740

   贷：其他货币资金   1 130 000

  借：原材料——甲材料   1 000 000

   贷：材料采购——甲材料   998 000

    材料成本差异   2 000

⑤借：应收账款——洪都公司   3 390 000

   贷：主营业务收入   3 000 000

    应交税费——应交增值税（销项税额）   390 000

⑥借：其他货币资金   165 000

   贷：交易性金融资产——成本   130 000

      ——公允价值变动   20 000

    投资收益   15 000

  借：投资收益   1 981.13

   贷：应交税费——转让金融商品应交增值税   1 981.13

⑦借：固定资产   864 700

   应交税费——应交增值税（进项税额）   111 111

   贷：银行存款   975 811

⑧借：工程物资   1 327 433.63

   应交税费——应交增值税（进项税额）   172 566.37

	贷：银行存款	1 500 000
⑨借：在建工程		2 280 000
	贷：应付职工薪酬	2 280 000
⑩借：固定资产		14 000 000
	贷：在建工程	14 000 000
⑪借：固定资产清理		200 000
	累计折旧	1 800 000
	贷：固定资产	2 000 000
借：固定资产清理		5 000
	应交税费——应交增值税（进项税额）	300
	贷：银行存款	5 300
借：银行存款		8 000
	贷：固定资产清理	8 000
借：营业外支出——非流动资产损失		197 000
	贷：固定资产清理	197 000
⑫借：银行存款		10 000 000
	贷：长期借款	10 000 000
⑬借：银行存款		8 701 000
	贷：主营业务收入	7 700 000
	应交税费——应交增值税（销项税额）	1 001 000
⑭借：银行存款		2 000 000
	贷：应收票据	2 000 000
⑮借：固定资产清理		2 500 000
	累计折旧	1 500 000
	贷：固定资产	4 000 000
借：银行存款		3 000 000
	贷：固定资产清理	2 654 867.26
	应交税费——应交增值税（销项税额）	345 132.74
借：固定资产清理		154 867.26
	贷：资产处置收益——非流动资产损失	154 867.26
⑯借：交易性金融资产		1 030 000
	投资收益	20 000
	应交税费——应交增值税（进项税额）	1 200
	贷：其他货币资金	1 051 200
⑰借：应付职工薪酬		5 000 000
	贷：银行存款	5 000 000
⑱借：生产成本		2 750 000
	制造费用	100 000
	管理费用	150 000

贷：应付职工薪酬——工资		3 000 000
⑲借：生产成本	385 000	
制造费用	14 000	
管理费用	21 000	
贷：应付职工薪酬——职工福利		420 000
⑳借：生产成本	7 000 000	
贷：原材料——甲材料		5 000 000
——乙材料		2 000 000
借：制造费用	500 000	
贷：周转材料		500 000
㉑借：生产成本	350 000	
制造费用	25 000	
贷：材料成本差异		375 000
㉒借：管理费用——无形资产摊销	600 000	
贷：累计摊销		600 000
借：制造费用——水电费	900 000	
贷：银行存款		900 000
㉓借：制造费用——折旧费	800 000	
管理费用——折旧费	200 000	
贷：累计折旧		1 000 000
借：资产减值损失——计提的固定资产减值	300 000	
贷：固定资产减值准备		300 000
㉔借：银行存款	510 000	
贷：应收账款——同方公司		510 000
借：信用减值损失——坏账准备	9 000	
贷：坏账准备		9 000
㉕借：销售费用——展览费	94 339.62	
应交税费——应交增值税（进项税额）	5 660.38	
贷：银行存款		100 000
㉖借：生产成本	2 339 000	
贷：制造费用		2 339 000
借：库存商品——A 产品	6 500 000	
——B 产品	6 324 000	
贷：生产成本		12 824 000
㉗借：销售费用——广告费	113 207.55	
应交税费——应交增值税（进项税额）	6 792.45	
贷：银行存款		120 000
㉘借：应收票据	2 825 000	
贷：主营业务收入		2 500 000

| | 应交税费——应交增值税（销项税额） | | 325 000 |

㉙借：财务费用　　　　　　　　　　　　　　200 000
　　　银行存款　　　　　　　　　　　　　2 625 000
　　　　贷：应收票据　　　　　　　　　　　　　　　　2 825 000

㉚借：税金及附加　　　　　　　　　　　　　　49 303
　　　　贷：应交税费——应交教育费附加　　　　　　　　49 303

㉛借：应交税费——应交增值税（已交税金）　1 000 000
　　　　　　　　——应交教育费附加　　　　　49 303
　　　　贷：银行存款　　　　　　　　　　　　　　　1 049 303

㉜借：在建工程　　　　　　　　　　　　　2 000 000
　　　　贷：应付利息　　　　　　　　　　　　　　　2 000 000

㉝借：财务费用　　　　　　　　　　　　　　100 000
　　　　贷：应付利息　　　　　　　　　　　　　　　　100 000

㉞借：短期借款　　　　　　　　　　　　　2 500 000
　　　　贷：银行存款　　　　　　　　　　　　　　　2 500 000

㉟借：应付利息　　　　　　　　　　　　　2 100 000
　　　　贷：银行存款　　　　　　　　　　　　　　　2 100 000

㊱借：长期借款　　　　　　　　　　　　　6 000 000
　　　　贷：银行存款　　　　　　　　　　　　　　　6 000 000

㊲借：库存商品——B 产品　　　　　　　　　102 600
　　　应交税费——应交增值税（进项税额）　　10 400
　　　　贷：应收票据　　　　　　　　　　　　　　　　113 000

㊳借：交易性金融资产——公允价值变动　　　　20 000
　　　　贷：公允价值变动损益　　　　　　　　　　　　20 000

㊴借：主营业务成本　　　　　　　　　　　7 920 000
　　　　贷：库存商品——A 产品　　　　　　　　　6 420 000
　　　　　　　　——B 产品　　　　　　　　　1 500 000

㊵借：所得税费用——当期所得税费用　　　　930 759
　　　　贷：应交税费——应交所得税　　　　　　　　930 759
　　借：递延所得税资产　　　　　　　　　　　77 250
　　　　贷：所得税费用——递延所得税费用　　　　　　77 250

㊶借：主营业务收入　　　　　　　　　　13 200 000
　　　资产处置收益　　　　　　　　　　154 867. 26
　　　公允价值变动损益　　　　　　　　　　20 000
　　　　贷：本年利润　　　　　　　　　　　　13 367 886. 13
　　　　　投资收益　　　　　　　　　　　　　　6 981. 13
　　借：本年利润　　　　　　　　　　　9 953 850. 17
　　　　贷：主营业务成本　　　　　　　　　　　7 920 000
　　　　　税金及附加　　　　　　　　　　　　　　49 303

销售费用	207 547.17
管理费用	971 000
财务费用	300 000
资产减值损失	300 000
信用减值损失	9 000
营业外支出	197 000

借：本年利润　　　　　　　　　　　　　　　　　　853 509

　　贷：所得税费用　　　　　　　　　　　　　　　　853 509

㊷借：利润分配——提取法定盈余公积　　　　　　　256 052.70

　　贷：盈余公积——法定盈余公积　　　　　　　　256 052.70

提取法定盈余公积数额 = (13 367 886.13 - 9 953 850.17 - 853 509) × 10% = 256 052.70
（元）

㊸借：利润分配——未分配利润　　　　　　　　　　256 052.70

　　贷：利润分配——提取法定盈余公积　　　　　　256 052.70

借：本年利润　　　　　　　　　　　　　　　　　2 560 526.96

　　贷：利润分配——未分配利润　　　　　　　　　2 560 526.96

㊹借：应交税费——应交所得税　　　　　　　　　　930 759

　　贷：银行存款　　　　　　　　　　　　　　　　930 759

（2）编制 2×19 年资产负债表。基本步骤如下：

①根据上述资料开设"T"形账户，登记 2×19 年华远股份有限公司的总分类账与明细分类账，计算本月发生额及期末余额（本教材略，学生课后自行完成）。

②根据"T"形账户与期末余额，编制 2×19 年 12 月 31 日试算平衡表及华远股份有限公司的总分类账户与明细分类账户余额表，如表 15-3、表 15-4 所示。

③根据表 15-3、表 15-4 的资料编制 2×19 年 12 月 31 日的资产负债表，如表 15-5 所示。

表 15-3　　　　　　　　　　　　　　**试算平衡表**

2×19 年 12 月 31 日　　　　　　　　　　　　　　　　　　　　单位：元

会计科目	期初余额		本期发生额		期末余额	
	借方	贷方	借方	贷方	借方	贷方
库存现金	20 000.00				20 000.00	
银行存款	12 026 800.00		26 846 260.00	24 789 173.00	14 083 887.00	
其他货币资金	2 016 200.00		165 000.00	2 181 200.00		
交易性金融资产	150 000.00		1 050 000.00	150 000.00	1 050 000.00	
应收票据	2 460 000.00		2 825 000.00	4 938 000.00	347 000.00	
应收账款	4 000 000.00		3 390 000.00	510 000.00	6 880 000.00	

续表

会计科目	期初余额		本期发生额		期末余额	
	借方	贷方	借方	贷方	借方	贷方
预付账款	1 000 000.00				1 000 000.00	
坏账准备		9 000.00		9 000.00		18 000.00
其他应收款	3 050 000.00				3 050 000.00	
材料采购	2 250 000.00		2 598 000.00	1 998 000.00	2 850 000.00	
原材料	5 500 000.00		1 950 000.00	7 000 000.00	450 000.00	
周转材料	880 500.00			500 000.00	380 500.00	
库存商品	16 800 000.00		12 926 600.00	7 920 000.00	21 806 600.00	
材料成本差异	369 500.00		50 000.00	377 000.00	42 500.00	
长期股权投资	2 500 000.00				2 500 000.00	
生产成本			12 824 000.00	12 824 000.00		
固定资产	11 000 000.00		14 864 700.00	6 000 000.00	19 864 700.00	
累计折旧		3 000 000.00	3 300 000.00	1 000 000.00		700 000.00
固定资产清理			2 859 867.26	2 859 867.26		
固定资产减值准备				300 000.00		300 000.00
工程物资			1 327 433.63		1 327 433.63	
在建工程	15 000 000.00		4 280 000.00	14 000 000.00	5 280 000.00	
无形资产	6 000 000.00				6 000 000.00	
累计摊销		660 000.00		600 000.00		1 260 000.00
长期待摊费用	2 000 000.00				2 000 000.00	
短期借款		3 000 000.00	2 500 000.00			500 000.00
应付票据		2 000 000.00	1 800 000.00			200 000.00
应付账款		9 548 000.00				9 548 000.00
预收账款		340 000.00				340 000.00
其他应付款		500 000.00				500 000.00
应付职工薪酬		1 100 000.00	5 000 000.00	5 700 000.00		1 800 000.00
应交税费		366 000.00	2 625 832.20	3 043 175.87		783 343.67
应付利息		139 500.00	2 100 000.00	2 100 000.00		139 500.00
应付股利		860 500.00				860 500.00
长期借款		6 000 000.00	6 000 000.00	10 000 000.00		10 000 000.00
递延所得税资产			77 250.00		77 250.00	

续表

会计科目	期初余额		本期发生额		期末余额	
	借方	贷方	借方	贷方	借方	贷方
制造费用			2 339 000.00	2 339 000.00		
主营业务收入			13 200 000.00	13 200 000.00		
主营业务成本			7 920 000.00	7 920 000.00		
管理费用			971 000.00	971 000.00		
销售费用			207 547.17	207 547.17		
财务费用			300 000.00	300 000.00		
税金及附加			49 303.00	49 303.00		
资产减值损失			300 000.00	300 000.00		
信用减值损失			9 000.00	9 000.00		
营业外支出			197 000.00	197 000.00		
资产处置收益			154 867.26	154 867.26		
投资收益			21 981.13	21 981.13		
公允价值变动损益			20 000.00	20 000.00		
所得税费用			930 759.00	930 759.00		
股本		53 000 000.00				53 000 000.00
资本公积		5 000 000.00				5 000 000.00
盈余公积		1 000 000.00		256 052.70		1 256 052.70
利润分配		500 000	512 105.40	2 816 579.66		2 804 474.26
本年利润			13 367 886.13	13 367 886.13		
合计	87 023 000.00	87 023 000.00	151 860 392.18	151 860 392.18	89 009 870.63	89 009 870.63

表 15 – 4　　　　　**华远股份有限公司总分类账户与明细分类账户余额表**

2×19 年 12 月 31 日　　　　　　　　　　　　　　　单位：元

总账账户	明细账户	借方余额	贷方余额	总账账户	明细账户	借方余额	贷方余额
库存现金		20 000.00		短期借款			500 000.00
银行存款		14 083 887.00		应付票据			200 000.00
其他货币资金				应付账款			9 548 000.00
交易性金融资产		1 050 000.00			佳新公司		5 600 000.00
应收票据		347 000.00			华实公司	250 000.00	
应收账款		6 880 000.00			一美公司		4 198 000.00
	昌河公司		120 000.00	预收账款			340 000.00

总账账户	明细账户	借方余额	贷方余额	总账账户	明细账户	借方余额	贷方余额
	同方公司	2 090 000.00			华强公司		440 000.00
	洪都公司	4 910 000.00			华成公司	100 000.00	
预付账款			1 000 000.00	其他应付款			500 000.00
	锦团公司	887 000.00		应付职工薪酬			1 800 000.00
	惠达公司	163 000.00		应交税费			783 343.67
	永红公司		50 000.00	应付利息			139 500.00
坏账准备			18 000.00	应付股利			860 500.00
	应收账款		18 000.00	长期借款			10 000 000.00
其他应收款		3 050 000.00		其中：将于一年内到期的长期借款			1 000 000.00
材料采购		2 850 000.00		股本			53 000 000.00
	甲材料	2 410 000.00		资本公积			5 000 000.00
	乙材料	440 000.00		盈余公积			1 256 052.70
原材料		450 000.00		利润分配			2 804 474.26
	甲材料	250 000.00			未分配利润		2 804 474.26
	乙材料	200 000.00		本年利润			
周转材料		380 500.00					
库存商品		21 806 600.00					
	A产品	9 730 000.00					
	B产品	12 076 600.00					
材料成本差异		42 500.00					
长期股权投资		2 500 000.00					
固定资产		19 864 700.00					
累计折旧			700 000.00				
固定资产减值准备			300 000.00				
工程物资		1 327 433.63					
在建工程		5 280 000.00					
无形资产		6 000 000.00					
累计摊销			1 260 000.00				
长期待摊费用		2 000 000.00					

続表

总账账户	明细账户	借方余额	贷方余额	总账账户	明细账户	借方余额	贷方余额
其中：将于一年内到期的长期待摊费用		500 000.00					
递延所得税资产		77 250.00					
小计		89 009 870.63	2 278 000.00	小计		0.00	86 731 870.63
借方余额合计		86 731 870.63		贷方余额合计		86 731 870.63	

表 15 - 5　　　　　　　　　　　　　**资产负债表**

会企 01 表

编制单位：华远股份有限公司　　　　　2×19 年 12 月 31 日　　　　　单位：元

资　　产	期末余额	上年年末余额	负债和所有者权益（或股东权益）	期末余额	上年年末余额
流动资产：		略	流动负债：		略
货币资金	14 103 887	14 063 000	短期借款	500 000	3 000 000
交易性金融资产	1 050 000	150 000	交易性金融负债		
衍生金融资产			衍生金融负债		
应收票据	347 000	2 460 000	应付票据	200 000	2 000 000
应收账款	7 082 000	4 211 000	应付账款	9 848 000	9 848 000
应收款项融资			预收款项	560 000	560 000
预付款项	1 300 000	1 300 000	合同负债		
其他应收款	3 050 000	3 050 000	应付职工薪酬	1 800 000	1 100 000
存货	25 529 600	25 800 000	应交税费	783 343.67	366 000
合同资产			其他应付款	1 500 000	1 500 000
持有待售资产			持有待售负债		
一年内到期的非流动资产	500 000	500 000	一年内到期的非流动负债	1 000 000	1 000 000
其他流动资产			其他流动负债		
流动资产合计	52 962 487	51 534 000	流动负债合计	16 191 343.67	19 374 000
非流动资产：			非流动负债：		
债权投资			长期借款	9 000 000	5 000 000
其他债权投资			应付债券		

资　产	期末余额	上年年末余额	负债和所有者权益（或股东权益）	期末余额	上年年末余额
长期应收款			其中：优先股		
长期股权投资	2 500 000	2 500 000	永续债		
其他权益工具投资			租赁负债		
其他非流动金融资产			长期应付款		
投资性房地产			预计负债		
固定资产	18 864 700	8 000 000	递延收益		
在建工程	6 607 433.63	15 000 000	递延所得税负债		
生产性生物资产			其他非流动负债		
油气资产			非流动负债合计	9 000 000	5 000 000
使用权资产			负债合计	25 191 343.67	24 374 000
无形资产	4 740 000	5 340 000	所有者权益（或股东权益）：		
开发支出			实收资本（或股本）	53 000 000	53 000 000
商誉			其他权益工具		
长期待摊费用	1 500 000	1 500 000	其中：优先股		
递延所得税资产	77 250		永续债		
其他非流动资产			资本公积	5 000 000	5 000 000
非流动资产合计	34 289 383.63	3 234 000	减：库存股		
			其他综合收益		
			专项储备		
			盈余公积	1 256 052.70	1 000 000
			未分配利润	2 804 474.26	500 000
			所有者权益（或股东权益）合计	62 060 526.96	59 500 000
资产总计	87 251 870.63	83 874 000	负债和所有者权益（或股东权益）总计	87 251 870.63	83 874 000

15.3　利润表的编制

15.3.1　利润表的含义及列报格式

1. 利润表的含义

利润表是反映企业在某一会计期间的经营成果的财务报表。它是一张动态报表，用以分析、预测企业的盈利能力和企业未来一定时期内的利润发展趋势，衡量企业的经营管理水平，便于投资者和债权人作出正确的投资决策。

2. 利润表的列报格式

利润表常见的格式有两种：单步式利润表和多步式利润表。

（1）单步式利润表。单步式利润表是将当期全部收入列在一起，再将当期全部费用列在一起，两者相减计算出当期损益的一种利润表。

单步式利润表的优点是收入费用归类清楚，经营成果的确认比较直观，报表编制方法简单，不足之处是对收入和费用的性质不加区分，不能揭示利润中各要素之间的内在联系，不便于对企业经营成果进行分析和评价。

（2）多步式利润表。多步式利润表是按照利润的性质，分层次计算利润的一种利润表，它按照利润的性质分步计算利润，反映了净利润各要素之间的内在联系，便于使用者理解企业经营成果的不同来源，有利于使用者进行盈利分析和预测企业的盈利能力。

按财务报表列报准则的规定，我国企业应采用多步式利润表格式列报。

15.3.2　利润表的列报方法

1. "上期金额"栏的列报方法

利润表中"上期金额"栏内的各项数字，应根据上年该期利润表中"本期金额"栏内所列数字填列。如果本年度利润表规定的各个项目名称和内容同上年度不一致，应对上年度利润表各个项目名称和数字按照本年度的规定进行调整，填入本表的"上年金额"栏内。

2. "本期金额"栏的列报方法

利润表中"本期金额"栏内的各项数字，一般根据损益类总分类账户本期发生额分析填列。

（1）"营业收入"项目，反映企业经营主营业务和其他业务所确认的收入总额。本项目应根据"主营业务收入"及"其他业务收入"总分类账户的发生额分析填列。

（2）"营业成本"项目，反映企业经营主营业务和其他业务所发生的成本总额。本项目应根据"主营业务成本"及"其他业务成本"总分类账户的发生额分析填列。

（3）"税金及附加"项目，反映企业经营业务所负担的消费税、城市维护建设税、车船税、资源税、土地增值税，以及教育费附加、印花税等。本项目应根据"税金及附加"总分类账户的发生额净额填列。

（4）"销售费用"项目，反映企业在销售商品过程中发生的包装费、广告费等费用，以及为销售本企业商品而专设的销售机构的职工薪酬、业务费等经营费用。本项目应根据"销售费用"总分类账户的发生额净额填列。

（5）"管理费用"项目，反映企业为组织和管理生产经营发生的管理费用。本项目应根据"管理费用"总分类账户发生额分析填列。

（6）"研发费用"项目，反映企业在研究与开发过程中发生的费用化支出。本项目应根据"管理费用"科目下"研发费用"明细科目的发生额分析填列。

（7）"财务费用"项目，反映企业为筹集生产经营所需资金等而发生的筹资费用。本项目应根据"财务费用"总分类账户的发生额净额填列。

（8）"资产减值损失"项目，反映企业各项资产发生的减值损失。本项目应根据"资产减值损失"总分类账户的发生额分析填列。

（9）"信用减值损失"项目，反映企业计提的各项金融工具减值准备所形成的预期信用损失。根据"信息减值损失"科目发生额分析填列。

（10）"其他收益"项目，反映计入其他收益的政府补助、企业收到的代扣个人所得税手续费返还等。本项目应根据"其他收益"科目的发生额分析填列。

（11）"投资收益"项目，反映企业以各种方式对外投资所取得的收益。本项目应根据"投资收益"总分类账户的贷方发生额净额填列，投资损失以"－"号填列。

（12）"公允价值变动收益"项目，反映企业应当计入当期损益的资产或负债公允价值变动收益。本项目应根据"公允价值变动损益"总分类账户的贷方发生额分析填列，公允价值变动损失以"－"号填列。

（13）"资产处置收益"项目，反映企业出售划分为持有待售的非流动资产（金融工具、长期股权投资和投资性房地产除外）或处置组（子公司和业务除外）时确认的处置利得或损失，以及处置未划分为持有待售的固定资产、在建工程、生产性生物资产及无形资产而产生的处置利得或损失。债务重组中因处置非流动资产产生的利得或损失和非货币性资产交换产生的利得或损失也包括在本项目内。本项目根据"资产处置损益"科目的发生额分析填列，处置损失以"－"号填列。

（14）"营业利润"项目，反映企业实现的营业利润。本项目是根据表中自身项目加减后的数额填列，如为亏损以"－"号填列。

（15）"营业外收入"项目，反映企业发生的营业利润以外的收益，主要包括与企业日常活动无关的政府补助，盘盈利得、捐赠利得等。本项目应根据"营业外收入"科目的发生额分析填列。

（16）"营业外支出"项目，反映企业发生的营业利润以外的支出，主要包括公益性捐赠支出、非常损失、盘亏损失、非流动资产毁损报废损失等。本项目应根据"营业外支出"科目的发生额分析填列。

（17）"利润总额"项目，反映企业实现的利润。本项目是根据表中自身项目"营业利润＋营业外收入－营业外支出"项目的数额填列，亏损以"－"号填列。

（18）"所得税费用"项目，反映企业应从当期利润总额中扣缴的所得税费用。本项目应根据"所得税费用"总分类账户的发生额分析填列。

（19）"净利润"项目，反映企业实现的净利润。本项目是根据表中自身项目"利润总额"扣除"所得税费用"后的数额填列，如为亏损以"－"号填列。

（20）"持续经营净利润"和"终止经营净利润"项目，分别反映净利润中与持续经营相关的净利润和与终止经营相关的净利润，净亏损以"－"号填列，应按照《企业会计准则第 42 号——持有待售的非流动资产、处置组和终止经营》的相关规定分别列报。

（21）"其他综合收益的税后净额"项目，反映企业根据企业会计准则规定未在损益中确认的各项利得和损失扣除所得税影响后的净额。本项目应当根据其他相关会计准则的规定分为下列两类列报：一是以后不能重分类进损益的其他综合收益项目，包括重新计算设定受益计划净负债或净资产的变动、权益法下在被投资持单位不能重分类进损益的其他综合收益中享有的份额、其他权益工具投资公允价值变动、企业自身信用风险公允价值变动；二是以后将重分类进损益的其他综合收益项目，主要包括权益法下在被投资单位以后将重分类进损益的其他综合收益中享有的份额、其他债权投资公允价值变动损益、金融资产重分类转入损益的累计利得或损失、其他债权投资信用减值准备、现金流量套期损益的有效部分、外币财务报表折算差额及其他等项目。

（22）"综合收益总额"项目是指企业在某一期间除与所有者以其所有者身份进行的交易之外的其他交易或事项所引起的所有者权益变动，它是企业净利润与其他综合收益的合计金额。

（23）"每股收益"项目包括"基本每股收益"和"稀释每股收益"项目，是反映普通股或潜在普通股已公开交易的企业，以及正处于公开发行普通股或潜在普通股过程中的企业所列示的每股收益信息。

3. 多步式利润表中主要项目的计算公式

多步式利润表主要按照三个步骤来编制，分别计算出企业的营业利润、利润总额和净利润三个指标。

（1）营业利润＝营业收入－营业成本－税金及附加－销售费用－管理费用－研发费用－财务费用－资产减值损失－信用减值损失＋其他收益＋投资收益（或－投资损失）＋净敞口套期收益（或－净敞口套期损失）＋公允价值变动收益（或－公允价值变动损失）＋资产处置收益（或－资产处置损失）。其中：营业收入＝主营业务收入＋其他业务收入；营业成本＝主营业务成本＋其他业务成本。

（2）利润总额＝营业利润＋营业外收入－营业外支出。

（3）净利润＝利润总额－所得税费用。

15.3.3 利润表编制实例

【例 15－3】沿用〖例 15－2〗，根据试算平衡表（见表 15－3）和总分类账户与明细分类账户余额表（见表 15－4），编制 2×19 年 12 月利润表，如表 15－6 所示。

表 15 - 6　　　　　　　　　　　　　利　润　表

会企 02 表

编制单位：华远股份有限公司　　　　　　2×19 年 12 月　　　　　　　　　　单位：元

项　目	本期金额	上期金额
一、营业收入	13 200 000	
减：营业成本	7 920 000	
税金及附加	49 303	
销售费用	207 547.17	
管理费用	971 000	
研发费用		
财务费用	300 000	
其中：利息费用		
利息收入		
加：其他收益		
投资收益（损失以"－"号填列）	－ 6 981.13	
其中：对联营企业和合营企业的投资收益		
以摊余成本计量的金融资产终止确认收益（损失以"－"号填列）		
净敞口套期收益（损失以"－"号填列）		
公允价值变动收益（损失以"－"号填列）	20 000	
信用减值损失（损失以"－"号填列）		
资产减值损失（损失以"－"号填列）	－ 309 000	
资产处置收益（损失以"－"号填列）	154 867.26	
二、营业利润（亏损以"－"号填列）	3 611 035.96	
加：营业外收入		
减：营业外支出	197 000	
三、利润总额（亏损总额以"－"号填列）	3 414 035.96	
减：所得税费用	853 509	
四、净利润（净亏损以"－"号填列）	2 560 526.96	
（一）持续经营净利润（净亏损以"－"号填列）		
（二）终止经营净利润（净亏损以"－"号填列）		
五、其他综合收益的税后净额		
（一）不能重分类进损益的其他综合收益		
1. 重新计量设定受益计划变动额		

续表

项　　目	本期金额	上期金额
2. 权益法下不能转损益的其他综合收益		
3. 其他权益工具投资公允价值变动		
4. 企业自身信用风险公允价值变动		
……		
（二）将重分类进损益的其他综合收益		
1. 权益法下可转损益的其他综合收益		
2. 其他债权投资公允价值变动		
3. 金融资产重分类计入其他综合收益的金额		
4. 其他债权投资信用减值准备		
5. 现金流量套期储备		
6. 外币财务报表折算差额		
……		
六、综合收益总额		
七、每股收益		
（一）基本每股收益		
（二）稀释每股收益		

2×19 年 12 月利润表项目的数据计算过程如下：

营业收入＝12 月主营业务收入＋12 月其他业务收入

　　　　＝13 200 000＋0＝13 200 000（元）

营业成本＝12 月主营业务成本＋12 月其他业务成本

　　　　＝7 920 000＋0＝7 920 000（元）

营业利润＝12 月营业收入－12 月营业成本－12 月税金及附加－12 月销售费用－12 月管理费用－12 月研发费用－12 月财务费用＋12 月其他收益＋12 月投资收益（或－投资损失）＋12 月公允价值变动收益（或－公允价值变动损失）＋12 月资产减值损失＋12 月资产处置收益（或－资产处置损失）

　　　　＝13 200 000－7 920 000－49 303－207 547.17－971 000－300 000＋（－6 981.13）＋20 000＋（－309 000）＋154 867.26＝3 611 035.96（元）

利润总额＝12 月营业利润＋12 月营业外收入－12 月营业外支出

　　　　＝3 611 035.96＋0－197 000＝3 414 035.96（元）

净利润＝利润总额－12 月所得税费用＝3 414 035.96－853 509＝2 560 526.96（元）

15.4　现金流量表的编制

15.4.1　现金流量表的含义及列报格式

1. 现金流量表的含义

现金流量表，是指反映企业在一定会计期间现金和现金等价物流入和流出的报表。它能使报表使用者了解企业获取现金和现金等价物的能力，评价企业经营状况是否良好、资金是否紧缺及偿债能力大小，并据以预测企业未来现金流量。

2. 现金流量表的编制基础

现金流量表以现金和现金等价物为基础编制，将权责发生制下的盈利信息调整为收付实现制（现金制）下的现金流量信息。

现金是指企业的库存现金以及可以随时用于支付的存款。现金流量表中的"现金"不仅包括"库存现金"账户核算的库存现金，还包括企业"银行存款"账户核算的存入金融机构、随时可以用于支付的存款，也包括"其他货币资金"账户核算的外埠存款、银行汇票存款、银行本票存款和在途货币资金等其他货币资金。

应注意的是，银行存款和其他货币资金中有些不能随时用于支付的存款，如不能随时支取的定期存款等，不应作为现金，而应列作投资；提前通知金融企业便可支取的定期存款，则应包括在现金范围内。

现金等价物，是指企业持有的期限短、流动性强、易于转换为已知金额现金、价值变动风险很小的投资。期限短，一般是指从购买日起三个月内到期。现金等价物通常包括三个月内到期的债券投资。权益性投资变现的金额通常不确定，因而不属于现金等价物。企业应当根据具体情况，确定现金等价物的范围，一经确定不得随意变更。

3. 现金流量表的列报格式

我国现金流量表的列报格式包括正表和补充资料两部分。正表是按照不同类别的现金流量来分类、分项列示的，具体又包括五项内容，它们分别是经营活动产生的现金流量、投资活动产生的现金流量、筹资活动产生的现金流量、汇率变动对现金及现金等价物的影响和现金及现金等价物净增加额。补充资料具体又包括三项内容，它们分别是将净利润调节为经营活动现金流量、不涉及现金收支的重大投资和筹资活动、现金及现金等价物净变动情况。

15.4.2　现金流量表的列报方法

现金流量表应当分别经营活动、投资活动和筹资活动列报现金流量，具体应当分别现金流入和现金流出总额列报。自然灾害损失、保险索赔等特殊项目，应当根据其性质，分别归并到经营活动、投资活动和筹资活动现金流量类别中单独列示。

1. 经营活动产生的现金流量（直接法）

（1）"销售商品、提供劳务收到的现金"项目，反映企业本期销售商品、提供劳务收到的现金，以及前期销售商品、提供劳务本期收到的现金（包括销售收入和应向购买者收取的增值税销项税额）和本期预收的款项，减去本期销售本期退回商品和前期销售本期退回商品支付的现金。企业销售材料和代购代销业务收到的现金，也在本项目反映。根据报表资料和有关账户记录，以营业收入为起点，调整计算该项目金额，其计算公式为：

$$\begin{aligned}\text{销售商品、提供}\atop\text{劳务收到的现金} = {}& \text{营业收入} + \text{应交税费——应交增值税（销项税额）} + (\text{应收票据年初余额}\\ & - \text{应收票据期末余额}) + (\text{应收账款年初余额} - \text{应收账款期末余额})\\ & + (\text{合同资产期初余额} - \text{合同资产期末余额}) + (\text{合同负债期末余额}\\ & - \text{合同负债期初余额}) - \text{当期计提的坏账准备} - \text{当期计提的合同资产减值准备}\end{aligned}$$

应注意的是：营业收入不包含经营租赁收入，该收入在"收到其他与经营活动有关的现金"项目反映；本期应收债权减少并未增加现金流量的金额包括：坏账的冲销、债务重组、应收债权的出售、抵让等；考虑坏账准备、合同资产减值准备，因为要将应收款项、合同资产报表金额项目还原为应收账款、应收票据、合同资产账户。

【例 15 - 4】A 公司 2 ×19 年有关会计报表和补充资料如下：

①资产负债表部分资料如表 15 - 7 所示。

表 15 - 7　　　　　　　　　　　资产负债表部分资料　　　　　　　　　　　单位：万元

项目	年初余额	期末余额
应收票据	500	580
应收账款	400	300
预收款项	90	140

②利润表部分资料，如表 15 - 8 所示。

表 15 - 8　　　　　　　　　　　　　利润表部分资料　　　　　　　　　　　单位：万元

项目	本期金额
营业收入	40 000

③补充资料：本期计提坏账准备 20 万元；本期增值税的销项税额为 5 200 万元。

销售商品、提供劳务收到的现金 = 40 000 + 5 200 + (500 - 580) + (400 - 300) + (140 - 90) - 20 = 45 250（万元）

（2）"收到的税费返还"项目，反映企业收到返还的所得税、增值税、营业税、消费税、关税和教育费附加等各种税费返还款。

（3）"收到其他与经营活动有关的现金"项目，反映企业除上述项目外，收到的其他与经营活动有关的现金，如罚款收入、经营租赁收到的租金收入、投资性房地产收到的租金收入、流动资产损失中有个人赔偿的现金收入、除税费返还的其他政府补助收入等。

（4）"购买商品、接受劳务支付的现金"项目，反映企业本期购买商品、接受劳务实际支付的现金（包括增值税进项税额），以及本期支付前期购买商品、接受劳务的未付款项和本期预付款项，减去本期发生的购货退回收到的现金。代购代销业务支付的现金，也在本项目反映。根据报表资料和有关账户记录，以营业成本为起点，调整计算该项目金额，其计算公式为：

$$
\begin{aligned}
\text{购买商品、接受} \atop \text{劳务支付的现金} =\ & \text{营业成本} + \text{应交税费——应交增值税（进项税额）} + （\text{存货期末余额} \\
& - \text{存货年初余额}） + （\text{存货跌价准备期末余额} - \text{存货跌价准备期初余额}） \\
& + （\text{应付账款年初余额} - \text{应付账款期末余额}） + （\text{应付票据年初余额} \\
& - \text{应付票据期末余额}） + （\text{预付账款期末余额} - \text{预付账款年初余额}） \\
& + (-) {\text{存货增减中不属于本项目或} \atop \text{与现金流量没有关系的部分}} - {\text{当期营业成本中不属于本项目或} \atop \text{与现金流量没有关系的部分}} \\
& - \text{当期以非现金资产清偿债务而减少的应付账款和票据}
\end{aligned}
$$

应注意的是：营业成本不包含经营租赁支出，该支出在"支付其他与经营活动有关的现金"项目反映；不属于本项目的职工薪酬及所包含的制造费用应该扣除；关于存货扣除项目，不属于本项目的职工薪酬及所包含的制造费用应该扣除；不涉及现金流量的存货增减应扣除，如计入管理费用、销售费用、营业外支出的存货，与债务重组有关的存货等；预付账款预付费用，应将其扣除；考虑存货跌价准备，因为要将存货报表项目还原为存货类账户。

【例 15 – 5】A 公司 2×19 年有关会计报表和补充资料如下：

①资产负债表部分资料如表 15 – 9 所示。

表 15 – 9　　　　　　　　　　　资产负债表部分资料　　　　　　　　　　　单位：万元

项目	年初余额	期末余额
存货	9 850	7 650
应付票据	700	870
应付账款	750	630

②利润表部分资料如表 15 – 10 所示。

表 15 – 10　　　　　　　　　　　　利润表部分资料　　　　　　　　　　　单位：万元

项目	本期金额
营业成本	26 500

③补充资料：本期增值税的进项税额 465 万元；"营业成本"项目中包括计提车间折旧费 70 万元，分配生产车间工人薪酬 286 万元；"存货"项目中包括计提车间折旧费 36 万元，分配生产车间工人薪酬 68 万元。

购买商品、接受劳务支付的现金 = 26 500 + 465 + （9 850 – 7 650） + （700 – 870） + （750 – 630） – （70 + 36） – （286 + 68） = 28 655（万元）

（5）"支付给职工以及为职工支付的现金"项目，反映企业本期实际支付给职工的工资、奖金、各种津贴和补贴等职工薪酬（包括代扣代缴的职工个人所得税）。不包括支付的离退休人员的各项费用和支付给在建工程人员的工资等。支付的离退休人员的各项费用，包括支付的统筹退休金以及未参加统筹的退休人员的费用，在"支付其他与经营活动有关的现金"项目中反映，支付的在建工程人员的工资以及为在建工程人员支付的其他费用，在"购建固定资产、无形资产和其他长期资产支付的现金"项目中反映。本项目可以根据"应付职工薪酬""银行存款"等科目的记录分析填列。企业为职工支付的养老、失业等社会保险金、补充养老保险，支付给职工的困难补助，企业为职工缴纳的商业保险金，企业支付给职工或为职工支付的其他福利费用等，应根据职工的工作性质和服务对象分别在"购建固定资产、无形资产和其他长期资产支付的现金"和"支付给职工以及为职工支付的现金"项目中反映。

支付给职工以及为职工支付的现金 = 应付职工薪酬年初余额 + 生产成本、制造费用、管理费用中职工薪酬 – 应付职工薪酬期末余额

【例 15 – 6】 2 × 19 年 A 公司销售费用中工资福利费 120 万元、管理费用中工资福利费 65 万元，均以货币资金结算或形成应付债务；营业成本中职工薪酬 420 万元，期初存货中含职工薪酬 260 万元，期末存货中含职工薪酬 120 万元；应付职工薪酬期初余额 13 万元，期末余额 9 万元。假设上述职工薪酬的期初、期末数，本期确认的工资福利均与投资、筹资活动无关。

支付给职工以及为职工支付的现金 = 120 + 65 + [420 – (260 – 120)] + (13 – 9) = 469（万元）

（6）"支付的各项税费"项目，反映企业本期发生并支付、以前各期发生本期支付以及预交的各项税费，包括所得税、增值税、营业税、消费税、印花税、房产税、土地增值税、车船税、教育费附加等。不包括计入固定资产的耕地占用税，也不包括退回的增值税、所得税。

【例 15 – 7】 2 × 19 年 A 公司应交所得税期初余额 180 万元，当期所得税费用为 450 万元，递延所得税费用为 50 万元，应交所得税期末余额 140 万元；支付的税金及附加为 28 万元；已交增值税 70 万元。

支付的各项税费 = (180 + 450 – 140) + 28 + 70 = 588（万元）

（7）"支付其他与经营活动有关的现金"项目，反映企业经营租赁支付的租金，支付的差旅费、业务招待费、保险费、审计费、咨询费、罚款支出，以及支付给离退休人员的各项费用等。其他与经营活动有关的现金流出，金额较大的应当单独列示。

支付其他与经营活动有关的现金 = 支付的其他管理费用 + 支付的销售费用 + 支付的制造费用

【例 15 – 8】 甲公司 2 × 19 年度发生的管理费用为 3 500 万元，其中：以现金支付购买办公用品支出 525 万元、管理人员薪酬 1 385 万元，存货盘亏损失 43.5 万元，计提固定资产折旧 630 万元，计提无形资产摊销 560 万元，其余均以现金支付，假定不考虑其他因素。

支付的其他与经营活动有关的现金 = 3 500 – 1 385 – 43.5 – 630 – 560 = 881.5（万元）

2. 投资活动产生的现金流量

（1）"收回投资收到的现金"项目，反映企业出售、转让或到期收回除现金等价物以外的短期性、长期性股权投资而收到的现金、收回长期债权投资本金，不包括长期性债权投资

收回的利息，以及收回的非现金资产。

（2）"取得投资收益收到的现金"项目，反映企业因股权投资而分得的现金股利、从子公司联营企业或合营企业分回利润而收到的现金、债权投资而取得的现金利息收入。

（3）"处置固定资产、无形资产和其他长期资产收回的现金净额"项目，反映企业出售、报废固定资产、无形资产和其他长期资产所取得的现金，减去为处置这些资产而支付的有关费用后的净额。因自然灾害等原因造成的固定资产等长期资产的报废、毁损而收到的保险赔偿收入，也在本项目中反映。如果处置固定资产、无形资产和其他长期资产收回的现金净额为负数，则应作为投资活动产生的现金流出量，在"支付其他与投资活动有关的现金"项目中。本项目可以根据"固定资产清理""资产处置损益""银行存款"等科目分析填列。

（4）"处置子公司及其他营业单位收到的现金净额"项目，反映企业处置子公司及其他营业单位所取得的现金减去相关处置费用，以及子公司及其他营业单位持有的现金和现金等价物后的净额。

（5）"收到其他与投资活动有关的现金"项目，反映企业除上述各项目外，收到的其他与投资活动有关的现金，如收到的在购买股票时支付的已宣布但尚未领取的现金股利、收到的在购买债券时支付的已到期但尚未领取的债券利息。如果价值较大，应当列示该项目。本项目应根据"应收股利""应收利息""银行存款"等科目分析填列。

（6）"购建固定资产、无形资产和其他长期资产支付的现金"项目，反映企业购买、建造固定资产、取得无形资产和其他长期资产所支付的现金（含增值税款等），以及用现金支付的应由在建工程和无形资产负担的职工薪酬。对购建固定资产而发生的借款利息资本化部分，以及融资租入固定资产支付的租赁费，不在本项目中反映。企业以分期付款方式购建的固定资产，其首次支付的现金在本项目中反映，以后各期支付的现金在"筹资活动产生的现金流量——支付其他与筹资活动有关的现金"项目中反映。本项目应根据"固定资产""无形资产""银行存款"等科目分析填列。

（7）"投资支付的现金"项目，反映企业取得除现金等价物以外的对其他企业的权益工具、债务工具和合营中的权益所支付的现金，以及支付的佣金、手续费等附加费用。

（8）"取得子公司及其他营业单位支付的现金净额"项目，反映企业购买子公司及其他营业单位购买出价中以现金支付的部分，减去子公司及其他营业单位持有的现金和现金等价物后的净额。

（9）"支付其他与投资活动有关的现金"项目，反映企业除上述各项目外，支付的其他与投资活动有关的现金流出，如在购买股票时，支付的已宣告尚未领取的现金股利、在购买债券时支付的已到期但尚未领取的债券利息。金额较大的应当单独列示。

3. 筹资活动产生的现金流量

（1）"吸收投资收到的现金"项目，反映企业以发行股票、债券等方式筹集资金实际收到的款项，减去直接支付给金融企业的佣金、手续费、宣传费、咨询费、印刷费等发行费用后的净额。

（2）"取得借款收到的现金"项目，反映企业举借各种短期、长期借款而收到的现金。

（3）"收到其他与筹资活动有关的现金"项目，反映企业除上述各项目外，收到的其他与筹资活动有关的现金。若价值较大，应单独列示。本项目根据"资本公积""银行存款"

等科目填列。

（4）"偿还债务支付的现金"项目，反映企业以现金偿还债务的本金，包括归还金融企业的借款本金、偿付企业到期的债券本金等。企业偿还的借款利息、债券利息在"分配股利、利润或偿付的利息支付的现金"项目中反映，不在本项目中反映。本项目根据"短期借款""长期借款""银行存款"等科目分析填列。

（5）"分配股利、利润或偿付利息支付的现金"项目，反映企业实际支付现金股利、支付给其他投资单位的利润或用现金支付的借款利息、债券利息。列入财务费用、在建工程借款的利息支出均在本项目中反映。本项目根据"应付股利""财务费用""在建工程""长期借款""应付利息""银行存款"等科目分析填列。

（6）"支付其他与筹资活动有关的现金"项目，反映企业除上述项目外，支付的其他与筹资活动有关的现金流出，金额较大的应当单独列示。如融资租入的租赁费，筹集资金所发生的审计费、咨询费和公证费，分期付款购入的固定资产除第一次付款外所支付的现金、减少注册资本等发生的现金支出。其他与筹资活动有关现金，金额较大的应当单独列示。本项目应根据"银行存款""长期应付款""股本"等科目分析填列。

【例 15 - 9】甲公司 2×19 年发生下列业务：偿还短期借款，本金 3 000 万元，利息 20 万元；偿还长期借款，本金 7 000 万元，应付利息 80 万元，其中资本化利息费用 73 万元；支付到期一次还本付息的应付债券，面值 1 000 万元，3 年期，利率 5%；支付现金股利 180 万元。

"偿还债务支付的现金"项目 = 3 000 + 7 000 + 1 000 = 11 000（万元）

"分配股利、利润或偿付利息支付的现金"项目 = 20 + 80 + 150 + 180 = 430（万元）

4. "汇率变动对现金及现金等价物的影响"项目

本项目反映下列项目之间的差额：

（1）企业外币现金流量折算为记账本位币时，所采用的现金流量发生日的即期汇率或按照系统合理的方法确定的、与现金流量发生日即期汇率近似的汇率折算的金额（编制合并现金流量表时还包括折算境外子公司的现金流量，应当比照处理）。

（2）"现金及现金等价物净增加额"中外币现金净增加额按期末汇率折算的金额。

【例 15 - 10】某企业当期出口商品一批，售价 100 万美元，收汇当日汇率为 1：7.02，当期进口货物一批，价值 50 万元美元，结汇当日汇率为 1：7.07，资产负债表日汇率为 1：7.08。假如当期没有其他业务发生。

本例中，汇率变动对现金的影响：

经营活动流入的现金 = 1 000 000 美元

汇率变动对现金流入的影响额 = 1 000 000 × (7.08 - 7.02) = 60 000（元）

经营活动流出的现金 = 500 000 美元

汇率变动对现金流出的影响额 = 500 000 × (7.08 - 7.07) = 5 000（元）

汇率变动对现金的影响额 = 60 000 - 5 000 = 55 000（元）

5. 补充资料（间接法）

企业应当采用间接法在现金流量表补充资料中将净利润调节为经营活动现金流量信息。间接法是以本期净利润为起算点，调整不涉及现金的收入、费用、营业外收支以及有关项目的增减变动，据此计算出经营活动现金流量的一种方法。

（1）将净利润调节为经营活动现金流量，反映以间接法列报的经营活动的现金流量。间接列报法是以当期净利润为出发点，经过调整有关项目的增减变化金额，计算出当期经营活动的现金流量净额。利润表中反映的当期净利润是按权责发生制原则确认计量的，而当期经营活动的现金流量是按现金收付制确认计量的，另外，当期净利润既包括经营净收益，又包括不属于经营活动的损益。因此，采用间接列报法将净利润调节为经营活动的现金流量净额时，需要增减调整四大类项目：实际未支付现金的费用、实际没有收到现金的收益、不属于经营活动的损益、经营性应收应付项目的增减变动。

①"资产减值准备"项目。资产减值准备包括坏账准备、存货跌价准备、投资性房地产减值准备、长期股权投资减值准备、债权投资减值准备、固定资产减值准备、在建工程减值准备、工程物资减值准备、生物性资产减值准备、无形资产减值准备、商誉减值准备等。企业计提的各项资产减值准备，属于利润的减除项目，但没有发生现金流出，在将净利润调节为经营活动现金流量时需要予以加回。本项目可根据"资产减值损失""信用减值损失"科目的记录分析填列。

②"固定资产折旧、油气资产折耗、生产性生物资产折旧"项目。企业计提的固定资产折旧，有的包括在管理费用中，有的包括在制造费用中。计入管理费用中的部分，作为期间费用在计算净利润时扣除，但没有发生现金流出，在将净利润调节为经营活动现金流量时需要予以加回。计入制造费用中的已经变现的部分，在计算净利润时通过销售成本予以扣除，但没有发生现金流出；计入制造费用中的没有变现的部分，既不涉及现金收支，也不影响企业当期净利润。由于在调节存货时，已经从中扣除，在此处将净利润调节为经营活动现金流量时需要予以加回。本项目可根据"累计折旧""累计折耗""生产性生物资产折旧"科目的贷方发生额分析填列。

③"无形资产摊销"和"长期待摊费用摊销"项目。企业对使用寿命有限的无形资产计提摊销时，计入管理费用或制造费用。长期待摊费用摊销时，有的计入管理费用，有的计入销售费用，有的计入制造费用。计入管理费用等期间费用和计入制造费用中的已变现的部分，在计算净利润时已从中扣除，但没有发生现金流出；计入制造费用中的没有变现的部分，在调节存货时已经从中扣除，但不涉及现金收支，所以在此处将净利润调节为经营活动现金流量时，需要予以加回。本项目可根据"累计摊销""长期待摊费用"科目的贷方发生额分析填列。

④"处置固定资产、无形资产和其他长期资产的损失（收益以'－'号填列）"项目。企业处置固定资产、无形资产和其他长期资产发生的损益，属于投资活动产生的损益，不属于经营活动产生的损益，所以在将净利润调节为经营活动现金流量时，需要将该损益予以剔除。如为损失，在将净利润调节为经营活动现金流量时，应当将该损失加回；如为收益，在将净利润调节为经营活动现金流量时，应当将该收益扣除。本项目可根据"资产处置损益"等科目所属有关明细科目的记录分析填列，净收益以"－"号填列。

⑤"固定资产报废损失（收益以'－'号填列）"项目。企业发生的固定资产报废损益，属于投资活动产生的损益，不属于经营活动产生的损益，所以在将净利润调节为经营活动现金流量时，需要将该损益予以剔除。如为净损失，在将净利润调节为经营活动现金流量时，应当将该损失加回；如为净收益，在将净利润调节为经营活动现金流量时，应当将该收益扣除。本项目可根据"营业外支出""营业外收入"等科目所属有关明细科目的记录分析

填列。

⑥ "公允价值变动损失（收益以'－'号填列）"项目。公允价值变动损失反映以公允价值计量且其变动计入当期损益的金融资产、以公允价值计量且其变动计入当期损益的金融负债，以及采用公允价值模式计量的投资性房地产、衍生工具、套期保值业务等公允价值变动形成的应计入当期损益的利得或损失。企业发生的公允价值变动损益，通常与企业的投资活动和筹资活动有关，而且并不影响企业当期的现金流量。为此，应当将其从净利润中剔除。本项目可以根据"公允价值变动损益"科目的发生额分析填列。如为公允价值变动损失，在将净利润调节为经营活动现金流量时，应当将该损失加回；如为公允价值变动利得，在将净利润调节为经营活动现金流量时，应当将该利得扣除。

⑦ "财务费用（收益以'－'号填列）"项目。企业发生的财务费用中不属于经营活动的部分，应当在将净利润调节为经营活动现金流量时将其加回。本项目可根据"财务费用"科目的本期借方发生额分析填列，如为收益，以"－"号填列。

⑧ "投资损失（收益以'－'号填列）"项目。企业发生的投资损益，属于投资活动产生的损益，不属于经营活动产生的损益，所以，在将净利润调节为经营活动现金流量时，需要予以剔除。如为净损失，在将净利润调节为经营活动现金流量时，应当加回；如为净收益，在将净利润调节为经营活动现金流量时，应当扣除。本项目可根据利润表中"投资收益"项目的数额填列，如为投资收益，以"－"号填列。

⑨ "递延所得税资产减少（增加以'－'号填列）"项目。递延所得税资产减少使计入所得税费用的金额大于当期应交的所得税金额，其差额没有发生现金流出，但在计算净利润时已经扣除，在将净利润调节为经营活动现金流量时，应当加回。递延所得税资产增加使计入所得税费用的金额小于当期应交的所得税金额，二者之间的差额并没有发生现金流入，但在计算净利润时已经包括在内，在将净利润调节为经营活动现金流量时，应当扣除。本项目可以根据资产负债表中"递延所得税资产"项目期初、期末余额分析填列。

⑩ "递延所得税负债增加（减少以'－'号填列）"项目。递延所得税负债增加使计入所得税费用的金额大于当期应交的所得税金额，其差额没有发生现金流出，但在计算净利润时已经扣除，在将净利润调节为经营活动现金流量时，应当将其加回。如果递延所得税负债减少使计入所得税费用的金额小于当期应交的所得税金额，其差额并没有发生现金流入，但在计算净利润时已经将其包括在内，那么在将净利润调节为经营活动现金流量时，应当将其扣除。本项目可以根据资产负债表"递延所得税负债"项目期初、期末余额分析填列。

⑪ "存货的减少（增加以'－'号填列）"项目。期末存货比期初存货少，说明本期生产经营过程耗用的存货有一部分是期初的存货，耗用这部分存货并没有发生现金流出，但在计算净利润时已经扣除，所以在将净利润调节为经营活动现金流量时，应当将其加回。期末存货比期初存货多，说明当期购入的存货除耗用外，还剩余了一部分存货，这部分存货也发生了现金流出，但在计算净利润时没有包括在内，所以在将净利润调节为经营活动现金流量时，需要将其扣除。当然，存货的增减变化过程还涉及应付项目，这一因素在"经营性应付项目的增加（减少以'－'号填列）"项目中考虑。本项目可根据资产负债表中"存货"项目的期初数、期末数之间的差额填列。期末数大于期初数的差额，以"－"号填列。如果存货的增减变化过程属于投资活动，如在建工程领用存货，则应当将这一因素剔除。

⑫ "经营性应收项目的减少（增加以'－'号填列）"项目。经营性应收项目包括应

收票据、应收账款、合同资产、预付账款，长期应收款和其他应收款中与经营活动有关的部分，以及应收的增值税销项税额等。经营性应收项目期末余额小于经营性应收项目期初余额，说明本期收回的现金大于利润表中所确认的销售收入，所以在将净利润调节为经营活动现金流量时，需要将其加回。经营性应收项目期末余额大于经营性应收项目期初余额，说明本期销售收入中有一部分没有收回现金，但是在计算净利润时这部分销售收入已包括在内，所以在将净利润调节为经营活动现金流量时，需要将其扣除。本项目应当根据有关科目的期初、期末余额分析填列，如为增加，以"－"号填列。

⑬"经营性应付项目的增加（减少以'－'号填列）"项目。经营性应付项目包括应付票据、应付账款、合同负债、应付职工薪酬、应交税费、应付利息、长期应付款、其他应付款中与经营活动有关的部分，以及应付的增值税进项税额等。经营性应付项目期末余额大于经营性应付项目期初余额，说明本期购入的存货中有一部分没有支付现金，但是在计算净利润时却通过销售成本将其包括在内，因此在将净利润调节为经营活动现金流量时，需要将其加回；经营性应付项目期末余额小于经营性应付项目期初余额，说明本期支付的现金大于利润表中所确认的销售成本，在将净利润调节为经营活动产生的现金流量时，需要将其扣除。本项目应当根据有关科目的期初、期末余额分析填列，如为减少，以"－"号填列。

（2）不涉及现金收支的重大投资和筹资活动，反映企业一定期间内影响资产或负债但不形成该期现金收支的所有投资和筹资活动的信息。这些投资和筹资活动虽然不涉及当期现金收支，但对以后各期的现金流量有重大影响。例如，企业融资租入设备，将形成的负债记入"长期应付款"项目，当期并不支付设备款及租金，但以后各期必须为此支付现金，从而在一定期间内形成了一项固定的现金支出。

因此，现金流量表准则规定，企业应当在附注中披露不涉及当期现金收支，但影响企业财务状况或在未来可能影响企业现金流量的重大投资和筹资活动，主要包括：①债务转为资本，反映企业本期转为资本的债务金额；②一年内到期的可转换公司债券，反映企业一年内到期的可转换公司债券的本息；③融资租入固定资产，反映企业本期融资租入固定资产的最低租赁付款额扣除应分期计入利息费用的未确认融资费用的净额。

（3）现金及现金等价物净变动情况。"现金及现金等价物净增加额"项目与现金流量表正表中的"现金及现金等价物净增加额"项目的金额应当相等。

15.4.3 现金流量表编制实例（工作底稿法）

采用工作底稿法编制现金流量表，是以工作底稿为工具，以利润表和资产负债表数据为基础，对每一项目进行分析并且编制调整分录，从而编制出现金流量表的方法。其具体步骤如下：第一，根据会计分录（视同为会计凭证），开设"T"形账户（视同为会计账簿），以便编制调整分录时进行分析调整。第二，设计现金流量表工作底稿。第三，过账。过账是将资产负债表期初数和期末数及利润表本期数过入工作底稿中。第四，编制调整分录并将调整分录的数字过入工作底稿。调整分录是编制现金流量表的最重要部分，其正确与否将直接影响现金流量表的正确性。调整分录根据资产负债表、利润表和会计账簿进行分析编制。其编制顺序是：先按利润表项目顺序从上到下进行分析调整，然后按资产负债表项目顺序从上到下进行分析调整。在将调整分录的数字过入工作底稿时，应每编完一笔调整分录，就登记一次工作底稿，并注明调整分录的序号。第五，对工作底稿进行试算平衡。工作底稿的验算有两种平衡：一是横向平衡，目的是看资产负债表项目和利润表项目是否全部调整完毕，既不能多调，也不能少调；二是纵向平衡，即调整分录借贷合计应当平衡，目的是看调整分录自身计算有无错误。第六，编制现金流量表。将工作底稿中现金流量表部分的数字填入正式的现金流量表中即完成了现金流量表的编制。

【例 15 – 11】 沿用〖例 15 – 2〗、〖例 15 – 3〗资料，以及编制的资产负债表和利润表，采用工作底稿法编制现金流量表的具体步骤如下：

（1）将资产负债表的年初余额和年末余额过入工作底稿的期初数栏和期末数栏。

（2）对当期业务进行分析并编制调整分录。编制调整分录时，要以利润表项目为基础，从"营业收入"开始，结合资产负债表项目逐一进行分析。本例调整分录如下：

①分析调整营业收入：

借：经营活动现金流量——销售商品收到的现金　　　　　　14 149 000
　　应收账款　　　　　　　　　　　　　　　　　　　　　2 880 000
　　贷：营业收入　　　　　　　　　　　　　　　　　　　　　　13 200 000
　　　　应收票据　　　　　　　　　　　　　　　　　　　　　　2 113 000
　　　　应交税费——应交增值税（销项税额）　　　　　　　　　1 716 000

利润表中的营业收入是按权责发生制反映的，应转换为现金制。为此，应调整应收账款和应收票据的增减变动。本例应收账款增加 2 880 000 元，增值税销项税额 1 716 000 元，应减少经营活动产生的现金流量，而应收票据减少 2 113 000 元均系货款，应增加经营活动产生的现金流量。

②分析调整营业成本：

借：营业成本　　　　　　　　　　　　　　　　　　　　7 920 000
　　应付票据　　　　　　　　　　　　　　　　　　　　1 800 000
　　应交税费——应交增值税（进项税额）　　　　　　　　337 740
　　贷：经营活动现金流量——购买商品支付的现金　　　　　　9 787 340
　　　　存货　　　　　　　　　　　　　　　　　　　　　　　270 400

应付票据减少 1 800 000 元，表明本期用于购买存货的现金支出增加 1 800 000 元，增值税进项税额 337 740 元；存货减少 270 400 元，表明本期用于购买商品的现金减少 270 400 元。

③调整本年税金及附加：

借：税金及附加　　　　　　　　　　　　　　　　　　　49 303
　　贷：应交税费　　　　　　　　　　　　　　　　　　　　　49 303

即本年支付的税金及附加。

④计算销售费用付现：

借：销售费用　　　　　　　　　　　　　　　　　　　207 547.17
　　应交税费——应交增值税（进项税额）　　　　　　　　12 452.83
　　贷：经营活动现金流量——支付其他与经营活动有关的现金　　220 000

本例中利润表中所列销售费用与按现金制确认数相同。

⑤分析调整管理费用：

借：管理费用　　　　　　　　　　　　　　　　　　　　　　971 000
　　贷：经营活动现金流量——支付其他与经营活动有关的现金　　971 000

管理费用中包含着不涉及现金支出的项目，此笔分录先将管理费用全额转入"经营活动现金流量——支付其他与经营活动有关的现金"项目中，至于不涉及现金支出的项目，再分别进行调整。

⑥分析调整财务费用：

借：财务费用　　　　　　　　　　　　　　　　　　　　　　300 000
　　贷：经营活动现金流量——销售商品收到的现金　　　　　　200 000
　　　　筹资活动现金流量——偿付利息支付的现金　　　　　　100 000

本期增加的财务费用中，有 200 000 元是票据贴现利息，由于在调整应收票据时已全额记入"经营活动现金流量——销售商品收到的现金"，所以要从"经营活动现金流量——销售商品收到的现金"项目内冲回，不能作为现金流入；支付长期借款利息 100 000 元，作为偿付利息所支付的现金。

⑦分析调整资产减值损失：

借：资产减值损失　　　　　　　　　　　　　　　　　　　　300 000
　　信用减值损失　　　　　　　　　　　　　　　　　　　　　　9 000
　　贷：坏账准备　　　　　　　　　　　　　　　　　　　　　　9 000
　　　　固定资产减值准备　　　　　　　　　　　　　　　　　300 000

本期计提的坏账准备和固定资产减值准备影响净利润，但不影响现金流量。

⑧分析调整公允价值变动收益：

借：交易性金融资产　　　　　　　　　　　　　　　　　　　　20 000
　　贷：公允价值变动损益　　　　　　　　　　　　　　　　　　20 000

本期发生的公允价值变动收益影响净利润，但不影响现金流量。资产负债表日，交易性金融资产公允价值增加 20 000 元。

⑨分析调整投资收益：

借：投资活动现金流量——收回投资收到的现金　　　　　　　165 000
　　交易性金融资产　　　　　　　　　　　　　　　　　　1 030 000
　　应交税费——应交增值税（进项税额）　　　　　　　　　　1 200
　　投资收益　　　　　　　　　　　　　　　　　　　　　6 981.13
　　贷：投资活动现金流量——投资支付的现金　　　　　　　1 051 200
　　　　应交税费——转让金融产品应交增值税　　　　　　　1 981.13
　　　　交易性金融资产　　　　　　　　　　　　　　　　　150 000

投资收益应从利润表项目中调整出来，列入投资活动现金流量中。本例投资收益包括两个部分：一是购买交易性金融资产发生了 20 000 元的交易费用及增值税进项税额 1 200 元；二是出售交易性金融资产获利 15 000 元，计提转让金融资产增值税 1 981.13 元。

⑩分析调整资产处置损益：

借：投资活动现金流量——处置固定资产收回的现金　　　　3 000 000
　　累计折旧　　　　　　　　　　　　　　　　　　　　　1 500 000

	贷：资产处置损益	154 867.26
	应交税费——应交增值税（销项税额）	345 132.74
	固定资产	4 000 000

编制现金流量表时，需要对资产处置损益和营业外支出进行分析，以列入现金流量表的不同部分。本例中资产处置损益 154 867.26 元，处置过程中收到的不含税现金 2 654 867.26 元及增值税销项税额 345 132.74 元应列入投资活动现金流量中。

⑪分析调整营业外支出：

借：营业外支出　　　　　　　　　　　　　　　　　　　197 000
　　投资活动现金流量——处置固定资产收回的现金　　　　2 700
　　累计折旧　　　　　　　　　　　　　　　　　　　1 800 000
　　应交税费——应交增值税（进项税额）　　　　　　　　　300
　　贷：固定资产　　　　　　　　　　　　　　　　　　2 000 000
借：经营活动现金流量——购买商品支付的现金　　　　　102 600
　　应交税费——应交增值税（进项税额）　　　　　　　　10 400
　　贷：经营活动现金流量——销售商品收到的现金　　　　113 000

本例中营业外支出 197 000 元是报废固定资产的损失，处置过程中收到的现金应列入投资活动现金流量中。债务重组中增加存货和增值税进项税额 113 000 元，已经记入了"经营活动现金流量——购买商品支付的现金"，债务重组中减少的应收票据 113 000 元，也已经记入了"经营活动现金流量——销售商品收到的现金"，应作补充调整。

⑫分析调整所得税费用：

借：所得税费用　　　　　　　　　　　　　　　　　　853 509
　　递延所得税资产　　　　　　　　　　　　　　　　　77 250
　　贷：应交税费　　　　　　　　　　　　　　　　　930 759

将利润表中的所得税费用调入应交税费。

⑬分析调整固定资产：

借：固定资产　　　　　　　　　　　　　　　　　　14 864 700
　　应交税费——应交增值税（进项税额）　　　　　　　111 111
　　贷：投资活动现金流量——购建固定资产支付的现金　　975 811
　　　　在建工程　　　　　　　　　　　　　　　　14 000 000

本期固定资产的增加包括两个部分：一是购入设备 864 700 元及支付增值税进项税额 111 111 元；二是在建工程完工转入 14 000 000 元。本期处置固定资产已在分录⑪中调整。

⑭分析调整累计折旧：

借：经营活动现金流量——支付其他与经营活动有关的现金　　200 000
　　　　　　　　　　　——购买商品支付的现金　　　　　　800 000
　　贷：累计折旧　　　　　　　　　　　　　　　　　　1 000 000

本期计提的折旧 1 000 000 元中，计入管理费用的 200 000 元，计入制造费用的 800 000 元，基于和第⑬笔分录同样的理由，应作补充调整。

⑮分析调整在建工程：

借：在建工程　　　　　　　　　　　　　　　　　　　4 280 000

应交税费——应交增值税（进项税额）	172 566. 37
工程物资	1 327 433. 63
贷：投资活动现金流量——购建固定资产支付的现金	3 500 000
筹资活动现金流量——偿付利息支付的现金	2 000 000
应付职工薪酬	280 000

本期在建工程增加的原因，包括以下几个方面：一是以现金支付购买工程物资 1 327 433.63 元、增值税进项税额 172 566.37 元及支付工资 2 000 000 元；二是支付的长期借款利息 2 000 000 元，资本化到在建工程成本中；三是为建造工人计提的福利费 280 000 元，资本化到在建工程成本中。

⑯分析调整累计摊销：

借：经营活动现金流量——支付其他与经营活动有关的现金	600 000
贷：累计摊销	600 000

无形资产摊销时已计入管理费用，所以应作补充调整。理由同第⑬笔分录。

⑰分析调整短期借款：

借：短期借款	2 500 000
贷：筹资活动现金流量——偿还债务支付的现金	2 500 000

偿还短期借款应列入筹资活动的现金流量。

⑱分析调整应付职工薪酬：

借：经营活动现金流量——购买商品支付的现金	3 249 000
——支付其他与经营活动有关的现金	171 000
贷：经营活动现金流量——支付给职工以及为职工支付的现金	3 000 000
应付职工薪酬	420 000

本期应付职工薪酬的期末期初差额为 700 000 元，由计提的职工福利费构成，包括在建工程应负担的职工福利费 280 000 元，已在分录⑮中调整，以及为生产人员和管理人员计提的福利费 420 000 元。本例中并没有出现使用应付福利费的情况。若本期使用了应付福利费，则应将这部分金额列入"经营活动现金流量——支付给职工以及为职工支付的现金"项目中。上述分录中，由于工资费用分配时已分别计入制造费用和管理费用，所以要补充调整。

⑲分析调整应交税费：

借：应交税费	1 980 062
贷：经营活动现金流量——支付的各项税费	1 980 062

本期支付的各项税费包括税金及附加 49 303 元、已交增值税 1 000 000 元，以及已交所得税 930 759 元。为便于分析，企业在日常核算中，应按应交税费的税种分设明细账，以便取得分析所需的数据。

⑳分析调整长期借款：

借：长期借款	6 000 000
贷：筹资活动现金流量——偿还债务支付的现金	6 000 000

以现金偿还长期借款。

借：筹资活动现金流量——取得借款所收到的现金	10 000 000
贷：长期借款	10 000 000

举借长期借款。

㉑结转净利润：

借：净利润　　　　　　　　　　　　　　　　2 560 526.96

　　贷：未分配利润　　　　　　　　　　　　　　　　2 560 526.96

㉒提取盈余公积：

借：未分配利润　　　　　　　　　　　　　　　256 052.70

　　贷：盈余公积　　　　　　　　　　　　　　　　　256 052.70

㉓调整现金净变化额：

借：现金　　　　　　　　　　　　　　　　　　40 887

　　贷：现金净增加额　　　　　　　　　　　　　　　40 887

（3）编制现金流量表工作底稿如表 15 – 11 所示。

表 15 – 11　　　　　　　　现金流量表工作底稿

项　　目	期初数	调整分录		期末数
		借方	贷方	
一、资产负债表项目				
借方项目：				
货币资金	14 063 000	㉓40 887		14 103 887
交易性金融资产	150 000	⑧20 000		
		⑨880 000		1 050 000
应收票据	2 460 000		①2 113 000	347 000
应收账款	4 220 000	①2 880 000		7 100 000
预付款项	1 300 000			1 300 000
其他应收款	3 050 000			3 050 000
存货	25 800 000		②270 400	25 529 600
一年内到期的非流动资产	500 000			500 000
其他债权投资				
债权投资				
长期应收款				
长期股权投资	2 500 000			2 500 000
投资性房地产				
固定资产	11 000 000	⑬14 864 700	⑩4 000 000	
			⑪2 000 000	19 864 700
在建工程	15 000 000	⑮4 280 000	⑬14 000 000	
		⑮1 327 433.63		6 607 433.63

续表

项　目	期初数	调整分录 借方	调整分录 贷方	期末数
固定资产清理				
无形资产	6 000 000			6 000 000
开发支出				
商誉				
长期待摊费用	1 500 000			1 500 000
递延所得税资产		⑫77 250		77 250
借方项目合计				89 529 870.63
贷方项目：				
坏账准备	9 000		⑦9 000	18 000
累计折旧	3 000 000	⑩1 500 000 ⑪1 800 000	⑭1 000 000	700 000
累计摊销	660 000		⑯600 000	1 260 000
固定资产减值准备			⑦300 000	300 000
短期借款	3 000 000	⑰2 500 000		500 000
应付票据	2 000 000	②1 800 000		200 000
应付账款	9 848 000			9 848 000
预收款项	560 000			560 000
应付职工薪酬	1 100 000		⑮280 000 ⑱420 000	1 800 000
应交税费	366 000	②337 740 ④12 452.83 ⑨1 200 ⑪300 ⑪10 400 ⑬111 111 ⑮172 566.37 ⑲1 980 062	①1 716 000 ③49 303 ⑨1 981.13 ⑩345 132.74 ⑫930 759	783 343.67
其他应付款	1 500 000			1 500 000
其他流动负债				
长期借款	6 000 000	⑳6 000 000	⑳10 000 000	10 000 000
应付债券				
长期应付款				
专项应付款				

续表

项　　目	期初数	调整分录		期末数
		借方	贷方	
预计负债				
递延所得税负债				
其他非流动负债				
实收资本	53 000 000			53 000 000
资本公积	5 000 000			5 000 000
盈余公积	1 000 000		㉒256 052.70	1 256 052.70
未分配利润	500 000	㉒256 052.70	㉑2 560 526.96	2 804 474.26
贷方项目合计				89 529 870.63
二、利润表项目				本期数
营业收入			①13 200 000	13 200 000
营业成本		②7 920 000		7 920 000
税金及附加		③49 303		49 303
销售费用		④207 547.17		207 547.17
管理费用		⑤971 000		971 000
财务费用		⑥300 000		300 000
资产减值损失		⑦300 000		300 000
信用减值损失		⑦9 000		9 000
公允价值变动损益			⑧20 000	20 000
投资收益		⑨6 981.13		6 981.13
资产处置损益			⑩154 867.26	154 867.26
营业外支出		⑪197 000		197 000
所得税费用		⑫853 509		853 509
净利润		㉑2 560 526.96		2 560 526.96
三、现金流量表项目				
（一）经营活动产生的现金流量：				
销售商品、提供劳务收到的现金		①14 149 000	⑥200 000 ⑪113 000	13 836 000
收到的税费返还				
收到其他与经营活动有关的现金				

项　　目	期初数	调整分录		期末数
		借方	贷方	
经营活动现金流入小计				13 836 000
购买商品、接受劳务支付的现金		⑪102 600 ⑭800 000 ⑱3 249 000	②9 787 340	5 635 740
支付给职工及为职工支付的现金			⑱3 000 000	3 000 000
支付的各项税费			⑲1 980 062	1 980 062
支付其他与经营活动有关的现金		⑭200 000 ⑯600 000 ⑱171 000	④220 000 ⑤971 000	220 000
经营活动现金流出小计				10 835 802
经营活动产生的现金流量净额				3 000 198
（二）投资活动产生的现金流量：				
收回投资收到的现金		⑨165 000		165 000
取得投资收益收到的现金				
处置固定资产、无形资产和其他长期资产收回的现金净额		⑩3 000 000		3 000 000
收到其他与投资活动有关的现金		⑪2 700		2 700
投资活动现金流入小计				3 167 700
购建固定资产、无形资产和其他长期资产支付的现金			⑬975 811 ⑮3 500 000	4 475 811
投资支付的现金			⑨1 051 200	1 051 200
投资活动现金流出小计				5 527 011
投资活动产生的现金流量净额				－ 2 359 311
（三）筹资活动产生的现金流量：				
吸收投资收到的现金				
取得借款收到的现金		⑳10 000 000		10 000 000
收到其他与筹资活动有关的现金				
筹资活动现金流入小计				10 000 000
偿还债务支付的现金			⑰2 500 000 ㉑6 000 000	8 500 000

续表

项 目	期初数	调整分录 借方	调整分录 贷方	期末数
分配股利、利润或偿付利息支付的现金			⑥100 000 ⑮2 000 000	2 100 000
支付其他与筹资活动有关的现金				
筹资活动现金流出小计				10 600 000
筹资活动产生的现金流量净额				-600 000
(四)现金及现金等价物净增加额			㉓40 887	40 887
调整分录合计		86 603 194.29	86 603 194.29	

(4)编制现金流量表如表 15-12 所示。

表 15-12　　　　　　　　　　　**现金流量表**

会企 03 表

编制单位:华远股份有限公司　　　　2×19 年 12 月　　　　单位:元

项 目	本期金额	上期金额
一、经营活动产生的现金流量:		
销售商品、提供劳务收到的现金	13 836 000	
收到的税费返还	0	
收到其他与经营活动有关的现金	0	
经营活动现金流入小计	13 836 000	
购买商品、接受劳务支付的现金	5 635 740	
支付给职工以及为职工支付的现金	3 000 000	
支付的各项税费	1 980 062	
支付其他与经营活动有关的现金	220 000	
经营活动现金流出小计	10 835 802	
经营活动产生的现金流量净额	3 000 198	
二、投资活动产生的现金流量:		
收回投资收到的现金	165 000	
取得投资收益收到的现金	0	
处置固定资产、无形资产和其他长期资产收回的现金净额	3 000 000	
处置子公司及其他营业单位收到的现金净额	0	
收到其他与投资活动有关的现金	2 700	

续表

项　目	本期金额	上期金额
投资活动现金流入小计	3 167 700	
购建固定资产、无形资产和其他长期资产支付的现金	4 475 811	
投资支付的现金	1 051 200	
取得子公司及其他营业单位支付的现金净额	0	
支付其他与投资活动有关的现金	0	
投资活动现金流出小计	5 527 011	
投资活动产生的现金流量净额	－2 359 311	
三、筹资活动产生的现金流量：		
吸收投资收到的现金	0	
取得借款收到的现金	10 000 000	
收到其他与筹资活动有关的现金	0	
筹资活动现金流入小计	10 000 000	
偿还债务支付的现金	8 500 000	
分配股利、利润或偿付利息支付的现金	2 100 000	
支付其他与筹资活动有关的现金	0	
筹资活动现金流出小计	10 600 000	
筹资活动产生的现金流量净额	－600 000	
四、汇率变动对现金及现金等价物的影响	0	
五、现金及现金等价物净增加额	40 887	
加：期初现金及现金等价物余额	14 063 000	
六、期末现金及现金等价物余额	14 103 887	

（5）编制现金流量表附注如表 15－13 所示。

表 15－13　　　　　　　　　　现金流量表附注　　　　　　　　　　　　　单位：元

补充资料	本年金额	上年金额
1. 将净利润调节为经营活动现金流量：		
净利润	2 560 526.96	
加：资产减值准备	309 000	
固定资产折旧、油气资产折耗、生产性生物资产折旧	1 000 000	
无形资产摊销	600 000	
长期待摊费用摊销		

续表

补充资料	本年金额	上年金额
处置固定资产、无形资产和其他长期资产的损失（收益以"－"号填列）	－154 867.26	
固定资产报废损失（收益以"－"号填列）	197 000	
公允价值变动损失（收益以"－"号填列）	－20 000	
财务费用（收益以"－"号填列）	100 000	
投资损失（收益以"－"号填列）	6 981.13	
递延所得税资产减少（增加以"－"号填列）	－77 250	
递延所得税负债增加（减少以"－"号填列）		
存货的减少（增加以"－"号填列）	270 400	
经营性应收项目的减少（增加以"－"号填列）	－767 000	
经营性应付项目的增加（减少以"－"号填列）	－1 024 592.83	
其他		
经营活动产生的现金流量净额	3 000 198	
2. 不涉及现金收支的重大投资和筹资活动：		
债务转为资本		
一年内到期的可转换公司债券		
融资租入固定资产		
3. 现金及现金等价物净变动情况：		
现金的期末余额	14 103 887	
减：现金的期初余额	14 063 000	
加：现金等价物的期末余额		
减：现金等价物的期初余额		
现金及现金等价物净增加额	40 887	

15.5 所有者权益变动表的编制

15.5.1 所有者权益变动表的含义及列报格式

1. 所有者权益变动表的含义

所有者权益变动表是反映构成所有者权益各组成部分当期的增减变动情况的报表。它应当全面反映一定时期所有者权益变动的情况，不仅包括所有者权益总量的增减变动，还包括所有者权益增减变动的重要结构性信息。

2. 所有者权益变动表的列报格式

为了清楚地表明构成所有者权益的各组成部分当期的增减变动情况，所有者权益变动表应以矩阵的形式列示。一方面，列示导致所有者权益变动的交易或事项；另一方面，按照所有者权益各组成部分及其总额列示交易或事项对所有者权益的影响。

15.5.2　所有者权益变动表的列报方法

1. "上年金额"栏的列报方法

所有者权益变动表中"上年金额"栏内各项数字，应根据上年度所有者权益变动表中"本年金额"栏内所列数字填列。如果本年度所有者权益变动表规定各个项目名称和内容同上年度不一致，应对上年度所有者权益表各个项目名称和数字按照本年度的规定进行调整，填入本表的"上年金额"栏内。

2. "本年金额"栏的列报方法

所有者权益变动表"本年金额"栏内各项数字一般应根据"实收资本（或股本）""资本公积""盈余公积""库存股""以前年度损益调整""利润分配"各明细账户的年初余额、借方发生额、贷方发生额、年末余额分析填列，增加金额用"＋"填列，减少金额用"－"填列。

15.5.3　所有者权益变动表编制实例

【例 15 – 12】 沿用〖例 15 – 2〗、〖例 15 – 3〗资料，编制 2×19 年所有者权益变动表如表 15 – 14 所示。

表 15 – 14　　　　　　　　　　　　　　**所有者权益变动表**

编制单位：华远股份有限公司　　　　　　2×19 年 12 月

会企 04 表　　单位：元

项　目	本年金额								
	实收资本（股本）	资本公积	其他权益工具		减：库存股	其他综合收益	盈余公积	未分配利润	所有者权益合计
			优先股	永续债					
一、上年年末余额	53 000 000	5 000 000			0	0	1 000 000	500 000	59 500 000
加：会计政策变更									
前期差错更正									
二、本年年初余额	53 000 000	5 000 000			0	0	1 000 000	500 000	59 500 000
三、本年增减变动金额（减少以"－"号填列）									

续表

项　　目	本年金额								
	实收资本（股本）	资本公积	其他权益工具		减：库存股	其他综合收益	盈余公积	未分配利润	所有者权益合计
			优先股	永续债					
（一）综合收益总额						0		2 560 526.96	2 560 526.96
（二）所有者投入资本和减少资本									
1. 所有者投入资本									
2. 其他权益工具投资者投入资本									
3. 股份支付计入所有者权益的金额									
4. 其他									
（三）利润分配									
1. 提取盈余公积							256 052.70	−256 052.70	0
2. 对所有者（或股东）的分配									
3. 其他									
（四）所有者权益内部结转									
1. 资本公积转增资本（或股本）									
2. 盈余公积转增资本（或股本）									
3. 盈余公积弥补亏损									
4. 结转重新计量设定受益计划净负债或净资产所产生的变动									
5. 其他综合收益结转留存收益									
6. 其他									
四、本年年末余额	53 000 000	5 000 000			0	0	1 256 052.70	2 804 474.26	62 060 526.96

【本章小结】

（1）本章需完成任务包括：①资产负债表、利润表及所有者权益变动表的原理和编制方法；②现金流量表的原理和编制方法。

（2）学习完本章学生应掌握资产负债表、利润表及所有者权益变动表的编制方法。

（3）完成本章若干学习任务，应深刻理解现金流量表编制原理。

（4）完成学习任务应学会运用：①资产负债表、利润表及所有者权益变动表编制方法；②全面理解现金流量表，初步体验其编制过程与编制方法，进而达到熟练掌握的程度。

第16章

会计调整

【学习目标】

通过本章学习，理解会计政策与会计政策变更的概念，能对会计政策变更进行会计处理；理解会计估计的概念，掌握会计估计变更的会计处理；掌握会计差错更正的会计处理；理解日后事项的概念与分类，掌握日后事项的判断方法与会计处理。

【能力目标】

能够判别会计调整业务以及对会计调整业务进行会计核算，在此基础之上，提高职业判断能力。

16.1 会计政策变更的会计处理

16.1.1 会计政策变更的概念及会计政策与会计估计变更的划分

1. 会计政策变更的概念

（1）会计政策的含义。会计政策是指企业在会计确认、计量和报告中所采用的原则、基础和会计处理方法。其中，原则，是指按照《企业会计准则》规定的、适合于企业会计核算所采用的具体会计原则；基础，是指为了将会计原则应用于交易或者事项而采用的基础，主要是计量基础；会计处理方法，是指企业在会计核算中按照法律、行政法规或者国家统一的会计制度等规定采用或者选择的、适合于本企业的具体会计处理方法。

（2）会计政策的特点。会计政策具有以下特点：①会计政策的选择性。②会计政策的强制性。如准则规定所得税不能采用应付税款法，这就体现了强制性。③会计政策的层次性。如权责发生制属于记账基础层次，按公允价值计量还是按历史成本计量，按公允价值计量还是按成本与市价孰低计量，这属于方法的层次。

企业应当披露重要的会计政策，不具有重要性的会计政策可以不披露。

（3）会计政策变更的含义。会计政策变更是指企业对相同的交易或事项由原来采用的会计政策改用另一会计政策的行为。为保证会计信息的可比性使财务报表使用者在比较企业一个以上期间的财务报表时，能够正确判断企业的财务状况、经营成果和现金流量的趋势。

一般情况下，企业采用的会计政策，在每一会计期间和前后各期应当保持一致，不得随意变更。否则势必削弱会计信息的可比性。

（4）会计政策变更的条件。会计政策一经选定，不得随意变更。否则必须满足下列条件之一：① 法律或国家统一的会计制度等行政法规、规章的要求。这种情况是指，按照法律、行政法规以及国家统一的会计制度的规定，要求企业采用新的会计政策，则企业应当按照法律、行政法规以及国家统一的会计制度的规定改变原会计政策，按照新的会计政策执行。② 会计政策的变更可以使会计信息变得更相关、更可靠。由于经济环境、客观情况的改变，使企业原采用的会计政策所提供的会计信息，已不能恰当地反映企业的财务状况、经营成果和现金流量等情况。在这种情况下，应改变原有会计政策，按变更后新的会计政策进行会计处理，以便对外提供更可靠、更相关的会计信息。

应注意下列情况不属于会计政策变更：① 当期发生与以前有本质区别的全新业务采用新的会计政策。这是因为，会计政策是针对特定类型的交易或事项，如果发生的交易或事项与其他交易或事项有本质区别，那么企业实际上是为新的交易或事项选择适当的会计政策，并没有改变原有的会计政策。② 初次发生业务采用新的会计政策。对初次发生的某类交易或事项采用适当的会计政策，并未改变原有的会计政策。例如，企业以前没有建造合同业务，当年签订一项建造合同，为另一企业建造三栋厂房，对该项建造合同采用完工百分比法确认收入，不是会计政策变更。③ 对于不重要的业务可以采用前后不同的会计政策，而不认为是会计政策变更，因为不符合重要性原则。

2. 会计政策变更与会计估计变更的划分

企业应当正确划分会计政策变更与会计估计变更，并按照不同方法进行相关会计处理。企业应当以变更事项的会计确认、计量基础和列报项目是否发生变更作为判断该变更是会计政策变更，还是会计估计变更的划分基础。

（1）以会计确认是否发生变更作为判断基础。资产、负债、所有者权益、收入、费用和利润6项会计要素的确认标准是会计处理的首要环节。例如，按照新准则研发的无形资产在开发阶段支出符合资本化时要确认为无形资产，而原准则都是确认为当期损益的。又如收入的确认，由完成合同法改为完工百分比法，两种方法确认的收入、结转的成本不同，属于会计政策变更。

（2）以计量基础是否发生变更作为判断基础。历史成本、重置成本、可变现净值、现值和公允价值5项会计计量属性，是会计处理的计量基础。例如，旧准则下的短期投资，采用成本与市价孰低法计量，按照新准则作为交易性金融资产核算，按照公允价值计量，计量基础发生了变化。

（3）以列报项目是否发生变更作为判断基础。一般地，对列报项目的指定或选择是由会计政策规定的，其相应的变更是会计政策变更。

（4）根据会计确认、计量基础和列报项目所选择的、为取得与资产负债表项目有关的金额或数值（如预计使用寿命、净残值等）所采用的处理方法，不是会计政策，而是会计估计，其相应的变更是会计估计变更。

16.1.2　会计政策变更的会计处理

1. 会计政策变更的会计处理方法

（1）处理方法种类。会计政策变更的处理方法主要有两种：追溯调整法和未来适用法。

① 追溯调整法，是指对某项交易或事项变更会计政策，视同该项交易或事项初次发生时即采用变更后的会计政策，并以此对财务报表相关项目进行调整的方法。采用追溯调整法时，对于比较财务报表期间的会计政策变更，应调整各期间净损益各项目和财务报表其他相关项目，视同该政策在比较财务报表期间上一直采用。对于比较财务报表可比期间以前的会计政策变更的累计影响数，应调整比较财务报表最早期间的期初留存收益，财务报表其他相关项目的数字也应一并调整。

② 未来适用法，是指将变更后的会计政策应用于变更日及以后发生的交易或者事项，或者在会计估计变更当期和未来期间确认会计估计变更影响数的方法。在未来适用法下，不需要计算会计政策变更产生的累计影响数，也无须重编以前年度的财务报表。企业会计账簿记录及财务报表上反映的金额，变更之日仍保留原有的金额，不因会计政策变更而改变以前年度的既定结果，并在现有金额的基础上再按新的会计政策进行核算。

（2）处理原则。会计政策变更在具体业务中，选择何种方法进行处理，应遵循以下原则：

① 企业依据法律或国家统一的会计制度等行政法规、规章的要求变更会计政策，分别以下情况处理：国家如果明确规定了处理方法的则照规定去做即可；国家未作明确规定的，按追溯调整法来处理。

② 会计政策变更能够提供更可靠、更相关的会计信息的，应当采用追溯调整法处理，将会计政策变更累计影响数调整列报前期最早期初留存收益，其他相关项目的期初余额和列报前期披露的其他比较数据也应当一并调整，但确定该项会计政策变更累计影响数不切实可行的除外。

③ 确定会计政策变更对列报前期影响数不切实可行的，应当从可追溯调整的最早期间期初开始应用变更后的会计政策。在当期期初确定会计政策变更对以前各期累计影响数不切实可行的，应当采用未来适用法处理。其中，不切实可行，是指企业在采取所有合理的方法后，仍然不能获得采用某项规定所必需的相关信息，而导致无法采用该项规定，则该项规定在此时是不切实可行的。

2. 追溯调整法的运用

追溯调整法的运用步骤如下：

（1）计算会计政策变更的累计影响数。所谓会计政策变更的累计影响数，是指假设与会计政策变更相关的交易或事项在初次发生时即采用新的会计政策，而得出的变更年度期初留存收益应有的金额与现有的金额之间的差额，会计政策变更的累计影响数，是对变更会计政策所导致的对净损益的累计影响，以及由此导致的对利润分配和未分配利润的累计影响金额，但不包括分配的利润或股利。

具体步骤：一是根据新的会计政策重新计算受影响的前期交易或事项；二是计算两种会

计政策下的差异；三是计算差异的所得税影响金额；四是确定前期中的每一期的税后差异；五是计算会计政策变更的累计影响数。

在实务操作中，为了能够明晰地对比出两种会计政策的差异，可以同时列示出两种会计政策下的业务处理，通过直接对比的方式来发现业务处理的差异并找出调整分录。

（2）进行相关的账务处理。

（3）调整会计报表相关项目。

（4）附注说明。

【例 16 - 1】 F 公司 2×15 年、2×16 年分别以 480 万元和 120 万元的价格从股票市场上购入 A、B 两只以交易为目的的股票，市价一直高于成本价。假设不考虑相关税费。公司采用成本与市价孰低法进行计量。公司从 2×17 年起对其以交易为目的购入的股票由成本与市价孰低法改为公允价值计量。公司保存的会计资料比较齐全，可以通过会计资料进行追溯计算。假设公司适用的所得税税率为 25%，公司按净利润的 10% 提取法定盈余公积金。2×16 年公司发行在外普通股加权平均数为 4 800 万股。两种方法计量的交易性金融资产账价值见表 16 - 1。

表 16 - 1　　　　两种方法计量的交易性金融资产账面价值　　　　单位：万元

股票	购入成本	2×15 年末公允价值	2×16 年末公允价值
A	480	560	560
B	120	—	140

第一步，计算改变交易性金融资产计量方法后的累计影响数（见表 16 - 2）。

表 16 - 2　　　　改变交易性金融资产计量方法后的累计影响数　　　　单位：万元

时间	股票	公允价值	成本与市价孰低法	税前差异	所得税费用	税后差异
20×5 年末	A	560	480	80	20	60
20×6 年末	A	560	480	80	20	60
	B	140	120	20	5	15
	合计	700	600	100	25	75

第二步，进行相关会计处理。

①调整 2×15 年的相关项目。

调整会计政策变更累计影响数：

借：交易性金融资产　　　　　　　　　　　800 000

　　贷：利润分配——未分配利润　　　　　　600 000

　　　　递延所得税负债　　　　　　　　　200 000

调整利润分配——未分配利润：

借：利润分配——未分配利润　　　　　　　60 000

　　贷：盈余公积　　　　　　　　　　　　60 000

②调整 2×16 年的相关项目。

调整会计政策变更累计影响数：

借：交易性金融资产　　　　　　　　　　　　　　　　　　　200 000

　　贷：利润分配——未分配利润　　　　　　　　　　　　　　　150 000

　　　　递延所得税负债　　　　　　　　　　　　　　　　　　　50 000

调整利润分配——未分配利润：

借：利润分配——未分配利润　　　　　　　　　　　　　　　　15 000

　　贷：盈余公积　　　　　　　　　　　　　　　　　　　　　　15 000

第三步，会计报表调整与重述。

F 公司在编制 2×17 年会计报表时，应调整 2×17 年资产负债表有关项目的年初数、利润表有关项目的上年金额，以及所有者权益变动表有关项目的上年金额和本年金额。

①资产负债表项目的调整。调增交易性金融资产年初数 100 万元；调增递延所得税负债年初数 25 万元，调增盈余公积年初余额 7.5 万元，调增未分配利润年初余额 67.5 万元。②利润表项目的调整。调增公允价值变动损益上年金额 20 万元，调增所得税费用上年金额 5 万元，调增净利润上年金额 15 万元；调整基本每股收益 0.0031 元/股。③所有者权益变动表项目的调整。调增盈余公积上年年初金额 6 万元，未分配利润上年年初金额 54 万元，所有者权益合计上年年初金额 60 万元。调增盈余公积上年金额 1.5 万元，未分配利润上年金额 13.5 万元，所有者权益合计上年金额 15 万元。调增盈余公积本年年初金额 7.5 万元，未分配利润本年年初金额 67.5 万元（见表 16-3 至表 16-5）。

表 16-3　　　　　　　　　　　　　　**资产负债表**

2×17 年 12 月 31 日　　　　　　　　　　　　　　　单位：万元

资产	年初数	负债和所有者权益	年初数
固定资产	100	递延所得税负债	25
		盈余公积	7.5
		未分配利润	67.5
资产合计	100	负债及所有者权益合计	100

表 16-4　　　　　　　　　　　　　　**利润表**

2×17 年度　　　　　　　　　　　　　　　单位：万元

项　　目	上年数
一、营业收入	
减：营业成本	
税金及附加	
销售费用	
管理费用	
财务费用（收益以"-"号填列）	

续表

项　　目	上年数
资产减值损失	
加：公允价值变动收益（损失以"－"号填列）	20
投资收益（损失以"－"号填列）	
二、营业利润（亏损以"－"号填列）	20
加：营业外收入	
减：营业外支出	
三、利润总额（亏损总额以"－"号填列）	20
减：所得税费用	5
四、净利润（净亏损以"－"号填列）	15

表 16 – 5　　　　　　　　　　**所有者权益变动表**

2 × 17 年度　　　　　　　　　　　　　　　　　单位：万元

项　　目	本年金额		
	……	盈余公积	未分配利润	……
一、上年年末余额				
加：会计政策变更		7.5	67.5	
前期会计差错				
二、本年年初余额		7.5	67.5	
……				

第四步，在会计报表附注中说明。

F 公司在年度会计报表附注中"重要会计政策和会计估计变更的说明"，本公司 2 × 17 年按会计准则规定，对交易性金融资产期末计价由成本与市价孰低法改为以公允价值计量。采用了追溯调整法，2 × 17 年比较财务报表已重新表述。2 × 16 年期初应用新会计政策追溯计算的会计政策变更累计影响数为 60 万元。调整 2 × 16 年期初留存收益 60 万元，其中调增未分配利润 54 万元，调增盈余公积 6 万元。会计政策变更对 2 × 16 年度财务报表本年金额的影响为调增未分配利润 13.5 万元，调增盈余公积 1.5 万元，调增净利润 15 万元。调增 2 × 16 年的期末留存收益 75 万元，其中，调增盈余公积 7.5 万元，调增未分配利润 67.5 万元。

【例 16 – 2】 联达公司 2 × 17 年 12 月外购一栋写字楼，价款 50 000 万元，预计使用年限 25 年，净残值为 0，采用直线法计提折旧。同日将该写字楼租赁给辉煌公司使用，并一直采用成本模式进行后续计量。2 × 19 年 1 月 1 日联达公司认为，出租给辉煌公司使用的写字楼，其所在地的房地产交易市场比较成熟，具备了采用公允价值模式计量条件，决定对该项投资性房地产从成本模式转换为公允价值模式。2 × 18 年 12 月 31 日该写字楼的公允价值为 60 000 万元。假设联达公司按净利润 10% 计提盈余公积。所得税税率为

25%，税法规定该投资性房地产作为固定资产处理，折旧年限为 25 年，净残值为 0，采用直线法计提折旧。公允价值变动损益不得计入应纳税所得额。根据上述资料，编制联达公司的账务处理。

① 计算累计影响数。

2×18 年按原会计政策确认的损益为：50 000 ÷ 25 = 2 000（万元），按新会计政策确认的损益为：60 000 - 50 000 = 10 000（万元）。因此，计算出的税前差异为：10 000 + 2 000 = 12 000（万元），所得税影响金额为：12 000 × 25% = 3 000（万元），最终得出税后差异为：12 000 - 3 000 = 9 000（万元）。

② 编制相关会计分录。

借：投资性房地产——某写字楼（成本）	600 000 000
投资性房地产累计折旧	20 000 000
贷：投资性房地产——某写字楼	500 000 000
递延所得税负债	30 000 000
利润分配——未分配利润	90 000 000
借：利润分配——未分配利润	9 000 000
贷：盈余公积（90 000 000 × 10%）	9 000 000

③ 调整财务报表（略）。

3. 未来适用法的运用

在未来适用法下，不需要计算会计政策变更产生的累计影响数，也无须重编以前年度的财务报表。企业会计账簿记录及财务报表上反映的金额，变更之日仍保留原有的金额，不因会计政策变更而改变以前年度的既定结果，并在现有金额的基础上再按新的会计政策进行核算。

虽然未来适用法不要求对以前会计指标进行追溯调整，但应在会计政策变更当期比较出会计政策变更对当期净利润的影响数，并披露于报表附注。

【例 16 - 3】联达公司由于管理的需要，从 2×18 年 1 月 1 日起对存货的核算由移动平均法改用先进先出法。2×18 年 1 月 1 日存货的价值为 250 万元，公司购入存货实际成本 1 800 万元，2×18 年 12 月 31 日按先进先出法计算确定的存货价值为 220 万元，当年销售额为 2 500 万元，适用所得税税率为 25%，税法允许按先进先出法计算的存货成本在税前扣除。假设 2×18 年 12 月 31 日按移动平均法计算的存货价值为 450 万元。

采用先进先出法计算的销售成本为：

期初存货 + 购入存货 - 期末存货 = 250 + 1 800 - 220 = 1 830（万元）

采用移动平均法计算的销售成本为：

期初存货 + 购入存货 - 期末存货 = 250 + 1 800 - 450 = 1 600（万元）

政策变更减少净利润 = (1 830 - 1 600) × (1 - 25%) = 172.5(万元)

4. 会计政策变更的披露

企业应当在附注中披露与会计政策变更有关的下列信息：

（1）会计政策变更的性质、内容和原因。包括：对会计政策变更的简要阐述、变更的日期、变更前采用的会计政策和变更后所采用的新会计政策及会计政策变更的原因。

（2）当期和各个列报前期财务报表中受影响的项目名称和调整金额（核心）。包括：采用追溯调整法时，计算出的会计政策变更的累计影响数；当期和各个列报前期财务报表中需要调整的净损益及其影响金额，以及其他需要调整的项目名称和调整金额。

（3）无法进行追溯调整的，说明该事实和原因以及开始应用变更后的会计政策的时点、具体应用情况。包括：无法进行追溯调整的事实；确定会计政策变更对列报前期影响数不切实可行的原因；在当期期初确定会计政策变更对以前各期累计影响数不切实可行的原因；开始应用新会计政策的时点和具体应用情况。

【例16-4】沿用〖例16-3〗，应在财务报表附注中作如下说明：

本公司对存货原采用移动平均法计价，由于管理的需要，改为先进先出法。由于该项会计政策变更，使公司当期净利润减少172.5万元。

16.2　会计估计变更的会计处理

16.2.1　会计估计变更的概念

1. 会计估计的含义

会计估计，是指企业对结果不确定的交易或者事项以最近可利用的信息为基础所作的判断。

2. 会计估计的特点

会计估计具有以下特点：

（1）会计估计的存在是由于经济活动中内在的不确定性因素的影响。在会计核算中，企业总是力求保持会计核算的准确性，但有些经济业务本身具有不确定性。例如，坏账、固定资产折旧年限、固定资产残余价值、无形资产摊销年限等，因而需要根据经验作出估计。

（2）进行会计估计时，往往以最近可利用的信息或资料为基础。企业在会计核算中，由于经营活动中内在的不确定性，不得不经常进行估计。一些估计的主要目的是为了确定资产或负债的账面价值，例如坏账准备、担保责任引起的负债等。

（3）进行会计估计并不会削弱会计确认和计量的可靠性。企业若利用这种会计估计人为地操纵利润就损害了会计信息的可靠性，属于滥用会计估计，不符合准则规定。

3. 会计估计变更的含义

会计估计变更，是指由于资产和负债的当前状况及预期经济利益和义务发生了变化，从而对资产或负债的账面价值或者资产的定期消耗金额进行调整。例如，资产折旧年限由10年改为8年，资产损耗转移到费用的金额变了，同时也影响了资产的账面价值，这是我们关注会计估计变更的意义所在。

4. 会计估计变更的情形

会计估计变更的情形包括：

（1）赖以进行估计的基础发生了变化。例如，企业的某项无形资产摊销年限原定为10年，以后发生的情况表明，该资产的受益年限已不足10年，相应调减摊销年限。

（2）取得了新的信息、积累了更多的经验。例如，企业原根据当时能够得到的信息，对应收账款每年按其余额的5%计提坏账准备；现在掌握了新的信息，判定不能收回的应收账款比例已达 20%，企业改按 20% 的比例计提坏账准备。

16.2.2 会计估计变更的处理

企业对会计估计变更应当采用未来适用法处理。即在会计估计变更当期及以后期间，采用新的会计估计，不改变以前期间的会计估计，也不调整以前期间的报告结果。

（1）会计估计变更仅影响变更当期的，其影响数应在变更当期予以确认。

（2）既影响变更当期又影响未来期间的，其影响数应当在变更当期和未来期间予以确认。

（3）难以对某项变更区分为会计政策变更或会计估计变更的，应当将其作为会计估计变更处理。

会计估计变更影响数应计入变更当期与前期相同项目中。为了保证不同期间财务报表具有可比性，如果以前期间的会计估计变更的影响数计入企业日常经营活动损益，则以后期间也应计入日常经营活动损益；如果以前期间的会计估计变更的影响数计入特殊项目中，则以后期间也应计入特殊项目。

【例 16–5】联达公司 2×17 年 12 月 30 日购入的一台管理用设备，原始价值为 84 000 元，原估计使用年限为 8 年，预计净残值为 4 000 元，按直线法计提折旧。由于技术因素以及更新办公设施的原因，已不能继续按原定使用年限计提折旧，于 2×22 年 1 月 1 日将该设备的折旧年限改为 6 年，预计残值为 2 000 元。假设税法允许按变更后的折旧额在税前扣除。

联达公司的管理用设备已计提折旧 4 年，累计折旧 40 000 元，固定资产净值 44 000 元。自 2×22 年 1 月 1 日起，改按新的使用年限计提折旧，每年折旧费用为 $(44\ 000 - 2\ 000) \div (6 - 4) = 21\ 000$（元）。

2×22 年 12 月 31 日，该公司编制会计分录如下：

借：管理费用　　　　　　　　　　　　　　　　　　　　　　　21 000
　　贷：累计折旧　　　　　　　　　　　　　　　　　　　　　　　　21 000

16.2.3 会计估计变更的披露

企业应当在附注中披露与会计估计变更有关的下列信息：

（1）会计估计变更的内容和原因。包括变更的内容、变更日期以及为什么要对会计估计进行变更。

（2）会计估计变更对当期和未来期间的影响数。包括会计估计变更对当期和未来期间损益的影响金额，以及对其他各项目的影响金额。

（3）会计估计变更的影响数不能确定的，披露这一事实和原因。

【例 16–6】承【例 16–5】，应在财务报表附注中作如下说明：

本公司一台管理用设备，原始价值为 84 000 元，原预计使用寿命为 8 年，预计净残值为 4 000 元，按直线法计提折旧。由于新技术的发展，该设备已不能按原预计使用寿命计提折旧，本公司于 2×22 年初变更该设备的使用寿命为 6 年，预计净残值为 2 000 元，

以反映该设备的真实耐用寿命和净残值。此估计变更影响本年度净利润减少数为8 250元
$[(21\ 000 - 10\ 000) \times (1 - 25\%)]$。

16.3　前期差错更正的会计处理

16.3.1　前期差错的概念

前期差错，是指由于没有运用或错误运用下列两种信息，而对前期财务报表造成省略或错报：（1）编报前期财务报表时预期能够取得并加以考虑的可靠信息；（2）前期财务报告批准报出时能够取得的可靠信息。前期差错通常包括计算错误、应用会计政策错误、疏忽或曲解事实以及舞弊产生的影响，以及存货、固定资产盘盈等。舞弊，是指人为地错误利用信息，给市场传导一个错误的会计信息，要作为差错进行更正。通常将金额较大的存货盘盈作为前期差错更正处理。按《企业会计准则28号——会计政策、会计估计变更和差账更正》规定，固定资产盘盈属于前期差错。

16.3.2　前期差错更正的处理

前期差错分为不重要的差错和重要的差错。重要性的判断：看项目的金额、性质及对报表决策者的影响。金额较大，性质较特殊的差错，对报表决策者产生完全不同的影响，就属于重要差错。

1. 不重要的前期差错的处理

对于不重要前期差错，企业不需调整财务报表相关项目期初数，但应调整发现当期与前期相同的相关项目。属于影响损益的，应直接计入本期与上期相同净损益项目；属于不影响损益的，应调整本期与前期相同的相关项目。

【例16－7】 联达公司在2×16年12月31日发现，一台价值9 600元、应计入固定资产，并于2×15年2月1日开始计提折旧的管理用设备，在2×15年计入了当期费用。该公司固定资产折旧采用直线法，该资产估计使用年限为4年，假设不考虑净残值因素。则在2×16年12月31日更正此差错的会计分录为：

借：固定资产　　　　　　　　　　　　　　　　　　　　　　9 600
　　贷：管理费用　　　　　　　　　　　　　　　　　　　　　　5 000
　　　　累计折旧　　　　　　　　　　　　　　　　　　　　　　4 600

当然，如果该差错是在2×19年2月以后才发现，则不需要做任何分录，因为该项差错已经抵销了。

2. 重要的前期差错的处理

对于重要的前期差错，企业应当在其发现当期的财务报表中，调整前期比较数据。具体地说，企业应当在重要的前期差错发现当期的财务报表中，通过下述处理对其进行追溯更正：

（1）追溯重述差错发生期间列报的前期比较金额；

（2）如果前期差错发生在列报的最早前期之前，则追溯重述列报的最早前期的资产、

负债和所有者权益相关项目的期初余额。

追溯重述法，是指在发现前期差错时，视同该项前期差错从未发生过，从而对财务报表相关项目进行更正的方法。与追溯调整法的思路一致。

对于发生的重要的前期差错，如影响损益，应将其对损益的影响数调整发现当期的期初留存收益，财务报表其他相关项目的期初数也应一并调整；如不影响损益，应调整财务报表相关项目的期初数。

差错影响资产负债表项目的，在差错发现当期直接调整相关项目的金额。若差错影响利润表项目，则先通过"以前年度损益调整"科目核算，最终转入"利润分配——未分配利润"。

追溯重述法的核算过程与追溯调整法相同。

【例 16 - 8】联达公司于 2×18 年 12 月发现，2×17 年漏记了一项管理用固定资产的折旧费用 200 000 元，2×17 年适用所得税税率为 25％，无其他纳税调整事项。该公司按净利润的 10％ 提取盈余公积金（假设可以调整"应交所得税"）。

根据以上资料，联达公司应进行如下会计处理：

第一步，账务处理。

① 补提折旧时：

借：以前年度损益调整	200 000
贷：累计折旧	200 000

② 转回应交所得税时：

借：应交税费——应交所得税	50 000
贷：以前年度损益调整	50 000

③ 调整利润分配时：

借：利润分配——未分配利润	150 000
贷：以前年度损益调整	150 000

④ 调整盈余公积时：

借：盈余公积	15 000
贷：利润分配——未分配利润	15 000

第二步，调整报表（报表略）。

① 资产负债表项目的调整：调增累计折旧 200 000 元；调减应交税费 50 000 元；调减盈余公积 15 000 元；调减未分配利润 135 000 元。

② 利润表项目的调整：调增管理费用上年金额 200 000 元；调减所得税费用上年金额 50 000 元；调减净利润上年金额 150 000 元。

③ 所有者权益变动表项目的调整：调减前期差错更正项目中盈余公积上年金额 15 000 元，未分配利润上年金额 135 000 元，所有者权益合计上年金额 150 000 元。

16.3.3　前期差错更正的披露

企业应当在附注中披露与前期差错更正有关的下列信息：

（1）前期差错的性质。

（2）各个列报前期财务报表中受影响的项目名称和更正金额。

（3）无法进行追溯重述的，说明该事实和原因以及对前期差错开始进行更正的时点、具体更正情况。

在以后期间的财务报表中，不需要重复披露在以前期间的附注中已披露的前期差错更正的信息，但中期报告例外。

【例 16－9】承〖例 16－8〗，应在财务报表附注中作如下说明：

本年度发现 2×17 年漏记固定资产折旧 200 000 元，在编制 2×17 年与 2×18 年比较财务报表时，已对该项差错进行了更正。更正后，调减 2×17 年净利润及留存收益 150 000 元，调增累计折旧 200 000 元。

16.4　资产负债表日后事项的会计处理

16.4.1　资产负债表日后事项的界定

资产负债表日后事项，是指资产负债表日至财务报告批准报出日之间发生的有利或不利事项。

1. 资产负债表日

资产负债表日，是指会计年度末和会计中期期末。中期资产负债表日是指各会计中期期末，包括月末、季末和半年末。中期是指短于一个完整的会计年度的报告期间。年度资产负债表日是指每年的 12 月 31 日，中期资产负债表日是指各会计中期期末。例如，提供第一季度财务报告时，资产负债表日是该年度的 3 月 31 日；提供半年度财务报告时，资产负债表日是该年度的 6 月 30 日。

2. 财务报告批准报出日

财务报告批准报出日，是指董事会或类似机构批准财务报告报出的日期，通常是指对财务报告的内容负有法律责任的单位或个人批准财务报告对外公布的日期。

3. 资产负债表日后事项涵盖的期间

资产负债表日后事项涵盖的期间是自资产负债表日次日起至财务报告批准报出日止的一段时间。

（1）报告年度次年的 1 月 1 日或报告期间下一期间的第一天至董事会或类似机构批准财务报告对外公布的日期。

（2）财务报告批准报出以后、实际报出之前又发生与资产负债表日后事项有关的事项，并由此影响财务报告对外公布日期的，应以董事会或类似机构再次批准财务报告对外公布的日期为截止日期。

16.4.2　资产负债表日后事项的分类

资产负债表日后事项可以分为调整事项和非调整事项。

1. 调整事项

资产负债表日后调整事项，是指对资产负债表日已经存在的情况提供了新的或进一步证据的事项。

调整事项的特点是：①在资产负债表日或以前已经存在，资产负债表日后得以证实事项；②对按资产负债表日存在状况编制的财务报表产生重大影响事项。

常见的调整事项包括：①资产负债表日后诉讼案件结案，法院判决证实了企业在资产负债表日已经存在现时义务，需要调整原先确认的与该诉讼案件相关的预计负债，或确认一项新负债；②资产负债表日后取得确凿证据，表明某项资产在资产负债表日发生了减值或者需要调整该项资产原先确认的减值金额；③资产负债表日后进一步确定资产负债表日前购入资产的成本或售出资产的收入；④资产负债表日后发现了财务报表舞弊或差错。

2. 非调整事项

资产负债表日后非调整事项，是指表明资产负债表日后发生的情况的事项。

非调整事项的特点是：①资产负债表日并未发生或存在，完全是资产负债表日后才发生的事项；②对理解和分析财务报告有重大影响的事项。

常见的非调整事项包括：①资产负债表日后发生重大诉讼、仲裁、承诺；②资产负债表日后资产价格、税收政策、外汇汇率发生重大变化；③资产负债表日后因自然灾害导致资产发生重大损失；④资产负债表日后发行股票和债券以及其他巨额举债；⑤资产负债表日后资本公积转增资本；⑥资产负债表日后发生巨额亏损；⑦资产负债表日后发生企业合并或处置子公司。

3. 调整事项与非调整事项的区别

若在资产负债表日或之前已经存在，则属于调整事项；反之，则属于非调整事项。

16.4.3　资产负债表日后调整事项的会计处理

1. 资产负债表日后调整事项的会计处理原则

资产负债表日后调整事项的会计处理原则，就是既要进行账务处理，也要调整报告年度或报告中期的财务报表；而非调整事项均应在报告年度或报告中期的附注中进行披露，这是二者最重要的区别。

（1）涉及损益的事项，通过"以前年度损益调整"科目核算。调整增加以前年度利润或调整减少以前年度亏损的事项，记入"以前年度损益调整"科目的贷方；调整减少以前年度利润或调整增加以前年度亏损的事项，记入"以前年度损益调整"科目的借方。

涉及损益的调整事项，如果发生在资产负债表日所属年度（即报告年度）所得税汇算清缴前的，应调整报告年度应纳税所得额、应纳所得税税额；发生在报告年度所得税汇算清缴后的，应调整本年度（即报告年度的次年）应纳所得税税额。调整完成后，将"以前年度损益调整"科目的贷方或借方余额，转入"利润分配——未分配利润"科目。

（2）涉及利润分配调整事项在"利润分配——未分配利润"科目核算。

（3）不涉及损益及利润分配的事项，调整相关科目。

（4）通过上述账务处理后，还应同时调整财务报表相关项目的数字，包括：①资产负债表日编制的财务报表相关项目的期末数或本年发生数；②当期编制的财务报表相关项目的期初数或上年数；③经过上述调整后，如果涉及报表附注内容的，还应当作出相应调整。

2. 资产负债表日后调整事项的处理

（1）资产负债表日后诉讼案件结案，法院判决证实了企业在资产负债表日已经存在现时义务，需要调整原先确认的与该诉讼案件相关的预计负债。

【例 16－10】 联达公司 2×17 年的年报于 2×18 年 4 月 25 日批准报出，所得税的汇算清缴日为 2×18 年 3 月 10 日。联达公司按净利润的 10% 提取法定盈余公积。联达公司采用资产负债表债务法进行所得税核算，所得税税率为 25%。联达公司于 2×17 年 10 月 1 日被花旗公司以侵犯专利权为由告上法庭，索赔 200 万元，经律师推定，预计赔付的可能性为 70%，最可能的赔付额为 170 万元，联达公司根据此意见认定了 170 万元的预计负债。2×18 年 3 月 6 日法院最终判决联达公司赔付 200 万元，联达公司对此判决未提出异议，于 2×18 年 4 月 2 日结清了此罚款。要求对联达公司和花旗公司进行相关处理。

联达公司的调整处理如下：

① 账务处理：

借：以前年度损益调整——营业外支出　　　　　　　　300 000
　　　贷：其他应付款　　　　　　　　　　　　　　　　　　300 000
借：预计负债　　　　　　　　　　　　　　　　　　1 700 000
　　　贷：其他应付款　　　　　　　　　　　　　　　　　1 700 000

2×18 年 4 月 2 日结算此款项时作如下分录：

借：其他应付款　　　　　　　　　　　　　　　　　2 000 000
　　　贷：银行存款　　　　　　　　　　　　　　　　　2 000 000
借：应交税费——应交企业所得税（2 000 000×25%）　500 000
　　　贷：以前年度损益调整　　　　　　　　　　　　　　500 000
借：以前年度损益调整　　　　　　　　　　　　　　425 000
　　　贷：递延所得税资产　　　　　　　　　　　　　　　425 000
借：利润分配——未分配利润　　　　　　　　　　　225 000
　　　贷：以前年度损益调整　　　　　　　　　　　　　　225 000
借：盈余公积——法定盈余公积　　　　　　　　　　22 500
　　　贷：利润分配——未分配利润　　　　　　　　　　　22 500

② 报表修正如表 16－6 至表 16－8 所示。

表 16－6　　　　　　　　　　　　　资产负债表

2×17 年 12 月 31 日　　　　　　　　　　　　　单位：万元

资产	年末数	负债和所有者权益	年末数
……		应交税费	－50
		其他应付款	200
		盈余公积	－2.25
递延所得税资产	－42.5	未分配利润	－20.25
资产合计	－42.5	负债和所有者权益合计	－42.5

表 16 -7　　　　　　　　　　　　　　　利润表

2×17 年　　　　　　　　　　　　　　　单位：万元

项　目	本年数
……	
二、营业利润（亏损以"-"号填列）	
加：营业外收入	
减：营业外支出	30
三、利润总额（亏损总额以"-"号填列）	-30
减：所得税费用	-7.5
四、净利润	-22.5

表 16 -8　　　　　　　　　　　　所有者权益变动表

2×17 年度　　　　　　　　　　　　　　单位：万元

项　目	本年金额			
	……	盈余公积	未分配利润	……
……				
净利润			-22.5	
……				
提取盈余公积		-2.25	2.25	
……				

花旗公司的调整处理如下：

① 账务处理：

借：其他应收款	2 000 000	
贷：以前年度损益调整——营业外收入		2 000 000

2×18 年 4 月 2 日花旗公司收到联达公司的赔款时作如下分录：

借：银行存款	2 000 000	
贷：其他应收款		2 000 000
借：以前年度损益调整	500 000	
贷：应交税费——应交企业所得税		500 000
借：以前年度损益调整	1 500 000	
贷：利润分配——未分配利润		1 500 000
借：利润分配——未分配利润	150 000	
贷：盈余公积——法定盈余公积		150 000

② 报表调整如表 16 -9 至表 16 -11 所示。

表 16 - 9   资产负债表

2×17 年 12 月 31 日   单位：万元

资产	年末数	负债和所有者权益	年末数
……		应交税费	50
其他应收款	200	盈余公积	15
……		未分配利润	135
资产合计	200	负债和所有者权益合计	200

表 16 - 10   利润表

2×17 年   单位：万元

项　　目	本年数
……	
二、营业利润（亏损以"-"号填列）	
加：营业外收入	200
减：营业外支出	
三、利润总额（亏损总额以"-"号填列）	200
减：所得税费用	50
四、净利润	150

表 16 - 11   所有者权益变动表

2×17 年度   单位：万元

项　　目	本年金额			
	……	盈余公积	未分配利润	……
……				
净利润			150	
……				
提取盈余公积		15	-15	
……				

（2）资产负债表日后取得确凿证据，表明某项资产在资产负债表日发生了减值或者需要调整该项资产原先确认的减值金额。

【例 16 - 11】联达公司 2×17 年的年报于 2×18 年 4 月 25 日批准报出，所得税的汇算清缴日为 2×18 年 3 月 10 日。联达公司按净利润的 10% 提取法定盈余公积。联达公司采用资产负债表债务法进行所得税核算，所得税税率为 25%。联达公司于 2×17 年 10 月 1 日销售给花旗公司的一批商品形成应收账款 113 万元，款项一直未收。联达公司于 2×17 年末针对此应收账款提取了 10% 的坏账准备。由于花旗公司长期经营不善于 2×18 年 2 月 5 日破产，预计联达公司的应收账款只能收回 70%。要求对联达公司作相关处理。

① 账务处理如下：

借：以前年度损益调整（1 130 000×20%）　　　　　　　　226 000

　　贷：坏账准备　　　　　　　　　　　　　　　　　　　　　　226 000

借：递延所得税资产（226 000×25%）　　　　　　　　　56 500

　　贷：以前年度损益调整　　　　　　　　　　　　　　　　　　56 500

借：利润分配——未分配利润（226 000－56 500）　　　169 500

　　贷：以前年度损益调整　　　　　　　　　　　　　　　　　169 500

借：盈余公积——法定盈余公积　　　　　　　　　　　　16 950

　　贷：利润分配——未分配利润　　　　　　　　　　　　　　16 950

② 报表修正如表 16－12 至表 16－14 所示。

表 16－12　　　　　　　　　　　　**资产负债表**

2×17 年 12 月 31 日　　　　　　　　　　　　单位：万元

资　　产	年末数	负债和所有者权益	年末数
应收账款	－22.60	盈余公积	－1.695
递延所得税资产	5.65	未分配利润	－15.255
资产合计	－16.95	负债和所有者权益合计	－16.95

表 16－13　　　　　　　　　　　　**利润表**

2×17 年　　　　　　　　　　　　　　单位：万元

项　　目	本年数
……	
资产减值损失	22.60
加：公允价值变动收益（损失以"－"号填列）	
投资收益（损失以"－"号填列）	
二、营业利润（亏损以"－"号填列）	－22.60
加：营业外收入	
减：营业外支出	
三、利润总额（亏损总额以"－"号填列）	－22.60
减：所得税费用	－5.65
四、净利润	－16.95

表 16 – 14　　　　　　　　　　　　　**所有者权益变动表**

2×17 年度　　　　　　　　　　　　　　　　　　　单位：万元

项　　目	本年金额		
	……	盈余公积	未分配利润	……
……			
净利润			– 16.95	
……			
提取盈余公积		– 1.695	1.695	
……			

（3）资产负债表日后进一步确定了资产负债表日前购入资产的成本或售出资产的收入。

资产负债表所属期间或以前期间所售商品在资产负债表日后退回的，应作为资产负债表日后调整事项处理。发生于资产负债表日后至财务报告批准报出日之间的销售退回事项，可能发生于年度所得税汇算清缴之前，也可能发生于年度所得税汇算清缴之后，其会计处理分别为：

① 涉及报告年度所属期间的销售退回发生于报告年度所得税汇算清缴之前，应调整报告年度利润表的收入、成本等，并相应调整报告年度的应纳税所得额以及报告年度应缴的所得税等。

【例 16 – 12】联达公司 2×17 年 11 月 8 日销售一批商品给花旗公司，取得收入 100 万元（不含税，增值税税率 13%）。联达公司发出商品后，按照正常情况已确认收入，并结转成本 80 万元。2×17 年 12 月 31 日，该笔货款尚未收到，联达公司未对应收账款计提坏账准备。2×18 年 1 月 12 日，由于产品质量问题，本批货物被退回。联达公司于 2×18 年 2 月 28 日完成 2×17 年所得税汇算清缴。

本例销售退回业务发生在资产负债表日后事项涵盖期间内，属于资产负债表日后调整事项。由于销售退回发生在报告年度所得税汇算清缴之前，因此在所得税汇算清缴时，应扣除该部分销售退回所实现的应纳税所得额。

联达公司的账务处理如下：

2×18 年 1 月 12 日，调整销售收入：

借：以前年度损益调整　　　　　　　　　　　　　　　　　1 000 000

　　应交税费——应交增值税（销项税额）　　　　　　　　　130 000

　　　贷：应收账款　　　　　　　　　　　　　　　　　　　　1 130 000

调整销售成本：

借：库存商品　　　　　　　　　　　　　　　　　　　　　800 000

　　贷：以前年度损益调整　　　　　　　　　　　　　　　　　800 000

调整应缴纳的所得税：

借：应交税费——应交所得税　　　　　　　　　　　　　　　50 000

　　贷：以前年度损益调整　　　　　　　　　　　　　　　　　　50 000

将"以前年度损益调整"科目的余额转入利润分配：

借：利润分配——未分配利润　　　　　　　　　　　　　　150 000

　　贷：以前年度损益调整　　　　　　　　　　　　　　　　　150 000

调整盈余公积：

借：盈余公积　　　　　　　　　　　　　　　　　　　　　　　15 000

　　贷：利润分配——未分配利润　　　　　　　　　　　　　　　　　　15 000

调整相关财务报表（略）。

② 资产负债表日后事项中涉及报告年度所属期间的销售退回发生于报告年度所得税汇算清缴之后，应调整报告年度会计报表的收入、成本等，但按照税法规定在此期间的销售退回所涉及的应交所得税，应作为本年的纳税调整事项。

【例 16－13】承〖例 16－12〗，假定销售退回的时间改为 2×18 年 3 月 10 日（即报告年度所得税汇算清缴后）。

联达公司的账务处理如下：

2×18 年 3 月 10 日，调整销售收入：

借：以前年度损益调整　　　　　　　　　　　　　　　　　　 1 000 000

　　应交税费——应交增值税（销项税额）　　　　　　　　　　130 000

　　贷：应收账款　　　　　　　　　　　　　　　　　　　　　　 1 130 000

调整销售成本：

借：库存商品　　　　　　　　　　　　　　　　　　　　　　 800 000

　　贷：以前年度损益调整　　　　　　　　　　　　　　　　　　 800 000

借：递延所得税资产　　　　　　　　　　　　　　　　　　　 50 000

　　贷：以前年度损益调整　　　　　　　　　　　　　　　　　　 50 000

将"以前年度损益调整"科目的余额转入利润分配：

借：利润分配——未分配利润　　　　　　　　　　　　　　　 150 000

　　贷：以前年度损益调整　　　　　　　　　　　　　　　　　　 150 000

调整盈余公积：

借：盈余公积　　　　　　　　　　　　　　　　　　　　　　 15 000

　　贷：利润分配——未分配利润　　　　　　　　　　　　　　　 15 000

虽然联达公司不调整报告年度 2×17 年的应交所得税，但是计算本年度 2×18 年应纳税所得额时应该调减 20 万元，企业应该在 2×17 年度报表中予以确认可抵扣暂时性对所得税费用影响 5 万元。其性质与可结转以后年度的未弥补亏损相似。

调整相关财务报表（略）。

（4）资产负债表日后发现了财务报表舞弊或差错。资产负债表日后发现报告期或以前期间存在财务报表舞弊或差错，应将其作为日后调整事项处理。处理方法基本与前期重大会计差错相同。

16.4.4　资产负债表日后非调整事项的会计处理

1. 资产负债表日后非调整事项的会计处理原则

资产负债表日后发生的非调整事项，应当在会计报表附注中说明事项的内容，估计对财务状况、经营成果的影响；如无法作出估计，应当说明无法估计的理由。

2. 资产负债表日后非调整事项的处理

【例 16－14】联达公司 2×17 年 12 月购入商品一批，共计 9 000 万元，至 2×17 年 12 月 31 日该批商品已全部验收入库，货款也通过银行存款支付。2×18 年 1 月 10 日，联达公司所在地发生水灾，致使该批商品全部冲毁。

本例中因自然灾害的影响导致企业发生重大损失，对资产负债表日后财务状况的影响较大，如果加以披露，有可能使财务报告使用者作出错误的决策，因此应作为非调整事项在报表附注中进行披露。

【例 16－15】联达公司 2×17 年 8 月采用融资租赁方式从英国购入某重型机械设备，租赁合同规定，该重型机械设备的租赁期为 18 年，年租金 20 万英镑。甲公司在编制 2×17 年度财务报表时已按 2×17 年 12 月 31 日的汇率对该笔长期应付款进行了折算（假设 2×17 年 12 月 31 日的汇率为 1 英镑兑 12.85 元人民币）。假设国家规定从 2×18 年 1 月 1 日起进行外汇管理体制改革，外汇管理体制改革后，人民币兑英镑的汇率发生重大变化。

本例中，联达公司在资产负债表日已按当天资产计量方式进行处理，或按规定汇率对有关账户进行调整，因此无论资产负债表日后汇率如何变化，均不影响资产负债表日的财务状况和经营成果。但是，如果资产负债表日后外汇汇率发生重大变化，应对由此产生的影响在报表附注中进行披露。

【例 16－16】资产负债表日后，企业制订利润分配方案，拟分配或经审议批准宣告发放股利或利润的行为，并不会导致企业在资产负债表日形成现时义务，虽然该事项的发生可导致企业负有支付股利或利润的义务，但支付义务在资产负债表日尚不存在，不应该调整资产负债表日的财务报告，因此，该事项为非调整事项。但是，该事项对企业资产负债表日后的财务状况有较大影响，可能导致现金大规模流出、企业股权结构变动等，为便于财务报告使用者更充分了解相关信息，企业需要在财务报告中适当披露该信息。

【本章小结】

（1）本章需完成任务包括：①会计政策变更的会计处理；②会计估计变更的会计处理；③会计差错更正的会计处理；④资产负债表日后事项的会计处理。

（2）学习完本章学生应掌握：①会计政策与会计估计的含义；②追溯调整法与追溯重述法的含义与账务处理程序；③会计政策与会计估计变更的会计处理；④会计差错更正的会计处理；⑤日后调整事项与非调整事项的含义与区分；⑥日后调整事项与非调整事项的会计处理。

（3）完成本章若干学习任务应深刻理解：①追溯调整法与追溯重述法的区分与运用；②会计政策变更与会计估计变更的区分与处理方法；③资产负债表日调整事项与非调整事项的区分与处理方法；④本期差错、前期非重大差错与前期重大差错的区分与处理方法。

（4）完成学习任务应学会运用追溯调整法与追溯重述法的处理方法。

主要参考文献

1. 财政部：《关于修订印发 2018 年度一般企业财务报表格式的通知 》《关于修订 2019 年度一般企业财务报表格式的通知》。

2. 财政部、国家税务总局：《关于全面推开营业税改征增值税试点的通知》。

3. 财政部会计资格评价中心：《初级会计实务》，中国财政经济出版社 2016 年版。

4. 财政部会计资格评价中心：《中级会计实务》，经济科学出版社 2019 年版。

5. 财政部会计资格评价中心：《中级会计实务》，经济科学出版社 2016 年版。

6. 财政部：《企业会计准则第 30 号——财务报表列报》，2014 年修订稿。

7. 财政部：《企业会计准则第 2 号——长期股权投资》，2014 年修订稿。

8. 财政部：《企业会计准则第 7 号——非货币性资产交换》，2019 年。

9. 财政部：《企业会计准则第 39 号——公允价值计量》，2014 年。

10. 财政部：《企业会计准则第 22 号——金融工具确认和计量》，2017 年。

11. 财政部：《企业会计准则第 14 号——收入》，2017 年。

12. 财政部：《企业会计准则第 12 号——债务重组》，2019 年。

13. 财政部：《企业会计准则第 16 号——政府补助》，2017 年。

14. 财政部：《企业会计准则第 9 号——职工薪酬》，2014 年修订稿。

15. 财政部：《企业会计准则第 21 号——租赁》，2018 年。

16. 国际会计准则理事会：《财务报告的概念框架 2018》，2018 年。

17. 季华、施先旺主编：《中级财务会计》，东北财经大学出版社 2019 年版。

18. 蒋尧明、荣莉主编：《中级财务会计》，中国财政经济出版社 2013 年版。

19. 2018 年全国职业院校（高职组）会计技能赛项会计业务手工处理环节（团队赛）赛题。

20. 余国杰、梁瑞红主编：《会计学新编》，清华大学出版社 2014 年版。

21. 张蕊主编：《会计学原理》，中国财政经济出版社 2019 年版。